U0617636

# 西域歷史語言研究集刊

二〇一九年第一輯（總第十一輯）

中國人民大學國學院西域歷史語言研究所

烏雲畢力格　主編

社會科學文獻出版社

# Historical and Philological Studies of China's Western Regions
# (2019 No.1)Vol. 11

Institute of Historical and Philological Studies of China's Western Regions,
School of Chinese Classics,
Renmin University of China

Oyunbilig Borjigidai  Editor-in-Chief

Social Sciences Academic Press(China)

# 《西域歷史語言研究集刊》編委會

# 目　錄

# Contents

# 黑水城的藏文文獻 <sup>*</sup>

井內真帆

## 一 前言

黑水城（Khara-khoto）發現的藏文文獻分別收藏於英國大英圖書館斯坦因（Stein）收藏館、俄羅斯聖彼得堡東方學會的科茲洛夫（Kozlov）收藏館和內蒙古的相關機構單位。① 這些文獻中西夏文、漢文文獻研究成果較豐富，但是藏文文獻的研究成果較少，2016 年出版的 *Tibetan Texts from Khara-khoto in The Stein Collection of the British Library* ②（《大英圖書館藏黑水城出土的藏文文獻》，以下簡稱 *TK Cat.*）是目前唯一的黑水城藏文文獻目錄，這個目錄的問世使進一步瞭解黑水城藏文文獻的概貌，整理和研究黑水城文獻成為可能。

該目錄收錄了大英圖書館藏黑水城發現的 285 件文獻和斯坦因收藏的額濟納（Etsin-gol）地區的 776 件文獻。目錄內容包括大英圖書館藏黑水城文獻的地點編碼（site number）、文獻格式（format）、保存編碼（location number）、文獻狀況（condition）、申請號碼（requisition number）、規格（size）、行數（number of lines）、字體（style of script）、分類（classification）、文獻摘要（description）、全文拉丁轉寫（transliteration of the text）以及每件文獻的照片。斯坦因收藏的黑水城藏文文獻都是手抄本，而且大多數是佛教文獻，如顯宗文獻、佛典注疏、密宗文獻和儀軌文獻，也包括一些非佛教文獻，如曆算、占卜和醫學文獻。③

研究認為，黑水城藏文文獻的年代在 11 世紀至 15 世紀之間。④《大英圖書館藏黑水城出土的藏文文獻》目錄中羅列並確定的相關藏文《大藏經》文獻、藏傳佛教噶當派（bka' gdams pa）文獻、噶舉派（bka' brgyud pa）文獻均發現於黑水城 K.K.II. 和 K.K.V.b. 兩處。K.K.II. 位於黑水城鎮的西邊。從 K.K.II. 處，發現了 6 件般若經文獻（*TK Cat.*No.5,8,9,13,14,

---

\* 感謝青海民族大學的桑吉東知博士和多傑才旦博士校對筆者的中文。

① 科茲洛夫系列共有 81 件，內蒙古自治區考古文物研究所（呼和浩特）共有 41 件，內蒙古自治區額濟納旗文物局有 39 件，詳情請見 *TK Cat.*, pp.4–6。

② Tsuguhito Takeuchi, Maho Iuchi, *Tibetan Texts from Khara-khoto in the Stein Collection of the British Library*, Studia Tibetica No.48 (*Studies in Old Tibetan Texts from Central Asia*, vol.2), Tokyo: Toyo Bunko, 2016. 現在東洋文庫的網站（toyo-bunko.repo.nii.ac.jp）可以下載目錄全文。

③ 詳見 *TK Cat.*, Classification of K.K. Text, pp.148–150。

④ 請見 *TK Cat.*, Introduction, pp.8–10。

15），同時還發現了藏文和西夏文對照版殘卷（*TK Cat.*No.96, 133）。K.K.V.b. 是一座佛塔，位於堡壘的西北角，斯坦因收藏的 285 件寫本中的 253 件文獻出土於這座佛塔。

本文羅列並探討《大英圖書館藏黑水城出土的藏文文獻》目錄中已確定的斯坦因藏黑水城藏文文獻之《大藏經》中的文獻以及高僧文集中的部分文獻。[①]

## 二 《大藏經》中的文獻

在 *TK Cat.* 目錄中，已確定的 285 件文獻中的 46 件是《大藏經》中的文獻，下面以表格的形式進行介紹（見表 1）。

表 1 《大藏經》中的文獻

| *TK Cat.*<br>目錄編碼 | 出土地 | 文獻標題 | 北京版、德格版<br>文獻目錄編碼 |
|---|---|---|---|
| 140 | K.K.V.b. | 《現誦上怛特羅》 mngon par brjod pa'i rgyud bla ma | P.17/ D.369 |
| 83 | K.K.V.b. | 《般若波羅蜜多八千頌解說，現觀莊嚴明》 'phags pa shes rab kyi pha rol tu phyin pa brgyad stong pa'i bshad pa | P.5189/ D.3791 |
| 136 | K.K.V.b. | 《般若波羅蜜多二萬五千頌優波提舍論現觀莊嚴頌釋》 'phags pa shes rab kyi pha rol tu phyin pa stong phrag nyi shu lnga pa'i man ngag gi bstan bcos mngon par rtogs pa'i rgyan gyi tshig le'ur byas pa'i rnam par 'grel pa | P.5186/ D.3788 |
| 60, 61, 110, 119, 121, 212, 242, 243 | K.K.V.b. | 《般若波羅蜜多優波提舍論現觀莊嚴頌注》 shes rab kyi pha rol tu phyin pa'i man ngag gi bstan bcos mngon par rtogs pa'i rgyan zhes bya ba'i 'grel pa | P.5191/ D.3793 |
| 221 | K.K.V.b. | 《聖四座釋》 'phags pa gdan bzhi pa'I rnam par bshad pa | P.2479/ D.1608 |
| 8 | K.K.II. | 《聖般若波羅蜜多一萬頌大乘經》 'phags pa shes rab kyi pha rol tu phyin pa khri pa zhes bya ba theg pa chen po'i mdo | P.733/ D.11 |
| 273 | K.K.V.b. | 《慈成就法》 'phags pa byams pa'i sgrub thabs | P.4471/ D.3648 |
| 166 | K.K.V.b. | 《般若波羅蜜多八千頌》 'phags pa shes rab tu phyin pa brgyad stong pa | P.734/ D.12 |
| 157 | K.K.V.b. | 《十一面聖觀自在尊成就法》 rje btsun 'phags pa spyan ras gzigs dbang phyug zhal bcu gcig pa'i sgrub thabs | P.3557/ D.2737 |

① 請見 *TK Cat.*，Classification of K.K. Text。感謝駒澤大學（日本東京）的加納和雄（Kano Kazuo）博士幫助確定許多《大藏經》中的文獻。此外，我們還使用了美國佛教研究所和哥倫比亞大學的 The Buddhist Canons Research Database（http://databases.aibs.columbia.edu/）以及 BDRC 和佛教數字資源中心（BDRC, www.tbrc. org）數據庫。關於黑水城的噶當派文獻，參閱井內真帆《噶當派與彌藥／西夏的關係》（英文），《藏學刊》第 8 輯，2013，第 58—62 頁。關於黑水城的噶舉派文獻，請見 Iuchi, Maho, "Early Bka' brgyud Texts from Khara-khoto in the Stein Collection of the British Library," *Journal of Japanese Association of Indian and Buddhist Studies*（65），2017。

| TK Cat. 目錄編碼 | 出土地 | 文獻標題 | 北京版、德格版 文獻目錄編碼 |
|---|---|---|---|
| 80 | K.K.V.b. | 《菩提行燈》byang chub spyod pa'i sgron ma | P.3160/ D.2321 |
| 153 | K.K.V.b. | 《菩提道燈難語釋》byang chub lam gyi sgron ma'i dka' 'grel | P.5344/ D.3948 |
| 253 | K.K.V.b. | 《入菩薩行》byang chub sems dpa'i spyod pa la 'jug pa | P.5272/ D.3871 |
| 234 | K.K.V.b. | 《菩薩律儀二十難語釋》byang chub sems dpa'i sdom pa nyi shu pa'i dka' 'grel | P.5584/ D.4083 |
| 68, 69, 70, 78 | K.K.V.b. | 《怛特羅王吉祥勝樂小品》rgyud kyi rgyal po dpal bde mchog nyung ngu | P.16/ D.368 |
| 20 | K.K.V.b. | 《大千母善摧經》stong chen mo rab tu 'joms pa zhes bya ba'i mdo | P.177/ D.558 |
| 47, 71, 72 | K.K.V.b. | 《大乘莊嚴經論》mdo sde'i rgyan gyi bshad pa | P.5527/ D.4026 |
| 79 | K.K.V.b. | 《大乘莊嚴經論》theg pa chen po mdo sde'i rgyan zhes bya ba'i tshig le'ur byas pa | P.5521/ D.4020 |
| 122 | K.K.V.b. | 《聖彌勒誓願王》'phags pa byams pa'i smon lam gyi rgyal po | P.4925/ D.4378 |
| 5, 9, 13, 15 | K.K.II./ K.K.V.b. | 《般若波羅蜜多二萬五千頌》shes rab gyi pha rol tu phyin pa stong phrag nyi shu lnga pa | P.731/ D.9 |
| 64 | K.K.V.b. | 《灌頂作法略攝》dbang gi bya ba mdor bsdus pa | P.3089/ D.2244 |
| 98 | K.K.V.b. | 《蘇婆呼童子請問經》'phags pa dpung bzang gis zhus pa byes bya ba'i rgyud | P.428/ D.805 |
| 111 | K.K.V.b. | 《龍樹菩薩為禪陀迦王說法要偈》bshes pa'i spring yig | P.5682/ D.4182 |
| 123 | K.K.V.b. | 《金光明最勝王經》'phags pa gser 'od dam pa mchog tu rnam par rgyal ba'i mdo sde'i rgyal po theg pa chen po'i mdo | P.174/ D.555 |
| 211 | K.K.V.b. | 《自身加持次第差別》bdag byin gyis brlab pa'i rim pa rnam par dbye ba | P.2670/ D.1805 |
| 14 | K.K.II. | 《聖般若波羅蜜多十萬頌陀羅尼》'phags pa shes rab kyi pha rol tu phyin pa stong phrag brgya pa'i gzungs | P.271/ D.576 |
| 264 | K.K.V.b. | 《吉祥輪制讚一切成就清淨髻珠》dpal 'khor lo sdom pa'i bstod pa/ don thams cad grub pa rnam dag gtsug gi nor bu | P.2147/ D.1428 |
| 49, 99 | K.K.V.b. | 《吉祥喜金剛成就法》dpal dgyes pa rdo rje' sgrub thabs | P.2347/ D.1218 |
| 268 | K.K.V.b. | 《吉祥呼金剛成就法優婆提舍》dpal kye'i rdo rje'i sgrub pa'i thabs kyi man ngag | P.2432/ D.1302 |
| 187 | K.K.V.b. | 《吉祥金剛手成就法》dpal phyag na rdo rje sgrub pa'i thabs | P.3037/ D.2193 |
| 107 | K.K.V.b. | 《大毗盧舍那成佛神變加持經》rnam par snang mdzad chen po mngon par rdzogs par byang chub pa rnam par sprul pa byin gyis rlob pa shin tu rgyas pa mdo sde'i dbang po'i rgyal po zhes bya ba'i chos kyi rnam grangs | P.126/ D.494 |

# 三　高僧文集中的文獻

## 1. 噶當派文獻

出土於 K.K.V.b. 的 7 件寫本，被確定為噶當派的文獻（見表 2）。[①]

表 2　噶當派的文獻

| *TK Cat.*<br>目錄編碼 | 出土地 | 文獻內容 |
| --- | --- | --- |
| 74, 82, 100, 210, 260 | K.K.V.b. | 噶當派祖師的說法集（bka' gdams gsung thor bu） |
| 267 | K.K.V.b. | 俄・羅丹喜饒（Rngog Blo ldan shes rab, 1059–1109）《寶性論要義》*rgyud bla ma'i bsdus don* |
| 153 | K.K.V.b. | 阿底峽（Atiśa/Dīpaṃkaraśrījñāna, 982–1054）《菩提道燈難語釋》*Byang chub lam gyi sgron ma'i dka' 'grel* |

　　根據寫本的特徵，如大小和内容，*TK Cat.*No.74,82,100,210 和 260 是相同的文獻，*TK Cat.*No.74,82 和 260 是零散的。*TK Cat.*No.100 和 210 是兩個完整的寫本，其規格為 9.4/10.0 釐米 ×32.8/34.0 釐米。[②] 根據内容判斷，這些是噶當派祖師講經說法的文獻，其中收集了噶當派大師的語錄，文中經常出現噶當派大師的名字，如仲敦巴（1005—1064），博多哇（Po to ba Rin chen gsal, 1027—1105）和恰域瓦（Bya yul ba Gzhon nu 'od, 1075—1138）等。

　　另一件噶當派文獻 *TK Cat.*No.267 為《寶性論要義》，寫本的跋中提到了這個標題，而且還指出，作者是著名的噶當派史大師俄・羅丹喜饒[③]。這個文獻加納和雄曾研究過[④]。另外，

---

[①]　噶當派是由阿底峽開創、仲敦巴創建的。噶當派影響了其後的教派，如噶舉派、薩迦派和格魯派。

[②]　寫作風格，如 dge bshes ston pa'i zhal nas（格西敦巴說），bya yul ba'i zhal nas（恰域瓦說）。例如，由噶當派祖師傑貢喜饒多傑（Lce sgom Shes rab rdo rje,ca.1140 / 50–1220）編輯的說法集文獻《歷代噶當派大德語錄散集》（*Bka'gdams skyes bu rnams kyi gsung sgros thor bu rnams*）。代表噶當派文學的《譬喻》（*Dpe chos*）和《藍色手册》（*Be'u bum sngon po*）也是同樣的文獻。考慮到《譬喻》的中等尺寸，《譬喻寶聚》（*Dpe chos rin chen spung pa*）由傑貢巴編輯，噶當派祖師的說法集文獻成書於 12 世紀至 13 世紀初。井内真帆「カラホト出土のカダム派関係文書」『佛教学セミナー』（92）、2011、26–38 頁和 *TK Cat.*, pp.12–13。

[③]　俄・羅丹喜饒是後弘期（phyi dar）著名的翻譯家，他是噶當派寺院的僧人，也是桑浦内鄔托（Gsang phu ne'u thog）的座主。

[④]　Kano, Kazuo, "Rngog blo ldan shes rab's Topical Outline of the *Ratnagotravibhāga* Discovered at Khara khoto," in O. Almogi ed., *Contributions to Tibetan Literature. Proceedings of the Eleventh Seminar of the International Association for Tibetan Studies, Königswinter 2006*, Halle: International Institute for Tibetan and Buddhist Studies, pp.127–194.

TK Cat.No.153 為阿底峽的代表著作《菩提道燈難語釋》（P.5344 / D.3948）。①

藏文歷史文獻和這些寫本中，西夏王朝與建於 1057 年的噶當派母寺熱振（rwa sgreng）寺之間有密切關係的記載是一致的。1299 年由仲·西熱麥吉（'Brom Shes rab me lce，13–14th c.）撰寫的熱振寺志《聖勝幽靜之地熱振寺之解說日光明》（Rgyal ba'i dben gnas rwa sgreng gi bshad pa nyi ma'i 'od zer）記載，熱振寺的第五位座主強沃覺巴（Zhang 'od 'jo ba, ?–1150）是西夏王的應供上師（bla mchod）。

དེ་ནས་ཞེད་པོད་འཛོ་བ་བཞུགས་པའི་དུས་དེ་ག་ལ། [ཤི] ནག་གི [རྒྱལ་པོ་མཆན་དར་བའི་དུས་དེ་ལགས་པར་འདུག་པས།] རྒྱལ་པོའི་བླ་མཆོད་ལ་ཞེད་པོད་འཛོ་བའི་སློབ་མ་དགེ་བཤེས་གདུགས་ཕུབ་པ་རང་ལ་ཉི་ཤུ་རྩ་ཆས་ཡོད་པར་གདའ་དེ་དུས་ན་མེ་ [ཤི] ནག་རྒྱལ་པོས་དབུས་བྱས་པ་མདོ་སྨད། ཙང་ [གཙང] དབུས་ཐམས་ཅད་ཀྱི་ཆོས་ཀྱི་འཁལ་པ། ནོར་ཀྱི་འཁལ་པ། སློབ་གཉེར་ཀྱི་བྱེད་ས། ཡང་དག་པ་གཅིག་ཏུ་གྱུར།②

爾後，強沃覺巴任座主期間，是西夏王朝興盛期，強沃覺巴的弟子二十五位格西傘蓋（gdugs phub pa）均乃西夏王的應供上師。那時，成了以西夏王為主，來自多麥，藏和衛的所有法供、財供，求學之勝地。

由於與西夏王朝的關係，強沃覺巴座主，第六位座主格西崗湯噶巴（Dge bshe Sgang thang dkar ba, ?–1173）和第七位座主貢沃覺巴（Dgon 'Od'jo ba, ?–1229）的座主比寺院的其他座主相對穩定。③

2. 噶舉派文獻

出土於 K.K.V.b. 的 4 件寫本，被確定為噶舉派的文獻（見表 3）。

表 3　噶舉派的文獻

| TK Cat. 目錄編碼 | 出土地 | 文獻內容 |
| --- | --- | --- |
| 229 | K.K.V.b. | 米勒日巴（Mi la ras pa, 1028/40–1111/23）傳記 |
| 232, 270, 274 | K.K.V.b. | 久丹貢波（'Jig rten mgon po, 1143–1217）的著作 |

① 寫本多為碎片，但與德格版 258b4－7、259b1－2 相符。請見 TK Cat., pp.13, 90。有趣的是，在黑水城的西夏文獻中有阿底峽的《入二諦》（bden pa gnyis la' jug pa, P.5298/ D.3902）。請見 Solonin, Kirill and Liu, Kuowei, "Atiśa's Satyadvayāvatāra (Bden pa gnyis la 'jug pa) in the Tangut Translation: A Preliminary Study," Journal of Indian philosophy（45），2017，pp.121–162。

② Rwa sgreng nyi ma'i 'od zer: 19b6－8.

③ 關於熱振寺的歷代座主，請見 Iuchi, Maho, An Early Text on the History of Rwa sgreng Monastery: The Rgyal ba'i dben gnas rwa sgreng gi bshad pa nyi ma'i 'od zer of 'Brom shes rab me lce，Harvard Oriental Series 82，Cambridge MA/ London UK: Harvard University Press。

  *TK Cat.*No.229 文本是用藏文草書（dbu med）字體書寫的貝葉式寫本，尺寸為 8.7 釐米 ×22.3 釐米，確定為著名的瑜伽修行者米勒日巴傳記。廣泛流傳的藏寧·赫魯迦（Gtsang smyon He ru ka, 1452–1507）編輯的米勒日巴傳記和道歌；第三世噶瑪巴讓炯多傑（Rang byung rdo rje, 1284–1339）編纂的被稱為黑寶藏（*Mdzod nag ma*）的米勒日巴傳記，兩部傳記的資料來源為安增敦巴香曲傑布（Ngan rdzong ston pa Byang chub rgyal po，11 世紀下半葉出生）和米拉熱巴的弟子寫的最早的米勒日巴傳記——"十二大門徒"（*Bu chen bcu gnyis*）。① 而 *TK Cat.*No.229 文本與"十二大門徒"、黑寶藏、藏寧·赫魯迦著《米勒日巴傳》等三部文獻內容相符。②

  *TK Cat.*No.232,270 和 274 三件文本是用藏文草書字體書寫的貝葉式寫本，尺寸為 8—9 釐米 ×15—16 釐米，確定為久丹貢波 ③ 的著作。*TK Cat.*No.270 的寫本樣式與其他兩個寫本略有不同，*TK Cat.*No.232 為久丹貢波文集（*Bka' 'bum*）的第 1 卷（*ka*）的第 42 和 43 章，*TK Cat.*No.270 是文集第 3 卷（*ga*）的第 223 章，*TK Cat.*No.274 為文集第 1 卷（*ka*）的第 55 章。除了一些微妙的差異，這些文本內容與現在的久丹貢波文集文本內容完全相符。

  噶舉派與西夏王朝之間的關係，在歷史文獻和之前的研究中經常被提到，正如 Sperling 指出的，久丹貢波的傳記記述了久丹貢波和西夏王之間的關係：

མེ་[མི་]ཉག་གི་རྒྱལ་པོས་འཇིག་རྟེན་མགོན་པོ་འདྲི་ཁུང་པ་ལ་གོས་ཆེན་དང་གསེར་ཕུལ་ནས་གསོལ་བ་བཏབ་པས་འཇིག་རྟེན་མགོན་པོ་རྟེན་འབྲེལ་མཛད་ནས་མེ་ཉག་གི་རྒྱལ་ཁམས་ལོ་བཅུ་གཉིས་ཀྱི་བར་དུ་བདེ་བར་བྱུང་བས་དེ་མཚོན་པར་བྱེད་པའི་མེ་ཉག་གི་རྒྱལ་པོ་གོས་སེར་པོ་ཅན་མཆོད་པ་འཕུལ་བ་ཡིན་ནོ།།།④

  西夏王向直貢巴（'bri khung pa）久丹貢波獻綢緞和金，並祈願，久丹貢波應願護佑，西夏王國有了十二年的和平。因此，著黃袍者西夏王向［直貢派］獻供。

  傳記中的這段文字記述了西夏王向久丹貢波獻供，給西夏王朝帶來了十二年的和平，國王向直貢派獻供。因此，黑水城發現的這三部寫本是直貢派與西夏王朝之間存在密切關係的鐵證。

---

① 關於米勒日巴的傳記，請見 Quintman, Andrew, *The Yogi and the Madman: Reading the Biographical Corpus of Tibet's Great Saint Milarepa*，New York: Columbia University Press，pp.86–92。

② *Bu chen bcu gnyis*: 181a1–181b5，*Mdzod nag ma*: 279b6–280b3，*Mi la ras pa'i rnam mgur*: 501–503。請見 Iuchi, Maho, "Early Bka' brgyud Texts from Khara–khoto in the Stein Collection of the British Library," *Journal of Japanese Association of Indian and Buddhist Studies*（65），2017，注 7。

③ 久丹貢波是帕木竹巴（Phag mo grub pa Rdo rje rgyal po, 1110–1170）的弟子，他是直貢替寺、直貢噶舉派的創辦人。

④ *'Jig rten mgon po's biography*: 79a4–6。請見 Sperling, Elliot, "Lama to the King of Hsia," *Journal of the Tibet Society*（7），1987，p.32。

# 四 結論

綜上所述，噶當派祖師講經說法的文獻、米勒日巴的傳記和久丹貢波的著作是在西夏時期成書的。因此，在黑水城發現的這些寫本是很重要的，是現存文獻中的較早期的版本。此外，這些文獻展現了藏傳佛教的傳播範圍和影響程度，特別是噶瑪噶舉派和直貢噶舉派對西夏王朝的影響。

斯坦因收藏的藏文文獻大部分屬於密宗和儀軌類文獻，由於寫本大部分是零散片，尚未確定具體類別和內容。因此，有必要對這些密宗和儀軌類藏文文獻進行分類和辨認，因為這些文獻是瞭解藏傳佛教影響西夏佛教的可靠資料，除了斯坦因的收藏，一部分文獻被保存在科茲洛夫收藏館和內蒙古某些機構單位，確有必要對這些藏文文獻進行進一步的研究。

## 縮略名

*Bka' 'bum*（久丹貢波文集）：'Jig rten mgon po Rin chen dpal (1143 – 1217), *Khams gsum chos kyi rgyal po thub dbang ratna shri'i phyi yi bka' 'bum nor bu'i bang mdzod,* Delhi: Drikung Kagyu Ratna Shri Sungrab Nyamso Khang, 2001.

*Bu chen bcu gnyis*（十二大門徒）：Ngan rdzong ston pa Byang chub rgyal po (b. 11c.), *Rje btsun chen po mid la ras pa'i rnam thar zab mo,* Newark Museum, microfilm 0001, Tibetan Book Collection, Folio 36,280.

D.: The Derge (sde dge) edition of Tibetan canon.

*'Jig rten mgon po's biography*（久丹貢波傳記）：Shes rab 'byung gnas (1187 – 1241), *'Gro ba'i mgon po 'bri gung pa'i mdzad pa rnam par thar pa phyogs bcur bkod nas dus gsum mtshon pa,* in Khangsar Tulku ed., *The Collected writings of 'Bri gung chos rje 'jig rten mgon po* 1, New Delhi: 'Bri gung yang ri sgar gyi par khang, 1969 – 1971, 133 – 190.

*Mdzod nag ma*（黑寶藏）：Rang byung rdo je (1284 – 1339), *Rnal 'byor gyi dbang phyug mi la bzhad pa rdo rje'i gsung mgur ma mdzod nag ma zhes pa ka rma pa rang byung rdo rjes phyog gcig tu bkod pa,* in Damchoe Sangpo ed., *The Life and songs of realization of Mi-la ras-pa,* 2 vols, Dalhousie: 1978.

*Mi la ras pa'i rnam mgur*（米勒日巴傳）：Rus pa'i rgyan can (1452 – 1507), *Rnal 'byor gyi dbang phyug chen po mi la ras pa'i rnam mgur,* 青海民族出版社，1981。

P.: The Peking edition of Tibetan canon.

*Rwa sgreng nyi ma'i 'od zer*（熱振寺志日光明）：'Brom Shes rab me lce. (13 – 14th c.), *Rgyal ba'i dben gnas rwa sgreng gi bshad pa nyi ma'i 'od,* in Dpal brtsegs bod yig dpe rnying zhib 'jug khang ed., *Bod kyi lo rgyus rnam thar phyogs bsgrigs,* set 1, *da.* 青海民族出版社，2010。

*TK Cat.*: Takeuchi Tsuguhito, Maho Iuchi, *Tibetan Texts from Khara-khoto in the Stein Collection of the British Library*, Studia Tibetica No.48 (*Studies in Old Tibetan Texts from Central Asia*, vol.2), Tokyo: Toyo Bunko, 2016.

# Tibetan Texts from Khara–khoto

## IUCHI Maho

Tibetan texts from Khara–khoto are held in the Stein Collection, the Kozlov Collection, and a collection of institutions in Inner Mongolia. These texts have been less well–studied than other texts from Khara–khoto, in Tangut and Chinese. In 2016, with the publication of the *Tibetan Texts from Khara-khoto in the Stein Collection of the British Library*, which is currently the only available catalogue for Tibetan texts from Khara–khoto, a summary view of the Tibetan texts is becoming increasingly possible.

In this paper, it shows the Tibetan texts from Khara–khoto held by the Stein Collection, particularly the canonical texts and the non–canonical texts, which have already been identified in the catalogue and the previous studies.

# "木虎年事件"與蒙藏聯合政權內部關係的轉折

## 羅 布

顧實汗率和碩特蒙古軍先後消滅青海卻土汗、康區北部白利土司，並在西藏格魯派寺院集團配合下推翻藏巴汗政權後，於 1642 年正式建立了甘丹頗章政權。這是蒙（和碩特）藏（格魯派集團）聯合勢力在青藏地區確立優勢地位的重要標誌。出於統治青藏地區的總體戰略目標，顧實汗將康北牧區留給青海和碩特八臺吉管轄，而將康南農耕地區劃撥給西藏甘丹頗章政權管理。① 為了加快對康南藏區的征服，實現蒙藏聯合政權對全部藏區的統治，顧實汗和五世達賴喇嘛等派罕都為代表，率部前往經營，並於 1667 年佔領中甸，完成了征服和控制川西南、滇西北藏區的任務。

然而，罕都在對康區南部地區的征服和經營過程中逐漸產生異心，背叛格魯派教法，進而在政治上逐漸表現出與蒙藏聯合政權當初派遣他的初衷背道而馳的動向。於是，五世達賴喇嘛於 1674 年派達什巴圖爾等蒙藏軍隊前往中甸處理罕都叛教造成的問題，並在康區格魯派勢力的支援下攻下中甸及其周圍地區，罕都兵敗身亡。因該年係藏曆木虎年，故稱這一事件被稱為"木虎年事件"。

"木虎年事件"的發生是蒙藏聯合治藏史上一個重要的轉捩點，蒙藏聯合政權內部關係及其統治格局都自此出現了明顯的新趨向。

一

蒙藏聯合政權建立之際，川西康南及滇西北藏區處於麗江木氏土司控制下，木氏土司又與格魯派的勁敵噶瑪噶舉派結有牢固的"福田－施主"關係。隨著藏巴汗地方政權的覆滅，噶瑪噶舉派在衛藏地區的處境愈發危險，噶瑪噶舉派黑帽系十世活佛曲英多吉等不得不向川滇康區逃竄、轉移，② 藉助木氏土司的力量在康區南部地區發展勢力，對抗格魯派。

因此，加強對康區南部地區的征服和控制，以鞏固蒙藏聯合政權並實現對全部藏區的控制和統治就成為蒙藏聯合勢力迫在眉睫的要務。有鑒於此，顧實汗經與五世達賴喇嘛、第巴索南饒丹等商議後，讓其第五子伊勒都齊之子罕都（མཁའ་འགྲོ）作為蒙藏聯合政權的代表進

---

① 阿旺丹白堅贊：《政教史水晶明鑒》，《西藏史籍五部》（藏文），西藏藏文古籍出版社，1990，第 293 頁。

② 參見王森《西藏佛教發展史略》，中國社會科學出版社，1997，第 126—127 頁。

駐康區，加強對康區政教事務的管理，[1]並進一步向康區南部木氏土司領地進軍，以圖完全控制康區，最終實現蒙藏聯合政權對整個藏區的統治。與此同時，五世達賴喇嘛及四世班禪也勸派在衞藏地區修習佛法並懷抱傳法宏願的木里僧人降央桑布（འཇམ་དབྱངས་བཟང་པོ）返回木里，振興康區格魯派教法，[2]實際上就是將降央桑布作為格魯派寺院集團的代表去負責康南地區事務。在當地格魯派勢力的支持和配合下，罕都率領蒙古軍隊步步南進，並實施對征服地區政治、經濟、宗教事務的管理和控制，最終於 1667 年佔領中甸，實現了對康南藏區的完全控制，"完成了蒙藏聯合政權統一藏區事業計劃的最後一步"[3]。

　　然而，就在蒙藏聯合政權控制康南藏區，"噶爾巴（指噶瑪巴勢力。——引者注）與罕都和好，格魯派教法順利發展"之際，"罕都中了邪魔，做了不少罪惡之事，使得'噶爾欽'（指噶瑪巴黑帽系十世活佛。——引者注）無法在中甸地方立足居住"，[4]並對將挾棄投誠吳三桂的紅帽派帕克木瓦移交給噶瑪巴黑帽系十世活佛一事多方阻撓，甚至在五世達賴喇嘛"派遣達賴琿臺吉等蒙古貴族帶兵前去迎請"[5]在滇噶瑪噶舉派活佛回藏時，在中甸地區加強兵備，準備應戰。

　　罕都的動向顯然與蒙藏聯合政權的初衷背道而馳。據藏文文獻記載，罕都此時已從格魯派的信奉者、同盟者、保護者，一變而為噶瑪噶舉派的信奉者。[6]而從中甸地方保存下來的《瓦齊爾達喇達賴喇嘛授為多康及北方執政者厄勒覺圖丹津巴圖爾臺吉之指令》《和碩特汗指令》《七世達賴喇嘛給松傑的指令》等藏文歷史檔案來看，罕都背叛格魯派，與其聯手的不衹是噶瑪噶舉派，還有信奉達壟、寧瑪以及苯教等教派的僧俗勢力，木氏土司的勢力亦參與其中，共同打擊格魯派勢力。[7]顯然，罕都對格魯派的背叛不僅僅是他個人宗教信仰的改變，而是有意在川滇藏區形成以其為中心的新的政教聯盟勢力。其後果絕不限於不同教派或上師在罕都面前的受寵或失信，而是要打破剛剛形成的政教格局，危及蒙藏聯合政權及其對藏區的統治。這對於立志完成"全藏三區"政教一統理想的蒙藏聯合政權而言，不啻是個巨大的打擊，對格魯派的危害尤甚。

　　正值蒙藏聯合政權上層陷入罕都叛教困局之際，吳三桂在雲南起兵叛清，康熙皇帝為了防止吳三桂與蒙藏方面相互勾結，竄入西藏、青海等地，隨即派員入藏，要求五世達賴喇嘛調遣蒙藏軍隊南下雲南，協助清軍圍剿吳三桂。五世達賴喇嘛對滇西北地區局勢動蕩頗覺困

---

① 阿旺丹白堅贊：《政教史水晶明鑒》，《西藏史籍五部》（藏文），第 293 頁。

② 阿旺欽饒：《木里政教史》（藏文），四川民族出版社，1993，第 20—21 頁。

③ 鄧銳齡：《結打木、楊扎木二城考》，《鄧銳齡藏族史論文譯文集》（上），中國藏學出版社，2004，第 276 頁。

④ 五世達賴喇嘛：《五世達賴喇嘛自傳·雲裳》（藏文，中），西藏人民出版社，1991，第 375、359 頁。

⑤ 五世達賴喇嘛：《五世達賴喇嘛自傳·雲裳》（藏文，中），第 359 頁。

⑥ 瓦芒·班智達則認為是"改信了寧瑪派"，見瓦芒·班智達《漢藏蒙歷史概略》（藏文），青海民族出版社，1990，第 71 頁。

⑦ 香格里拉縣人民政府駐昆明辦事處編《中甸藏文歷史檔案資料彙編》（藏文），雲南民族出版社，2003，第 20—22、36—37、50—51 頁等。

惑，又感到這是解決罕都叛教問題的好機會。於是，經與和碩特蒙古首領反復討論，權衡利弊後，制定了達賴琿臺吉等從速前往青海招募兵丁，由川入滇的方案，並通過拉篤祜等使臣奏報清廷說，西藏方面決定派蒙藏軍隊南下雲南攻據為吳三桂所奪之結達木、楊達木二城，希望清廷解決南下蒙古軍隊的糧草補給。① 這樣既對康熙皇帝諭令有所回應，又不致冒然損壞與吳三桂的關係，且可消除蒙古軍隊"難以駕馭"的顧忌，有希望順利解決罕都叛教造成的問題，可謂用心良苦。

隨後，五世達賴喇嘛任命嘉色達什（ རྒྱལ་སྲས་བཀྲ་ཤིས ）為統帥，並派噶傑諾爾布（ བགའ་བཅུད་ནོར་བུ ）、麥恰巴（ མས་ཆགས་པ ）為軍事副官，統領蒙藏軍隊前往中甸處理亂局。② 達什巴圖爾率領蒙藏軍隊挺進中甸，並得到木里地區格魯派高僧桑丹桑布、勒西降村（ ལེགས་བཤད་རྒྱལ་མཚན ）等率領的僧俗勢力的有力支援，③ 於 1674 年（藏曆木虎年）十一月初五日"戰勝了甲加、摩嘎、饒丹（ རབ་བརྟན ）、孜夏（ ཙི་བཞག ）、康薩（ ཁང་གསར ）、阿邦果（ ཨ་སྦོང་འགོ ）、雜尼瓦（ ཙ་ཉི་བ ）等結塘、楊塘地方所有（反格魯派）的僧俗部眾"④，罕都也兵敗被殺。⑤ 此即"木虎年事件"。

罕都叛教一度使川滇藏區的政教形勢發生重大變化，更使蒙藏聯合政權剛剛建立的統治面臨新的困境。這一問題的出現及"木虎年事件"的發生，對蒙藏聯合政權內部關係及其發展產生了重要影響，一方面使蒙藏上層之間早已潛藏的矛盾逐漸趨向明朗化，促使格魯派集團加強與準噶爾勢力的聯繫；另一方面也使和碩特蒙古內部不同派系之間出現裂痕，從而深刻影響了蒙藏聯合格局及其演變趨勢。

## 二

其實，蒙（和碩特部）藏（格魯派寺院集團）雙方的聯盟從一開始就存在既互為需要又互為利用的色彩。

17 世紀初以來，隨著衛拉特四部內部關係趨於緊張，兵戈擾攘，顧實汗一直謀求擺脫這種狀況，為本部尋求新的生存和發展空間，並對水草豐茂的青海湖周邊地區產生襲據之心。⑥ 格魯派則受困於藏巴汗、卻土汗、白利土司、木氏土司等勢力的擠壓和迫害，在四面楚歌中急於尋求救助。因此，西藏格魯派寺院集團向衛拉特蒙古求援成為重要機緣，迅速得到衛拉

---

① 《清聖祖實錄》卷四八，康熙十三年七月壬申條。

② 五世達賴喇嘛：《五世達賴喇嘛自傳·雲裳》（藏文，中），第 392 頁；《達賴喇嘛為陳述對吳三桂等叛亂所能採取行動情形奏書》，中國第一歷史檔案館藏蒙文老檔，載中國第一歷史檔案館、中國藏學研究中心編《清初五世達賴喇嘛檔案史料選編》，中國藏學出版社，2000，第 78 頁。

③ 阿旺欽饒：《木里政教史》（藏文），第 90 頁。

④ 五世達賴喇嘛：《五世達賴喇嘛自傳·雲裳》（藏文，中），第 421 頁。

⑤ 瓦芒·班智達：《漢藏蒙歷史概略》（藏文），第 72 頁。

⑥ 若松寬：《清代蒙古的歷史和宗教》，馬大正等譯，黑龍江教育出版社，1994，第 23—24 頁。

特方面的積極回應。顯然，是雙方的現實需要促成了彼此聯盟關係的建立。然而，由於雙方根本目的的不同，導致結盟行動潛藏著不和諧因素，從而在聯合的表象下湧動著互相較勁的暗流。

顧實汗率領的和碩特蒙古軍隊先後征服青海、康區北部、衛藏腹心地區後，如何控制這些地區成為必須做出妥當安排的迫切現實問題。從顧實汗戰略目標的角度說，他既需要藉助並控制達賴喇嘛及其領導的格魯派宗教勢力，又不能以征服者的姿態進入西藏。而就格魯派集團而言，儘管在顧實汗軍事力量的支持下擺脫了四面楚歌的困境，進而取得了在衛藏地方的優勢地位，但要完全掌控西藏局勢，以格魯派自身的力量，尚難辦到。儘管五世達賴喇嘛等不希望顧實汗過多干預西藏事務，但又覺得"在西藏這塊土地上如果有一個領袖，時局纔會安定，薩迦、噶舉、寧瑪等其他教派四分五裂的局面也纔可能有所改觀"[1]，認識到強大軍政力量的重要性，並肯定顧實汗"有膽識、有毅力、信仰堅定"，請求他"為了宗喀巴大師的教法而留下來"[2]。在這一背景下，顧實汗以格魯派寺院集團的保護者身份雄踞拉薩，統領軍政事務，立五世達賴喇嘛為最高宗教領袖，從而建立由蒙藏僧俗共同組成、以政教二道管領廣大青藏地區的聯合政權——和碩特汗廷，又仿照忽必烈向八思巴奉獻大供之例，將西藏十三萬戶全部奉獻給五世達賴喇嘛，以為佛法屬民，[3] 並支持格魯派寺院集團在拉薩建立了新的地方政權——甘丹頗章政權，令其管轄西藏地區政教事務。

為了確保汗廷對西藏事務的權威，顧實汗採取"陽崇釋教，陰自強"[4]的策略，一方面將衛藏地區經濟權力交給格魯派集團掌管，並幫助格魯派集團建立甘丹頗章政權，使格魯派寺院集團在政治、經濟上空前得勢；[5] 另一方面又以汗廷最高領袖的身份對甘丹頗章政權的運行與管理過程進行監督與控制，將甘丹頗章政權的最高行政官員——第巴的任命權掌握在自己手中，甚至規定甘丹頗章政權頒行的行政命令均須經顧實汗蓋印，第巴"副署蓋印"後方可發布，[6] 從而將西藏地方政教事務置於汗廷權威的有效管控之下。

儘管顧實汗有意通過將五世達賴喇嘛立為和碩特汗廷宗教領袖的方式將其剝離西藏甘丹頗章政權，但是，達賴喇嘛畢竟是格魯派寺院集團的領袖，顧實汗自己又將"衛藏十三萬戶"奉獻給五世達賴喇嘛，並幫助建立甘丹頗章政權統治衛藏地區，同時，作為該政權最高行政長官的第巴，雖然由顧實汗任命，卻終究是"達賴喇嘛下司事之人"[7]，祇因達賴喇

---

① 五世達賴喇嘛：《五世達賴喇嘛自傳·雲裳》（藏文，上），西藏人民出版社，1989，第 217 頁。

② 五世達賴喇嘛：《五世達賴喇嘛自傳·雲裳》（藏文，上），第 240 頁。

③ 五世達賴喇嘛：《五世達賴喇嘛自傳·雲裳》（藏文，上），第 216—217 頁。

④ 祁韻士：《皇朝藩部要略》卷一七《西藏要略一》。

⑤ 第司·桑結嘉措：《格魯派教法史·黃琉璃寶鑒》（藏文），第 24 章 "五世達賴喇嘛成為教主後修建寺院的情形"，中國藏學出版社，1989，第 396—410 頁。

⑥ 王森：《西藏佛教發展史略》，第 202 頁。

⑦ 《清聖祖實錄》卷一七五，康熙三十五年八月甲午條。

嘛無暇兼顧政、教二務，纔任命之以代為統攝甘丹頗章政權的世俗政務。[1]因此，要真正將達賴喇嘛剝離甘丹頗章政權是不可能的。在這種情況下，達賴喇嘛的崇高威望和巨大影響力對顧實汗的統治理想而言不啻是把雙刃劍，掌控好了則罷，否則將有可能造成難以收拾的局面。

於是，在推崇和利用達賴喇嘛巨大影響力的同時，顧實汗又採取某些鉗制達賴喇嘛的措施，對如何管理西藏地區事務做了精心安排，既保證和碩特汗廷的權威，又使西藏格魯派集團及其政權實現對西藏地區的合理統治。

第一，樹立達賴喇嘛在藏傳佛教界的領袖地位，推崇備至，並以福田－施主關係的形式將其在蒙藏民眾中所享有的崇高威望和巨大影響力與自己的軍事實力結成聯盟，構建汗廷政教兩道並行不悖之統治格局，鞏固和提高汗廷對青藏地區事務的控制力，並提升和擴大自己在蒙古各部中的影響力。

第二，給扎什倫布寺法臺洛桑曲吉堅贊贈以"班禪博克多"的尊號，並捐獻後藏地區數十個谿卡給扎什倫布寺作為僧眾的供養，[2]抬高其地位，使其擁有自己獨立的領地，從而在格魯派寺院集團中建立起另一個活佛系統，逐步形成與達賴喇嘛共同管理前、後藏佛教事務之勢，藉此分掉達賴喇嘛的一部分權勢。

第三，顧實汗自己以"全藏三區之王"的身份擁兵坐鎮前藏，保護和鞏固格魯派寺院集團對西藏地區的統治不受敵對勢力的侵擾，[3]保障西藏政教形勢的穩定。

第四，為防不測，在離拉薩不遠的達木地方留駐八個旗的蒙古軍隊，"遣長子達延轄其眾，號鄂齊爾汗，第六子多爾濟佐之，號達賴巴圖爾臺吉"[4]，從而對西藏地區（包括對格魯派寺院集團）造成某種軍事威懾，以確保汗廷對西藏地區的有效控制。

第五，加緊與清朝聯繫，表誠向化，並努力促成五世達賴喇嘛赴京朝覲及清廷對五世達賴喇嘛和自己的冊封，以此進一步確立和碩特汗廷對青藏地區統治的合法性。

第六，通過對西藏地方世俗貴族授以名號、頭銜，或賞賜封地、減免稅賦等方式，扶植他們成長為為汗廷效力的世俗力量，以抗衡和鉗制格魯派寺院集團勢力。頗羅鼐家族的成長和得勢便是一個典型例子。

顧實汗以聯合政權最高軍政首腦的身份雄踞拉薩，震懾前後藏各派勢力，這對格魯派集團（甘丹頗章政權）而言，顯屬必要。然而，顧實汗的上述一系列旨在弱化達賴喇嘛影響、強化自身威權的做法，又給蒙藏聯合中雙方權力的分配格局帶來了不少麻煩。為此，格魯派寺院集團在五世達賴喇嘛等人統領下，一方面通過建立並完善行政體制、經濟制度和法律體

---

① 《五世達賴喇嘛諭蒙藏僧俗全體文》，扎西旺都編《西藏歷史檔案公文選水晶明鑒》（藏文），民族出版社，1989，第121—125頁。

② 牙含章：《班禪額爾德尼傳》，西藏人民出版社，1987，第41頁。

③ 阿旺丹白堅贊：《政教史水晶明鑒》，《西藏史籍五部》（藏文），第292—293頁。

④ 祁韻士：《皇朝藩部要略》卷一七《西藏要略一》。

系以確立和鞏固自己對西藏地區的統治；另一方面又著力創設一套封建等級序列和權威象徵體系，虛實結合、剛柔相濟，以確保達賴喇嘛及其所領導的格魯派寺院集團在西藏的特權地位，確保甘丹頗章政權的有序運行和穩固發展。

第一，著手創建西藏地方行政管理體制，設立機構，配備人員，制定並頒布《明述取捨界綫水晶寶鑒二十一條》，以法律的形式明確規定各級官員的選拔、任用標準及其職責許可權，① 使甘丹頗章政權政教合一的行政體制和官僚制度逐步趨於完備，從而"出現了一個衛藏全區統屬於一個地方行政機構之下的局面"②，並且"把西藏政府轉變為真正有絕對的權力的政府"③。

第二，強調和突出第巴雄（西藏地方政府）行政體系及其職官制度的政教合一性，嚴格實行僧俗並用之制，同時，明確規定凡甘丹頗章政權職官，尤其是充任重要的宗和邊遠地區宗谿長官的人員必須是格魯派教法的信徒，以消除各種潛在的反叛力量，④ 確保格魯派寺院集團在西藏的絕對統治權。

第三，對"衛藏十三萬戶"土地、屬民進行調整和重新封賜，重構各類僧俗勢力的利益結構，並"威脅或說服了衛藏原有領主先後為己所用，更進一步以承認他們的基本莊園由他們的子孫世襲，並讓他們本人和子孫世世代代在拉薩居官為條件，讓他們以貴族身份集中居住在拉薩，交出原由他們管轄的莊園，歸拉薩地方政府管轄"⑤，從而有效控制了貴族勢力並消除了他們謀叛或割據的社會基礎。

第四，通過重建布達拉宮、確定官服體制、規定典禮座次等途徑，創設一套封建等級序列和權威象徵體系，以歷史資源、文化特性和宗教渲染有機結合的方式，構建與硬性統治體制相配套的柔性控制措施，以確立達賴喇嘛及其所領導的格魯派寺院集團在西藏的特權地位。⑥

第五，五世達賴喇嘛應順治帝之請赴京朝覲，藉清廷利用達賴喇嘛以控御蒙古之意圖，爭取清廷對五世達賴喇嘛及格魯派教法的尊崇和支持，以加重與和碩特蒙古勢力博弈的政治籌碼。

第六，顧實汗去世後，五世達賴喇嘛利用蒙藏聯合政權最高宗教領袖的身份干預汗位繼承人的選定並主持登基儀式，⑦ 又利用汗王更多地關心青海和碩特本部的事務而使拉薩的汗位

---

① 詳見《明述取捨界綫水晶寶鑒二十一條》，恰白·次旦平措主編《西藏歷代法規選編》（藏文），西藏人民出版社，1989，第198—274頁。
② 王森：《西藏佛教發展史略》，第209頁。
③ G. Tucci, *Tibetan Painted Scrolls*, vol.1, Japan：Rensen Book co. Ltd. Kyoto, 1980, p.74.
④ 恰白·次旦平措：《略論原西藏地方政府的組織綱領——〈法典明鏡〉》，《恰白·次旦平措選集》（藏文），中國藏學出版社，1993，第130—131頁。
⑤ 王森：《西藏佛教發展史略》，第209頁。
⑥ 羅布：《清初甘丹頗章政權權威象徵體系的建構》，《中國藏學》2013年第1期。
⑦ 五世達賴喇嘛：《五世達賴喇嘛自傳·雲裳》（藏文，上），第512頁。

處於虛懸狀態之機，積極主持和操辦聯合政權事務，進而將任命第巴的權力收歸己有，逐步使和碩特汗王變成祇是"偶而從青海蒞臨拉薩，出席宗教慶典，發放大量布施"，而"沒有任何真正的干涉政務的行動"。[①]

正當聯合政權內部蒙藏雙方彼此較勁，暗流湧動之際，作為聯合政權代表負責經營和管理康區的蒙古將領罕都背叛格魯派，給蒙藏關係的趨向增添了新的變數，更給格魯派勢力在康區的地位造成極大威脅。為了應對這場突如其來的變故，五世達賴喇嘛等決定"派遣達賴琿臺吉等蒙古貴族帶兵前去迎請"[②]噶瑪噶舉派活佛回藏，並著手考慮處置罕都叛教問題的對策。達賴琿臺吉等人前赴理塘設法將紅帽噶瑪巴迎往西藏，隨即將軍隊撤回青海，[③]對處置罕都叛教問題沒有表現出任何積極姿態。

正當蒙藏聯合政權上層因罕都的動向而陷入困境之際，吳三桂於1673年（康熙十二年）舉事叛清。為了防止吳三桂與蒙藏方面相互勾結，阻斷吳三桂通過青藏地區與西北王輔臣勢力打成一片的可能，康熙皇帝隨即派遣員外郎拉篤祐、喇嘛丹巴德穆齊等人入藏，要求五世達賴喇嘛調遣蒙藏軍隊南下雲南，協助清軍圍剿吳三桂。五世達賴喇嘛對派蒙古軍隊進入雲南有所顧忌，但又覺得這是解決罕都問題的良機，遂與和碩特蒙古首領反復討論，決定一方面派達賴琿臺吉等從速前往青海招募兵丁，另一方面奏請清廷將蒙古軍隊納入統一的討吳軍事行動之中，以約束蒙古軍隊。然而，達賴巴圖爾等回到青海後，卻突然改變主意，放棄聯合政權上層經過反復討論、權衡利弊後制定的進兵方案，以"松潘路險"為由，拒絕出兵進剿，反而縱兵騷擾陝甘邊境地區。[④]作為格魯派寺院集團的同盟者和蒙藏聯合政權的主要武裝力量，青海和碩特蒙古的這一舉動，無論出於何種緣由，都證實了五世達賴喇嘛等格魯派上層的顧忌並非空穴來風。聯合政權內部蒙藏雙方的關係變得相當微妙複雜。

有鑒於此，五世達賴喇嘛充分利用顧實汗幼子達什巴圖爾身份和地位的特殊性，[⑤]給"王子達什傳授了長壽灌頂和消除一切違礙的六臂依怙隨許法，並授予厄勒覺圖巴圖爾臺吉的稱號，饋贈了大量禮品，委為將軍並派噶傑諾爾布、麥恰巴擔任軍事官員"，令他率領蒙藏聯軍前往中甸處理亂局。[⑥]

---

① G. Tucci, *Tibetan Painted Scrolls*, vol.1, p.74.
② 五世達賴喇嘛：《五世達賴喇嘛自傳·雲裳》（藏文，中），第359頁。
③ 五世達賴喇嘛：《五世達賴喇嘛自傳·雲裳》（藏文，中），第376頁。
④ 《清聖祖實錄》卷五四，康熙十四年四月乙卯條。
⑤ 達什巴圖爾作為顧實汗的幼子，在輩份上比當時青海和碩特蒙古許多臺吉都高，而據傳達什巴圖爾的母親係顧實汗女僕（智觀巴·貢卻乎丹巴繞吉：《安多政教史》（藏文），甘肅民族出版社，1982，第41頁），這一出身又使得達什巴圖爾在青海和碩特內部受到一定程度的歧視，因此對達賴巴圖爾等人心懷不滿。因此，他有可能願意違反青海和碩特蒙古的決定或想法，率兵前往雲南，並藉此提高自己的地位，壯大自己的實力。
⑥ 五世達賴喇嘛：《五世達賴喇嘛自傳·雲裳》（藏文，中），第392頁。

三

　　"木虎年事件"順利解除了罕都叛教帶來的危險，但蒙藏上層之間的關係卻變得越發微妙和複雜。在解決這一問題的過程中，五世達賴喇嘛一方面有意在和碩特蒙古內部培植達什巴圖爾勢力，拔高他的地位，擴大他的權力；另一方面則開始扶持噶爾丹，加強與準噶爾部的聯繫，以培植鉗制和碩特蒙古勢力的力量。

　　噶爾丹（1644—1697）係巴圖爾琿臺吉第六子。據衛拉特文獻記載，1635年格魯派求援使團的首領安薩呼圖克圖（即溫薩活佛，དབེན་ས་སྤྲུལ་སྐུ།）當年曾向玉姆夫人授記，他過世後將轉世為她的兒子。溫薩活佛於1643年在扎什倫布寺突然圓寂，次年玉姆夫人正巧生了噶爾丹。因此，衛拉特人和西藏格魯派集團都認定噶爾丹為溫薩活佛的轉世。[1]從《五世達賴喇嘛自傳·雲裳》中的記載來看，噶爾丹在前往西藏學佛之前就與五世達賴喇嘛有聯繫，如1652年（水龍年）溫薩活佛與巴圖爾琿臺吉派齋桑囊素給五世達賴喇嘛寄來了信，[2]1653年（水蛇年）十二月初五世達賴喇嘛進京途中在張家口附近的巴彥蘇木接見了溫薩活佛與巴圖爾琿臺吉派往北京朝貢和貿易的使臣，[3]等等。1656年（火猴年）春，噶爾丹來到西藏，先後在拉薩和日喀則謁見了五世達賴喇嘛和四世班禪，並進入扎什倫布寺學經。1663年（水兔年），五世達賴喇嘛給噶爾丹授具足戒。1666年（火馬年），噶爾丹在西藏學經念佛十年後，準備返回準噶爾故地。五世達賴喇嘛在《自傳》中提到，這一年八月，噶爾丹到拉薩向其獻禮布施，五世達賴喇嘛還派布達拉宮南傑扎倉的僧人為他頌經，[4]噶爾丹同鄂齊爾圖的弟弟阿巴賴夫婦以及準噶爾部首領僧格的妻子策旺傑摩（ཚེ་དབང་རྒྱལ་མོ།）等人多次向五世達賴喇嘛獻上大量禮品，並多次接受五世達賴喇嘛傳授的佛法。五世達賴喇嘛"給溫薩活佛（噶爾丹）傳授了珠傑派的長壽灌頂，贈送了僧人用具、素色氆氌等送別禮品，並教導他為了政教利益，各方面要盡職盡責"。臨噶爾丹動身時，達賴喇嘛又"親手交給他一串珍珠念珠，並詳盡吩咐了如何著眼於眼前和長遠的利害得失為佛法服務等事"。同時，五世達賴喇嘛還以賜座、派人護送等方式對溫薩活佛噶爾丹表示嘉獎，噶爾丹則把他在扎什倫布新建的一座住宅贈送給了達賴喇嘛。[5]

　　由此看來，五世達賴喇嘛特別器重並精心培植噶爾丹，對他寄予厚望，甚至在一定意義上可以認為，"噶爾丹返回故土，是根據達賴喇嘛的事先安排，他的任務是以溫薩活佛的身份在準噶爾繼續傳教，為政教利益盡責"。[6]其所以如此，應該與罕都在康區的動向和蒙藏聯合政權內部關係的趨向有關。

---

①　特克第：《蒙古溯源史》，烏力吉土譯，《蒙古學資料與情報》1989年第1期。
②　五世達賴喇嘛：《五世達賴喇嘛自傳·雲裳》（藏文，上），第362頁。
③　五世達賴喇嘛：《五世達賴喇嘛自傳·雲裳》（藏文，上），第391頁。
④　五世達賴喇嘛：《五世達賴喇嘛自傳·雲裳》（藏文，中），第6—7頁。
⑤　五世達賴喇嘛：《五世達賴喇嘛自傳·雲裳》（藏文，中），第50頁。
⑥　烏雲畢力格：《五色四藩：多語文本中的內亞民族史地研究》，上海古籍出版社，2017，第232—233頁。

據劉健《庭聞錄》記載，1660 年（順治十七年），罕都率和碩特軍進抵麗江邊境，並於次年三月派遣使者攜帶禮物和"西番、蒙古譯文四通"前往昆明，祝賀吳三桂平定雲南並要求"於北勝州互市茶馬"①。吳三桂出於自身的戰略考慮，極力敦促清廷同意在北勝州進行互市貿易，終獲批准。② 同年，避居麗江的噶瑪噶舉派黑帽系十世活佛曲英多吉移居中甸，並將藏曆鐵鼠年（1660）降生於中甸的諾布桑布（ནོར་བུ་བཟང་པོ།）認定為第五世傑策活佛扎巴喬央（གྲགས་པ་མཆོག་དབྱངས།）之轉世，即第六世傑策活佛。③ 此時，一方面出於自己的戰略考慮，降央巴丹的離間；另一方面也因為噶瑪噶舉派在宗教上的影響和政治上的爭取，罕都從格魯派的信奉者、同盟者、保護者，一變而為噶瑪噶舉派的信奉者，罕都與格魯派的關係出現了明顯的裂痕。據《五世達賴喇嘛自傳》載，1660 年就有一個康區噶瑪噶舉派僧人林溫波（བྲིང་དབོན་པོ།）"佯裝已改宗格魯派，以阿諛奉承迷惑了罕都"，不但得授頂塘囊素（སྟོང་ཐང་ནང་སོ།）之職，還巧施詭計，使罕都處死了自己屬下一些信奉格魯派的"好人"。④ 1665 年（藏曆木蛇年），"多次出現了彗星，這是近則傷害生靈，遠則社稷不穩的徵兆"，因此五世達賴喇嘛與迪穆活佛詳細磋商"改造康區樞紐要地"的方式方法，並不厭其煩地對前去負責此務的迪穆活佛"傳授了噶當十六明點、威猛金剛神力大悲灌頂、伏藏祖師的圈套紅色威猛金剛教法、與閻羅王合為一位之儀軌以及遠行王之教誡等"，⑤ 反映出西藏格魯派寺院集團方面加強對康區形勢的關注，加緊干預康區局勢的明顯表徵。

於是，1666 年（火馬年）噶爾丹準備返回準噶爾故地時，五世達賴喇嘛以賜座、派人護送、多次傳法灌頂、贈送用具禮品等方式給予極高的禮遇和嘉獎，教導他為了政教利益盡職盡責，又"親手交給他一串珍珠念珠，並詳盡吩咐了如何著眼於眼前和長遠的利害得失為佛法服務等事"，似乎就不祇是巧合了。

1670 年，準噶爾發生內亂，噶爾丹的長兄即準噶爾首領僧格被其異母兄弟車臣臺吉和卓特巴巴圖爾害死。事發後，噶爾丹在衛拉特蒙古著名首領鄂齊爾圖車臣汗等人的支持下，率領僧格餘部往戰車臣臺吉、卓特巴巴圖爾。車臣臺吉被殺，卓特巴巴圖爾被迫逃往青海。次年，噶爾丹遣使到拉薩，給五世達賴喇嘛送去信函及壓書禮，達賴喇嘛給他寫了"話語很多的回信"，⑥ 承認了噶爾丹洪臺吉的稱號，並贈給他帶盒子的紅色印章、紅白念珠、氆氌等精美

① 劉健：《庭聞錄》卷三《收滇入緬》。
② 《清聖祖實錄》卷四，順治十八年八月甲寅條。
③ N. Douglas and M. White, *Karmapa: The Black hat Lama of Tibet*, p.76. 轉引自鄧銳齡《結打木、楊打木二城考》，《鄧銳齡藏族史論文譯文集》（上），第 275 頁；五世達賴喇嘛《五世達賴喇嘛自傳·雲裳》（藏文，中），第 505—506 頁。
④ 五世達賴喇嘛：《五世達賴喇嘛自傳·雲裳》（藏文，上），第 597 頁。
⑤ 五世達賴喇嘛：《五世達賴喇嘛自傳·雲裳》（藏文，上），第 704—706 頁。
⑥ 佚名：《蒙古源流記》，《衛拉特歷史文獻》（托忒文），新疆人民出版社，1987，第 315 頁，轉引自烏雲畢力格《五色四藩：多語文本中的內亞民族史地研究》，第 233 頁。

禮品。① 從此以後，噶爾丹還俗，成為噶爾丹洪臺吉，而不再被稱作溫薩活佛。

罕都於 1667 年襲據中甸後，吳三桂將原屬木氏土司管理的照可、你那、香羅、鼠羅等處地方也割讓給了罕都，1672 年（康熙十一年）又將金沙江以內的喇普地方割讓給罕都，雙方以塔城關為界，使罕都所代表的蒙藏聯合勢力成為滇西北藏區的實際控制者，"噶爾馬乃與卡都議和"②，作為噶瑪巴的庇護者的木氏土司也很可能與罕都達成了某種和解，被迫接受罕都的統制。

罕都在吳三桂的默認下佔領和控制滇西北藏區，蒙藏聯合政權似乎實現其統一"全藏三區"的政教理想之際，"據傳，紅帽派帕克木瓦帶領兩族人至平西王處"，五世達賴喇嘛"恐其蠱惑人心，有損漢、蒙之和睦"，奏請清廷"降旨，使其仍歸併於噶爾馬"。③康熙皇帝接五世達賴喇嘛奏疏後，同意將紅帽派僧人交給噶瑪巴管理，要求五世達賴喇嘛約束好罕都，不使其加害他們，④並派遣理藩院官員前往雲南處理具體的移交事宜。但是，作為蒙藏聯合政權代表的罕都卻並不樂意清廷將紅帽派帕克木瓦移交給噶瑪巴，並且"授計噶爾瑪躲避到其他地方，並使路旁居民亦躲避到遠處，禁止賣糧給吾使者"，多方阻撓移交工作。而此時的噶瑪巴則已經完全處於罕都的控制之下，正如其屬下所言，"吾等住於卡都地方，卡都允許接受，吾始接受，否則不接受"，無奈之至，即使噶瑪巴前來與清廷使臣見面，亦"因首領（指罕都。——引者注）未來，未發一言即返回矣"，毫無決斷之力。移交工作被迫擱淺。⑤

為了應對這場突如其來的變故，五世達賴喇嘛等西藏格魯派上層決定加快迎接在滇噶瑪噶舉派活佛回藏的步伐，一方面"奏請朝廷安排紅帽活佛回楚布居住為宜，朝廷降旨同意，並派人將他們師徒護送前來"⑥；另一方面"派遣達賴琿臺吉等蒙古貴族帶兵前去迎請"⑦，並組織木里等地民間武裝進駐川滇邊境，派人到雲南向吳三桂申明原由，動用打箭爐地方軍隊駐守在阿妥店（ཨ་ཐོ་ཁྱིམ་），以保護已經迎請到木里的紅帽派活佛。⑧為避開罕都，達賴喇嘛的使臣們不走中甸的大路，而是"繞走北荒之路無人之處，造筏渡江"，但罕都隨即起兵，搶掠阿定河地區。據《木里政教史》記載，當時西藏方面派出的迎接使者連同紅帽活佛被迫在木

①　五世達賴喇嘛：《五世達賴喇嘛自傳·雲裳》（藏文，中），第 284 頁。

②　《康熙帝為紅帽派帕克木瓦等來歸安置事給達賴喇嘛敕諭》（蒙文老檔），中國第一歷史檔案館、中國藏學研究中心編《清初五世達賴喇嘛檔案史料選編》，第 66 頁。

③　《康熙帝為紅帽派帕克木瓦等來歸安置事給達賴喇嘛敕諭》（蒙文老檔），中國第一歷史檔案館、中國藏學研究中心編《清初五世達賴喇嘛檔案史料選編》，第 66 頁。

④　《康熙帝為紅帽派帕克木瓦等來歸安置事給達賴喇嘛敕諭》（蒙文老檔），中國第一歷史檔案館、中國藏學研究中心編《清初五世達賴喇嘛檔案史料選編》，第 66—67 頁。

⑤　《康熙帝為青海遊牧之爭等事給達賴喇嘛敕諭》（蒙文老檔），中國第一歷史檔案館、中國藏學研究中心編《清初五世達賴喇嘛檔案史料選編》，第 68 頁。

⑥　五世達賴喇嘛：《五世達賴喇嘛自傳·雲裳》（藏文，中），第 201—202 頁。

⑦　五世達賴喇嘛：《五世達賴喇嘛自傳·雲裳》（藏文，中），第 359 頁。

⑧　阿旺欽饒：《木里政教史》（藏文），第 87—88 頁。

里滯留三年之久，唯恐為罕都搶走。[1] 由此看來，罕都與格魯派之間的關係已然破裂。

達賴琿臺吉等人來到理塘並與當地格魯派勢力取得聯繫，設法將紅帽系噶瑪巴送往西藏後，將軍隊撤回青海，[2] 沒有似乎也不準備對罕都採取任何打擊措施。

正當此時，清廷遣使敕諭達賴喇嘛等派蒙藏兵丁入滇助剿吳三桂。五世達賴喇嘛對格魯派集團與和碩特蒙古聯盟關係的走向已然心存疑慮，又不清楚"在中甸地區給那些未馴化的人們撐腰的是麗江土王還是別的什麼人"，雖想藉機打擊罕都，卻又覺得貿然派出蒙古軍隊"是值得顧忌的"，疑忌叢生。[3] 前去青海招兵募馬的達賴琿臺吉突然改變主意，以"松潘路險"為由，拒絕出兵進剿，反而縱兵騷擾陝甘邊境地區。[4] 據清朝官方文獻記載，青海蒙古兵襲擾陝甘邊境地帶是受吳三桂煽動的，[5] 意圖與陝西提督王輔臣形成南北呼應之勢。果如是，五世達賴喇嘛等格魯派上層對派蒙古軍隊入滇一事的疑心與顧忌顯非空穴來風。

如此一來，不但罕都與格魯派寺院集團之間出現了裂痕，而且蒙藏聯合政權內部關係也由原先相對默契的配合轉向齟齬，矛盾已然顯露。格魯派寺院集團顯然面臨陷入新的困局的巨大挑戰。

於是，五世達賴喇嘛一方面利用達什巴圖爾身份的特殊性，委其為將軍派往中甸處理亂局；另一方面則進一步加強與準噶爾噶爾丹勢力的聯繫，著力培植鉗制和抗衡和碩特蒙古的勢力。

噶爾丹於 1676 年直接掌控準噶爾部汗權後，遣使到拉薩拜會達賴喇嘛。1678 年（土馬年）五月，五世達賴喇嘛會見了即將返回準噶爾的噶爾丹使者，並派遣嘉爾波哇·多吉旺秋（ རྒྱལ་པོ་བ་རྡོ་རྗེ་དབང་ཕྱུག ）隨同前往衛拉特，授予噶爾丹洪臺吉以"噶爾丹丹津博碩克圖汗"的名號及印章、全套衣服等禮品，還帶去一大箱紙質書信，並讓使者傳達詳細口信。[6] 據衛拉特蒙古文獻《咱雅班第達傳》記載，五世達賴喇嘛當時給噶爾丹和咱雅庫侖的額爾和綽爾吉以印敕，並向衛拉特僧俗各界宣布了幾項告示：（1）咱雅班第達是從蒙古來藏學佛的第一人，其轉世靈童當時正在拉薩學佛修煉，待學業完成後即將遣回衛拉特。在他返回衛拉特之前，賜給額爾和綽爾吉以額爾德尼達爾罕之名號，由他代為管理咱雅庫侖；（2）衛拉特各部要保護好咱雅庫侖的徒弟和沙畢納爾，不准向他們徵收賦稅，也不准隨意使喚；（3）衛拉特有關方面的事務由額爾德尼達爾罕協助噶爾丹處理；（4）僧俗各界均不得在汗和諾顏之間挑撥離間；（5）若有違犯上述各條者，以法懲之。[7] 綜合起來，五世達賴喇嘛書信的內容可以概

---

① 阿旺欽饒：《木里政教史》（藏文），第 87—88 頁。

② 五世達賴喇嘛：《五世達賴喇嘛自傳·雲裳》（藏文，中），第 376 頁。

③ 五世達賴喇嘛：《五世達賴喇嘛自傳·雲裳》（藏文，中），第 392 頁。

④ 《清聖祖實錄》卷五四，康熙十四年四月乙卯條。

⑤ 《清聖祖實錄》卷七三，康熙十七年四月乙未條。

⑥ 五世達賴喇嘛：《五世達賴喇嘛自傳·雲裳》（藏文，下），西藏人民出版社，1991，第 152—153 頁。

⑦ 喇德納巴德喇：《咱雅班第達傳》，成崇德譯注，《清代蒙古高僧傳譯輯》，全國圖書館文獻縮微複製中心，1990，第 53—54 頁。

括為兩個方面，一是要衛拉特人繼續敬奉佛法（格魯派教法），保護它的特權地位；一是要衛拉特僧俗各界聽從噶爾丹的統一指揮，安分守己，和睦相處，維護準噶爾統一政權的穩固和發展。

# 四

"木虎年事件"的發生不但徹底肅清了木氏土司對滇西北藏區的控制和影響，而且結束了噶瑪噶舉派長期以來以康區地方勢力為依托反抗格魯派的歷史。與此同時，木里等康區格魯派勢力得到蒙藏聯合政權的鼎力支持，勢力大漲，並獲得了對由打箭爐經理塘、巴塘、昌都入藏的川藏商道的控制權。由此，格魯派在康區藏傳佛教各派中的領導地位得以確立和鞏固，再沒有哪個政教勢力能夠挑戰格魯派集團的勢力，對蒙藏聯合政權內部關係的走向產生了重大影響。

第一，"木虎年事件"後，達什巴圖爾將中甸等地奉獻給五世達賴喇嘛作為"香火之地"，並建議在中甸修建一座格魯派大寺，以推動格魯派教法在滇西北藏區的傳播，並確立格魯派寺院集團在當地的統治地位。據相關文獻記載，達什巴圖爾在控制中甸地區後，對所有參與反抗格魯派活動的噶瑪噶舉派寺廟進行了打擊，沒收寺產，解散僧眾，並將德欽縣境內的紅坡寺（ཧྲོ་ཕུ་དགོན།）、覺洛寺（འཇོལ་དགོན།）、沖沖措崗寺（ཁྱུང་ཁྱུང་མཚོ་སྒང་།）等改建為格魯派寺院，五世達賴喇嘛分別給三寺賜名"甘丹羊巴井（དགའ་ལྡན་ཡངས་པ་ཅན།）"、"甘丹德欽（དགའ་ལྡན་བདེ་ཆེན།）"和"甘丹東主林（དགའ་ལྡན་དོན་གྲུབ་གླིང་།）"，並於1680年（藏曆鐵猴年）派哲蚌寺饒降巴阿旺美朗（རབ་འབྱམས་པ་ངག་དབང་སྨོན་ལམ།）為三寺掌教，[1]稱為"袞松堪布（དགོན་གསུམ་མཁན་པོ།）"，由此形成三寺掌教由拉薩派員的制度。1679年（藏曆土羊年），在原由噶瑪巴紅帽系六世活佛所建孜夏寺（རྩེ་བཞག་དགོན།）遺址上修建甘丹松贊林寺（དགའ་ལྡན་སུམ་ཚེན་གླིང་།），1681年（藏曆鐵雞年）基本建成，西藏格魯派集團派遣瓊結巴·阿旺南結（འཕྱོངས་རྒྱས་པ་ངག་དབང་རྣམ་རྒྱལ།）擔任堪布，並規定其僧人到拉薩三大寺進修深造，又將鄉城、朵瑪絨（གཏོར་མ་རོང་།）、雜尼、楊塘等處眾多寺廟劃為其分、屬寺，[2]使甘丹松贊林寺成為格魯派寺院集團在滇西北藏區的總代表。與此同時，西藏甘丹頗章政權著手擴大其對滇西北藏區的政治控制，建立了以"吹雲（མཆོད་ཡོན།）會議"為最高權力機構的行政管理系統，將滇西北藏區劃分成若干個"宗"，由西藏甘丹頗章政府派出"宗本"，與松贊林寺堪布等人組成"吹雲會議"商議和決定政教要務，從而在滇西北藏區推行了一種獨特的政教合一體制。另外，對當地一些與格魯派關係密切的土司頭人頒賜特殊"執照"，如1683年（藏曆水豬年）分別頒給建塘宗官南培（རྣམ་ཕུན།）和中甸土官松傑（སངས་རྒྱས།）父子的執照等，授予

---

[1]　香格里拉縣人民政府駐昆明辦事處編《中甸藏文歷史檔案資料彙編》（藏文），第3—8頁。
[2]　第司·桑結嘉措：《格魯派教法史·黃琉璃寶鑒》（藏文），第457頁。

他們免除賦役等種種特權，①使之成為西藏格魯派寺院集團及其政權在滇西北藏區實施統治的有效工具。

第二，"木虎年事件"中，格魯派寺院集團摸準了他們對和碩特蒙古勢力的"顧忌"並非杞人憂天，並且很好地利用了和碩特蒙古內部諸臺吉之間的不和，巧妙設計，使和碩特蒙古內部的分化、對立勢頭進一步彰顯和加劇，從而使自身在與和碩特蒙古的權力爭奪中處於有利地位。達什巴圖爾在青海總管王達賴琿臺吉等人不願出兵的情況下接受五世達賴喇嘛的指令，率領蒙藏軍隊進擊罕都，勢必引起青海和碩特諸臺吉的不滿，後來五世達賴喇嘛（其實是第巴桑吉嘉措假五世達賴喇嘛之名）鼎力支持達什巴圖爾繼任青海總管王之職遭到他們的抵制就是證明。格魯派寺院集團利用五世達賴喇嘛在聯合政權內的崇高威望和巨大影響力，前曾干預青海和碩特蒙古內部事務，將其領地劃分為左右兩翼，這次又干預青海總管王的繼任問題，將自己信任、利用和支持的達什巴圖爾安排到青海和碩特本部的首領位置，加強了對青海和碩特事務的影響，從而進一步鞏固了自己在聯合政權內部權力博弈中的優勢地位。

第三，"木虎年事件"導致伊勒都齊系與達什巴圖爾系兩派和碩特蒙古力量在康區形成對立狀態，分散和弱化了和碩特蒙古的整體合力。蒙藏聯合政權建立以來，伊勒都齊之子罕都受蒙藏聯合政權委派負責征服和經營康南地區，使康南藏區成為他們的勢力範圍，其他臺吉均未染指。罕都背叛格魯派後，蒙藏雙方上層在如何應對這一變局方面意見不一致，青海總管王達賴琿臺吉藉故推脫，拒不出兵。在這種情況下，五世達賴喇嘛利用達什巴圖爾在和碩特內部的尷尬處境，益以財賄，令其率領蒙藏軍隊前往雲南解決罕都叛教的問題。達什巴圖爾受命進擊，罕都兵敗自殺，自然引起伊勒都齊系的不滿與憤慨。"木虎年事件"後，因罕都無子②（另說其子被剝奪了繼承領地的權利③），他在康區的領地由其弟達加爾博碩克圖（དར་རྒྱལ་བོ་ཤོག་ཐུ，即博碩克圖濟農）接管，但許多重要領地，如中甸、巴塘、理塘等則被達什巴圖爾佔據，地處川藏交通樞紐的打箭爐地方也由"達什巴圖爾臺吉領兵駐防"④。這種領地紛爭進一步加劇了伊勒都齊系與達什巴圖爾系的矛盾和對立，彼此爭鬥，代不相絕，從而極大地分散了和碩特蒙古的精神和力量，使他們忙於應付內部紛爭而無心他顧，從而使作為聯合政權軍政首腦的和碩特汗被格魯派寺院集團架空的局面越來越明顯。

---

① 執照內容詳見香格里拉縣人民政府駐昆明辦事處編《中甸藏文歷史檔案資料彙編》（藏文），第 11、17—18 頁。

② 智觀巴·貢卻乎丹巴繞吉：《安多政教史》（藏文），第 40 頁。

③ 瓦芒·班智達：《漢藏蒙歷史概略》（藏文），第 71 頁稱罕都有一子名丹巴，其後裔在青海。

④ 《清聖祖實錄》卷一五三，康熙三十年九月丁卯條。

# The Wood–Tiger Year's Event and the Turn of the Internal Relationship of the Mongolo–Tibetan Joint Regime

Norbu

Handu(mkhav–vgro)'s betrayal of the Gelug sect and " Wood–Tiger Year's Event" is an important turning point of the relationship between Mongolian &Tibetan under the framework of Mongolo–Tibetan joint regime. Since then the relationship between Tibetan group of Gelug sect and Hoshod Mongolian aristocrats within the joint regime had changed from secretly fighting into open conflict which brought two results. It on the one hand, pushed the Tibetan group of Gelug sect to strengthen the fostering of junggar Gar–dan, on the other hand, it intensified the contradiction between different clans of Hoshod Mongolian, and made the power of Hoshod Mogolian in Tibet decline gradually.

# 皇權對教權：乾隆皇帝和七世達賴喇嘛關係一例[*]

烏雲畢力格

## 一

筆者和石岩剛博士曾經發表過一篇題為《關於雍正皇帝頒給七世達賴喇嘛的一道聖旨》的論文，[①]對清朝雍正皇帝頒給七世達賴喇嘛格桑嘉措（1708—1757）的一道藏文聖旨進行漢譯的同時，用同時期的滿文檔案文書對其進行注釋，指出清廷和達賴喇嘛關係的顯著變化。這個變化一方面體現在達賴喇嘛格桑嘉措呈奉雍正皇帝奏疏中卑躬屈膝的用詞上，另一方面，更重要的是體現在七世達賴喇嘛在他神權範圍內的事情上已不能自主。當土爾扈特人向七世達賴喇嘛請求授予他們的新汗策凌敦多卜以汗號時，七世達賴喇嘛不敢自主行事，特地向雍正皇帝請旨，經聖裁後方行授予，這是前所未有的事情。究其原因，達賴喇嘛格桑嘉措被認定為達賴喇嘛和入主布達拉宮，依靠了清廷的軍事力量。清廷從西藏驅逐準噶爾勢力後，其在西藏的統治逐漸確立，不久通過平定"阿爾布巴事件"，更進一步強化了對西藏政局的控制。因此，格桑嘉措的處境與以往的達賴喇嘛截然不同，達賴喇嘛與清廷的關係發生了質的變化。

在乾隆朝時期，清廷在西藏的統治更加穩固，乾隆皇帝對達賴喇嘛權力的掌控已達到空前的地步。本文通過解讀乾隆皇帝頒給七世達賴喇嘛的關於應對準噶爾人"擦擦之請"的密諭，說明乾隆時期皇權對達賴喇嘛教權控制的進一步強化。

## 二

在談到準噶爾人"擦擦之請"前首先解釋一下"擦擦"的意思。"擦擦"，一般認為來自於藏文的 tsha-tsha，源自梵文 satchaya，意為"完美的形象"或"複製"。[②]它指一種模製泥佛像或泥塔。在藏傳佛教地區，佛教徒往往用於佛像及佛塔的裝藏，通常還置擦擦於寺廟、修習岩洞或瑪尼堆上。佛教徒視擦擦為消災祈福的聖物，對其頂禮膜拜。蒙藏僧俗貴族往往

---

\* 本文為國家社科基金項目"西藏檔案館藏蒙古文檔案研究"（16BMZ018）階段性成果。

① 沈衛榮主編《西域歷史語言研究集刊》第7輯，科學出版社，2014。

② 圖齊:《梵天佛地》，李翔漢譯，上海古籍出版社，2009，第32頁。

把上師或貴人的骨灰送到大寺院，以其製作擦擦，表示將其身體供奉於佛，以期消除罪業，利於後代。

1717 年，準噶爾首領洪臺吉策妄阿喇布坦派兵侵佔西藏後，1718 年和 1720 年清廷兩次遠征西藏，最終驅逐準噶爾，佔領了西藏。從此以後，準噶爾和西藏交通被阻斷，準噶爾人進藏做佛事，完全受制於清廷。經策妄阿喇布坦的繼任者洪臺吉噶爾丹策凌長期不懈的努力，準噶爾和西藏的交通在乾隆八年時得以恢復，準噶爾人成功入藏"熬茶"。噶爾丹策凌去世後，繼任洪臺吉的納木濟勒於乾隆十一年再次向清廷要求派人到西藏做佛事，為其亡父超度。鑒於當時清廷和準噶爾雙方不久前劃分邊界綫，關係正常化，在乾隆八年也已有准許準噶爾人入藏熬茶的先例，所以乾隆也就允准了他們的請求。

正當著手做準噶爾人到西藏熬茶安排時，乾隆十二年六月駐藏大臣傅清、索拜和侍郎玉保等上奏請旨，如準噶爾人此次入藏後提請以策妄阿喇布坦和噶爾丹策凌骨灰做擦擦，應將如何應對。乾隆皇帝認為，目前準噶爾人表現得極為恭順，倘若為其父祖所請之處不獲准行，他們會起疑心，但一旦他們首領的遺骨被做成擦擦放置在西藏，則又會一味往返遣人祭拜，不但藏人為此勞累，而且所關亦多。故此，六月初三日乾隆皇帝降諭："須將此密諭達賴喇嘛，僅曉以達賴喇嘛業已代為彼等卜算，策妄阿喇布坦、噶爾丹策凌之遺骨，不宜安置藏地，即便（準噶爾人等自己之）遊牧地方，亦非隨處可置，而應置彼等遊牧之北方為善。"[1] 其實，此前乾隆十一年十二月，乾隆皇帝已經面授駐藏大臣等密諭：準噶爾使臣抵藏後，若告請將策妄阿喇布坦、噶爾丹策凌之遺骨做成擦擦留在西藏，則密諭達賴喇嘛和西藏郡王頗羅鼐，"告知（他們將其）安放在（準噶爾）遊牧北邊為善"。[2] 那麼，已有如此詳細的密諭，駐藏大臣等為何再請旨呢？

原來，駐藏大臣等人對皇帝這樣的安排心存疑慮。玉保說："準噶爾使臣等入藏熬茶，見唐古忒（即西藏。——引者注）及準噶爾人說一種話，見臣等又說一種話，委實難保。"所以，很難保證西藏人不向準噶爾人洩密。駐藏大臣等非常瞭解西藏情況，當時的清廷、西藏和準噶爾上層之間的關係非常微妙，準噶爾在噶爾丹策凌時期得到達賴喇嘛等西藏上層的諒解後，他們重歸於好。故此，玉保等擔心，乾隆皇帝如此無理且冒昧的計劃，很難保證不洩露。基於如此考慮，傅清提出了另外一套方案。他說："以臣之愚見，準噶爾使臣等抵藏，如果告請將策妄阿喇布坦、噶爾丹策零之尸骨做成擦擦，則曉以先前策妄阿喇布坦時期，曾派策零敦多卜毀壞寺廟，殺戮眾喇嘛，擄掠唐古忒人等之妻孥，唐古忒人等至今無不仇恨爾等準噶爾人等。茲令將策妄阿喇布坦、噶爾丹策零之尸骨做成擦擦，倘若唐古忒人等記仇，以畜犬之尸骨，或摻以他物做成擦擦作法，於爾等策妄阿喇布坦、噶爾丹策零之子嗣及遊牧皆

---

[1]　中國第一歷史檔案館編《清代軍機處滿文熬茶檔》（下），上海古籍出版社，2010，滿文原文檔案號：03-1742-2-24，第 1078 頁，本文中的滿文檔案筆者自譯，以下不再注出，原漢文譯文參考第 1081 頁。

[2]　中國第一歷史檔案館編《清代軍機處滿文熬茶檔》（下），滿文原文檔案號：03-1742-2-31，第 1121—1122 頁，原漢文譯文參考第 1129 頁。

為不利，不僅有違朕逸樂衆生之意，且大有關礙。爾等不遵朕旨，執意要做擦擦，則聽爾等之便。"①傅清的意思，就是給準噶爾人指出，因為他們過去在策妄阿拉布坦時期曾經在西藏作惡多端，現在應該提防西藏人報復，如若西藏人在擦擦中摻和畜犬之骨或其他贓物加以作法，則對策妄阿喇布坦、噶爾丹策凌之子孫後代和準噶爾地方都會帶來災難。這樣，準噶爾人會放棄做擦擦的計劃。顯然，駐藏大臣等認為，這是比較穩妥的做法。

乾隆皇帝將此事交給軍機處討論。七月十六日，軍機大臣訥親等議奏："準噶爾人等原本狡詐，知道我等不願意，彼等如若不懼作法，告請情願放置於彼，則益加不便制止，而況皇上先前所降諭旨，此間傅清曉諭達賴喇嘛，想必近侍人等亦知之。倘因擔心準噶爾知之，茲又改變說法，準噶爾人等亦可聞知。皇上頒降之旨，乃計事之可罷，理之可行辦理者。玉保所奏之處毋庸置議。惟玉保既言唐古忒人等洩露給準噶爾亦未可料，相應復行咨文傅清、索拜及玉保等，仍照原降諭旨而行，務須審密細緻，斷不可洩露。"②根據軍機大臣們的討論，如果準噶爾人識破了清廷阻撓他們做擦擦的對策，稱不怕西藏人做法，堅持一定要做擦擦，那麼清廷屆時將居於被動地位，再無法阻攔。況且，皇帝的密旨已給達賴喇嘛送達，現在不便收回成命，而且如果有人洩密的話，連同收回前旨的事情也會同時被披露，所以不主張採納玉保等人的建議。

但事情的結局是戲劇性的。準噶爾人根本沒有提出以其已故首領的遺骨做擦擦的請求。清廷上下周密策劃的應對措施未能派上用場。

三

乾隆皇帝對準噶爾"擦擦之請"的態度前後有所變化。在乾隆八年五月，當準噶爾使者即將到西藏時，駐藏大臣索拜就請旨，倘若噶爾丹策凌請求准令攜帶其父遺骨到西藏做擦擦，大臣等應當如何處置。乾隆皇帝當時明確下旨，"著即照其所請施行"。但因準噶爾人沒有提及做擦擦事，所以此事也就不了了之。③但從聖旨中可以看得出，乾隆皇帝當時是允許準噶爾人以策妄阿喇布坦遺骨做擦擦留在西藏的。

但是，時隔三年後，乾隆皇帝對此事的態度完全變了。因為清朝對準噶爾極度不信任，對其使團在西藏的活動採取過度的防範措施，因而消耗太多的精力、人力和物力。西藏方面，從準噶爾人那裏受益的祇是寺院集團，而以郡王頗羅鼐家族為代表的地方世俗勢力付出很多的物力和人力，又承受來自清廷的壓力，然而得不到任何好處，故而極不樂意接待準噶爾使

---

① 中國第一歷史檔案館編《清代軍機處滿文熬茶檔》（下），滿文原文檔案號：03-1742-2-31，第1124—1126頁，原漢文譯文參考第1130頁。

② 中國第一歷史檔案館編《清代軍機處滿文熬茶檔》（下），滿文原文檔案號：03-1742-2-32，第1140—1141頁，原漢文譯文參考第1146頁。

③ 中國第一歷史檔案館、中國邊疆民族地區歷史與地理研究中心編《軍機處滿文準噶爾使者檔譯編》，中央民族大學出版社，2009，滿文原文，第1306—1308頁，原譯文參考第1837頁。

團。乾隆皇帝所說的"不但藏人為此勞累，而且所關亦多"，正是指此二端。所以，乾隆皇帝決意，儘量減少準噶爾人到西藏的機會。如若一旦把準噶爾首領的遺骨做成擦擦放置在西藏，他們就有了清廷不便拒絕的藉口不斷往西藏派遣使者和香客，這是乾隆皇帝拒絕"擦擦之請"的原因。

在清朝和準噶爾依舊處於敵對狀態的當時，乾隆皇帝做出上述決定是完全可以理解的。在這個事件中，令人深思的不是乾隆皇帝擬要拒絕準噶爾人之請的理由，而是他的拒絕方式。乾隆皇帝居然直截了當地給七世達賴喇嘛"御製"虛假的"授記"，公然下旨讓達賴喇嘛欺騙他的施主和信徒們，這是在歷世達賴喇嘛歷史上從未發生過的事情。

蒙藏佛教徒認為，佛教高僧大德是諸佛與菩薩的化身，是轉世在人間的活佛。虔誠的信徒認為，達賴喇嘛是觀世音菩薩的化身，是他們的法王，是他們的護主，因此把信仰寄托在他的身上，希望他保佑今生，拯救來世，直到自己從輪回中解脫而最終證得佛果。土爾扈特蒙古人從遙遠的伏爾加河流域經千辛萬苦來西藏，準噶爾人衝破各種阻撓和障礙來到西藏，向達賴喇嘛和班禪喇嘛頂禮膜拜，為大昭、小昭等大小寺院熬茶，盡其財力做布施，都是為了滿足他們的精神信仰，求得喇嘛保佑今生來世。西藏自治區檔案館現存大量的蒙古文檔案顯示，清朝時期的蒙古人事無巨細都向達賴喇嘛等大活佛稟報，內容涉及生死兩個世界的方方面面，請求他們排憂解難，予以保佑。作為活佛，高僧們為信徒認真做法，根據佛教義理和儀軌，滿足他們所有的希望和要求。在這一點上，喇嘛們不得有絲毫的含糊，不能弄虛作假。

因此，如果準噶爾洪臺吉這樣的大施主向達賴喇嘛提請，懇請他預言準噶爾已故的首領們的遺骨是否可以做擦擦，或應該安葬在何處為吉祥時，達賴喇嘛理應按照佛教的理論與知識，正確解答這個問題。從佛門利益眾生的信念講，這樣做是喇嘛們對教法的義務，而在福田與施主關係中，這又是對信眾的義務。"妄語"即說假話欺騙人是佛教所說的十惡之一，所以戒說妄語也是佛教"五戒"之一。達賴喇嘛豈能"妄語"？但是，乾隆皇帝不顧這一切，編造了兩條"妄語"，授意達賴喇嘛將其作佛語給準噶爾人授記。這無疑是皇權對教權的蔑視，也是乾隆皇帝對七世達賴喇嘛本人的不尊重。檔案顯示，駐藏大臣們收到皇帝的密旨後，也覺得這樣處理不妥。他們建議，不如利用西藏人對準噶爾的怨恨情緒，引導準噶爾人自動放棄做擦擦的念頭。這說明，就是駐藏大臣也感覺到乾隆皇帝的做法過於粗暴，但因君臣關係，不能言明，也不能堅持己見。

藏文《七世達賴喇嘛傳》簡單記載了清朝遣人護送準噶爾使團到拉薩和謁見達賴喇嘛的過程。但是，關於乾隆皇帝的密旨和達賴喇嘛的感想等，完全沒有記載。[1]

這個事件充分說明，乾隆皇帝給七世達賴喇嘛下旨，完全沒有任何顧忌，其對達賴喇嘛宗教權力的控制已經達到空前的程度。

---

[1]　章嘉·若貝多傑：《七世達賴喇嘛傳》，蒲文成譯，中國藏學出版社，2006，第259—260頁。

# 四

　　最後，順便談一談與這次事件相關的幾個問題。

　　首先，乾隆皇帝為什麼特別指出，策妄阿喇布坦父子的遺骸應該安葬在準噶爾地方的北邊？這是出於什麼考慮？

　　乾隆初年，準噶爾與清廷議和定界。準噶爾的領土東自阿爾泰山，東南到哈密北境，向西沿著天山山脈，到伊塞克湖南部地方，再經塔拉斯河與楚河上遊，至巴爾喀什湖，北到額爾齊斯河中遊一帶。按照準噶爾人的方向，準噶爾遊牧領地的北邊，即指從巴爾喀什湖到額爾齊斯河中遊的地方。在清廷和準噶爾對立時期，阿爾泰山到巴裏坤、哈密一帶的地方是清廷和準噶爾雙方衝突的前綫，清廷不希望準噶爾人更多地出現在這裏。準噶爾的政治中心在伊犁，清廷希望準噶爾人的活動地區離其東境越遠越好，這應該也是乾隆皇帝給準噶爾洪臺吉在北邊"選定"祖墳地的原因。

　　其次，噶爾丹策凌父子為什麼都沒有提請以他們亡父遺骨做擦擦呢？《七世達賴喇嘛傳》對這次準噶爾使者來藏謁見達賴喇嘛的事情有一些記載，[①]但從未提及準噶爾人要做擦擦。看來，準噶爾方面確實沒有提及此事。個中有何具體原因，因為史料關係，我們很難斷言。但很明顯，準噶爾汗廷當時確實沒有這樣的打算，似乎也沒有想到那會成為不斷向西藏派遣使者的一個好理由。這件事情說明，清廷在西藏和準噶爾的接觸問題上顧慮過重，對準噶爾人入藏事佛的意圖揣測得過多，且不合理也不現實。

　　最後，關於策妄阿喇布坦與噶爾丹策凌父子遺骨的下落，歷史檔案顯示，策妄阿喇布坦父子的遺骨既沒有安葬在準噶爾北邊，也沒有做擦擦安放在西藏道場。乾隆二十年（1755）五月，清軍到西域以後，乾隆皇帝下令定北將軍班第等，要找到策妄阿喇布坦父子的陵墓，對它進行保護並進行祭祀，以示對準噶爾人的懷柔之意。班第很快查明，策妄阿喇布坦的陵墓離伊犁甚遠，位於布魯特（吉爾吉斯）邊境附近的哲爾格塔拉的沖科克（Jerge tala-i cungkek）地方，當時在那裏已沒有了準噶爾遊牧。該地在《乾隆十三排圖》上有記載，位於塔拉斯河流域，即吹河、塔拉斯河和喀喇河（納林河支流）分水嶺額得墨克嶺以西不遠的地方，今地為吉爾吉斯斯坦共和國西北境。[②]這裏曾經是策妄阿喇布坦的遊牧地。噶爾丹策凌則沒有陵墓，他是被塔葬的，靈塔保存在伊犁河畔的固爾札廟（在準噶爾汗國首府的兩大寺廟之一，今地在新疆伊寧市喀爾墩鄉）中，曾令一位喇嘛為其燒香獻祭，令四戶種地回人交糧供養，但自達瓦齊亂後已停止祭祀。根據班第等人的奏摺，策妄阿喇布坦和噶爾丹策凌後人都已絕嗣，後者有女兒敦多布巴勒桑，曾嫁給入哈薩克斯坦之輝特臺吉額琳沁之子賽音必里克，時寡居，而另一個女兒烏蘭巴雅爾，達瓦齊時期被投入回回地面的監獄，時已作古。[③]

---

　　①　章嘉·若貝多傑：《七世達賴喇嘛傳》，第259—260頁。

　　②　在查找哲爾格塔拉地望時陳柱博士提供了幫助，在此特別表示謝忱。

　　③　《清代新疆滿文檔案彙編》第11冊，廣西師範大學出版社，2011，第282—283頁。

# When the Imperial Power is Stronger than the Religious Power: The False "Prophecy"

## Oyunbilig Borjigidai

The Qing Dynasty's grip on western Tibet was consolidated during the reign of Qianlong, whose control over the position of Dalai Lama became stronger than ever. This article shows how in order to attain his political goals, in his preparations to deal with the Dzungars, the Qianlong Emperor secretly penned a "prophecy" in place of the Dalai Lama. This "prophecy" in reality is nothing more than lies from beginning to end.

# Халхын анхдугаар Жавзандамба хутагтын намтарт холбогдох хоёр азарын тухай

## Цонгоол Б.Нацагдорж

Самгарди хэлний багш, эрдэмт хүнийг заах आचार्य, *ācārya* хэмээх үг нь бурхны шашны дэлгэрэлтээр дамжин Монгол хэлнээ ᠠᠽᠠᠷ азар гэсэн хэлбэртэй нэвтрэн орж Энэтхэгээс ирсэн бурхны шашинтан бандида нарыг хэлээд зогсохгүй ер нь энэтхэгчүүдийг, энэтхэг хэлийг заадаг үг болсон юм.[1]Монголын түүх, соёлын уламжлал дурсгалд энэтхэг азарын тухай нилээд зүйлс байдгаас Өндөр гэгээн Занабазарын хожуу үеийн олон монгол, төвд намтарт гардаг Өндөр гэгээнд ирж золгосон хэмээдэг энэтхэгийн хоёр азарын тухай нэрт төвдөч Л.Хүрэлбаатар агсан Энэтхэгээс Монгол улсад сууж байсан элчин сайд Бакула ринбүчийн тухай өгүүлсэн нэгэн сэдэвт зохиолдоо Энэтхэг-Монголын шашны харилцаа холбоог харуулсан нэгэн зүйл болгон өгүүлжээ.[2] Тэрбээр монгол, төвд сурвалж дахь энэтхэг азаруудад холбогдох мэдээнүүдийг бүртгэн шинжилж, Өндөр гэгээний дэргэд шадарлаж байсан гэх Чулуун хуруут азар хэмээгчийг шашны домгийн дүр бус харин тухайн үеийн Халх Монголын шашин төрийн хэрэгт хүчин зүтгэж явсан бодит хүн гэж үзсэн байна. Түүнээс гадна эртний Энэтхэгийн Бигармижид (Vikramāditya) хааны намтар 32 модон хүний үлгэр хэмээх алдарт зохиолыг тэрхүү хоёр азарын нэгэн *Чулуун хуруут* хэмээгч энэтхэг хэлнээс шууд монгол хэлнээ орчуулсан хэмээдэг учир Монгол-Энэтхэгийн соёлын түүхэн харилцаанд онц холбогдол бүхий уг номыг судалсан Монгол болон олон орны эрдэмтэд тэрхүү *Чулуун хуруут* азарын тухай дагууд нь шинжилсэн зүйлс нилээд байна.[3] Гэвч үүнд эдгээр судлаачдын ашигласан сурвалжууд нь ихэвчлэн хоёрдогч, гуравдагч шинжтэй бөгөөд тухайн цаг үеийн үлдмэл сурвалж бичгийг олж ашигласан нь харагдахгүй байна. Тиймээс миний бие, энэ бяцхан өгүүлэлд өөрт олдсон бага сага материалд түшиглэн Өндөр гэгээн Занабазарын намтар, үйл

---

[1] Энэтхэгийн тэдгээр азар багш нар нь их үс гэзэгтэй тул үүнээс утга салаалан монгол хэлнээ сахлаг их үстэй хүн болоод үхэр малыг мөн азар хүн, азар үхэр гэж нэрлэх болжээ. // Монгол хэлний товч тайлбар толь. Зохиосон Я.Цэвэл. Улаанбаатар, 1966. т.25.

[2] Л.Хүрэлбаатар. XIX Бакула ринбүчи Түвдэнчогнор. Улаанбаатар, 2012. т.68-88.

[3] Ц.Дамдинсүрэн. Бигармижид хааны тухай гурван ном. // Монголын судлал. Шинжлэх Ухааны Академийн хэвлэл, Улаанбаатар. 1965, т.138; The Mongol Tales of the 32 Wooden Men (γučin qoyar modun kümün-ü üliger) in their Mongol version of 1746 (1686) translated and annotated by Sushama Lohia. Asiatische Forschungen. Band 25. 1968, Otto Harrassowitz – Wiesbaden; Y. Rinchen. Unknown Indian translator of Vikramaditya tales into Mongolian in the 17th century. // Sata pitaka series Indo-Asian Literatures. vol.95. New Delhi, 1971. pp.207-208.

ажиллагаанд холбогдох хоёр азарын тухай тодруулж авч үзэхийг хичээлээ.

## 1. Аман болон бичгийн сурвалж дахь хоёр азарын тухай өгүүлсэн зүйлс

Халхын Зая бандида Лувсанпринлэйн анхдугаар Жавзандамба хутагт Өндөр гэгээн Занабазарыг амьд сэрүүн ахуйд туурвисан хамгийн анхны бөгөөд нэлээд итгэмжтэй хэмээн судлаачдын эртнээс ашигласаар ирсэн намтарт Занабазарт Энэтхэг газраас хоёр азар ирж золгосон тухай өгүүлсэн зүйл байхгүй. Харин Занабазар нь

> degedü degedü törül-ün abiyas-un serigsen-iyer nasun següder qara bičiqan-ečegen azara-yin kelen kiged töbed kelen-i čü jigüürleši[=jüirlesi] ügei ayiladqu böged azara-yin kelen-yi biber ese medebečü töbed kelen ayiladqu töbed-ün kümün-eče čü ülemji neng narin niγta-yi ayiladqui-bar bolqul-a ajara kele-yi ču bolba tere metü ayiladduγ[=ayiladdaγ] bolultai.[①]

хэмээн бурхны шашны томоохон хутагтын хувьд төвдөөс гадна азарын хэлийг ч сайн мэддэг байсан хэмээн өгүүлсэн байдаг. Түүнээс хойш зохиогдсон бөгөөд ардын дунд монгол бичгээр ихэд тархсан Эрдэнэ зуу ба Өндөр гэгээний намтар хэмээх зохиолоос эхлэн Өндөр гэгээн Занабазарт Шамбалын орныг эрэн Энэтхэг газраас ирсэн хоёр азар ирж золгосон түүх уламжлагдах болжээ. Английн судлаач Чарльз Баудений тэдгээр олон эхийг харьцуулан тайлбарлаж англиар орчуулан нийтлүүлсэн хэвлэлд энэ хэсгийг:

> Basa enedkeg-ün oron-ača qoyar sidi-tei acara kümün iriged gegen-ten-e baralqaju bide qoyar ene nasu-bar jangšambali-du očiqu-bar yabuna. Bide kürčü bolqu bolbau kemen ayiladqaγsan-du kürčü bolqu ügei bayina gebeči jayura jam-dur nigen yeke dalai bui. Ta-a qoyar tegün-dür nige nigen quryu-ban dürüged maqabud keb-iyer bayibasu γarču bolumui. Qurayuu gemtebesü γarču bolqu ügei. Basa tere dalai-yin jüg-tü sayin jalbarin mörgübesü tegün-ü dotorača nigen köke buqa γarču iriküi bui. Tegün-i bariju unuju čidabasu dalai γatulaju šambal-du kürčü bolumui kemen ayiladdaγsan-du acar nar yabuju dalai-dur küröged baγa acar inu yekede omuγsiju yerü bide qoyar enedkeg-eče inaγsi olan dalai oron bügüde-yi γarqu čaγ-tu γaγakin öber-ün debseker-yi talbiγad güür-e metü γarču yabuγsan bügetele gegen mongγol γajar-taγan saγuju γaγu medemüi kemeged urid-yin keb-iyer debseker talbiγad baγa acar čibejü ügei bolbai. yeke acar gegen-ü jarliγ-iyar doluγaburi quraγu-ban dürejü üjibesü čilaγuu bolun tauraju unuγsan-du dalai-yin jüg jalbarabasu nigen köke buqa γarču iriged šarbalcan oyirtaγsan bolbači yerü bariγdaγsan ügei-dür tere acar küriyen-e bučaju iriged

----

① Life and works of Jibcundamba I. reproduced by Lokesh Chandra, New Delhi. 1982. Sata Pitaka series. vol.284, pp.535-536; Зая бандид Лувсанпринлэй. Живзундамба Лувсанчойжижалцанбогийн ердийн товч намтар. Түвэд хэлнээс орчуулж эрдэм шинжилгээний тайлбар бичсэн академич Ш.Бира. // Өндөр гэгээний намтруд оршивой. Улаанбаатар, 1995. т.22.

*gegen-e ünen-kü süsüglejü ta-a ber burqan bodu-tai mön kemeged čingda mörgüjü tere acar urid gegen-ten-e urid enedkeg-ün oron-du jalaraju yabuqui-dayan oron keyid bayiyulju šidi üjigülügsen terigüten-ni delgerenggüi-e egüülejü basa-kü bigarmijida qayan-u üliger teüke-yi čigeji-ber kelejü öggügsen-ni ende bičijü abuysan edügeki-yin bičig tere bolai.*①

хэмээн тэмдэглэсэн байдаг. Үүнээс хойш XX зууны эхэнд цорж Агваанлувсандондовын зохиосон урьд өмнө зохиогдсон монгол, төвд намтаруудболон аман домог түүхийн мэдээг дэлгэрэнгүй бүртгэн оруулсан Өндөр гэгээний хамгийн сүүлийн намтарт дээрхээс гадна хоёр азарын тухай шинэ мэдээг дурджээ. Холбогдох хэсгийг Ж.Ерөөлтийн орчуулан нийтэлснээс эшилбэл:

Одоо Их Хүрээний цогчин дуганд түй өргөсөөр буй толины иш мод, хулс мэт нэгэн байдаг энэ нь тэр хоёр азарын Энэтхэгээс авчирсан таяг хэмээн алдаршчээ. Мөн Азар бээр Богдыг урьд төрөлдөө Энэтхэгт залран байх үед ийм зоог идээ өргөдөг байлаа хэмээн одоогийн бадаас гэж хэлдэг идээ түүнийг азар тэр өөрөө хийж өргөсөн гэдэг бөгөөд идээний зүйл дээр бэрээс, тараг, дөрвөлжин хавсаа түүнийг монгол хэлээр боов буюу самнаа хэмээн хэлдэг, зутан хуймаг, цагаан бурам, хүрэн бурам тэргүүтний богдын өөрийнх нь мутрын идээ хэмээн эдүгээ хүртэл хийсээр буй. [товчлов]… Мөн Өндөр гэгээн тэрбээр нууц тарнийн егүзэрийн эцэст хүрсэн бүтээлч мөн учраас хүү охин хоёр үртэйн хүү нь Жамбалдорж номун хан хэмээгдэх төр шашинд мэргэн нэгэн болсон мөн. Охиныг Чулуун хуруут азарт өгснөөр тэр охиноос нэгэн хүү гарсан тэр нь Бэрээвэн номун хан Цэвээндорж хэмээн алдаршсан мөн. Тэр азар нь Ра лозавагийн язгуур угсаа мөн тулд язгуур угсааг авахын тулд охиноо өгсөн мөн ажээ. Азар Богдтой анх уулзахдаа шаншандэу хэмээх шувууг дууддаг цанхилзуур хөгжим, үет хулс адил модон бэрээ хоёрыг өргөөд мөргөл айлтгажээ.②

мэт болно. Монголын эрдэмтэн лам Зава Дамдин гавж өөрийн зохиол *Алтан дэвтэр*-тээ Өндөр гэгээн Занабазар Алашаад нууцаар сууж байсан VI Далай лам Цаянжамцад (1721 онд) элчээр илгээсэн энэтхэг азар нь бараг Чулуун хуруут азар мөн болов уу хэмээн өгүүлж, харин хоёр азарын Шамбалын оронд одсон явдлыг монгол намтар бичигт л байдаг уг төвд намтарт эс дурдагдсан оргүй хэрэг байж магад хэмээн сэжиглэн дурджээ.③

Монголчуудын дунд гар бичмэлээр ихэд тархсан Бигармижид хааны намтар гучин хоёр модон хүний үлгэрийн гурвалыг (Арж Бурж хааны үлгэр, Бигармижид хааны намтар, Кэсэнэ

① The Jebtsundamba Kutukhtus of Urga. Text, translation and notes by Charles R. Bawden. 1961, Otto Harrasowitz Wiesbaden. pp.19, 64.

② Цорж Агваанлувсандондов. Өндөр гэгээний намтар. Төвд хэлнээс орчуулсан гэвш Ж.Ерөөлт. Улаанбаатар, 2014. т.38-39.

③ Л.Хүрэлбаатар. XIX Бакүла ринбүчи Түвдэнчогнор. Улаанбаатар, 2012. т.74-76.

хааны намтар) Өндөр гэгээний дэргэд суусан Чулуун хуруут азар энэтхэг хэлнээс шууд монгол хэлэнд орчуулсан гэдэг бөгөөд үүнийг Ц.Дамдинсүрэн, Б.Ринчен, Сушама Лохиа (Sushama Lohia) нар судалжээ. Ц.Дамдинсүрэн Бигармижид хааны намтар болон Кэсэнэ хааны намтрыг орчуулсан Баха бандида болон Багахан бандида хоёр нь хоёр өөр хүн байсан гэж үзээд гал барс жил Гурван сайхан хэмээх газар Сайн ноёны аймгийн Чоймбол дайчин засгийн дурдлагаар Кэсэнэ хааны намтрыг Багахан бандида 1746 онд орчуулжээ гэж үзсэн байдаг.[1] Б.Ринчен болохоор хоёр зохиолын төгсгөлийн үгэнд нэр дурдагдсан нь нэг л хүн, Чулуун хуруут азар мөн бөгөөд түүний *mahā paṇḍita* хэмээх цол нь монгол хэлнээ сунжран *baha-a bandida, bayaqan bandida* болсон хэмээгээд хоёр зохиолыг 1686 оны гал барс жил орчуулсан гэж үзжээ.[2] Сушама Лохиа энэ хоёр зохиолыг орчуулсан хүн нь Чулуун хуруут азар нэг хүн мөн гэж үзээд Зава Дамдин гавжийн *Алтан дэвтэр* зохиолыг эшлэн Бигармижид хааны намтар хэмээх зохиол нь дутуу байдгийн учрыг тайлбарлажээ.[3] *Алтан дэвтэр*-ээс тэр хэсгийг эшилбэл:

> *Түүний дутуу орхисон шалтгаан нь Богдын зүгээс хаврын нэгэн урт өдөр, өдрийн зоогоо барьсны ард, бусад бараа болооч нараа гадагш явуулаад, азартай хамт зарлиг хууч нилээд хөөрч заншсан ба нэгэн удаа нэг сойвон нь ямар зарлиг хууч хөөрч буйг мэдэхийн тулд амралтын өргөөний хөшигний цаана нуугдаад чагнан байтал Богдын зүгээс – Азар сайхан хууч нэгийг ярь л даа хэмээхэд тэрбээр "Бигармижид хааны үлгэр" үүнийг айлтгасан байна. Сойвон бээр түүний цаасанд бичиж байтал нэг удаа цаасан дээр үзэг дуугарсан шалтгаанаар азар бээр ярианыхаа үргэлжлэлийг тасалж үйлдсэн болой хэмээн ярьдаг юм.[4]*

мэт болно. Бигармижид хааны намтарын төгсгөлийн үгэнд орчуулсан хүнийг *Дараната Махагүрү*-гийн шавь *Маха бандида* буюу *Баха бандида* гэж товч тэмдэглэсэн байдаг бол Кэсэнэ хааны намтарын орчуулгын төгсгөлийн үгэнд орчуулсан хүнийг *Сүмбэр уулын өмнөд зүгийн Замбутивийн хүйсний дундах Бурхан Шигэмүнийн төрсөн орон Энэтхэгийн Ганга мөрний дэргэдэх Варанаси балгаснаа суусан маха брахмана-гийн номуудыг ариунаа үндэслэсэн Сажи бандидын шавь Баахан бандида* хэмээн нилээд дэлгэрэнгүй тодорхойлсон

---

① Ц.Дамдинсүрэн. Бигармижид хааны тухай гурван ном. // Монголын судлал. Шинжлэх Ухааны Академийн хэвлэл, Улаанбаатар. 1965, т.138 .

② Y. Rinchen. Unknown Indian translator of Vikramaditya tales into Mongolian in the 17th century. // Sata pitaka series Indo-Asian Literatures. vol.95. New Delhi, 1971. pp.207-208.

③ The Mongol Tales of the 32 Wooden Men (γučin qoyar modun kümün-ü üliger) in their Mongol version of 1746 (1686) translated and annotated by Sushama Lohia. Asiatische Forschungen. Band 25. 1968, Otto Harrassowitz – Wiesbaden.

④ Зава Дамдин Лувсандаян. Их Монголын оронд бурханы шашин дэлгэрсэн түүх Алтан дэвтэр. Төвд хэлнээс орчуулсан С.Гантөмөр. Улаанбаатар, Адмон. 2014. т.240.

байдаг.[1]

Академич Ц. Дамдинсүрэнгийн тэмдэглэн авч хэвлүүлсэн *Өвгөн Жамбалын яриа* хэмээх аман түүхийн тэмдэглэлд Халхын Их Хүрээний Бандидын аймгийг Чулуун хуруут азар байгуулсан ба түүний бурхан шүтээн нь тус аймагт байсан гэж өгүүлсэн байдаг.[2] Үүнд, саяхан З.Оюунбилиг, Ж.Наранчимэг нарын эрхлэн хэвлүүлсэн *Гүнжийн сүм* хэмээх зохиолд Халхын Түшээт хан аймгийн Дархан чин вангийн хошууны тэргүүн зэрэг тайж Лувсанцэвээний ( II дүрийн Жавзандамба хутагтын дүү Гэжайдоржийн угсааны хүн) үр хүүхдүүд нь дээд үеэсээ уламжлан тахиж ирсэн нандин шүтээн болох *дүнрүй* хэмээх Ум а хум үсэг тодорсон Чулуун хуруут азарын шууны яс шарил эрдэнийг 1961 онд Монголын бурханы шашинтны төв Гандан хийдэд өргөж хадгалуулсан тухай өгүүлсэн байна.[3]

Тэгэхлээр эдгээр бичгийн болон аман мэдээ сурвалжийг үндсэлбэл Өндөр гэгээнд Энэтхэг газраас ирж золгосон хоёр азар нь:

– *Буддын шашны домгийн жаргалант орон Шамбалыг эрсээр Өндөр гэгээнд ирж мөргөөд улмаар цааш Шамбалын орныг эрэн явсан;*

– *Шамбалын оронд хүрч чадалгүй нэг нь осолдсон ба нөгөө нь хуруугаа гэмтээгээд буцаж ирсэн;*

– *Чулуун хуруут азар нь Өндөр гэгээний охиныг авч суугаад Их хүрээнд Бандидын аймгийг байгуулсан;*

– *Энэ хүн бол Энэтхэгийн Ганга мөрний эрэг дээрх Варанаси хотын хүн байсан;*

– *Өндөр гэгээнд ихэд итгэгдсэн хүн учир 1721 онд Алашад элч болон зарагдаж байсан;*

– *Энэтхэгийн Бигармижид хааны үлгэрийг Өндөр гэгээний үед амаар орчуулан ярьсан ба хожим 1746 онд дахин Сайн ноёны аймгийн Чоймбол засагт тус үлгэрийн өөр нэг хувилбарыг орчуулж өгсөн;*

– *Монгол газар Жавзандамба хутагтын II дүрийн үед нас барсан бөгөөд шарилыг нь хайлахад үлдсэн дүнрүй хэмээх шууны ясыг II Жавзандамба хутагтын дүү Гэжайдоржийн угсааны Түшээт хан аймгийн Дархан чин вангийн хошууны тэргүүн*

---

[1]  Y. Rinchen. Unknown Indian translator of Vikramaditya tales into Mongolian in the 17th century. // Sata pitaka series Indo-Asian Literatures. vol.95. New Delhi, 1971. pp.206-207.

[2]  Өвгөн Жамбалын яриа // Ц.Дамдинсүрэн. Бүрэн зохиол 2. Улаанбаатар, 1998. т.202.

[3]  tüsiyetü qan ayimaɣ-un darqan čin vang-un qosiɣun-u čeveng terigün-i keüken bolqu emegtei čeringm-a-yin öggügsen čilaɣun quruɣutu azar-un□om a hum üsüg büküi düngrüi ene bui: egün-i aɣuluɣsan sab ɣartam manuq-a kemekü čilaɣu bolun-a: ene čeveng terigün-i degedü üy-e surbulji bol-a darqan čin vang-un uɣsuy-a qoyaduɣar boɣda törügsen ger ɣal ɣolumta bolqu surbulji-tai böged tere üy-e-eče qadaɣalaju iregsen düngrüi yüm kemen ögülejü öggügsen bolai: ene ɣayiqamsiɣtu erkim egün-i qambo blam-a ɣombujab beyeber morilaju qadaɣalan büküi ejen čeringm-a-ača küliyen abčirabai: 1961 on 2 duɣar sarayin 4 böged quluɣan-a jil-ün ebül-ün segül sar-a-yin 19 ü bimba ɣaraɣ büküi erkim sayin edüre: düngrüi kemekü anu šaril-un yasu kemekü üge bolai: // З.Оюунбилэг, Ж.Наранчимэг. Гүнжийн сүм (Түүх, архитектур). Улаанбаатар, Адмон. 2016. т.64-65, 157 .

*зэрэг тайж нар үе улиран тахиж шүтэж ирсэн.*

гэх дүр зураг харагдаж байна. Үүнд, Шамбалын орныг эрсээр Монголд ирж улмаар цааш үргэлжлүүлэн эрэхээр яваад буцаж ирсэн хэмээх эхний хэсэг өгүүллүүд нь нилээд үлгэр домгийн шинжтэй юм.[①] Гэвч Чулуун хуруут азар буюу *mahā paṇḍita* хэмээх хүн Өндөр гэгээний дэргэд шадарлаж байгаад түүнээс хойш үргэлжлүүлэн Жавзандамба хутагтын II дүрийн үед 1746 оныг хүртэл амьд байж, улмаар Монгол газар нас барсан болох нь тодорхой мэдэгдэж байна. Тэгэхлээр энэ бодит хүний Шамбалын орныг зориод буцаж ирсэн гэх домгийн шинжтэй өгүүллүүд нь ямар үндэстэй болохыг доор шинжилж үзсүгэй.

## 2. Шамбалын орны тухай домог

Бурхны шашны эх орон болох Энэтхэг оронд бурхны шашин хумигдсан цагт умар зүгийн Шамбал хэмээх оронд бурхны шашин дэлгэрсэн хэвээр хүн ард нь аз жаргалтай байдаг гэсэн домог үүссэн гэдэг. Академич Ц.Дамдинсүрэн *Үлгэр домгийн жаргалант орон* хэмээх өгүүлэлдээ энэхүү Шамбалын орны тухай нарийн судалгаа хийжээ. Тус өгүүлэлийнхээ төгсгөлд:

> *Шинэ цагийн эрдэмтэд Чома Көрөш, Пелльо, Грюнведель, Шуберт, Рерих, Стейн нар Шамбалын домог буюу түүнтэй холбогдох зүйлийг судалж үзсэн боловч Шамбалын домгийн үүсэл гарал ба Шамбал хаана байна гэдэг асуултыг шийдвэрлэж чадаагүй байна. Тэдний зарим нь Шамбалыг Синьцзянд бий гэсэн, зарим нь Дундад Азид бий гэсэн. Төвд монголын лам нар Шамбалын тухай олон ном судар бичсэн боловч эрдэм шинжилгээний үндэстэй баримжаа болох зүйлийг бичсэн нь ховор юм. Тэд нар их төлөв Шамбалыг Замбутивийн хойт этгээдэд Кэлаша уулын урд бий гэдэг. Зарим ном сударт үзвэл Шамбал нь Багдад хотын хавьд баймаар болох юм. Шамбалыг зарим нь одоогийн Орос орон гэсэн, зарим нь Испани улс гэдэг. Чухамдаа Шамбал гэж эрт урьд цагт удаа дараа Буддын шашны төв болж байсан хэдэн орныг хэлж байсан ажээ. Тэдгээр орны Буддын шажныг лал нар устгаснаас хойш Зилуба бандида X зууны үед Сири орныг зорьж Шамбалын орон гэж бодсон ба тэр хавиас "Цагийн хүрдний номлол" гэдэг зохиолыг олж ирсэн бололтой.[②]*

хэмээн олсон үр дүнгээ танилцуулсан байдаг. Ингэж бодвол хоёр азар Шамбалын орныг умар зүгийн Монгол оронд хайж эрээд улмаар хойд зүгт явсан бололтой байна. Монголоос умар зүгт орших Сибирь оронд XVII зууны эхнээс Москвагийн хаант улсын цэргүүд ар араасаа

---

① Үүнийг Л.Хүрэлбаатар агсан *...хожмоо Шамбалын оронд монгол шавь нараа газарчилж хүргэх "Шамбалын орны элчин төлөөлөгчдийг" бэлгэдсэн шашин зан үйлийн домгийн хүн мэт болжээ гэж дүгнэсэн байдаг.* // Л.Хүрэлбаатар. XIX Бакула ринбүчи Түвдэнчогнор. Улаанбаатар, 2012. т.87.

② Ц.Дамдинсүрэн. Үлгэр домгийн жаргалант орон. // Академич Цэндийн Дамдинсүрэн. Дурсгалын түүвэр. Эмхэтгэж редакторласан Л.Хүрэлбаатар. Адмон, Улаанбаатар. 2008. т.92.

гэзэг даран нэвтрэн орж, Өндөр гэгээний үед хүрч ирэхэд нэгэнт Байгал нуурын өвөрт хүрч, дорно зүгтээ Номхон далайд тулан Хар мөрний сав газрыг Чин улс лугаа булаалдаж байсан цаг билээ. Ийм учраас тухайн цагийн орос хэлний сурвалжид энэтхэг азаруудын тухай мэдээ буй эсэхийг болохын хэрээр нягталж үзвэл Монгол лугаа зах нийлсэн газарт оросуудын байгуулсан хот байшингуудад өгүүлэн буй үед энэтхэг хүмүүс бага бус ирж, зарим нь бүр суурьшиж ч байсан аж. Гарын дор олдсон сурвалжид дурдагдсан тэдгээр мэдээнүүдийг танилцуулъя.

1719 онд Чин улс лугаа худалдааны гэрээ байгуулахаар Санкт-Петербургаас мордсон Лев Измайлов тэргүүтэй Оросын элчин төлөөлөгчдийн бүрэлдхүүнд эмчийн үүрэгтэй оролцон явсан Шотландын эмч Жон Белл (John Bell) аяллын тэмдэглэлдээ 1720 оны 6 сард Сэлэнгийн байшинд сууж байхдаа нэгэн энэтхэг хүнтэй уулзсанаа ийнхүү тэмдэглэжээ.

*6 сарын 12-нд голын [Сэлэнгэ мөрнийг хэлж байна. –зох.] эргээр алхаж яваад загас дэгээдэн буй хөвүүдийн дунд зогсох нэгэн хүнийг үзээд зогтусан гайхаж хоцров. Тэр хүн жаал хөвүүдийн барьсан загасыг худалдан авч, ихэд хичээнгүйлэн нэг нэгээр нь усанд эгүүлэн тавих аж. Хөвүүд түүнд дуулгавартайяа барьсан загасаа худалдаж байвч, хөөрхийг ухаан солиотой амьтан буюу гэсэн байдалтай харж байв. Би түүн лүгээ ярилцахаар хэд дахин хандсан боловч тэр загасаа эргүүлж тавиад намайг тоож харсангүй. Би түүний өмссөн хувцас, толгойгоо ороосон улбар шар бөсөөр нь Энэтхэг газрын бярман болохыг нь мэдэв. Чингээд бүх загасыг тавьж дуусаад сэтгэл нь ханасан бололтой бага сага орос болон португал хэлийг холилдуулан надад хандан ярьж эхлэв. Би түүнийг дагуулан буудалдаа хүрч ирээд архи хундагалж өгвөл тэр ам хүрсэнгүй, харин хүнтэй цуг идээ ундаа хүртэх нь тэдний ёсонд таарахгүй гэнэ. Би түүнээс юунд тэр загасыг усанд нь буцаан тавьсных нь учрыг асуувал насан өөд болсон найз нөхөд нь ч юм уу, төрөл садан нь хойд насандаа загасны төрлийг олсон байж ч магадгүй тул тийнхүү тэр загасыг худалдан авч суллан тавих нь түүний үүрэг байсан гэж хэлэв. Тэдний ёсонд амьтан алж, хүнсэнд хэрэглэх учиргүй, ганц л жимс ногоогоор хүнс болгодог гэнэ. Үүнээс хойш бид сайхан танилцаж, тэр хүн өдөр бүр миний гэрт ирж ярилцдаг байв. Тэрбээр 70 эргэм настай сэтгэл татам сайхан хүн байлаа. Бараг зургаан тохой гаруй урт үсээ толгой дээрээ чалма мэт ороон авч явах бөгөөд сул тавибал газарт чирэгдэхээр тийм их урт үстэй юм. Энэ нь ганц түүний өөрийнх нь үс биш мөн танил найз нөхөд, эрдэмтэй хувилгаадын үсийг мөн нийлүүлэн сүлжиж, тийм урт болгосон аж. Түүний мэт ийм хүмүүсийг факир[1] гэдэг бөгөөд гэгээн хүн гэж газар сайгүй үздэг. Тэр өөрийгөө Энэтхэг хүн хэмээгээд Чинпатан хэмээх Мадрас хотод*

---

*олонтоо очиж байсан, тэрхүү хот нь англичуудын мэдэлд байдаг гэсэн билээ. Түүний*
*энэ мэт үг ярианаас би хууран мэхлэгч худалч амьтан бус харин дэг ёсоо үнэнчээр*
*сахьсан, гэм зэмгүй шударга хүн болохыг нь мэдсэн юм. Тэрбээр энэ газарт Далай лам*
*болон* Хутагтад *(Жавзандамба хутагтыг хэлж байна. –зох.) мөргөхөөр өөрийн нутгаас*
*хэдэн нөхдийн хамт гарч хүрч ирсэн аж. Нутгаасаа гарч өндөр уул, өргөн цөлийг туулан*
*идэх хүнс, уух усаа ч нуруундаа үүрч явсаар нийт арван хоёр сар явж байж энд хүрч*
*ирсэн гэнэ. Би түүнд Ази тивийн газрын зургийг үзүүлсэнд тэрбээр явж ирсэн замаа*
*зааж үзүүлээд миний тэр зураг дээр олон алдаа байхыг хэлж өгөв. Нэг ч европ хүн*
*түүний явсан замаар тэгж аялж явсан удаа байхгүй болохоор арга ч үгүй биз.*[①]

Энэ тэмдэглэлээс үзэхүл, юутай ч гэсэн Жавзандамба хутагт Өндөр гэгээнд мөргөхөөр
Энэтхэг орноос мөргөлчид зорин иржи байсан болох нь тодорхой байна. Энэтхэг орноос
умар зүгийн Монгол орныг зорин ирэгсэд ганц нэгхэн хүн ч байсангүй. Оросын Шинжлэх
ухааны академийн даалгавраар Сибирь орныг судлуулахаар илгээсэн герман эрдэмтэн, эмч
Даниэл Готлиб Мессершмидт (Daniel Gottlieb Messerschmidt) 1724 оны эхээр Эрхүү хотноо

---

① [June the 12th, walking along the bank of the river, I was a little surprised at the figure and dress of a man
standing among a number of boys who were angling for fishes. The person bought all the fishes alive, and
immediately let them go again into the river, which he did very gently one by one. The boys were very civil to
him, though they looked upon him as distracted on account of his behaviour. During this ceremony he took little
notice of me, though I spoke to him several times. I soon perceived, by his dress, and the streak of saffron on
his fore-head, that he was one of the Brachmans from India. After setting all the fish a swimming, he seemed
much pleased; and, having learned a little of the Russian language, and a smattering of the Portuguese, began
to converse with me. I carried him to my lodgings, and offered to entertain him with a dram; but he would taste
nothing; for he said, it was against the rules of his religion to eat or drink with strangers. I asked him the reason
why he bought the fish to let them go again. He told me, that, perhaps the souls of some of his deceased friends,
or relations, had taken possesion of these fishes; and, upon that supposition, it was his duty to relieve them: that,
according to their law, no animal whatever ought to be killed or eaten; and they always lived on vegetables. After
this interview, we became so familiar that he came every day to visit me. He was a chearful man, about seventy
years of age. He had a bush of hair growing on his fore-head, very much matted, and, at least, six feet in length;
when it hung loose, it trailed upon the ground behind him; but he commonly wore it wrapped about his head, in
form of a turban. The hair was not all his own; but collected as relicks of his friends, and others of his profession,
reputed saints; all which he had intermixed, and matted, with his natural hair. Persons of this character are called
Faquers, and esteemed sacred every where. He told me he was a native of Indostan, and had often been at Madrass,
which he called Chinpatan, and said it belonged to the English. This circumstance, added to several others, made
me believe he was no impostor, but an innocent kind of creature, as are most of that sect. He came to this country,
in company with some others of his countrymen, on a pilgrimage, in order to pay their devotions to the Kutuchtu
and Delay-Lama. They had been twelve months on their journey, and had travelled all the way on foot, over many
high mountains and waste deserts, where they were obliged to carry their provisions, and even water, on their
backs. I showed him a map of Asia, whereon he pointed out the course of his journey; but found many errors in the
geography; and no wonder; since few Europeans would have had the resolution to undertake such a journey as this
man had done.] // Travels from St. Petersburg in Russia to Diverse Parts of Asia in two volumes by John Bell of
Antermony. volume I. Glasgow, 1762. pp.284-287 .

хүрч ирэхэд тус хотод Парасвати Магира (Paeraessotaemaeggyrae) хэмээх 40 эргэм насны нэгэн энэтхэг худалдаачин эр суурин сууж, худалдаа наймаа эрхэлж байсантай таарч уулзаад түүгээр энэтхэгийн хэл, бичиг заалгажээ. Энэхүү энэтхэг худалдаачин нь орос хэлээр муухан ярьдаг боловч харин монгол хэлээр нэлээд сайн ярьдаг, Байгалын өвөр нутгаар Сэлэнгэ, Удийн байшинд тус бүр гэртэй, тэр нутгаар хөлтэй наймаа хийдэг хүн байсан бөгөөд Мессершмидтийн хамтаар Сэлэнгийн байшин хүртэл явж эндхийн буриад-монголчуудын дунд сууж байсан өөрийн танил тангуд буюу төвд ламтай Мессершмидтийг танилцуулж, төвд хэл, бичиг заалгах болсон байдаг. Парасвати Магира Дели хотоос гаралтай хүн байсан бөгөөд Оросын үнэн алдартны шашинд орж, эхнэр аваад Эрхүү хотноо суурьшсан хүн байжээ.[1] Энэхүү худалдаачин эрд Энэтхэг, Хятад газраар хөндлөн гулд явсан 7 хэл мэдэх боловч бичиг үсэг мэдэхгүй нэгэн төвд боол байсан ба мөн өөрөө ч Төвд, Хятад газраар явж байсан, монгол хэлтэй хүн байсан зэргээс үзэхүл Эрхүү хотноо суурьшихаасаа өмнө Монгол газар худалдаалан явсан хүн болов уу.[2]

Мессершмидт Эрхүүгээс Удийн байшинд ирээд энэ хотод мөн нэгэн энэтхэг бичээч сууж байсантай уулзаж, энэтхэг хэл, бичгийн тухай ярилцсэн тэмдэглэл байх боловч түүний түүх намтар, гарал үүсэл байтугай нэрийг нь ч тэмдэглэсэнгүй нь харамсалтай.[3]Үүнээс гадна Сэлэнгийн байшинд оросуудын байгуулсан христосын шашны Троицкийн сүмийн 1733 онд холбогдох данс тэмдэглэлд бичсэнээс үзэхэд үнэн алдартны шашинд орж, хэрээс зүүн, тус сүмд суух болсон орос бус хар лам нарын дотор Серафим Бухольцев хэмээх орос нэр авсан 54 настай энэтхэг хүн байжээ. Энэ хүн Сэлэнгийн байшингийн захирагч Иван Бухольцын[4] зөвшөөрлөөр 1732 оноос эхлэн тус сүмд суух болоод Оросын үнэн алдартны христос шашны дэг журмыг бишрэн христос шашинд орохоор шийдэж, захирагч Бухольцоор загалмай

[1]   D.G. Messerschmidt. Forschungsreise durch Sibirien 1720-1727. Teil 2. Tagebuchaufzeichnungen. Januar 1723 – Mai 1724. Akademie Verlag, Berlin. 1964. pp.210-213.

[2]   Өгүүлэн буй үеийн монгол ноёд, хутагт лам нарын дэргэд ч Европ, Азийн орнууд тэр дундаа Энэтхэг хүртэл худалдаа хийн явж байсан их гарын худалдаачид байсан юм. Тийм нэг хүн болох хотон Далай бекийн тухай дараах өгүүллээс үзмүү. Ч.Улаанбарс. XVII- XVIII зууны үеийн Монгол дахь худалдаачны тухай нэгэн баримтын тухай. // Historia Mongolarum. Түүх XIII . Улаанбаатар, 2014. т.182-197 .

[3]   D.G. Messerschmidt. Forschungsreise durch Sibirien 1720-1727. Teil 2. Tagebuchaufzeichnungen. Januar 1723 – Mai 1724. Akademie Verlag, Berlin. 1964. p.222.

[4]   Иван Дмитриевич Бухольц (1671-1741). – Орост суурьшсан герман гэр бүлээс гаралтай Оросын цэргийн жанжин, Омск хотыг үндэслэн байгуулсан бөгөөд Сэлэнгийн байшингийн захирагч байсан. 1714 онд I Петр хааны зарлигийг хүлээж цэрэг аван Зүүнгарын улсын харьяаны Яркенд хотыг эзэлж авахаар мордож, 1715 онд Ямыш нуурын эрэгт хүрч ирээд цайз байгуулсныг Зүүнгарын цэрэг бүслэн хааж, буулгаж аваад, түүнийг үлдсэн цэргийн хамт Зүүнгарын хилээс гарч явахад хүргэжээ. 1724 онд хааны зарлигаар Өвөр Байгалд цэрэг захирахаар томилогдож, Савва Рагузинский гүнгийн хамтаар Чин улстай хил тогтоход идэвхтэй оролцож, 1731 онд бригадир хэргэм хүртэж, Сэлэнгийн байшингийн захирагчаар томилогдон Орос-Чингийн хилийн асуудлыг ерөнхийлөн хариуцан мэдэж байв.

зүүлгэж, түүний овгийг аван хар лам болсон гэдэг тэмдэглэл байна.[①]

Эдгээр тэмдэглэлээс бид XVII зууны төгсгөл XVIII зууны эхээр Халх Монголын орноор дамжин Оросын харьяаны газар Эрхүү хот, Үдийн байшин, Сэлэнгийн байшинд хүрч ирээд суурьшсан энэтхэгчүүд цөөн бус байсныг тухайлж болно.[②] Зарим нь ч яг л хоёр азарын домогт дурдсан шиг Жавзандамба хутагтад мөргөхөөр алс холын Энэтхэг орноос зорин ирсэн байжээ.[③] Жон Беллийн тэмдэглэлд гарч буй Сэлэнгийн байшингийн ойр түүн лүгээ уулзсан урт үст энэтхэг факир нь Өндөр гэгээний намтарт дурдагдсан азар мөн эсэхийг шууд хагалан хэлэх баримт олдохгүй боловч яг Өндөр гэгээний дэргэд нэгэн энэтхэг лам шадарлан үйлчилж байсан баримт олсноо доор танилцуулъя.

## 3. Өндөр гэгээний хоёр азар

### 3.1. *Манжита-лама буюу Бандида лам*

1675 оны зун Халхын зүүн гарын Сүсэг хүчин төгссөн Очирай сайн Түшээт хаан Чахундорж, түүний дүү Жавзандамба хутагт Занабазар, Шидишири баатар хунтайж нар Байгалын ар биеийн буриад нарын харьяаллын асуудлаар *Карма Билюкта, Манжита лама, Гурюк* нарын элчин төлөөлөгчдийг Орост томилж, бичиг бариулан Москвад илгээжээ.[④] Мөн оны эцсээр Оросын хаант улсын нийслэл хотноо хүрч ирсэн Халх Монголын эдгээр элч нарын байр байдлын тухай Нидерландын нэрт аялагч бөгөөд дипломатч, газрын зураг зохиогч *Николаас Витсен*-ий (Nicolaas Witsen, 1641-1717) олон арван жилийн нөр их хөдөлмөр, уйгагүй цуглуулгын дунд зохиогдсон *Noord en Oost Tartarye* (Умард болон дорнод Тартар орон) зохиолд маш сонирхолтой, үнэ цэнтэй нэгэн хэсэг тэмдэглэл байдаг. Тэрхүү хэсгийг эшилбэл дараах мэт болно.

---

① Древнія церковныя грамоты Восточно-Сибирского края (1653-1726.) и свѣденія о даурской миссіи собранныя миссіонеромъ архимандритомъ Мелетіемъ. Казань, 1875. с. XXVIII- XXIX

② Монгол улсад мөн өөрийн биеэ энэтхэгийн азарын угсаа гэж үздэг бүлэг хүмүүс ч байдаг аж. Архангай аймгийн Тариат суманд Дончиныхон хэмээх улсууд өөрсдийн дээд өвгөө Энэтхэгээс ирсэн Азар хэмээгчтэй ханилсан нутгийн нэгэн бүсгүйгээс төрсөн Дончинбуу хэмээх хүний 7 хүүгээс салбарласан гэж хэлэлцсээр иржээ. Гэвч тэрхүү Азарын хүү Дончинбуугаас хойших хэдэн үеийг мартаж гээгдүүлснээс тэрхүү Азар нь чухам хэдий үеийн хүн болохыг мэдэхэд хэцүү болжээ. // М.Шагдарсүрэн. Дончиныхон. Уул ус, буурал түүх, ургийн хэлхээ. Улаанбаатар, Арвин судар ХХК. 2016. т.24-27.

③ Монгол улсын Шинжлэх ухааны академийн Түүх, археологийн хүрээлэн Халхын анхдугаар Жавзандамба хутагт Занабазарын Хэнтийн нуруунд байгуулсан Рибогэжайшаддублин хийдийн туурийг 2015 онд малтахад Энэтхэгийн Их Моголын эзэнт гүрний үед цутгасан мөнгөн зоос олджээ. Хавсралтад үзмүү.

④ Материалы по истории русско-монгольских отношений. Русско-монгольские отношения 1654-1685. Сборник документов. Москва, Восточная литература. 1996. с.282; Оросын цэргийн захиргаа Байгал нуурын арын Халхын хуучин албат буриад нараас алба татах болсон асуудлыг шийдвэрлэхээр зорьсон энэ удаагийн элчин төлөөлөгчдийн тухай өчүүхэн миний *XVII зууны Монгол-Оросын харилцаан дахь харьяатын асуудал. Улаанбаатар, Адмон. 2013.* зохиолд үзмүү.

*Нэг мянга зургаан зуун далан таван (1675) онд Москва хотноо монгол калмак①*
*хэмээх Монголын дөрвөн элчин хүрч ирсэн билээ. Тэд ардаа нум саадаг агсан явах*
*бол容ч эрхэм сайн хүмүүстэй хэлэлцэхээр ирэхдээ гэрийн үүдэнд зэмсгээ орхин*
*орж байв. Хэн нэгэн лүгээ мэндчилэх болвоос малгайгаа авахгүй. Тэдний малгай нь*
*Страсбург② хотын эмэгтэйчүүдийн өмсдөг буюу уг хот Францын мэдэлд орохоос*
*өмнө тэндхийн эмэгтэйчүүдийн өмсдөг байсан малгайн хэлбэртэй адил юм. Тэдний*
*эзнийг Сирой хаан③ (Sirooi Tzaer) гэх бөгөөд улс нь маш хол. Москва хотод хүртэл*
*явж өнгөрсөн газар бүр улаа хүнс, чарга морьдоор хангаж байсан гэв. Тэдний хэл нь*
*хоттентот④ нарын гаагалах лугаа адил. Мөн энэтхэг тахиа донгодох мэт, үг бүрийг*
*хоолойноосоо шахан гаргаж байх шиг сонсогдоно. Тэдний эзэн нь монголын нэгэн*
*нүүдэлчин ноён бөгөөд тэдний хэлэхээр зуун мянган хүн захирдаг, тэднийг найрамдал*
*тогтооохоор илгээсэн гэнэ. Тэдний сумны зэвийн үзүүр нь ойролцоогоор гурван хуруу*
*өргөн хавтгай бөгөөд ердийн тартар⑤ нарын сумны зэвээс бага өөр маягтай хийжээ.*
*Элч нарын тэргүүн нь харийн хүн мэндчилэхэд эс хариулан, өчүүхэн ч хөдлөхгүй их л*
*ихэмсэг байдалтай түрэг маягаар завилан сууж байв. Харин дагалдсан гурван элч нь*
*найрсгаар бөхөлзөн гараа сунган мэндчилж байсан билээ. Уг нь тэдний хамгийн эрхэм*
*ёсоор бол гараа толгойндоо хүргэж мэндчилэх ёстой. Сонирхолтой нь, эдгээр элч*
*нар Москва хүрэх замдаа нэгэн эрхэмтэй уулзахдаа хэн түрүүлж ярихаа асуулцаад*
*мэнд мэдэхээр ирсэн тэд эхлээд ам нээх хэрэгтэй гэж шийдээд мөн тийнхүү үйлдэж*
*тэрхүү эрхмийн амар мэндийг түрүүлэн асуужээ. Тэдний хэлэхээр улсад нь хэрмээр*
*хүрээлсэн хэд хэдэн хот буй боловч ихэнх хүн зон нь хөдөө хээр нүүдэллэн амьдарч,*
*шарын арьсаар бүрсэн майханд суудаг. Гол эд баялаг нь Хятад газар туун аваачиж,*
*торго бөсөөр арилждаг мал сүрэг гэнэм. Мөн мөнгөний уурхай буй боловч тийм их*
*бус мөн төдий л баялаг биш ажээ. Тэд газар дэлхийд болж буй бүгдийг, мөн тэдний*
*хэлсэн ярьсныг ч хүртэл мэдэж байдаг хэмээх гэгээн Далай ламд итгэх бөгөөд*

---

① Энд монгол калмак гэж халх монголчуудыг хэлжээ. Европ, Орос зүгийн улс монгол хэлтэн ойрадуудыг
   түрэг хэлний калмак хэмээх үгээр нэрлэж бусад монголчуудыг мөн монгол калмак, брат буюу буриад калмак
   хэмээн нэрийдэж байв.

② Европын зөвлөл болон парламент оршдог Франц, Германы хил дээрх Францын Эльзас мужийн төв хот.
   Эртний ромын Аргенторат хотыг франкчууд эзэлж дундад зууны үед германы хаадын толгойлсон Ариун
   Ромын эзэнт гүрний бүрэлдхүүнд багтаж байсан боловч 1681 онд Францын XIV Людовик хаан эзлэн авч
   Францад нэгтгэжээ. 1870 онд Пруссийн цэрэг эзэлж Германд нэгтэсэн боловч 1918 онд Франц дахин
   эзэмшилдээ оруулав. 1940 онд Германы цэрэг эзэлснийг 1944 онд холбоотны цэрэг чөлөөлөн Францад
   нэгтгэснээс хойш Францын харьяанд багтах болжээ.

③ *včirai sayin qayan* буюу Түшээт хаан Чахундоржийг хэлж байна. Орос хэлний сурвалжид түүний голдуу
   Очирой хаан буюу Очирой сайн хаан хэмээн тэмдэглэжээ.

④ Өмнөд Африкийн Намиби улсын *койкой* хэмээх үндэстнийг XVII зуунд далайгаар хөвж очсон нидерландчууд
   шувуу ганганах мэт ярьдаг хүмүүс буюу ганганагчид (hottentot) хэмээн нэрлэжээ.

⑤ Витсений хэрэглэсэн *тартар* хэмээх үг нь түрэг, монгол, түнгүс хэлтэй Дотоод Азийн нүүдэлчдийг заасан
   ерөнхий нэрт томьёо юм.

*түүнийг хэзээ ч үхдэггүй хэмээнэ. Чингээд Далай лам тэдний хааныг энэ элчин төлөөлөгчдийг Москвагийн хаанд илгээхийг зөвлөсөн гэж билээ. Эдгээр элч нарыг зугаацуулахаар бүрээ болон лимбээр наадаж үзүүлэхэд лимбийг их л сонирхож, бүрээг тэдний бурхан тэнгэртээ мөргөхдөө хэрэглэдэг боловч эндхээс арай бага хэмжээтэй байдаг гэв. Энэ элч нарыг тэр хэмээх газар орноос хүрч ирэв хэмээн өгүүлэх нь дэмий л тааварласан хэрэг болох боловч бодож үзвээс тэдний ноён нь миний газрын зурагт Хутагтын суух орон хэмээн тэмдэглэсэн, Крагатсин① улсаас 51 градусаар дооош орших газар мөн болов уу гэж бодож байна. Гэвч энэ ард түмэн заримдаа 100 миль хол газар нүүж, бууриа сэлгэж явдаг тул тэдний оршин байгаа газар орныг цаг ямагт зөв тодорхойлох нь хэцүү юм. Тэдний хувцас нь дээр дээр нь давхарлан өмссөн хоёр урт дээл бөгөөд дотуур нь цамц буюу дотуур өмд өмсөхгүй. Тэд германчуудыг үзээд тал хувцастай юм байна хэмээн шоолон инээлдэж байсан бөлгөө. Элч нарын ахлагч том том цэцэг хатган чимэглэж, хар бөсөөр үйлдсэн шөвгөр хоншоортой гутал өмсч түүнийгээ бүснээсээ бэхэлсэн байв. Дотуураа өмссөн тэрлэг нь бүдүүлэг саарал бөсөөр үйлдсэн боловч түүний дээр өмссөн дээл нь маш гоёмсог бөгөөд хар булгаар эмжжээ. Энгэрт нь 3 буюу 4 мөнгөн товч хадаж товчилсон байв. Малгайны араас нь сайхан улаан торгон залаа унжиж байсан бөгөөд хоёр чихэндээ улаан шүр шигтгэсэн алтан сийх зүүсэн байв. Гадуураа өмссөн дээлийг нь алтан утсаар нэхсэн том цэцгэн хээгээр чимэглэсэн олон өнгөт хятад торгоор гадарлажээ. Элчийн арьс шаравтар өнгөтэй бөгөөд дээр уруулдаа испаничуудынх шиг сахал тавьж харин эрүүндээ тавьсангүй. Дэд элч тэргүүн элчийн адил хувцаслан боловч улаан өнгийн бөс бүсэлхийгээрээ ороож үзүүрийг нь зүүн мөрөн дээгүүрээ хэдэрчээ. Гуравдугаар болон дөрөвдүгээр элчин харин хөх өнгийн том цэцэг хээтэй торгон дээл өмссөн байв. Тэднийг дагалдан үйлчилж, тогоо шанагыг нь барьж явсан таван зарц нь бүдүүлэг бөс болон муу цэмбэн дээл өмсч явжээ. Тэргүүн элч өөрийгөө Их Александр хааны ахмад хүүгийн угсааны хүн хэмээсэн бөгөөд түүний тухай нилээд юм өгүүлж чадсан билээ. Тэргүүн элч голдуу гэртээ сууж, шажнаасаа болсон болов уу, ихэвчлэн мацаг барих бөгөөд энэ үеэрээ ганцхан цай л уудна. Нэгэн удаа тэдгээр монгол калмакуудад урьдчилан мэдэгдэлгүй хүмүүс явж очоод гэрт орсонд цаад өрөөнд байсан тэргүүн элчээс бусад нь шороог нь авч хонхойлсон өрөөний голд гал түлээд тойрон сууж байхтай таарчээ. Тэгэхэд Москвад их хүйтэн цаг таарсан юм. Нүцгэн шахуу, 6 буюу 7 ямхын урттай гуулин гансаар хятад тамхи татаж суусан тэд хүн орж ирмэгц босч нэхий дээл хэдрэн тэргүүн элчийн сууж агсан цаад өрөөнд орж, зочдыг ч оруулсан*

---

① Номын холланд эхэд *Kragatsini* хэмээсэн энэ улс нь 1675 онд Оросоос Чин улсад элчээр томилогдон явсан Николай Спафарийн аяны тэмдэглэлд дурдагдсан Торгачин буюу Таргачин хэмээхийн халгуурсан бичлэг бололтой. *Таргачинские люди* гэж Спафарий тариа тарьдаг дагуурчуудыг тэмдэглэсэн байдаг. // Русско-китайские отношения в XVII веке. Материалы и документы. Том 1. 1608-1683. Москва, Издательство Наука. 1969. с.353.

бөгөөд бүгдээрээ түрэг маягаар завилан суудж тэргүүн элч харин улаан цэмбэн олбог дээр тэднээс дээхэнтэй сууж байв. Тэрбээр алтан утсаар нэхсэн үнэтэй торгон дээл өмссөн байсан бөгөөд яг л нэг алтаар хийсэн хүн шиг харагдаж байсан билээ. Толгой дээрх малгайных нь хоёр талаас улаан болон хөх хоёр залаа унжиж малгай нь дээр доор хоёр этгээддээ булгаар хөвөөлж дунд нь магнайн орчимд алтан цэмбэ хаджээ. Зочдыг оржи ирэхэд тэргүүн элч их л ихэмсэг байдалтай хөшөө мэт хөдөлгөөнгүй сууж, зочдод суудал олгоод хэтэрхий хар бөгөөд давстай цайгаар зочлов. Тэр цай, чихэр, тамхи болон нутгийнхаа амттанг тэд нар цуумбуу хүүдийнд хийж авчиржээ. _Тэргүүн элчийг Манди Даллема (Mandie Dallema) хэмээх бөгөөд энэтхэг хүн байж, Хятад оронд олон удаа явсан бөгөөд түүний эзэн болоод Хятадын хоорондох зам нь их л хүнд хэцүү хэмээсэн билээ._ Тэрбээр үсээ бусад элчийн адил хуссан боловч ардаа нэг хэсэг үлдээсэн нь хүзүү хүртэл унжиж байв. Дэд элчийг Кгетсиул (Kgetsioul) гэх бөгөөд тэрбээр Хутагтын онцгой даалгавар авч иржээ. Гуравдугаар элчийг Гарман Беликтоух (Garman Beliktouch) гэнэ. Дөрөвдүгээр элчийг Горон (Goron) гэх бөгөөд тэрбээр хааны дүүгийн тусгай даалгавартай иржээ. Тэд бүгд герман зэвсэг, ялангуяа илд олж авах хэмээн ихэд чармайж байв. [товчлов]… Хутагтын нэрийн өмнөөс хэдэн жилийн өмнө Москвад хэдэн элч нар иржи, Германы кайзер болон Ромын папад одож золгох хэмээсэн билээ. Тэд кайзерийг Германы хамгийн том хаан, папыг христосын шажинтны тэргүүн хэмээн сонссон ажээ. Гэвч дээр дурдсан элч нар Москвад ирснээр мөнгө дутагдаж, аяллаа дүүргэсэн учир нь Вена болон Ром хотыг тэдний улсаас тийм ч хол биш гэж санаад ийм холын аяны бэлтгэлийг сайтар хангаж гарсангүйтэй холбоотой юм. _Элч нарын нэг нь Ганга мөрний эхнээс холгүй төрсөн бөгөөд сайхан царай төрхтэй хүн байсан_ боловч түүнийг дагалдан ирсэн жинхэнэ тартар хүмүүс нь их л муухай зүс царайтай улс байв. Тэднийг Хутагт лам өөрөө санаачилж илгээсэн юм уу, эсхүл Тангуд газар суудаг Их Ламын даалгавраар илгээсэн юм уу би одоо хүртэл мэдэхгүй байна.①

---

① In't Jaer zestien honderd vyf en zeventig, zijn in Moskou vier Mugaelsche Gezanten aengekomen, die zich Mugaelsche Kalmakken zeiden te zijn. Deze waren op den rug met Pyl en Koker verzien; doch wanneer zy iemant van Aenzien quamen spreken, leiden zy dat geweer aen deur van't huis af. Als zy iemant groeteden, namen zy de mutzen niet af. Hunne mutzen waren van gedaente, als die, welke de Vrouwen tot Straesburg dragen, of voor dat die Stad aen Vrankryk over gegaen is, gedragen hebben. Zy noemden hunnen Heer Sirooi Tzaer, en zeiden, dat hun Land zeer verre was; en dat zy alom, tot in Moskou, onderweeg van Spys, Paerden en Sleden, door de Vorsten, welkers gebied zy doortogen hadden, voorzien waren geworden. Hun spraek gong al klokkende, als de Hottentots en Kalkoensche Hanen, en zy haelden de woorden gelijk als uit de keel. Men zegt, dat hun Prins, (zijnde een der omzwervende Mugaelsche Vorsten, sterk honderd duizend man, zoo zy voorgaven) zich met hunne Czaersche Majesteiten quam verbinden, en vriendschap maken. Het yzer aen hunne Pylen was voor plat, omtrent drie vingeren breet, en anders gemaekt, als dat van de Tartarische Pylen in't gemeen is. D'eerste hield byzonder zijn ontzag en aenzien, zoo dat hy zich in't minste niet bewoog, of eenig teken van beleeftheit bewees, als een vreemdeling hem groete. Hy zat op zijn Turks, met de beenen onder't lijf: （ 轉 下 頁 注 ）

Витсен энэхүү зохиолдоо маш их баримт бичиг болон тухайн түүхэн үйл явдалд оролцож, нүдээр үзсэн хүмүүсийн тэмдэглэлийг олж ашигласан бөгөөд зохиолынхоо эхэнд мэдээлэл олж өгсөн хүмүүсээ тодорхой дурдсан байдаг. Халхын Түшээт хааны элч нарын тухай энэхүү хэсэг тэмдэглэлийг ажиглавал, нүдээр үзсэн хүний тэмдэглэл болох ньтодорхой мэдэгдэнэ. Монголын элч нар Москваг зорин мордсон мөн тэр 1675 онд Нидерландын нэгдсэн улсаас *Кунрат ван Кленк* (Koenraad van Klenck) нарыг Орост бүрэн эрхт элчин

---

（接上頁注）maer zijn drie mede-broeders bogen zich, en gaven de hand: wezende het groeten by hun met oplegginge van de handen op't hooft, de hoogste eere. Het is byzonder, dat, als deze Gezanten zekeren Heer, buiten de Stad Moskou, op weg bejegenden, dien zy bezochten, hem vroegen, wie eerst spreken zoude? waer op geoordeelt wierd, dat die quamen begroeten, eerst moesten spreken: gelijk geschiede, met te vragen na dezes Heers gezontheit. Wyders verhaelden zy, dat in hun Land wel eenige bemuurde Steden waren; doch dat het meeste Volk te Velde alom zworf, en onder Tenten, van Osse-huiden gemaekt, leefde: dat hunne grootste rykdom in Vee bestond, waer mede zy grooten Koophandel in Sina dreven, dezelve tegen zyde stoffen verruilende: dat'er wel Zilver-mynen in hun Land waren; doch weinig, en niet ryk. Zy geloofden, volgens hun zeggen, aen den Heilig, Dalailama genaemt, die alhier op aerde leefde: maer, door inblazinge van boven, alles wist, wat op de waereld omgong en geschiede; ja zelve al, wat zy toen spraken, en zeiden, dat hy nooit sterft. Dat wyders deze Heilig, door de zelve inblazing, hunnen Chan had geraden, dit Gezantschap aen den Moskovischen Czaer te zenden,enz. Als men deze Gezanten vermaek aendede, met Trompetten en Fluiten te laten hooren, verwonderden zy zich over de Fluit, en zeiden, dat zy Trompetten, voor hunne Goden of Beelden, mede gebruikten; doch weinig kleinder. Om eigentlijk te zeggen, en als met de vinger aen te wyzen, waer het gewest zy, daer deze Gezanten van daen quamen, zoude raden zijn: maer zoo gissing plaets mag hebben,meine ik, dat hun Chan of Heer zich meesten tyd neder slaet omtrent ter plaetze, waer ik den Zetel van den Priester Katouchta in de Kaert gestelt heb, op een en vyftig graden, beneden de Volken Kragatsini. Doch vermits dit Volk zomtyds hondert mylen verre verreist, en van plaets verandert, kan hunne rechte woonplaetze altyd niet effen aengewezen worden. Hunne klederen waren twee lange rokken: d'eene boven d'andere. Doch zy droegen noch hemt noch onderbroeken, en schertsten met de Duitschen, die zy zeiden, slechts halve klederen te hebben. De eerste onder hen had laerzen aen van zwarte stoffe, met groote bloemen gebeeld; welke over zijne klederen, aen den gordel, waren vast gemaekt. De schoenen waren voor spits. De onderste rok was van grof graeuw laken; doch daer boven had hy eenen anderen rok aen, die zeer schoon was, geboort met zwart bont. Voor op de borst stonden drie of vier Zilvere knopen, om de rok toe te maken. Van zijn muts hong een roode Zyde franje quast, na achteren toe, af: en aen ieder oor een stukje Goud, waer aen weder een roode Korael was gehecht. De stof van zijn kostelijke boven-rok was van Sineesch werk, met groote bloemen van Goud en veelverwige Zyde verciert. Hy was geelachtig van verw over zijn huit, hebbende knevels, als de Spangiaerts; doch geen haair aen de kin. De tweede Gezant was op de zelve wyze gekleet, als de eerste; doch had een roode Zyde gordel of zwachtel om de middel, welke over de linker schouder geslingert was. De derde en vierde in rang waren op gelijke wyze, doch met blaeuwe rokken, gekleet, daer groote Goude bloemen in gewerkt stonden. De overige Huisdienaers, die, alleenlijk vyf in getal, hun als Koks dienden, waren gekleet in grof Katoen Lywaeit, en slecht Laken. De eerste der Gezanten gaf voor, gesproten te zijn uit een ouder Zoon van Alexander de Groote, van wien hy veele zaken wist te verhalen. Hy hielt zich meesten tyd by huis, zonder, als zeer zelden, uit te gaen: vaste dikmaels, (het geen hy scheen uit Godsdienst te doen) als wanneer hy niets als Thée nuttigde. Als men eenmael deze Mugaelsche Kalmakken onverziens bezogt, en, zonder zich aen te geven, by hen ten Huize in trad, vond men al het gezelschap, uitgenomen den eersten Gezant, in een voorkamer, rondsom't vuur zitten, (want het was toen kout) dat zy in een hol maekten, daer d'aerde uitgehaelt was, zuigende, bykans gansch naekt, Sineesche Tabak uit kopere Pypen van zes of zeven duim lang: doch als iemand quam, stonden zy op, smeten rokken van Schape-vachten om't lijf, en begaven zich alle in de kamer van den eersten Gezant: alwaer zy zich voorts aenkleden, en den gasten in lieten, （轉下頁注）

төлөөлөгчөөр томилон илгээж, Франц болон Швед лүгээ хийж буй дайндаа Оросыг холбоотон болгохоор чармайжээ.[1] Нидерландын элч нар 1675 оны 9 сард Архангельск боомтноо хүрч ирсэн боловч Москва хүртэл нийт 3 сарын хугацаа хэрэгсэн аялж, 1676 оны эхээр сая Москва хотноо хүрч ирсэн нь яг сайхан дээр дурдсан Халх Монголын элч нарын хүрч ирсэн үетэй давхцсан байна.[2] Эндээс Нидерландын элчин төлөөлөгчдийн бүрэлдхүүнд багтаж ирээд Оросын нийслэлд Нидерландын нэгдсэн улсын байнгын элчин төлөөлөгчөөр үлдсэн барон *Иохан Виллем ван Келлер* (Johan Willem van Keller) хэмээх хүнийг Витсен мэдээлэгчдийнхээ хамгийн эхэнд нэрийг нь дурдсан байдаг тул Халх Монголын элч нарын тухай нүдээр үзсэн зүйлсээ өгүүлсэн энэхүү тэмдэглэлийг барон *Иохан Виллем ван Келлер* Витсенд дамжуулж өгч, тэндээс Витсений зохиолд орсон байна гэж үзэж болно.[3]

---

（接上頁注） daer menze dan vond neder gezeten, op zijn Turks, den eersten Heer boven aen, op een Tapyt van rood Laken. Dees was ook wel gekleet met een zeer kostelijke rok, van Zyde en Goude bloemen doorwerkt, zoo dat het geheel Goud geleek, hebbende een muts op het hooft, daer ter weder zyde twee linten van afhingen, een root en een blaeuw, met twee regels bont, om de muts, aen't voorhooft: waer tusschen een stukje stof van Goud Laken te zien was. Hy hield zich, op d'inkomst van de vreemdelingen, geheel deftig, zonder zich meer te bewegen, als een beeld, doende de Gasten zitten, en hen Thée aenbieden, die zoutachtig en vry zwart was, en zy in Kattoene zakken mede voerde: ook Zuiker, Tabak, en Konfituren van zijn Land. De eerste van deze Gezanten wierd Mandie Dallema geheten. Hy was een Indiaen van geboorte, en zeide, meermalen in Kithay of Sina geweest te zijn: voegende daer by, dat de weg, tusschen zijns Heeren gebied, en Kithay, zeer moeyelijk en ongebaent was. Zijn hoofthaair was geheel afgeschoren; gelijk ook dat van d'anderen: maer achter op de kruin zat een lok haair, in een gevlochten, die tot aen den hals hing. De tweede dezer Gezanten was Kgetsioul genaemt, en met byzondere last van den Opper-priester Katouchta voorzien. De derde wierd genaemt Garman Beliktouch. De vierde heete Goron, en had van den Broeder van hunnen Chan byzondere last. Zy waren alle zeer begeerig na het Duitsch geweer, en byzonder na degens. ... Van de Katoechta zijn voor eenige Jaren, Gezanten in Moskou geweest, die men zeide last hadden, den Keizer in Duitschland, en Paus te Romen te gaen begroeten, welke eerste zy als Hooft en Opperste magt van alle Duitsche Volken, en den tweeden, als Opper-priester veeler Christenen hadden hooren beruchten. De gemelte Gezanten in Mosko komende, staekten daer hare Reize, door gebrek van middelen, want zy gemeent hadden Wenen en Romen, zoo verre van hun Land niet te zijn, zijnde niet voorzien tot zoo een lange Reize. Een dezer Gezanten was gebooren, dicht by de oorsprong van de Ganges, en niet ongelijk van wezen, doch de eigene geboorenen Tarters, die zy in't gevolg hadden, waren byster heslijk van opzicht: of de Katouchta dit Gezantschap uit eigen hoofde, of uit last van grooten Lamas, die in Tangut zijn Zetel heeft, hadde afgezonden, is my tot noch toe onbewust. // Nicolaes Witsen. Noord en Oost Tartarye. I Amsterdam, 1705. pp.219-221, 224.

① Ян Виллем Велувенкамп. Архангельск: Нидерландские предприниматели в России 1550-1785. Архангельск, РОССПЭН. 2006, с.163 .

② Нидерландын элч нар 1676 оны 1 сарын 21-нд Москва хотноо хүрч иржээ. // Ян Виллем Велувенкамп. Архангельск: Нидерландские предприниматели в России 1550-1785. Архангельск, РОССПЭН. 2006, с.165; Халхын элч нар 1675 оны 12 сарын 27-нд Москва хотноо хүрч иржээ. // Материалы по истории русско-монгольских отношений. Русско-монгольские отношения 1654-1685. Сборник документов. Москва, Восточная литература. 1996. с.289.

③ 1676 оны 1 сарын 28-нд Оросын хаан Алексей Михайлович гэнэт зүрхний шигдээсээр нас барсан тул Нидерландын элчин төлөөлөгчид зорьсон хэргээ бүтээж чадсангүй боловч барон Иохан Виллем ван Келлерийг Нидерландын нэгдсэн улсын байнгын төлөөлөгчөөр Москвад суулгахаар үлдээжээ. // Paul Bushkovitch. Peter the Great: The Struggle for Power, 1671-1725. Cambridge, Cambridge University Press. 2004. p.88; Nicolaes Witsen. Noord en Oost Tartarye. I Amsterdam, 1705. Voorreden aen den Lezer. p.2.

Халхын зүүн гарын Түшээт хаан Чахундорж болон түүний дүү Жавзандамба хутагт Занабазар, Шидишири баатар хунтайж нарын 1675 онд Орост томилсон эдгээр элчин төлөөлөгчдийн тухай судалсан өмнөх үеийн судлаачид Витсений энэ хэсэг тэмдэглэлийг судалгаандаа ашигласан зүйл ер харагдахгүй байна. Мөн ч Жавзандамба хутагтын элч *Манжита ламын* гарал үүслийг тодолсон зүйл үгүй юм. Харин Витсений зохиол дахь энэхүү нүдээр үзсэн хүний тэмдэглэлийг үндсэлбэл, *Манжита лам* нь Ганга мөрний эхэнд төрсөн, царай зүсээрээ ч хамт ирэлцсэн монголчуудаасаа ялгаатай энэтхэг хүн байсан ажээ. Тухайн үеийн орос хэлний баримтад *Манжита лама* буюу *Манжита лаба,* харин Витсений зохиолд *Mandie Dallema* хэмээн тэмдэглэгдсэн нь түүний өөрийн нэр бус харин *Бандида лам* хэмээх цолыг нь тэмдэглэсэн хэрэг болно. XVII зуунд самгарди хэлнээс гаралтай төвдийн *банди* гэдэг үг нь монгол хэлнээ *манжи* гэсэн хэлбэртэй болон дуудагдаж байсан (одоо ч ойрад халимаг аялгуунд *манж* гэдэг) тул[①] самгарди хэлний *paṇḍita* буюу *бандида* цол нь *манжита* буюу *мандида* хэлбэртэй дуудагдаж байсан нь ойлгомжтой хэрэг. Мөн Витсений энэ тэмдэглэлийг үндсэлбэл, Халхын элчин төлөөлөгчдийг ахалж явсан хүн нь *Бандида лам* болно. Витсений тэмдэглэлийг анхаарч үзвэл, Бандида ламаас гадна (улаан орхимж хэдэрсэн) өөр нэгэн лам хүнийг Жавзандамба хутагт өөрийн элч болгон зарсан байна. Энэ хүнийг Витсений зохиолд *Kgetsioul* буюу гэцэл хэмээн тэмдэглэсэн нь, шарын шашны сахил санваарын нэрийдлийг нь өөрийнх нь нэр хэмээн ойлгож тэмдэглэсэн хэрэг юм. Хачирхалтай нь, Жавзандамба хутагтын энэ элчийг Оросын албан тэмдэглэлд ер тэмдэглэсэнгүй. Харин тэр үед Оросоос Манж Чин улсад томилсон элчин Николай Спафарий 1675 онд Енисейскийн шивээнд хүрч ирээд Москваг зорьж яваа Халхын элч нартай уулзахад Хутагтын элч хэмээн хоёр лам явж байсан хэмээн тэмдэглэсэн байдаг.[②]

Өмнөх үеийн судалгааны зохиолуудаас бид Жавзандамба хутагтын элч болж ирсэн энэхүү *Манжита лаба* буюу Бандида лам нь Москвад байхдаа Ариун Ромын эзэнт улсад цааш яван, католик шажинтны тэргүүн Пап болон кайзер эзэн хаанд бараалхаар явах хүсэлт гаргасанд, Оросын талаас түүнийг Хутагтын бичиггүй учир цааш нэвтрүүлэхгүй хэмээсэн тул, Монголд буцах замдаа христосын шажинд орох хүсэлт гаргаж, Оросын хааны зөвшөөрснөөр ариун угаал үйлдэж, Оросын үнэн алдартны христосын шажинд орж, Тобольск хотноо үлдсэн тухай мэднэ.[③] Гэтэл 1686 оны намар Халхын нутгаар дайран Чин

---

①　Калмыцко-русский словарь. Составил А.Позднеев. С.-Петербург, Типография императорской академии наук. 1911. с.229.

②　[А в Енисейском, государь, сыскал я послов мугальских, которые едут к тебе, великому государю, к Москве, два от кутухты-ламы жрецы их духовного чина, потому что он, кутухта-лама, начальник их вере до самой Индии, а другой посол от Учюроя-Саинхана мугальского, а третей от брата ево, з небольшими поминками по их обычаю.] // Русско-китайские отношения в XVII веке. Материалы и документы. Том 1. 1608-1683. Москва, Издательство Наука. 1969. с.476.

③　Н.П.Шастина. Русско-монгольские посольские отношения XVII века. Москва, Издательство Восточной Литературы. 1958. с.114; Материалы по истории русско-монгольских отношений. Русско-монгольские отношения 1654-1685. Сборник документов. Москва, Восточная литература. 1996. с.316; С.Чулуун. Өндөр гэгээн Занабазар ба Оросын хаант улс. // Өндөр гэгээн Занабазар: амьдрал, өв. Улаанбаатар, Адмон. 2015. т.34-36.

улсад одсон Никифор Венюков тэргүүтэй Оросын элч нарт Жавзандамба хутагт, түүний элчийг 10 жилийн өмнө Тобольск хотын алмууд Петр Салтыков саатуулж, үлдээгээд элчийн авч явсан хутагтын сангийн эд хөрөнгө болоод элчийн өөрийнх нь эд юмсыг тэрхүү элчийг нь нас барсан хойно Петр Салтыков өөрийн биедээ авч завшсан хэмээн өгүүлж, энэ хэргийн тухайд Орост элч томилж, нэхсэн боловч шийдвэрлэж өгсөнгүй билээ, хэмээн ярьж байжээ.①

Жавзандамба хутагт "христос шажинд орж", Тобольск хотноо үлдсэн элчийнхээ нас барсан тухай хаанаас олж мэдсэн юм бол? Үүнийг бага тодруулж болох мэт сонирхолтой баримт олсныг доор танилцуулъя.

### 3.2. Энэтхэг Панда

Оросын Эрхүү хотын алмууд Иван Остафьевич Власов 1684 оны 1 сард шинэ томилогдож ирсэн алмууд Леонтей Костянтинович Кислянскийд хотыг хүлээлгэн өгөхөд үйлдсэн эдүгээ Оросын эртний түүхийн баримтын архивт хадгалагдаж буй данс бичгийг 1881 онд Эрхүү хотын XVII - XVIII зууны түүхэнд холбогдох материалуудыг хэвлэхэд оруулан нийтэлжээ.② Уг данс бичигт тус хотын дотор байсан бүх л гэр байшин, сүм хийдийг бүртгэж мөн тус хотын шоронд хоригдож буй хүмүүсийг ч дурдсаныг доор эшилбэл:

*Мөн шивээнд хорих гэр буй. Энэ хорих гэрт соёд омгийн Уйташийн хөвүүн Турай, түнгүс омгийн Заягтайн Ботугу-ын ач Базайн хөвүүн Адзис, 189 (1681) онд урвасан хэргээр баригдсан түнгүс Меней③ нарын гурван барьцааны хүн болон энэтхэг Панда нар хоригдож буй.④*

Эрхүү хотын шоронд хоригдож байсан энэ энэтхэг хүн хэн бэ? 2014 онд миний бие Оросын эртний түүхийн баримтын архивын Эрхүүгийн захиргааны данс харааны материал дотроос энэ хүний холбогдолтой хэдэн баримт олж үзсэн билээ. Ингээд энэтхэг Панда-гийн тухай дурдагдсан эхний баримтыг танилцуулъя. Энэхүү бичиг нь Енисейскийн шивээний захирагч Александр Салтыков, бичээч Богдан Софонов нараас 1683 онд Эрхүүгийн

① Материалы по истории русско-монгольских отношений. Русско-монгольские отношения 1685-1691. Сборник документов. Составитель Г.М.Слесарчук. Москва, Восточная литература. 2000. с.36.

② Иркутск. Материалы для истории города XVII и XVIII столетии. Москва, Типография М.Н.Лаврова и Ко. 1883.

③ Энд дурдагдсан Меней гэгч бол 1676 онд байгуулагдсан Түнхэний шивээнд алба өгөх болсон эвенки нарын нэг бөгөөд бөө хүн байжээ. 1678 онд Халхын зүүн гарын Далай Сэцэн ноён Түнхэний шивээний ойр орчмыг довтолж, буриад эвенки нарыг хурааж аваачихад энэ Меней газарчлан тусалж явсан гэх бөгөөд 1681 онд төрөл саднаа Монголд босч одсугай хэмээн уриалсан хэрэгт баригдаж хоригдсон хүн юм. // Материалы по истории русско-монгольских отношений. Русско-монгольские отношения 1654-1685. Сборник документов. Составитель Г.М.Слесарчук. Москва, Восточная литература. 1996. с.384-385.

④ [В остроге ж караульная изба, а в караульне 3 человека аманатов: соецкого роду Турайко Уйташев сын, тунгуского роду Ботугу Заектаев внук Адзиско Базаев сын, тунгус Менейко, которой посажен по извету в изменном деле во 189 году, да индеец Панда.] // Иркутск. Материалы для истории города XVII и XVIII столетии. Москва, Типография М.Н.Лаврова и Ко. 1883. с.3.

шивээний захирагч Иван Власовт илгээсэн бичиг болно.

*Ноён Иван Остафьевичид① Александр Салтыков, Богдан Софонов мөргөн бичиг барив. Өнгөрсөн 188 (1680) онд их ноён бөгөөд бояр, алмууд Иван Петрович Борятинский бичээч Василей Телицкиний байсан цагт Эрхүүгээс боярын хөвүүн Иван Перфирьев энэтхэг Панда-г Енисейскийн захирагчид илгээж, түүний өргөн барьсан бичгийн ёсоор өнгөрсөн 189 (1681) онд түүнийг эндээс Тобольск хотноо явуулсан билээ. Чингээд өнгөрсөн 190 (1682) онд их ноён бөгөөд бояр Тобольскийн алмууд Алексей Андреевич Голицын бээр нөхдийн хамт энэ энэтхэг Панда-г Тобольск хотноос Енисейск хотноо буцаан илгээв. Энэ 191 (1683) оны 7 сарын 20-ны өдөр Енисейскийн шивээний тамгын газарт Их, Бага, Цагаан Оросын хаан, их ван бөгөөд их эзэд Иоанн Алексеевич, Петр Алексеевич хоёрт тэрхүү энэтхэг Панда мөргөн, - Енисейскийн шивээнээс Эрхүүгийн шивээнд явуулж хайрла хэмээн амаар айлтгасанд их эздийн зарлигаар мөн 7 сарын 21-ний өдөр энэтхэг Пандаг Енисейскээс Эрхүүгийн шивээнд тавьж явуулав.②*

Энэ бичгээс үзвэл, энэтхэг Панда гэгч нь 1680 онд Эрхүү хотноос Енисейскийн шивээнд хүрч ирж, (Бандида ламын үлдсэн) Тобольск хотод очих зөвшөөрөл ав——д, 1681 онд тэнд хүрч байж байгаад, 1682 онд Енисейск хотод буцаж ирээд, 1683 оны 7 сард Эрхүүгийн шивээнд харьж ирсэн хүн болно. Хаа холын энэтхэг хүн Эрхүү хотод хэрхэн хүрч ирсэн байх билээ гэж бодохул лавтай Монгол газраар дамжиж л ирсэн байх ёстой. Харин ямар учраас Эрхүүд буцаж ирсэн атлаа ердөө хагас жилийн дараа тус хотын шоронд сууж байсныг Зөвлөлтийн судлаач Е.М.Залкинд өөрийн зохиолдоо цухас дурджээ. Түүний бичсэнээр бол

---

① Иван Евстафьевич Власов (1628-1710) – Оросын дипломатч, цэргийн жанжин. Константинополь хотоос Москвагийн хаант улсад ирж албанд орсон грек хүн. Европод олон удаа элчээр томилогдон явж байв. 1674 оноос Сибирийн шивээ байшингуудын захирагч алмуудаар ажиллаж эхэлсэн бөгөөд 1681 онд Эрхүү хотын алмуудаар томилогдож 1684 онд халагдан Нэвчүүгийн алмуудаар томилогдож, энд байхдаа Ф.А.Головины хамтаар Нэвчүүгийн гэрээг тогтооход оролцов. 1690 онд Нэвчүүгийн шивээг шинэ томилогдсон алмууд Ф.Скрипицынд хүлээлгэж өгөөд Москвад буцаж 1710 онд нас баржээ. // Списки городовых воевод и других лиц воеводского управления Московского государства XVII столетия по напечатанным правительственным актам. Составил Александр Барсуков член Археографической комиссии. С.-Петербург. 1902. с.73.

② [Господину Ивану Остафьевичю Александр Салтыков, Богдан Софонов челом бьют. В прошлом во РПИ-м (188) году при боярине воеводе князе Иване Петровиче Борятинском да при дияке Василей Телицкине сгурилом из Ыркуцкого приказному енисейскому сын боярской Иван Перфирьев индейца Панду в прошлом же во РПФ-м (189) году по ево индейцеву челобитную отпущен был он Панда в Тоболеск. И в прошлом во РЧ-м (190) году ис Тоболска боярин и воевода князь Алексей Андреевич Голицын с товарыщи прислал ево индейца Панду в Енисейск. И в нынешнем господине во РЧА-м (191) году июля в К (20) день бил челом великим государем и великим князем Иоанну Алексеевичю и Петру Алексеевичю всея Великия, Малыя и Белыя Росии самодержцем, а нам в Енисейском приказном избе словесно он индеец Панда чтоб великие государи пожаловали ево Панду велели нам из Енисейска отпустить в Ыркуцкой и по указу великих государей он Панда индеец из Енисейска в Ыркуцкой отпущен июля в КА (21) день.] // РГАДА, Иркутская приказная изба ф.1121, оп.2, д.219, л.82.

энэтхэг Панда-г монгол ноёдын хатгалгаар "*буриад нарын гэрээр явж, урвах хулгайн үг хэлж явсан*" тул баривчилсан гэжээ.[①] Харамсалтай нь, өнгөрсөн зууны дундуур түүний ашигласан Эрхүүгийн захиргааны дансны хуучин дугаар солигдсон байсан тул би түүний ашигласан уг материалыг нь үзэж чадсангүй. Яг энэ 1683 оны зун Халхын зүүн гарын Далай Сэцэн ноён Түнхэний шивээ орчмоос өөрийн албат буриад нарыг хоёр удаа нүүлгэн аваачсан тул үлдсэн хүмүүсийг Оросын захиргаанаас Эрхүүгийн зүг ойртуулан нүүлгэж авчраад байсан юм.[②] Панда-гийн баригдсан хэрэг нь энэ үйл явдалтай холбогдох бололтой.

Түүний цаашдын хувь заяа лугаа холбоотой өөр нэг материал олсноо доор танилцуулъя. Энэ бичиг нь Эрхүүгийн шивээний захирагч Алексей Горчаковоос 1686 оны 1 сард Енисейскийн шивээнд илгээсэн бичиг юм.

*Их, Бага, Цагаан Оросын ээзэд хаад, их ноёд Иоанн Алексеевич болон Петр Алексеевич нарын стольник[③] бөгөөд алмууд Степан Афанасьевичид[④] Алексей Горчаков[⑤] мөргөн бичиг барив. Өнгөрсөн 193 (1685) онд Енисейскийн шивээнээс бояр бөгөөд их ноён, алмууд Константин Осипович Щербатый нараас Эрхүүд бичгийн тэргүүн, стольник Леонтей Кислянскийд илгээсэн их ээздийн зарлигт "Түнгүс Менейг урьд хулгай болон урвасан, Монгол газар босч одсон, монгол цэргийг дагуулан авчирж, газарчилж явсны учир, энэтхэг Панда-г өмнөх урвасан хулгайн хэрэг болоод урвасан хулгайн үг хэлж явсны учир харь төрөлтний нүдний өмнө дүүжилж алтугай. Дүүжилж алахын урьд тэдний гэм буруүг дуудан хэлтүгэй" хэмээн тушаасан бөлгөө. Харин бичгийн тэргүүн, стольник Леонтей Кислянский тэр зарлигийн ёсоор түнгүс Меней болон энэтхэг Панда-г дүүжилж амжсангүй. Хэрэв их ээздийн тэр зарлигийн бичиг Леонтей Кислянскийг Эрхүүд байхад хүрч амжсангүй болбоос Эрхүүгийн боярын хөвүүн бөгөөд захирагч Иван Перфильев их ээздийн тэр зарлигийн ёсоор түнгүс Меней болон энэтхэг Панда-г дүүжилж алтугай хэмээсэн билээ. Гэвч Иван [Перфильев] бээр намайг Эрхүүд хүрч иртэл Меней болон Пандаг дүүжилсэнгүй. Өнгөрсөн 193 (1685) онд Иван Перфильев Енисейскийн шивээнд бояр бөгөөд их ноён, алмууд Константин Осипович Щербатыйд тэрхүү Менейг их ээздийн зарлиг бууж иртэл батлан*

① [Был изловлен некий индеец Панди (не тибетский ли банди-лама?), который "у братских мужиков в юртах воровские и изменные слова говорил".] // Е.М.Залкинд. Присоединение Бурятии к России. Улан-Удэ, Бурятское книжное издательство. 1958. с.75.

② РГАДА, Иркутская приказная изба. ф.1121, оп.1, д.43, л.97-101; ф.1121, оп.2, д.101, л.3-4.

③ Стольник хэмээх нь Оросын хааны зоог барихад идээ барьдаг үйлчлэгчийг хэлдэг хүн байгаад сүүлдэж ирээд хааны шадар хүнд өгдөг цол болжээ. Орос хэлний *стол* буюу ширээ гэдэг үгнээс гаралтай.

④ Стольник Степан Афанасьевич Собакин 1685-1686 онд Енисейскийн шивээний алмууд байжээ. // Списки городовых воевод и других лиц воеводского управления Московского государства XVII столетия по напечатанным правительственным актам. Составил Александр Барсуков член Археографической комиссии. С.-Петербург. 1902. с.73.

⑤ Алексей Львович Горчаков 1686 оны 1 сард Иван Максимович Перфильевийн оронд Эрхүүд бичгийн тэргүүн болон томилогдож иржээ.

*даасан ёсоор албанд гаргаж, алба бариулсугай хэмээн бичиг илгээсэн нь эдүгээ болтол түүний хариуд их эздийн зарлиг ирсэнгүй гэнэм. Энэ учирт стольник, алмууд Степан Афанасьевич та юу гэж айлднам? Чингээд энэ 194 (1686) онд Эрхүүгийн тамгын газарт Иван Перфильев миний өмнө урвасан хулгай Менейг дүүжилж алсангүй учрыг өгүүлэв. Энэ 194 онд Эрхүүгийн захиргааны яаманд Иванд эрхүүгийн албат тунгус Заягтайн омгийн Заягтайн хөвүүд Итугучей, Тарчай нар бусад омгийн тунгус нарын хамт тамга тавьсан бичиг өргөж, Менейг бүү дүүжилтүгэй хэмээн мөргөн гуйж айлтгасанд тэр бичгийг нь Иван авч Енисейскийн шивээнд бояр бөгөөд их ноён, алмууд Константин Осипович Щербатыйтанд илгээв. Харин энэтхэг Пандаг дүүжилсэнгүй учир нь миний Эрхүүд хүрч ирэхийг сонссон учир [түдгэлзсэн явдал болно] гэв. Тэр Иваны бичгийн хариу Енисейскийн шивээнээс стольник, алмууд Степан Афанасьевич танаас энэ нэгдүгээр сар хүртэл над хүрч ирсэнгүй. Тиймийн тул би тэдний харь төрөлтний өргөсөн тамга тавьсан бичгийг Енисейскт стольник, алмууд Степан Афанасьевич чамд энэ бичгийн хамтаар илгээв. Чингээд их эздийн зарлигаар стольник, алмууд чи юу гэнэм?* [1]

---

[1] [Государей царей и великих князей Иоанна Алексеевича Петра Алексеевича всея Великия и Малыя и Белыя Росии самодержцев стольнику и воеводе Стефану Афонасьевичю Алешка Горчаков челом бьет. В прошлом во РЧГ (193/1684-1685) году в указе великих государей написано из Енисейска от боярина и воеводы князя Костантина Осиповича Щербатого с товарыщи в Ыркуцкой к писменному голове к стольнику Леонтью Кислянскому велено тунгуса Менейка за прежнее ево воровство и измену за побег в мугальскую землю и за подвод мугалских людей на острог и индейца Панду за прежнее ево воровство и похвалные воровские слова повесить при иноземцах а у вещении вины им их воровские дела и слова вычесть. И писменной голова стольник Леонтей Кислянский тунгуса Менейка и индейца Панду по тому великих государей указу не повесил. А буде ево писменного голову стольника Леонтея Кислянского тот великих государей указ о вышеписанном деле о тунгусе Менейке и индейце Панде в Ыркуцком незастанет и по тому указу великих государей велено их Менейка и Панду повесить приказному иркуцкому сыну боярскому Ивану Перфирьеву. И он Иван их Менейка и Панду до моево в Ыркуцкой приезду не повесил. И в прошлом во РЧГ году писал в Енисейск к боярину и воеводе князю Костянтину Осиповичю Щербатому Иван Перфирьев о тунгусе Менейке чтоб до указу великих государей на поруки ево Менейка выпустить в ясашной платеж и в вечное холопство. И против ево Ивановых отписок от него не указ великих государей не бывало и о указе великих государей что ты стольник и воевода Стефан Афанасьевич как изволишь. И в нынешнем во РЧД (194/1685-1686) году а в приказной избе передо мною он Иван сказал изменника де Менейка он Иван не повесил для того что де в нынешнем во РЧД (194/1685-1686) году били челом великим государем а в Иркуцком в приказной избе подали ему Ивану за знамены челобитную иркуцкие ясашные тунгусы Заектаева роду Итугучейко да Тарчайко Заектаевы дети да и иных родов тунгусы ж что ево Менейка не повесить против того де их челобитья он Иван писал в Енисейск к боярину и воеводе князю Костянтину Осиповичю Щербатому с товарыщи, а индейца Панду он Иван не повесил для того что де слуша мой в ыркуцкой приезд. Того ево Иванова писма указ великих государей из Енисейска ... боярина ... от тебя стольника и воеводы Степана Афонасьевича с товарыщи ко мне генваря по число не присылывано. И я ту их иноземскую челобитную за их знамены послал в Енисейск к тебе стольнику и воеводе Степану Афонасьевичю с товарыщи под сею отпискою. И по указу великих государей стольник и воевода] // РГАДА, Иркутская приказная изба. ф.1121, оп.1, д.84, л.4.

Энэ бичгээс үзвэл, 1685 онд Енисейскийн шивээнээс Эрхүүгийн шоронд хоригдож байсан түнгүс Меней болон энэтхэг Панда нарыг урвасан хэрэгт нь дүжилж хороо хэмээн Эрхүүгийн шивээний захирагч Леонтей Кислянскийд тушаажээ. Гэвч тэрхүү тушаал алмууд Леонтей Кислянскийн халагдсан хойно хүрч ирж, шинээр томилогдсон алмууд Иван Перфильев түнгүс Менейн төрөл садангийн өргөн барьсан өргөдөл бичгийн хариуг иртэл тушаалыг гүйцэтгэсэнгүй, мөн уг тушаалд цуг дурдагдсан энэтхэг Пандаг ч мөн цаазалсангүй, шинэ томилогдон ирэх алмууд Алексей Горчаковыг хүлээж байсан ажээ. Энэ хэрэг цааш юу болсныг харамсалтай нь мэдэх аргагүй байна.

Энэхүү энэтхэг Панда хэмээгч нь Эрхүү хотоос Тобольск хүртэл яваад буцаж, Эрхүүд хүрч ирээд буриад нарын дунд "*урвасан хулгайн үг ярьж явсан*" ба энэ хэрэгтээ баригдаж, Эрхүүд хоригдож байгаад арай л дүүжлүүлж алагдсангүй энэ байдлаас үзвэл Жавзандамба хутагт энэ хүнийг Орост илгээж, Тобольск хотноо хоцорсон өөрийн элч *Бандида ламын* байр байдлыг сураглуулсан байж тун магадгүй юм. *Бандида лам* нэгэнт нас барсан учрыг олж мэдсэн учир Тобольск хотоос буцаж, Эрхүүд хүрч ирээд энэ мэдээг Жавзандамба хутагтад уламжилсан байж болно. *Панда* гэдэг нь Залкиндын таамагласан мэт төвд хэлний *ban de* буюу *банди* бус харин энэтхэг самгарди хэлний *paṇḍita* буюу *бандида* гэсэн үгний халгуурсан дуудлага байж магадгүй юм.

# Дүгнэлт

Дээр өгүүлсэн XVII зууны хоёрдугаар хагаст холбогдох түүхэн үлдмэл сурвалж баримтад тэмдэглэгдсэн, Халхын Жавзандамба хутагт лугаа шууд болон шууд бусаар холбогдох энэхүү хоёр энэтхэг хүн нь хожмын Жавзандамба хутагтын домогчилсон намтар түүхэнд тэмдэглэгдсэн хоёр азарын бодит түүхэн үндэс болсон болов уу гэж бодож байна. Энэтхэгт төрсөн бөгөөд Монгол газар ирж Өндөр гэгээний дэргэд шадарлан үйлчилж, Оросын хаант улсад Халхын зүүн гарын Түшээт хаан тэргүүтэй ноёдын тэргүүн элчээр томилогдон улмаар цааш Ариун Ромын эзэнт улсад илгээгдсэн боловч Оросын талын хориглосноос болж явж чадсангүй арга буюу харьж ирэх замдаа христосын шажинд орж, Монгол нутагт буцаж ирсэнгүй энэтхэг *Mandie Dallema*, *Манжита лаба* буюу *Бандида лам* нь Шамбалын орныг зорин одоод замдаа осолдсон бага азарын дүрийн түүхэн үндэс болжээ. Хэрэв Жавзандамба хутагтаас өөрийн элч *Бандида ламын* хойноос илгээсэн байж тун магадгүй энэтхэг *Панда* буюу *Бандида* нь ямар нэг аргаар амьд үлдэж, Монголд буцсан бол Жавзандамба хутагтын намтарт гарах нөгөө буцаж ирсэн Чулуун хуруут азарын түүхэн бодот дүр болсон байж магадгүй юм. Энэхүү энэтхэг *Панда* буриад нарыг хөдөлгөн босгох урвасан хулгайн хэрэгт баригдаж, Эрхүү хотод хоригдохдоо элдэв эрүү шүүлт үзсэнээс гар хуруу нь гэмтсэн байж тун магадгүй. Мэдээж энэ бол одоо олдсон данс материалын үндсэн дээр таамагласан төдий л хэрэг юм. Харин энэ бүхнээс одоогоор бодтой мэдэж болох нь, нийт монгол угсаатны хувьд эргэлтийн шинж чанартай байсан XVII зууны хоёрдугаар хагаст Халхын зүүн гарын Түшээт хааны дүү Жавзандамба хутагт нь Монголын ноёд язгууртны төлөөлөгч төдийгүй шашны зүтгэлтний хувиар Халхын дотоод, гадаад улс төрийн харилцаанд жин даран оролцож, зарим талаар ахынхаа дээгүүр ч эрэмбэлэгдэх болж, *Бандида лам* мэтийн энэтхэг хүмүүсийг ашиглан өөрийн оршин буй дэлхий ертөнцтэйгээ идэвхитэй харилцаа байгуулж, ойлгож мэдрэхээр чармайж байсан явдал болно.

# Two Indian Ãcāryas of Öndör Gegen Zanabazar, the First Jebzundamba Khutugtu of Khalkha Mongolia

Tsongol B. Natsagdorj

In this paper author analyzed the evidences about two Indians from the legendary biography of the first Jebzundamba Khutugtu and suggested that two Indians mentioned in the remnant historical sources were the historical prototypes of those two Indian Ãcāryas of Öndör Gegen Zanabazar, the first Jebzundamba Khutugtu of Khalkha Mongolia. Failed Mongolian mission to Russia, headed by Indian Pandita Lama, was explained by later biographers of Jebzundamba Khutugtu, as travel to Buddhist mythical holy land of Shambala. Then, another Indian man named Panda (most probably another Pandita) was sent from Mongolia to Tobolsk, where the senior Pandita stayed after his conversion into Christianity. On his way back, Panda was arrested and put in jail in Irkutsk. If somehow this man managed to come back to Mongolia, to Jebzundamba Khutugtu, he can be easily identified as famous Stone-fingered Acarya, who lost his finger during the above mentioned journey to Shambala. All these stories about Indian Ãcāryas in the service of the first Jebzundamba Khutugtu clearly show us that 17th century's Khalkha Mongolia was not just a landlocked remote place and its leaders had wide network connections with the rest of the world.

## Хавсралт

1.Энэтхэгийн Их Моголын эзэнт гүрний Шах-Жахан хааны үед цутгасан мөнгөн зоос. Монгол улсын Төв аймгийн Эрдэнэ сумын нутаг дахь Рибогэжэйшаддублин хийдийн туурийн малтлагаас 2015 онд илрүүлэв.

*Монгол улсын Шинжлэх ухааны академийн Түүх, археологийн хүрээлэнд хадгалагдаж буй.*

2.*Бандида лам* тэргүүтэй Халх-Монголын элч нар 1676 онд Москва хотноо Нидерландын элч барон *Иохан Виллем ван Келлер* лүгээ уулзсан нь.

*Зураач Б.Батцоож 2018 онд зурав.*

3.Өндөр гэгээн Махагүрү Даранатын шавь Баха-а бандида азарын энэтхэгийн хэлнээс монгол хэлнээ орчуулсан Кэсэнэ хааны намтар үлгэрийн сүүлчийн хуудас.

*Монгол улсын үндэсний номын сан. Монгол гар бичмэл номын хөмрөг. 7917/96*

1.Yeke-Mogol-mungun zoos

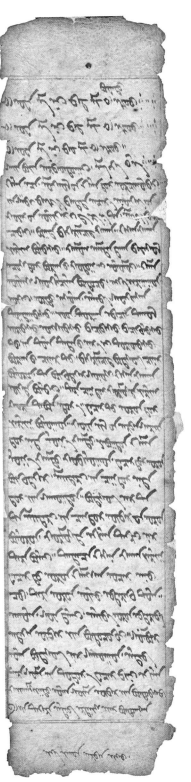

3.Kesene haanii tuuji

# 國內外察合臺文文獻整理與研究綜述

## 米吉提

中國作為一個歷史悠久的多民族國家，各民族在不同歷史時期創造了各具特色的民族文字，形成了種類繁多、卷帙浩繁、內容豐富的少數民族文字古籍文獻，成為中華民族典籍的重要組成部分。維吾爾族作為中華民族大家庭中的重要組成部分，在中華民族文化的傳承和發展過程中創造了內容豐富的古籍文獻。歷史上，我國少數民族創制使用的文字有 30 種左右，①而察合臺文是其中重要一種。目前，新疆維吾爾自治區和北京市察合臺文文獻的收藏量居全國前列。近年來，隨著我國同中亞絲綢之路沿綫國家文化交流和社會經濟往來的不斷密切，察合臺文文獻作為研究中亞的重要史料，備受學界關注，在國內許多領域的專家學者也非常重視察合臺文文獻的整理工作。

## 一　察合臺文古籍的形成與發展

察合臺語是察合臺汗國時期所形成的、中亞地區廣泛使用的一種書面語。察合臺文是從公元 14 世紀到 20 世紀中期拼寫察合臺語而使用的一種阿拉伯字母式拼音文字。察合臺語因在察合臺汗國境內使用而得名。②其發展過程大致分為前期、中期和後期 3 個階段。

前期階段包括 14 世紀中葉至 15 世紀中葉的 100 多年，察合臺文在這一階段發展緩慢，並未像波斯文一樣被廣泛使用。

到了帖木兒王朝時期，察合臺文的發展進入了從 15 世紀中葉至 17 世紀中葉的中期階段，這一階段的學者們開始掀起用察合臺文寫作的熱潮，詩人尼扎米丁·艾里希爾·納瓦依引領這一熱潮的湧動。他精通波斯文，但一直提倡用察合臺文寫作，並且自己堅持用察合臺文創作。納瓦依一生創作了 60 多部作品，內容涉及歷史、哲學、語言學、倫理學、美學、天文學等多個學科。

到了 17 世紀中葉，察合臺文的發展進入了後期階段，這一階段整整延續了 3 個世紀。在後期階段察合臺語慢慢口語化，更接近普通民眾的語言。

察合臺文的歷史有 600 多年，留下了為數眾多、門類齊全的古籍文獻。察合臺文古籍的

---

① 中國民族圖書館編《中國少數民族文字古籍整理與研究》，遼寧民族出版社，2011，第 2 頁。
② 藍琪、劉剛:《中亞史》第 4 卷，商務印書館，2018，第 227 頁。

內容豐富，涉及歷史、經濟、文學、哲學、宗教、道德、語言、醫學、地理、天文、曆法等領域。現存察合臺文古籍有手抄本、石印本、鉛印本等多種版本。察合臺文文獻作為中華優秀傳統文化的重要組成部分，記錄了歷史上我國同中亞各民族社會文化交往交流方面重要的歷史事件，為我國優秀傳統文化的傳播和發展起到重要的作用。黨的十八大以來，習近平總書記多次強調要傳承和弘揚中華優秀傳統文化。他指出："要講清楚中華優秀傳統文化的歷史淵源、發展脈絡、基本走向，講清楚中華文化的獨特創造、價值理念、鮮明特色，增強文化自信和價值觀自信。系統梳理傳統文化資源，讓收藏在禁宮裏的文物、陳列在廣闊大地上的遺產、書寫在古籍裏的文字都活起來。"[1] 這種高度肯定體現了中華優秀傳統文化內在價值和社會意義。

## 二　察合臺文古籍現存狀況

19 世紀後期開始，英國、德國、俄國、法國、日本、瑞典等國家的"探險家"在中亞地區進行探險時，先後發現了眾多察合臺文古籍並將其帶回本國。新中國成立以來，黨和政府高度重視察合臺文古籍的搜集與整理工作，相繼成立了專業的收藏單位和研究隊伍。目前國內的察合臺文文獻主要收藏在新疆維吾爾自治區和北京市。

在新疆維吾爾自治區博物館、新疆大學、新疆維吾爾自治區少數民族古籍搜集整理出版規劃領導小組辦公室、新疆維吾爾自治區圖書館、喀什地區少數民族古籍搜集整理出版規劃領導小組辦公室等處藏有相當數量的察合臺文古籍。據統計，目前新疆境內七地州已搜集到察合臺文古籍 15341 冊，而在民間察合臺文古籍的收藏量高達 15427 冊。[2]

北京市有中國民族圖書館、中國社會科學院民族學與人類學研究所圖書館為首的 7 家單位藏有察合臺文古籍，所藏察合臺文古籍總數有 200 餘冊。

除英、法、德、俄、日、瑞典等西方國家外，中亞的烏茲別克斯坦、哈薩克斯坦、吉爾吉斯斯坦的各級圖書館、博物館也藏有一定數量的察合臺文古籍，其中烏茲別克斯坦藏量最為豐富，如烏茲別克斯坦科學院東方學研究院古籍館藏有 39300 部古籍，[3] 其中絕大部分是察合臺文；此外，烏茲別克斯坦國立圖書館以及各州州立圖書館也藏有大量的察合臺文文獻。

---

[1] 中共中央宣傳部編《習近平總書記系列重要講話讀本（2016 年版）》，學習出版社、人民出版社，2016，第202—203 頁。

[2] 古麗阿依木·亞庫普：《論新疆維吾爾自治區古籍保護中心的建立及其收藏的部分古籍》，《圖書論壇》（維吾爾文）2012 年第 1 期。

[3] 伊斯哈科夫（Ф. Исхоков）：《察合臺語文》（Эски ўзбек тили ва ёзуви），塔什干：教師出版社，1995，第12 頁。

## 三　察合臺文古籍的整理與目錄學工具書出版情況

　　新中國成立以來，為了深入研究和宣傳察合臺文古籍，加大開發利用的力度，一大批有關察合臺文古籍的書目、索引等檢索工具書相繼問世。1957 年新疆維吾爾自治區博物館籌備處用維吾爾文編印了《維吾爾古典文學作品手抄本目錄》，此書包括歷史、語言、文學等方面的 74 部作品。1960 年新疆維吾爾自治區圖書館用維吾爾文編印了《維吾爾族文學作品目錄》。1962 年新疆少數民族社會歷史調查組用維吾爾文編印了《新疆書目》，此書目分上下兩卷，包括新疆維吾爾自治區博物館、中國科學院新疆分院民族研究所、新疆文聯和新疆大學等單位收藏的政治、經濟類作品 172 部，宗教、哲學類作品 104 部，語言文學類作品 217 部，共計 493 部作品。新疆維吾爾自治區科學院 1964 年編印了《新疆古籍目錄》（維吾爾文）；1964 年編印了《新疆維吾爾自治區博物館保存的古籍目錄》。1965 年中國科學院民族研究所研究員阿布都熱西提·斯拉米編寫了《有關研究新疆的古書目錄》一書；1977 年當時的中央民族學院研究部少數民族語文研究室和漢語系少數民族文學教學組合編了《維吾爾文學書目》。1985 年新疆維吾爾自治區少數民族古籍搜集整理出版規劃領導小組辦公室編印了《新疆民族古籍藏書目錄》，其中第一冊為歷史類古籍。1988 年喀什維吾爾文出版社出版了新疆維吾爾自治區少數民族古籍搜集整理出版規劃領導小組辦公室編寫的《維吾爾、烏孜別克、塔塔爾古籍目錄》，此書內容豐富，涉及文藝、歷史、地理、哲學、天文、法律、醫學等領域。2000 年民族出版社出版了吳英等主編的《維吾爾歷史文化研究文獻題錄》。2010 年國家圖書館等編印了《西域遺珍——新疆歷史文獻暨古籍保護成果展圖錄》，其中包括大量察合臺文古籍的圖錄介紹。2011 年新疆人民出版社出版了阿不都熱依木·卡地爾編的《維吾爾醫藥學古籍》。

　　《中國少數民族古籍總目提要》是 1997 年國家民族事務委員會啟動的民族文化工程的重要成果。全套書約 60 卷，近 100 冊。中國大百科全書出版社 2008 年出版了《中國少數民族古籍總目提要·柯爾克孜族卷》，共收錄新疆、黑龍江等地的柯爾克孜族古籍條目 1571 條，其中書籍類 4 條，有《柯爾克孜族部落史話》、《柯爾克孜依亞》、《沙德滿依亞》和《禮儀論》等察合臺文古籍。2011 年出版了《中國少數民族古籍總目提要·維吾爾族卷（銘刻類·文書類·講唱類）》，該卷收錄了銘刻類古籍條目 19 條，文書類古籍條目 333 條。同年出版的《中國少數民族古籍總目提要·哈薩克族卷》共收錄古籍條目 1916 條，其中書籍類 47 條、文書類 222 條。《中國少數民族古籍總目提要·烏孜別克族卷、塔塔爾族卷、俄羅斯族卷》共收錄烏孜別克族古籍條目 732 條，其中書籍類 149 條；收錄塔塔爾族古籍條目 269 條，其中有《新史》《東方五史》等察合臺文歷史書。

## 四　察合臺文古籍數字化與開發情況

少數民族文字古籍是一個豐富的文獻寶庫，是中華文明寶貴的歷史文化遺產。搜集、整理和研究少數民族文字古籍是繼承與發揚中華文化的重要措施之一。新中國成立以後，全國各地成立出版社，支持古籍整理出版事業，取得了很大成績。隨著電腦應用的普及，大多數圖書館已經採用數字編目，實現了機讀目錄，使檢索更方便，還能實現遠程檢索。古籍的數字編目工作也得到了很大的發展。例如，作為國家重大文化工程"中華古籍保護計劃"的一部分，中國民族圖書館從 2017 年 8 月開始進行了館藏藏文古籍普查登記工作，在"全國古籍普查平臺"上第一次普查登記了少數民族文字的古籍。除此之外，民族文字古籍數字化也是一項重要而緊迫的工作。

在察合臺文古籍的檢索、數字化方面，新疆大學信息科學與工程學院做了較為系統的研究。國內學者先後發表了《古維吾爾文（察合臺文）文獻數字化整理系統中多文種混合處理的實現》《古維吾爾文（察合臺文）及轉寫符號的智能輸入法研究》《察合臺文文本自動轉換成國際音標系統研究》《論維吾爾文獻數字化》《察合臺文文獻的編目和數字化探討》《試論新疆少數民族古籍文獻資源的開發利用》《新疆古籍保護工作調研與普查登記進展情況綜述》等多篇研究論文。此外，中國民族圖書館在少數民族古籍數字化方面取得了一定的成績，其中有《北京地區察合臺文珍善本古籍數據庫系統的建設構想》《察合臺文古籍編目信息翻譯問題研究》等相關研究成果。

## 五　察合臺文文獻研究綜述

1. 我國察合臺文文獻的整理與研究情況

目前，在新疆維吾爾自治區博物館、新疆維吾爾自治區圖書館、新疆大學圖書館、新疆維吾爾自治區古籍辦、中國社會科學院民族研究所、國家圖書館、中國民族圖書館、新疆維吾爾自治區維吾爾醫藥研究所、中國第一歷史檔案館、新疆維吾爾自治區文聯、新疆維吾爾醫學專科學校、新疆社會科學院及各地州古籍辦等均收藏有大量察合臺文文獻。維吾爾文古籍研究叢刊《布拉克》自 20 世紀 80 年代至今已經刊載了許多察合臺文文獻有關的研究成果。目前，我國察合臺文古籍的整理刊布方式主要有現代維吾爾文刊布、漢文刊布和古籍再造等三種方式。①

（1）現代維吾爾文撰寫的察合臺文文獻研究現狀

我國有關察合臺文的研究起步較晚，1986 年第一部察合臺語文研究專著《察合臺語》方纔問世。該著作由我國知名的維吾爾語言學家哈米提·鐵木爾和阿布都若夫·普拉提撰寫，

---

① 高彩雲、阿布都米吉提·阿布都拉、喜夢馨:《察合臺古籍的整理與刊布研究》，中國民族圖書館編《民族圖書館學研究》第 8 卷，遼寧民族出版社，2016，第 381 頁。

喀什維吾爾文出版社出版。

　　隨著我國與中亞"一帶一路"沿綫國家文化聯繫日益密切、研究日益深入，近年來察合臺文研究隊伍不斷壯大，察合臺語文及其文獻有關的專著和論文不斷刊布。筆者根據近年來收集和查閱到的有關察合臺文文獻的情況，現將其研究成果做一個簡要羅列（見表 1），以便對這一領域的研究情況有一個大致的瞭解。

表 1　新中國成立後我國有關察合臺文的代表性研究成果

| 序號 | 書名 | 作者 | 出版機構 | 出版年份 | 出版情況 |
|---|---|---|---|---|---|
| 1 | 察合臺語 | 艾爾肯·阿不都熱依木 | 喀什師範學院科研處 | 1986 | 内部發行 |
| 2 | 察哈臺維吾爾語研究論文集 | 阿布都若夫·普拉提 | 民族出版社 | 1993 | 公開出版 |
| 3 | 察合臺語基礎 | 阿布里米提·艾海提 | 新疆大學中語系 | 1994 | 内部發行 |
| 4 | 察合臺語 | 圖爾迪·艾合買提 | 新疆大學中語系 | 1998 | 内部發行 |
| 5 | 察哈臺語詳解詞典 | 買買提圖爾遜·巴吾東等 | 新疆人民出版社 | 2002 | 公開出版 |
| 6 | 察合臺維吾爾語 | 阿布里米提·艾海提 | 新疆大學出版社 | 2002 | 公開出版 |
| 7 | 察哈臺維吾爾語通論 | 阿布都若夫·普拉提 | 民族出版社 | 2004 | 公開出版 |
| 8 | 察哈臺維吾爾語語法 | 阿布都若夫·普拉提 | 民族出版社 | 2007 | 公開出版 |
| 9 | 維吾爾古典文學常用名詞解釋詞典 | 艾買提·戴爾維西 | 喀什維吾爾文出版社 | 2014 | 公開出版 |
| 10 | 察哈臺維吾爾語詳解詞典 | 哈米提·鐵木爾等 | 民族出版社 | 2016 | 公開出版 |

　　國内主要用現代維吾爾語對察合臺文古籍進行整理出版，迄今已整理完成了 100 餘部古籍，其中有《兩種語言之辨》《樂師傳》《巴布爾傳》《伊米德史》《和卓傳》《克得日詩集序言》《世事記》《納瓦依格則勒詩選集》等，大型系列有《四卷詩集》《維吾爾古典文獻叢書》《維吾爾醫藥學古籍》《少兒享受古典名著系列叢書》等。

　　（2）漢文撰寫的察合臺文文獻研究現狀

　　新中國成立以後，我國民族文化事業得到迅速發展。我國以漢文對察合臺文古籍的整理研究最早開始於 20 世紀 50 年代。50 年代中期開始先後出版了一部分察合臺文古籍的漢譯本。1959 年作家出版社出版了趙維新先生漢譯的《熱碧亞 – 賽丁——維吾爾族古典敘事詩》，同年新疆人民出版社出版了井亞先生翻譯的《塔依爾與祖赫拉》。隨著我國古籍文獻研究隊伍的不斷壯大，以及對察合臺文古籍文獻關注程度的不斷提高，察合臺文文獻有關的研究也得到了充分發展。1981 年新疆人民出版社出版了《阿不都熱依木·那扎里愛情故事詩選》。1982 年葉紹鈞先生的上下兩部分組成的察合臺語研究著作《察合臺語語法》由喀什師範學院内部發行。1984 年新疆人民出版社出版了《維吾爾族古典文學作品選編》，其中察合臺文文獻佔很大的比例。1985 年新疆民族古籍辦公室編印了《新疆民族古籍藏書目錄：哈薩克古

籍》。同年，中央民族學院科研處編印了趙明鳴先生著《從形態學看察合臺語的特點》；1988
年編印了李森先生著《論察合臺文的主要語音特點》。1989 年中華書局翻譯出版的《阿拉伯
波斯突厥人東方文獻輯注》介紹了部分察合臺文文獻的内容、歷史背景、整理情況等基本信
息。1991 年新疆人民出版社出版了井亞先生翻譯的《納扎爾愛情詩集》。新疆社會科學院宗
教研究所 1994 年編印了王守禮、李進新編的《新疆維吾爾族契約文書資料選編》，此書共收
察合臺文契約文書 314 件。劉賓、張宏超主編的《維吾爾族古典文學大系》1995 年由新疆
人民出版社正式出版。這套大型叢書是維吾爾族古典文學作品集大成之精品文庫，囊括了遠
自 8 世紀的鄂爾渾碑銘，近至 19 世紀維吾爾族古典文學中的優秀代表作品，原計劃出版 12
卷，以歷史時期編排，1995 年正式出版發行的有第 1、2、3、8、10 卷，其餘各卷由於種種
原因無法出齊。其中，第 3 卷《察合臺語早期文學：十三世紀至十六世紀》和第 10 卷《察
合臺語後期文學（上）：十九世紀至二十世紀初》中包含了各時期察合臺文代表作品。此外，
庫爾班阿里的《東方五史》由中國社會科學院民族研究所譯成了漢文。阿亞茲·西凱斯泰創
作的長篇敘事詩《世事記》1995 年由郝關中先生翻譯成漢文並出版漢文全譯本。1997 年巴
布爾的回憶錄被王治來先生翻譯成漢文並由商務印書館出版，介紹到了國內學術界。《巴布
爾回憶錄》的敘述從 1494 年巴布爾即位開始，按時間順序記敘巴布爾經見的歷史事件，直
至 1530 年作者逝世前不久為止，是研究 15—16 世紀中亞史和印度史的第一手資料。1998 年
中國社會科學出版社出版了何星亮先生著《邊界與民族：清代堪分中俄西北邊界大臣的察合
臺、滿、漢五件文書研究》。此書主要對清代勘分中俄邊界大臣所寫的五件文書進行了譯釋
和研究。

　　21 世紀以來，察合臺文古籍文獻的研究邁入了新的發展時期，2001 年新疆人民出版社
出版了張宏超先生翻譯的《納瓦依格則勒詩選集》。2002 年雲南人民出版社出版了烏茲別克
斯坦歷史學家 Б.А. 艾哈邁多夫的著作《16—18 世紀中亞歷史地理文獻》的中譯本。該書精
選介紹了大量中亞波斯文、察合臺文歷史文獻。全書分上下兩編，上編介紹中亞歷史、地理
文獻 37 篇，下編介紹回憶錄和旅行記 13 篇。每種文獻介紹其寫作時間、基本内容、史料價
值、抄本收藏情況等，是從事中亞中世紀史研究學者的必備工具書。中華書局 2005 年出版
了阿布爾－哈齊－把阿禿兒汗的史書《突厥世系》。《突厥世系》是一部内容相當豐富的歷
史著作，它系統記述了始於成吉思汗的祖先、終於 17 世紀中葉的蒙古人世系歷史。全書分
九章，前三章主要依據《史集》（Jami'al-tawarikh），較為簡略；後面部分的記述較為詳細，
尤其是 1506 年至 1664 年花剌子模諸汗的歷史，大部分為作者親聞親見，是極有價值的原始
資料。2013 年新疆人民出版社出版了苗普生主編的《清代察合臺文文獻譯注》一書，將原
文為察合臺文的《和卓傳》《伊米德史》等做了詳細的譯注。2015 年新疆大學出版社出版了
張世才先生編著的《維吾爾族契約文書譯注》一書。此書共收錄 391 份察合臺文契約文書，
時間從清代至 20 世紀 50 年代初，所收文書種類齊全，涉及綠洲社會中經濟交易行為、民
間社會活動習慣和行為方式等諸多方面。2017 年民族出版社出版的阿布都魯甫·甫拉提先

生的《察哈臺維吾爾語研究導論》，為國內察合臺語學習研究領域提供了很好的工具書。此外，新疆大學和中央民族大學等國內各大學有關察合臺語文及其文獻方面的學位論文超過40餘種。

2. 國外察合臺文文獻研究情況

19 世紀後半期至 20 世紀初，俄國、德國、法國、英國、瑞士、日本等國的"探險家"在新疆和中亞地區進行探險和考察的過程中，先後發現了許多察合臺文文獻並將其帶回國。一批西方和俄國、日本學者在收集、整理、出版察合臺文文獻的同時，開始對其進行了廣泛的研究，研究成果豐富，研究水準也較高。

**在匈牙利：** 萬貝里（Armin Vambery）是國外研究察合臺文文獻的佼佼者。1861年，他在布達佩斯發表了有關察合臺語詞典《察合臺語 – 奧斯曼語辭典》（Abuska, a Turkish–Chagatai dictionary）的研究論文。1867 年，萬貝里在萊比錫出版了《察合臺語研究》（Cagataische Sprachstudien），書中附有部分察合臺文文獻的原文及詞語注釋。1885 年萬貝里刊布了穆罕默德·沙力（Mohammed Salih）的《昔班尼紀事》（Die Scheïbaniade）的原文和德譯文。匈牙利學者雅諾什·艾克曼（Janos Eckmann）1966 年在布隆明頓出版了在察合臺語研究領域的傑作《察合臺語手冊》（*Chagatay Manual*），在察合臺語文學領域取得了劃時代的成績。緊接著，1971 年他在布隆明頓出版了另一名著《伽達依詩集》（*The Divan of Gada'i*）。

**在法國：** 考提勒（Abel Pavet de Courteille）是最先研究察合臺文的學者。1870 年考提勒在巴布爾、納瓦依等作品的基礎上出版了《突厥 – 東方學大詞典》。1871 年至 1890 年先後在巴黎出版了《巴布爾傳》（Mémoires de Baber, fondateur de la dynastie mongole dans l'Hindoustan）、《昇天記》（Miràdj–Nàmeh, publié d'après le manuscrit ouïgour）、《先賢傳》（Tezkereh–i–Evliâ. Le Mémorial des Saints, traduit sur le manuscrit ouïgour de la Bibliothèque nationale）等文獻的法譯本。1980 年法國東方學出版社出版了法國學者巴克·格拉蒙特（Jean–Louis Bacqué–Grammont）再譯的《巴布爾傳》（Le livre de Babur : mémoires de Zahiruddin Muhammad Babur de 1494 à 1529）法譯本。除此之外，在法國國立圖書館東方文獻部藏有《安寧史》《聖徒傳》《伊爾莎德傳》等察合臺文文獻。法蘭西學院圖書館也藏有數量可觀的察合臺文文獻手抄本。

**在德國：** 從 19 世紀開始就有一些德國學者研究察合臺文文獻。20 世紀從事察合臺文文獻研究的主要有卡爾·布羅克爾曼（Carl Brockelmann）、沃爾夫岡·施塔姆勒（Wolfgang Stammler）等知名學者。卡爾·布羅克爾曼 1954 年在萊頓出版了《中亞穆斯林文學語言語法》（Osttürkische Grammatik der islamischen Litteratursprachen Mittelasiens），該書包括了不少察合臺文文獻的摘要，作者在這部著作的第一部分——"簡述資料來源部分"中對察合臺文文獻進行了詳細的描述。沃爾夫岡·施塔姆勒於 1988 年出版了《巴布爾傳》（Die

Erinnerungen des ersten Großmoguls von Indien. Das Babur–Nama）的德譯本。

**在俄國：** 沙俄時期首先由伊斯哈克維奇（Хальфин Ибрагим Исхакови）和伊力敏斯基（Николай Иванович Ильминский）從事察合臺文文獻的研究、出版工作。1822 年伊斯哈克維奇在喀山出版了名為《成吉思汗和阿克薩克帖木兒的生活》（Жизнь Джингиз–хана и Аксак Тимура）的察合臺文文獻的原文。1857 年他在喀山出版了《巴布爾傳》（Бабер–намэ или Записки Султана Бабера）的原文。20 世紀從事察合臺文文獻研究的學者逐漸增多，察合臺文文獻的研究常常和薩馬依洛維奇、馬婁夫、謝爾巴克等學者的名字聯繫在一起。薩馬依洛維奇於 1908 年在聖彼德堡出版了穆罕默德·沙力（Мухаммед Салих）的《昔班尼紀事》（Шейбанинаме）的察合臺文原文。1928 年他在莫斯科出版了《中亞突厥語族語言文學史》（К истории литературного средне азиатско турецкого языка），其大部分內容與察合臺文文獻有關。馬婁夫教授也研究刊發了許多察合臺文文獻，其中比較重要的著作是《中亞突厥語族語文學史上的艾里西爾·納瓦依》（Мир Алишер Навои в истории тюркских литератур и языков Средней и Центральной Азии）。另一位東方學家謝爾巴克（А.М. Щербак）1962 年在莫斯科出版了《古代烏茲別克語 ① 語法》（Грамматика староузбекского языка），1976 年在塔什干出版了《古代烏茲別克文學語言與欽察方言》（Староузбекский литературный язык и кыпчакские диалекты）。烏茲別克籍學者法茲洛夫（Э. И. Фазылов）1966—1971 年在塔什干出版了由上下兩部分組成的察合臺語研究著作《古代烏茲別克語》（Староузбекский язык）。1969 年原哈薩克蘇維埃社會主義共和國科學院歷史、考古與民俗研究院編寫出版了非常重要的一部史料目錄《十五至十八世紀有關哈薩克汗國的歷史資料》（Материалы по истории казахских ханств XV – XVIII веков）。

**在日本：** 察合臺文文獻學研究是目前世界上少有的幾個成果較多的國家之一。日本從事察合臺文文獻研究的學者主要有間野英二（Mano Eiji）、濱田正美（Hamada Masami）、江實（Minoru Goh）等。間野英二是京都大學教授，研究中亞帖木兒帝國史、賴世德史等。著有《〈巴布爾傳回憶錄〉的魅力（一）》、《〈巴布爾傳回憶錄〉研究之二〈喀布爾〉章的日譯文》，這是巴布爾傳的翻譯，在這個領域取得了劃時代的成績。濱田正美是神戶大學教授，主要從事中亞史特別是葉爾羌汗國史的研究，他把主要精力幾乎全放在對察合臺文文獻的研究上，在一定程度上彌補了日本察合臺文文獻研究的不足，因而引起學術界的普遍關注。1979 年，濱田正美將《忽炭史》一書轉寫為羅馬字刊布，介紹了關於 19 世紀 60 年代阿古柏入侵南疆及其後清軍從阿古柏手中收復南疆之後的善後措施方面的資料，在日本史學界引起較大反響。②1983 年他刊布了《19 世紀新疆歷史文獻序說》一書。另外，他還在自己的著作中介紹了各地出版或刊布的《安寧史》《敗殘書釋》《新史》等書的情況。江實主要從事《五體清文

---

① 烏茲別克斯坦把察合臺語稱為古代烏茲別克語。
② 牛汝極：《維吾爾古文字與古文獻導論》，新疆人民出版社，1997，第 23 頁。

鑒》中的察合臺語詞彙與其他語種詞彙的比較研究。2008 年東京外國語大學亞非語言文化研究所出版了川口琢司等整理的烏塔迷世・阿吉歷史著《成吉思汗傳》。同年東京大學出版了阿曼別克・加里洛夫（Amanbek Jalilov）、河原彌生等編的《〈拉失德史〉察合臺語譯本研究》（『「ターリー・ラシーディー」テュルク語訳附編の研究』）一書。

**在瑞典：**收集整理、研究刊布察合臺文文獻方面取得重要成果的應是著名學者古斯塔夫・拉凱特和貢納爾・雅林。古斯塔夫・拉凱特曾在新疆獲得大批手稿文獻，多為察合臺文文獻，後來他把這些文獻全部捐給隆德大學圖書館。他的學生貢納爾・雅林（Gunnar Jarring）於 1929 年到新疆收集當地文獻並將其運至隆德大學圖書館，隆德大學圖書館為這次收穫設立專門機構——"雅林收集品中心"。目前這個中心藏有總數近 900 種的文獻，其中絕大部分是察合臺文文獻。瑞典烏普薩拉大學圖書館也收藏有一定數量的察合臺文文獻。古納爾・雅林主要從事察合臺文文獻的整理和研究。先後出版了《中亞的謊言故事》（1972）、《苦行憎和行乞者》（斯德哥爾摩，1987）、《無盜之城和食物與咽喉之爭——四件察合臺文文獻譯釋》（1989）、《服飾：從頭到腳——有關服裝的維吾爾文手稿》（1992）等有關察合臺文的著作。

**在芬蘭：**著名學者哈倫（H.Halen）從事晚期察合臺文文獻研究。1977 年他在赫爾辛基出版了《芬蘭東方收集品手冊》（*Handbook of Oriental Collections in Finland*），該手冊包括察合臺文手稿。他還整理發表了"七個睡覺的女孩"等察合臺文文獻。

**在美國：**匈牙利籍美國學者安德雷斯（Andras J. E. Bodrogligeti）從 1970 年來到美國之後一直從事察合臺語文研究，先後出版了有關察合臺語文學的兩部著作，即 1975 年萊頓出版的《晚期察合臺文中亞伊斯蘭文獻》（*A Central Asian Islamic Work in Late Chagatay Turkic*）和 2001 年在慕尼克出版的《察合臺語語法》（*A Grammar of Chagatay*）。俄籍學者尤里・畢利格力（Yuri Enohovich Bregel）主要對察合臺文文獻進行文本學研究，其主要的論著為《西爾穆罕麥德・木尼斯和穆罕麥德里扎・阿伽黑的〈對天堂的渴望〉：花刺子模史》（第一冊是察合臺文原文，萊登，1988；第二冊是英譯和注釋，萊登，1999）。史學家撒克斯頓（Wheeler M. Thackston）2002 年在紐約出版了《巴布爾傳》（*The Baburnama: Memoirs of Babur, Prince and Emperor, Zahirud-din Mohammad Babur*）新英譯本。2018 年美國年輕學者 Eric Schluessel 編寫出版了察合臺語教科書《察合臺語導論》（*An Introduction to Chaghatay*）。

**在英國：**大英博物館和印度事務部圖書館現存有大量察合臺文文獻。英國學者葛蘭貝赫 1974 年在萊頓整理出版了察合臺文文獻《聖人傳》（*Qisasul Anbiya*）。安妮特女士（Annette Susannah Beveridge）1922 年在倫敦分上下兩冊出版了《巴布爾傳》（*The Baburnama in English "Memoirs of Babur"*）英譯本。克勞森（Sir Gerard Clauson）1960 年在倫敦出版了《默合買提・麥赫迪汗對突厥語的波斯語導論》（*Sanglax: A Persian Guide to the Turkish Language*），內容包括研究導向、轉寫和索引等。

**在烏茲別克斯坦：**從 20 世紀初起，有許多學者從事察合臺文文獻的整理和研究工作。

1960 年，沙米西也夫·帕爾沙（Шамшийев Парсо）和米爾扎也夫·沙迪克（Мирзойев Содик）在塔什干整理出版了《巴布爾傳》（Бобурнома）。1989 年居馬尼亞左夫（Рахимбой Жуманиёзов）在塔什干出版了《古代烏茲別克語》（Эски ўзбек ёзуви）。1991 年阿布都海若夫在塔什干出版了名為《1001 單詞：古代烏茲別克文學習詞典》（1001 сўз：эски ўзбек ёзуви ва тилини ўрганувчилар учун луғат）的小冊子。學者伊斯哈科夫（Ф. Исхоқов）1995 年在塔什干教師出版社出版了著作《古代烏茲別克語文》（Эски ўзбек тили ва ёзуви）。2006 年阿希爾巴葉夫（S.Ashirboyev）等學者合作出版了《古代烏茲別克語文實踐》（Eski o'zbek tili va yozuvi praktikumi）。巴布爾傳國際基金會 2008 年在安集延出版了《〈巴布爾傳〉簡明詞典》（Бобурнома учун қисқача изоҳли луғат）。學者法茲洛夫 1983—1985 年在塔什干出版了四卷本《艾里西爾·納瓦依作品語言詳解詞典》（Алишер Навоий асарлари тилининг изоҳли луғати）。1989 年烏茲別克斯坦文藝出版社整理出版了昔班尼王朝時期的史家穆罕默德·薩里赫的著作《昔班尼傳》（Шайбонийнома）。《昔班尼傳》記述了從昔班尼汗出生到他與遊牧的烏茲別克人奪取河中地區和花剌子模以及這一時段發生在欽察草原和河中地區的一系列重大政治事件。塔什干曉星出版社 1991 出版了薩拉赫丁·塔什干迪的歷史著作《帖木兒傳》（Темурнома）。2004 年新世紀出版社整理出版了穆罕默德·玉素甫·巴亞尼的歷史著作《花剌子模沙世系》（шажарайи хоразмшоҳий）。2009 年塔什干烏茲別克斯坦出版社出版了烏塔迷世·阿吉所著《烏塔迷世·阿吉史》①（Ўтамиш хожи тарихи）。2010 新世紀出版社整理出版了希瓦汗國時期的著名史學家穆尼斯和他的侄子阿噶依的名著《幸福天堂》（Фирдавс ул-иқбол）。2016 年總部設在塔什干的國際中亞研究院出版了塔舍夫（Nouryaghdi Tashev）整理並英譯的阿噶依的歷史著作《蘇丹集史》（Jami al-Vaqiat-i Sultani）。該機構 2016 年出版了烏茲別克斯坦科學院歷史研究院研究員納扎洛娃女士（Khilola Nazirova）整理並英譯的阿噶依的另一歷史著作《歷史精髓》（*The Zubdat al-tavarikh*）。烏茲別克斯坦整理出版的察合臺文古籍數量很多，據統計，目前為止共有 436 部。②

**在哈薩克斯坦**：作為中亞另一古國，亦藏有大量的察合臺文文獻。已整理出版《族譜書》（Насабнаме）、《東方五史》（Тауарих хамса）、《巴布爾傳》（Бабырнама）等察合臺文文獻的現代哈薩克語版。2006 年阿拉木圖的代克皮雷斯出版社出版了《哈薩克斯坦歷史有關諸突厥諸語史料系列叢書》（Қазақстан тарихы туралы түркі деректемелері），此叢書包含了《成吉思汗傳》（Шыңғыснаме）、《成吉思汗傳簡解詞典》（Өтеміс қажының Шыңғыснамесі тілінің көрсеткіш сөздігі）、《和卓傳》（Тазкирайи азизан）等文獻。

除上述國家外，吉爾吉斯斯坦、塔吉克斯坦、土庫曼斯坦、阿塞拜疆以及俄羅斯聯邦韃靼斯坦共和國等均收藏有一定比例的察合臺文古籍，並有一些零散的研究。

---

① 此書又名《成吉思汗傳》（*Chingiznama*），主要記載 16 世紀前後的希瓦汗國政治史。

② 賽義多夫（U.Saidov）：《圖書館學與目錄學術語詳解詞典》（Kutubxonashunoslik va bibliografiya atamalarining izohli lug'ati），塔什干：烏茲別克斯坦哲學協會出版社，2006，第 4 頁。

### 3. 古籍再造刊布情況

古籍再造是古籍再生和保護的重要形式，2006 年綫裝書局出版了苗普生主編的《中國西北文獻叢書·二編》，其中第二至第四卷刊布了《和卓轉》《安寧史》《伊米德史》等察合臺文古籍的影印本。2014 年《納瓦依詩集》《鐵匠書》《伊瑪目艾山與伊瑪目玉賽音傳》三部察合臺古籍被列入《中華再造善本·少數民族文字文獻編》，由國家圖書館出版社出版發行。

## 六　小結

繼承和保護察合臺文文獻，是弘揚中華優秀傳統文化，建設有中國特色社會主義先進文化的現實需要。新中國成立以來，我國察合臺文文獻研究工作者對於察合臺文文獻的研究取得了較為突出的成就，其中特別是對納瓦依作品、維吾爾醫學古籍等進行了更具科學性與系統性的整理和研究，這對我國民族文獻的保護與發展有重要的意義。另外，察合臺語教科書和詞典等工具書的編纂，對於促進察合臺文文獻的研究起到了重要的作用。

然而就目前而言，察合臺文文獻的研究還存在一些問題，研究領域的深度和廣度還有待進一步擴展，尤其是在察合臺語作家以及他們的著述思想、察合臺文文獻的文化意義等方面缺少深層次的挖掘，需要我們在現有研究的基礎上，嘗試用新視角、新方法不斷拓展對察合臺文文獻的研究；察合臺文文獻的整理和開發，相較於漢文文獻的整理和利用，還有較大的差距，比如在國內外還有大量的察合臺文古籍沒有得到有效的整理，察合臺文文獻的數字化發展還處在初級階段。總之，察合臺文文獻的研究還需要我們進一步開發和探索。

習近平總書記說："人文交流合作也是'一帶一路'建設的重要內容"。[①] 為促進我國察合臺文文獻的研究與利用，在新時代新思想的背景下，我國學者應加強收集搶救的力度，利用現代化手段搶救整理察合臺文古籍文獻，為弘揚中華民族傳統文化做出應有的貢獻，推動我國中外關係史研究的發展，為"一帶一路"倡議做好服務。

## Summary of the Collation and Research on Chaghatay Literature

Abdumijit Abdulla

The historical silk road connects China to Eurasian countries and regions economically and culturally. As an important language with a long history of usage and large scope used on the ancient silk road, Chaghatay recorded significant social and historical status along the silk road.

---

① 《習近平談 "一帶一路"》，中央文獻出版社，2018，第 105 頁。

Thus, Chaghatay is of profound academic research value to the study of silk road culture. This article systematically collects and collates the research findings of Chaghatay literature at home and abroad, and attempts to provide a comprehensive overview of the research status and dynamics in this field through quantitative analysis.

# Монголчуудын түүх, соёлд холбогдох нэгэн сурвалж: "Däftär–i Čingiz–nāmä"

Ц.Баттулга

## Оршил

Монгол хийгээд исламын шашинт улс орнуудын түүхэн харилцааны оргил үе нь XIII - XIV зуун билээ. Тиймээс ч энэ үеийн, Монголын түүхэнд холбогдох сурвалж бичгүүд араб, перс хэлбичгээр уламжлагдан ирсэн нь цөөнгүй бөгөөд тэдгээр түүхэн сурвалжуудыг.

1. Араб, перс хэлбичгээр уламжлагдсан сурвалж

2. Араб, перс үсэг бичиг, монгол хэлээр уламжлагдсан сурвалж

3. Араб, перс үсэг түрэг(Цагаадай) хэлээр уламжлагдан сурвалж хэмээн ангилан үзэж болох юм.

Үүнд хэн бүхний сайн мэдэх Ала-ад-Дин Ата Мэлик Жүвэйний "Ертөнцийг байлдан дагуулагчийн түүх", Рашид-ад-Диний "Судрын чуулган", Нур-ад-Диний сангийн 1272 оны гэрээ бичиг мөн түүнчлэн Ибн Муханны толь, Истанбулын толь, Мукаддимат-ал-Адаб толь, Лайдений толь, Хааны толь /зургаан хэлний/ зэрэг Монголын түүх, хэл бичиг соёлд холбогдох сурвалжуудыг нэрлэж болно. Дээрх сурвалжуудаас гадна хожуу үеийн, тухайлбал Ил хаант улсад холбогдох түүхэн сурвалжууд, Алтан ордоны улсад холбогдох зарлиг захидлууд хийгээд Цагаадайн улсад холбогдох дурсгалууд ч цөөнгүй буй. Тэдгээрийн нэг нь "Däftäri Čingiz nāmä"(Чингисийн цадиг дэвтэр) хэмээх сурвалж болно.

Зургаан бүлгээс бүрдэх уг сурвалжийн зөвхөн нэгдүгээр бүлэг нь "Монголын нууц товчоон"-ы эхний бүлгүүдийн домог, үйл явдал тодорхой хэмжээгээр холбогдох бөгөөд "Монголын нууц товчоон"-д тэмдэглэгдээгүй зарим сонирхолтой өгүүлэмж, үйл явдал өгүүлэгдэхээс гадна хүний нэр хийгээд үйл явдлын дэс дараа алдагдан, холилдож өөрчлөгдсөн зүйл цөөнгүй ажиглагдана. Гэвч түүхэн урт хугацааны туршид төр улсуудын нэгдэл, задрал бутарлын ээдрээтэй үйл явц, угсаа залгамж, эрх мэдлийн төлөөх тэмцэл, шашин соёл, сэтгэлгээний асар их хувирал өөрчлөлтийн дунд мартагдаагүй, хадгалагдаж үлдсэн нь уг газар оронд "Монголын нууц товчоон" бичгийн болон аман сурвалжаар өргөн тархсан, ард нийтээр сайн мэддэг байжээ хэмээн үзэх үндэс болно. Чингис хааныг залгамжлагчид төр улс байгуулж, газар орныг нь захиран сууж байсны нөлөө тусгал байж болох ч, нөгөө талаар үлдэгсэд исламын шашинд орж, ихэвчлэн түрэг угсаатны дунд хайлж удам судар нь бүдгэрсэн ч "Монголын нууц товчоон"-ыг өөрсдийн хувилбараар үе дамжуулан уламжлуулж байсны гэрч гэж үзэж бас болох юм.

Тухайн үед Ил хаант улс, Алтан ордны улс, Цагаадайн улсад "Монголын нууц товчоон"-ы Чингис хаантай холбогдох хэсэг өргөн дэлгэр тархаагүй байсан бол магадгүй энэ мэт аман зохиолын хэлбэрээр үлдэхгүй байсан болов уу.

"Däftäri Čingiz nāmä" сурвалжид тулгуурлан исламын шашны түүх бичлэгийн аргаар Чингис хааны түүхийг хэрхэн бичсэн, монгол домогзүйн "элемент"-үүд яаж өөрчлөгдөж хувьссаныг, нэн ялангуяа, мод, шувуу, уриа, тамга, хуяг соёрхох, хувь хэшиг хүртээх ёс уламжлал ямар байсан зэргийг тодотгон судлах боломжтой.

Өөрөөр хэлбэл, "Монголын нууц товчоон"-ы түрэг, исламын шашинтны дунд тархасан хувилбар, түүнд тэмдэглэгдэн үлдсэн уламжлалт соёлын элементийг судлахад "Däftäri Čingiz nāmä" үнэлж барашгүй чухал эх хэрэглэгдэхүүн болох бөгөөд үүнд л уг сурвалжийн үнэ цэнэ, ач холбогдол ч оршиж байна.

"Däftäri Čingiz nāmä" сурвалжийн талаарх мэдээ XX зуун эхэн үеэс түрэг судлалын ертөнцөд хэдийнээ танил болсон бөгөөд XIX зууны үед Оросын судлаачид зарим бүлгүүдийг нь орчуулан хэвлүүлсэн ажээ.

1972 онд Татарын Казаны их сургуулийн түүхийн тэнхимийн проф. М.А.Усманов уг сурвалжийн харьцангүй бүрэн судалгааг "Татарские исторические источники XVII-XVIII вв." хэмээх бүтээлдээ анх удаа оруулсан бөгөөд Абдулкадыр Инан 1934 онд "Destan-i Çengiz Han Kitabı I" хэмээх бүтээлдээ, 2002 онд Мажарын эрдэмтэн Maria Ivanics, Mirkasym A.Usmanov нар "Studia Uralo-Altaica" цувралын 44 дүгээрт [Das Buch der Dschingis-Legende (Däftär-i Čingiz-nāmä) I] оршил, удиртгалын хамт хэвлүүлжээ[1]. Судлаач Б.Аззаяа уг сурвалжийн үгчилсэн болон утгачилсан орчуулгын хамт "CORPUS SCRIPTORUM" цувралын тавдугаар ботид хэвлүүлсэн байна[2]. "Däftär-i Čingiz-nāmä"-ийн гар бичмэл олон хувилбар олдоод нь байгаа бөгөөд судлаач Rieu[3], A.Rahim[4] нар энэхүү сурвалжийг XVII зууны үед бичигдсэн хэмээн таамаглал дэвшүүлсэн нь эдүгээ олон зүйлээр батлагдсаар буй ажээ.

"Däftäri Čingiz nāmä" нэрт хоёр сурвалж буй бөгөөд нэг нь бидний өгүүлж буй сурвалж, харин нөгөө нь Өзбекистан улсын Шинжлэх ухааны академид хадгалагдаж байгаа сурвалж болно. Энэ хоёр сурвалжийг нэг хэмээн эндүүрэх, хутган буруу ташаа ойлгосноос сурвалжийн тус тусын ач холбогдол, үнэ цэнийг төдий л мэдэхгүй байх тохиолдол байна.

*Өзбекистан улсын Шинжлэх ухааны академид буй "Däftäri Čingiz nāmä"*

Өзбекистан улсын Шинжлэх ухааны академийн Дорно дахины судлалын хүрээлэнгийн номын санд "Däftäri хадгалагдаж буй нийтдээ 47 хуудас (36a-59a) "Cengiz nâme" хэмээх

---

① Däftär-i Čingiz-nāmä (Das Buch der Dschingis-Legende) I, Studia Uralo-altaica, Maria Ivanics, Mirkasym A.Usmanov, Szeged, 2002.

② Б.Аззаяа, "Däftär-i Čingiz-nāmä" сурвалжийн судалгаа, – "CORPUS SCRIPTORUM", Tom.V, УБ., 2006.

③ Rieu, Ch. Catalog of the Turkish Manuscripts in the British Museum, London, 1888.

④ Räxım, G-Gäziz, G. Tatar ädäbiyati tarixi, Kazan, 1925.

сурвалж буй. Уг "Cengiz nâme" хэмээх сурвалжийг Өтемиш (Özetmiš, Otamïš, Utamïš, Ütemiš) хажи хэмээгч Илбарс хаан (хижрагийн 918-93, нийтийн тооллын 1512-1525 он )-ы үед аж төрж байсан Өтемиш (Özetmiš, Otamïš, Utamïš, Ütemiš?) хажи хэмээгч бичиж зохиосон байна. Тэрбээр Цагаадайн улсын нутаг дэвсгэрт өргөн тархасан "Монголын нууц товчоон"-оос санаа авч Чингис хааныг залгамжлагчдыг түүхийг аман мэдээ, домог, түүхэн баримт сэлтэд тулгуурлан шинээр зохион найруулжээ.

"Монголын нууц товчоон"-ны түрэг хэлээрх хувилбар хэмээн үзэж болох тэдгээр сурвалжуудыг тухайлан судлах авбаас монгол, түрэг угсаатны түүх, хэл, соёл, нэн ялангуяа төрт ёсны уламжлал, шүтлэг бишрэл, сэтгэлгээ, зан үйл аман зохиолын холбоо хамаарлыг тодруулан судлахад чухал ач холбогдолтой судалгааны ажлын эхлэл мөн болохыг онцлон тэмдэглэе.

## 1. "Däftär-i Čingiz-nāmä" буюу "Чингисийн цадиг дэвтэр" сурвалжийн тухай

XVI- XVIII зууны үеийн Татар нарын утга зохиолын хэл найруулгаар бичигдсэнээрээ нэн онцлогтой уг сурвалжийг эмхэтгэгч "Монголын нууц товчоон"-ы эрт үед тэр бүс нутагт тархсан хувилбарыг мэддэг, магадгүй уг сурвалжийн хожуу үеийн хувилбар гарт нь байсан бололтой.

Учир нь, Чингис хааны эссэн хийгээд тэнгэрт гарсан тухай тодорхой өгүүлсэнээс гадна мод, шувуу, уриа, хуяг соёрхосон тухай нэн баримттай тэмдэглэсэн зэрэгт тулгуурлан дээрх дүгнэлт хийж болохоор байна. Түүнчлэн эмхэтгэгч Алтан ордны улсын хаадын түүх цадигийг мэддэг, бичгийн болон аман сурвалж, үлгэр домог хийгээд уламжлалт шүтлэгийн өргөн мэдлэгтэй байсан нь сурвалжаас тодорхой харагдаж байна.

"Däftär-i Čingiz-nāmä" нь тухайн үеийн түрэг угсаатны олон аман аялгуу, бичгийн хэлний онцлогийг тусгасан хэд хэдэн бүлгээс бүрдэж байна.

Бүлэг тус бүрийн өгүүлэмж өөрийн гэсэн онцлогтой бөгөөд хэтрүүлэл, ихэсгэл зэрэг уран дүрслэлийн олон арга, хэрэглүүрийг ашиглаж бичсэн нь уг сурвалжийг баатарлаг туульсын шинжтэй болгожээ. Эхний бүлгийн үйл явдал эрт үеэс Чингис хааны үе буюу XIII зуун хүртэл үргэлжилж байгаа бол, төгсгөлийн 6-р бүлэг нь XVII зууны үеийн үйл явдлыг өгүүлээд өндөрлөж байна. Энэ мэтчилэн бөлөг тус бүр өөр өөр цаг үеийн үйл явдлыг тусгаж байгаагаараа онцлог юм[①].

### Нэгдүгээр бүлэг: Fasl-i dāstān-i näsl-i Jingiz / Чингисийн язгуурын домгийн хэсэг./

Татаруд исламын шашинд бүрнээ орж олон зууныг туулсан учир энэ сурвалжид Чингис хааны угсаа гарлыг Аллахын ариун элч Нухаас эхлүүлэн өгүүлсэн нь исламын түүх бичлэгийн уламжлалтай холбоотой. Өөрөөр хэлбэл, Энэтхэг, Төвдийн хаадаас угсаа гаралтай хэмээн өгүүлдэг төвд хэлт сурвалж хийгээд бурхан шашны дэлгэрэлтийн үеийн сурвалжийн нэгэн адил бичлэг болно. Эл бүлэгт эхлээд Чингис хаан ертөнцөд эснэсэн хийгээд хаан

---

① "Däftär–i Čingiz nāmä" (Чингисийн цадиг) сурвалжийн тухайд, МУИС, ГХСС, ЭШБ, № 275 (10), УБ., 2007, тал.12–18.

ширээнд суусан тухай товч өгүүлээд түүний дөрвөн хөвүүний талаар цухас дурдсан байна. Түүний хойно эмхэтгэгч өөрийн улсын буюу Алтан Ордны улсын хаадын нэрс, үйл хэргийн нь дурдагдаж байна. Тухайлбал, Токтога хаан (Toqtoġa Hān توقتا غى خان), Өзбег хаан (Özbeg Hān اوز بک خان), Жанибек хаан (Janibäk Hān جنبک خان), Бердибег хаан (Berdibeg Hān برٔدبک خان) гэх мэт.

*Хоёрдугаар бүлэг: Fasl-i fī bäyān-i dāstān-i Aqsaq Temir /Доголон Төмөрийн домогийн хэсэг /*

Доголон Төмөр хааны төрснөөс насан эцэслэх хүртэлх бүхий л үйл хэргийнх нь тухай голлон өгүүлжээ. Мөн Осман, Булгар зэрэг олон хот, сууриныг эзлэн авсан аян дайны талаар дурджээ. Уг бүлэгт Доголон Төмөр нь ариун Исламын шашныг дэлгэрүүлэгч, Аллахаас гайхамшигт хүч чадлын дэмжлэг авагч, түүний үнэнч анд нөхөр гэсэн өгүүлэмж хэд хэдэн газар тохиолдож байна.

*Гуравдугаар бүлэг: Fasl-i fī bäyān-i dāstān-i ʿĪsa oġlï Amät /Исагийн хүү Амэтийн домог- ийн хэсэг/*

Иса (Īsa)-гийн хүү Амет(Amät)-ийн талаар, түүнчлэн Астраханыг эзэлсэн тухай тодорхой өгүүлжээ.

*Дөрөвдүгээр бүлэг: Fasl-i fī bäyān-i dāstān-i Edigä Biy /Эдигэ ноёны домог тайлбарын хэсэг/*

Ногай (Nogay)-н улсыг үндэслэгч Едиге (Edige) ноён, түүний үйл хэргийн талаар өгүүлсэн байна.

*Тавдугаар бүлэг: Fasl-i fī bäyānü-l mäjālis wä-l mäkān /Дээд зөвлөл, газар нутгийн тайлбарын хэсэг/*

Едигэ ноёны эзэмшил газар нутаг хийгээд тэдгээрийн эзэгнэгч ноёдын талаар тухайлан дурджээ.

*Зургаадугаар бүлэг: Fasl-i fī bäyān-i dāstānu-t tārīħ /Домгийн он цагийн тайлбарын хэсэг/*

Ижил мөрөн, Уралын нурууны түрэг угсаат ард түмний түүхэн чухал үйл явдал, хэрэг сэлтийн талаар өгүүлжээ. Үүнд, зарим ноёд харийн шашинд дагаар орж өөрийн улсыг тэдэнд эзлүүлсэн тухай тодорхой тэмдэглэсэн байна.

## 2. "Däftär-i Čingiz-nāmä" сурвалжид тэмдэглэсэн зарим домог, түүхэн мэдээ

### Гэрлээс жирэмсэлсэн тухай домог

"Монголын нууц товчоон"-д гэрлээс жирэмсэн тухай домог өгүүлэмж байдаг билээ. Тэгвэл "Däftär-i Čingiz-nāmä"-д цонхоор туссан нарны гэрлээс жирэмсэлсэн тухай өгүүлсэнээс гадна Бөдэнэ-Тай, Бэлгү-Тай нар үл илтгэж хэвлий нэгэн нуган үр буй хэмээн ард түмнээ хуурч байна гэж уурласан тухай дурдсан байна. Энэ талаар сурвалжид

*"Сакалун буюу чи ус уугаад хээлтэй болох*

*Маны гэгч шувуу буюу чи нар ээхэд хээлтэй болох*

*Амтат гуа, тарвас буюу чи эр үгүй атал үр цуглуулах*

*Тахиа буюу чи үнсэнд хөлбөрч өндөг гаргах*

*Чоно язгуур буюу чи нохойтой нөхцөөж бэлтрэг тээх*

*Эр чинь насан эцэслэсэн билээ. Хэвлийд минь хүүхэд буй гэж ард түмнэн юунд төөрөлдүүлнэ. Эсвэл нэгэн цагт гагц гуяар худалдаж авсан Ялынтай нөгцөөж жирэмсэн болсон уу"* гэж өгүүлсэн нь анхаарал татна.

Чингис хааны талаарх зарим түүхэн мэдээ

"Däftär-i Čingiz-nämä"-д Чингис хааныг Аллахын элч ариун Нухын удам хэмээн домогчлон өгүүлсэн байна. Энэхүү сурвалжид гарах Аллахын ариун элч Нухтай холбогдох хэсгийг нарийвчлан үзвээс, ихэнх түрэг угсаатан болон исламын шашинт ард түмнүүдийн дунд эдүгээг хүртэл хэлэлцэгдэн буй домгоос багахан зөрүүтэй байгааг ажиглаж болно.

### *Чингис хааны төрсөн (töre-[1]) хийгээд тэнгэрт гарсан (tenggeri-tür qar-[2]) талаар*

Тус сурвалжийн нэгдүгээр бөлгийн төгсгөлийн хуудас буюу f.28-д Чингис хааны эснэсэн, хаан суусан хийгээд насан эцэслэсэн талаар дараах мэт өгүүлсэн байна. Үүнд:

"beš yüz qïrïq toquzïnči yïlda erdi tonguz yïlïnda ẕulqa'da ayïnda anadïn tuġdï andïn song Jingiz Ĥān yetmiš eki yïl' ömr kečürdi on üč yašïnda ĥānlïqġa olturdï ĥān boldï elli toquz yïl ĥānlïq sürdi Jingiz Ĥān-nïng tuġġan šähär turġan yurtï Qatay erdi yänä yetmiš eki yïlïndan song tonguz yïlïnda mübāräk ramaẕān ayï-nïng on törtinči kün tārīḫ altï yüzdä yigirmi törtdä dünyādïn ötti" буюу "таван зуун дөчин есдүгээр онд бөлгөө. Гахай жилд арван нэгдүгээр сард эхээс мэндэлсэн. Түүний хойно Жингиз хаан далан хоёр жил амьдарчээ. Арван гурван насандаа хаан ширээнээ заларч хаан болжээ. Тавин есөн жил хаан төрийг залжээ. Жингиз хааны төрсөн хот, төрсөн нутаг нь Катая бөлгөө. Мөн далан хоёр жилийн дараа гахай жилд ариун есдүгээр сарын арван дөрөв дэх өдөр, зургаан зуун хорин дөрвөн онд ертөнцөөс хальжээ" хэмээсэн байна. Энд өгүүлэгдэх он нь лалын буюу хижрагийн он тоолол юм. Үүнийг нийтийн он тоололд шилжүүлбэл:

*Чингис хаан мэндэлсэн нь:* 549 оны гахай жилийн 11-р сар нь нийтийн он тооллын 1154 оны 12-р сараас 1155 оны 1-р сарын үед харгалзаж байна. Ийнхүү хэлбэлзэлтэй тогтоогдож байгаа нь тус сурвалжид түүний төрсөн өдрийг тэмдэглээгүйтэй холбоотой.

*Чингис хаан тэнгэрт халисан нь:* 624 оны гахай жилийн 9-р сарын 14-ний хэмээсэн нь нийтийн он тооллын 1226 оны 11-р сарын 4-ний өдөртэй дүйж байна.

### 3. *"Däftär-i Čingiz-nämä"* сурвалж дахь *"мод, шувуу...соёрхосон"* тухай мэдээ

Тус сурвалжийн f.23r-f.25v-д Чингис хаан хөвгүүд хийгээд ноёдод мод, шувуу, уриа, тамга хуяг хуваарилан өгч байгаа талаар сонирхолтой баримт тэмдэглэгдсэн байна. Чингис хаан

---

① Rachewiltz I. de, Index to the Secret History of the Mongols, Bloomington, 1972, p. 24.

② Rachewiltz I. de, Index to the Secret History of the Mongols, Bloomington, 1972, p. 161.

арван таван ноёд тус бүрт мод, шувуу, уриа, тамга хуяг соёрхож байгаа бөгөөд тэдгээрийн дэс дараа, утга бэлгэдэл нь уг ноёны гавьяа зүтгэлтэй шууд хамааралтайн мэдээж.

Сурвалжид "… эхэлж Бодонжарын хөвүүн Кыйат-д мод чинь харга болог, шувуу чинь шонхор болог, уриа чинь Ару Жаан болог, тамга чинь чөдөр өвс болог дүрс нь энэ буюу" гээд зурж үзүүлжээ.

Мөн "Чингис хааны өөрийнх нь уриа нь Жаан Каба. Тэр хүнд цагт ард түмэн нэг нэгнээ уриа уриагаараа таних бөлгөө.Чингис хаан авд гарахдаа дурдсан ноёдыг шувуутай нь авч гарах бөлгөө.Чингис хааны шувуу хоёр толгойт цармын бүргэд.Чингис хааны мод чинар бөлгөө. Чингис хааны хуяг Буян хэмээх хуяг бөлгөө.Түүний их хөвүүн Зөчийн хуяг Хар Тав болой. 2-р хүүгийн хуяг Алтан Сандук болой…" энэ мэтчлэн 15 ноёнд соёрхож байгаагаас гадна Чингис хааныг оруулаад нийт 16 уриа, шувуу, мод, тамганы нэрс дурдагдаж байна.

Товчоолон тэмдэглэхэд,

Мод нь тухайн овог аймгийн үндэс язгуур, үүсэл гарлын илэрхийлэл,

Шувуу нь сүлд хийморийнх нь бэлгэдэл,

Уриа нь тэдний дайн байлдаанд биесээ таних таних дуу, ид хавийг үзүүлэн байлдахад уриалах уриалга,

Тамга нь бусад овог аймгаас өмч ялгах, өөрийнх болохыг батлах тэмдэг,

Хуяг нь хийц хэлбэрийн хувьд өөрийн овог аймгийн онцлог тусгасан бусдаас гоц ялгарах урлал болохыг илтгэж байна.

Монгол овог аймгууд эртнээс өөрсдийн туг, уриатай байсан нь лавтай бөгөөд өдгөө хори буриад нарын дунд туг, уриа, ойрадуудын дунд тамга илүү сайн хадгалагдаж үлджээ.

Жишээ нь, " Хори буриадын түүхэн домогт Туг: …бодонгууд бор тугтай, сагаан тугтай сагаанууд, гал улаан тугтай галзууд, хар тугтай харганууд, халиун тугтай халбингууд, шар тугтай шарайдууд, хөх тугтай хөбдүүд, хуа тугтай хуайсууд байсан ажээ. Уриа: … Шоо (мэргэн) уриатай цагаанууд, халибан бодонгууд, дааган уухайтай галзууд, буйлаа уриатай харганууд, хандгай мэргэн уриатай шарайдууд, хар бүргэд уриатай хүбдүүд, шоо мэргэн уриатай хуасай…Ан араатан, жигүүртний нэрийг урианд оруулж дуудаж байсан овог аймгууд нь дайн байлдаанд орох үедээ чухам овгийн уриагаа яаж хэрэглэж ирсэн талаар сурвалжлан үзвэл нэгдүгээрт, Буриадын ихэнх овгуудад уг амьтны дуугарах дуутай адил төстэйгээр авиа гаргаж бие биедээ дохио өгөх эсвэл хашхирч уриалах нэг үгээр хэлбэл чоно шиг улих, бүргэд адил хиахрах овгийн уриаг хэрэглэж байсан, хоёрдугаарт, араатан, жигүүртний нэрийг цээрлэн, нууц нэрээр дуудаж дохио өгөх, хашхирах зэрэг горимтой байсан байна. …Бидний саналын хувьд үзвэл овог бүр онгон шүтээнээ буулгах, туг сүлдээ тахих, хэнгэрэг дэлдэхэд, нэг овгийнхон шүтээнээ дуудан бууж, хүн ардаа тайтгаруулах, мөн ан авд мордоход аль овгийн гөрөөчин буйг, овгийн уриа уухайн дохиогоор мэддэг байжээ гэсэн дүгнэлтэд хүрч байна" хэмээн тэмдэглэсэн ажээ[1].

---

① Буриад, -Монголын угсаатны зүй, III боть, нэмэн засварласан хоёр дахь хэвлэл, эрхэлсэн: С.Бадамхатан, Г.Цэрэнханд, нэмж Улаанбаатар, 2012, 24-25 дугаар тал.

Өдгөө ч Өөлдүүд гал тамгатай, Урианхайчууд нуман тамгатай, Захчин нар дэгэрээ тамгатай хэвээр. Энэхүү тамганы уламжлал тасраагүй үргэлжилсээр буй.

Däftäri Čingiz nāmä"-д дурдагдаж буй мэдээ хэдийгээр түрэгжиж уугал утга, бэлгэдэл, язгуур нэрсээ гээсэн, хувирч өөрчлөгдсөн ч монголчуудын уламжлалт мод, шувууны шүтлэг хийгээд уриа, тамга, хөө хуягийн нэрсийг тодорхой хэмжээнд мэдэж, улмаар сэргээн судлах, утга агуулгыг таньж тайлбарлахад чухал эх хэрэглэгдэхүүн болох нь лавтай.

Эрдэмтэн судлаачид цаашид харьцуулан үзэж, судлах буй за хэмээн

1. модны нэрс

2. шувууны нэрс

3. урианы нэрс

4. тамганы нэрс

5. хуягны нэрс зэргийг тус жагсаан үзүүллээ.

# НОМЗҮЙ

1. Abdulkadır Inan, Destan-i Çengiz Han Kitabı I, 1934.

2. Däftär-i Čingiz-nāmä (Das Buch der Dschingis-Legende) I, Studia Uralo-altaica, Maria Ivanics, Mirkasym A.Usmanov, Szeged, 2002.

3. Rieu, Ch. Catalog of the Turkish Manuscripts in the British Museum, London, 1888.

4. Rachewiltz I. de, Index to the Secret History of the Mongols, Bloomington, 1972, p. 24, 161.

5. Räxım, G-Gäziz, G. Tatar ädäbiyati tarixi, Kazan, 1925.

6. Аззаяа Б., "Däftär-i Čingiz nāmä" (Чингисийн цадиг) сурвалжийн тухайд, МУИС, ГХСС, ЭШБ, №275 (10), УБ., 2007, тал.12-18.

7. Аззаяа Б., "Däftär-i Čingiz-nāmä" сурвалжийн судалгаа, -"CORPUS SCRIPTORUM", Tom.V, УБ., 2006.

8. Буриад, -Монголын угсаатны зүй, Ⅲ боть, нэмэн засварласан хоёр дахь хэвлэл, эрхэлсэн: С.Бадамхатан, Г.Цэрэнханд, нэмж засварласан хоёрдугаар хэвлэл, Улаанбаатар, 2012.

# One Source Material Relevant to the History and Culture of Mongolians: "Däftär-i Čingiz-nāmä"

Ts. Battulga

"Däftäri Čingiz nāmä" source material is known in a certain level in Turkish study.

Mongolian researchers seem to have not studied much about this source. But there is no research compared with the history and myths of Mongolians, especially the "Secret History of Mongolia".

The scholar of Hungary Maria Ivanics offered to translate this source into Mongolian and introduce to Mongolian researchers. Therefore in the framework of master's work, Azzay. B translated this source into Mongolian and introduced. Badam AZZAYA, Study on the Source "Däftär-i Čingiz-nämä", -"CORPUS SCRIPTORUM", Tom.V, Centre for Turkic Studies, School of Foreign Languages and Culture, National Unversity of Mongolia, Ulaanbaatar, 2006. In this book they made Latin transcription and translated into Mongolian, and made some of myth explanations. They attached the source's origin and made word index, word dictionary.

In the first chapter of this source is told about the generation of Chinggis Khaan or about the events of XIII century, but in the final 6th chapter told about the events of XVII century.

It is special because the every chapter is telling about the different events.

# ХАВСРАЛТ1

## Модны нэрс:

| № | Галиг нь | Тохиолдох байр | Тохиолдох хэлбэр | Монгол орчуулга |
|---|----------|----------------|------------------|-----------------|
| 1 | Qaraġay | 5v16, 6r16, 23r5, 25v4 | قراغاى | qarγai |
| 2 | Almaġaj | 23r10, 25v4 | آلماغاج | alim–a–yin modu |
| 3 | Qaraġaj | 23r14, 25v5 | قراغاج | qar–a modu |
| 4 | Qayïn | 23v6, 25v5 | قاين | qusu |
| 5 | Tiräk | 23v9, 25v5 | تراك | uliyangyar, qar–a modu |
| 6 | Qarama | 23v13, 25v5 | قراما | qayilasu |
| 7 | Üyängi | 23v17, 25v5 | اويانكى | uda modu |
| 8 | Čöke | 24r4, 25v5 | چوكا | dalduu modu |
| 9 | Miläš | 24r8, 25v5 | ميلاشى | qadir |
| 10 | Imän | 24r12, 24v6 | ايمن | čarasu |
| 11 | Čagan | 24r16, 25v6 | چغان | aγči |
| 12 | Artïš | 24v3, 25v6 | آرتش | arča |
| 13 | Sandal | 24v7, 25v6 | صاندال | zandan |
| 14 | Köbrüj | 24v11, 25v6 | كوبروج | yašil |
| 15 | Jirük | 23v16, 25v6 | جيروك | nigürs |
| 16 | Čïnar | 25v3 | چينار | čïnar |

## Шувууны нэрс:

| № | Галиг нь | Тохиолдох байр | Тохиолдох хэлбэр | Монгол орчуулга |
|---|----------|----------------|------------------|-----------------|
| 1 | Šonqar | 5v15, 6r17, 23r5, 25r17, 27r10, | شونقار | šongqur |

續表

| No | Галиг нь | Тохиолдох байр | Тохиолдох хэлбэр | Монгол орчуулга |
|----|----------|----------------|-----------------|-----------------|
| 2 | Lačïn | 23r11, 25r17, 27r11 | لاچين | način |
| 3 | Qaraquš | 23r15, 25r17 | قراقوش | qar–a sibaγu |
| 4 | Qarčïga | 23v6, 25r17, 27r12 | قارچغ | qarčiγ–a |
| 5 | Qïrgïy | 23v10, 25r18, 27r12 | قرغى | kirγui |
| 6 | Bürküt | 23v13, 25r18 | بوركوت | bürged |
| 7 | Itälgü | 24r1, 25r18 | ايتالكو | idelgü šongqur |
| 8 | Qaz | 10r14, 24r4, 25r18, 27r12 | قاز | γalaγu |
| 9 | Turna | 24r8, 25r18, 27r11 | طورنه | toγuruu |
| 10 | Küčügen | 24r12, 25r18 | كوجوكان | eliy–e |
| 11 | Hödhöd | 24r16, 25r18 | هُدهد | öbügelji |
| 12 | Qawdu | 24v3, 25v1 | قاودو | örüb tasu |
| 13 | Kögärčin | 4v3, 5v2, 24v7, 25v1 | كوكارچين | taγtaγ–a |
| 14 | Köyüldü | 24v11, 25v1 | كويولدو | altan γuryuldai |
| 15 | Sayïsqan | 24v17, 25v1 | صايصقان | šaγajaγai |
| 16 | eki baš qaraquš | 25r16 | ايكى باش قرا قوش | qoyar toluγayitu qar–a sibaγu |

## Урианы нэрс:

| No | Галиг нь | Тохиолдох байр | Тохиолдох хэлбэр | Монгол орчуулга |
|----|----------|----------------|-----------------|-----------------|
| 1 | aru jan | 23r6, 25r8 | آرو جان | |
| 2 | Qongrat | 23r11, 25r8 | قونكرات | |
| 3 | Salawat | 23r15, 25r9 | صلواة | |
| 4 | Alaj | 23v6, 25r9 | آلاج | |
| 5 | Tutya | 23v10, 25r9 | طوطيا | |
| 6 | Toq saba | 23v14, 25r9 | طوق صبا | |
| 7 | Aq taylaq | 17v2, 24r1, 25r9 | آق طيلاق | čaγan temege |
| 8 | Ar börü | 24r5, 25r9 | آر بورو | činu–a |
| 9 | Bayġongrat | 24r9, 25r10 | بايغونكرات | |
| 10 | Aq togan | 24r13, 25r10 | آق طوغان | čaγan šongqur |
| 11 | Buruj | 24r17 | بورخ | |
| 12 | Taylaq | 24v4, 25r10 | طيلاق | tayilaγ temege |
| 13 | Arnaw | 24v8, 25r10 | آرناو | |
| 14 | Barlas | 24v12, 25r10 | بارلاص | |

| № | Галиг нь | Тохиолдох байр | Тохиолдох хэлбэр | Монгол орчуулга |
|---|---|---|---|---|
| 15 | Taban | 24v17, 25r11 | تابان | |
| 16 | Jan qaba | 25r2, 25r7 | جان قبا | |

## Тамгын нэрс:

| № | Галиг нь | Тохиолдох байр | Тохиолдох хэлбэр | Монгол орчуулга |
|---|---|---|---|---|
| 1 | Ačamay | 6r17, 23r7 | آچمای | čidür ebesün |
| 2 | Ay tamga | 23r12 | آی تمغا | saran tamaɣ–a |
| 3 | Sergä | 23r16 | سرکا | šörge |
| 4 | Quš qabïrġa | 23v7 | قوش قابرغه | sibaɣun qabirɣ–a |
| 5 | Ïrgaq | 23v11 | ارغاق | degege |
| 6 | Taraq | 23v15, 24v18 | تراق | sam |
| 7 | Sïnlï sinäk | 24r2 | سنلی سناک | |
| 8 | Köz tamga | 24r5 | کوز تمغا | nidün tamaɣ–a |
| 9 | Quyušġan | 24r9 | قویوشغان | |
| 10 | Jagalbay | 24r13 | جغالبای | jaɣalmai |
| 11 | Amza | 24r17 | امزا | qamza |
| 12 | Särü | 24v4 | سرو | |
| 13 | Jümüj | 24v8 | جوموج | bütügegči |
| 14 | Üy tamga | 24v12 | اوی تمغا | bayising |
| 15 | Yarïm taraq | 24v18 | یاریم تراق | qaɣas sam |
| 16 | Quš baš | 25v8 | قوش باش | sibaɣun toluɣai |

## Хуягийн нэрс:

| № | Галиг нь | Тохиолдох байр | Тохиолдох хэлбэр | Монгол орчуулга |
|---|---|---|---|---|
| 1 | Buyan | 26r17, 25v15 | بویان | buyan |
| 2 | Qara taw | 25v16 | قرا طاو | qara aɣula |
| 3 | Altun sanduq | 26r18, 25v17 | آلتون صاندوق | altan abdar–a |
| 4 | Bäktär | 25v18 | بکتار | |
| 5 | Qala | 26r18, 26r3 | قاله | čayija |
| 6 | Ay qoltuq | 26r4 | آی قولتق | saran sandali |
| 7 | Sïġïr | 26r5 | سغیر | sir–a |
| 8 | Čäčägöz | 26r19, 26r5 | چچا کوز | čečen nidü |

續表

| № | Галиг нь | Тохиолдох байр | Тохиолдох хэлбэр | Монгол орчуулга |
|---|---|---|---|---|
| 9 | Köyläksä | 26r19, 25v6 | كويلاكسه | |
| 10 | Kök yaka | 26r7, 26r19 | كوك يقا | |
| 11 | On qarïš | 26r19, 26r8 | اون قريش | |
| 12 | Uyïlma | 26v1, 26r9 | اويلمه | |
| 13 | Qatï qabaq | 26r10 | قاتى قاباق | |
| 14 | Qusqaj qumqaj | 26r11 | قومقاج | |
| 15 | Körläj | 26r12 | كورلاج | |
| 16 | Boz qalpaq | 26r13 | بز قالپاق | |
| 17 | Čuqa tur\u0121ay | 26r14, 27r2 | چقا تورغاى | |
| 18 | Quyurjaq | 26v2, 26v14 | قويورجاق | |
| 19 | Buzaw baš | 26r15, 27r2 | بزاو باش | tuγul–un toluγai |

## ХАВСРАЛТ2

"Däftär-i Čingiz-nāmä" сурвалжийн хэсэг

# 清廷關於哈薩克統治正統的觀念及其影響

## ——以乾隆四十八年的清哈交往為例

巴哈提·依加漢

## 引　言

　　1757 年（乾隆二十二年）秋，哈薩克中玉茲首領阿布賚等遣使清廷。這標誌著哈薩克與清朝關係的正式建立。作為中亞史以及中國民族史的重要篇章，哈薩克與清朝的交往一直吸引著研究者的目光，相應的研究結論也有過不少。但由於史料的局限性，這一關係史中的許多內容直到近年仍未能完全得以澄清。① 進入 21 世紀，由於清代滿文檔案文獻的引入，相關的歷史學研究又重新活躍起來，討論內容較前有所拓展，提出的一些意見亦有吸引人之

---

① 如何領會並評價所述關係史的意義是引發學界討論的重要問題之一。其研究多基於傳統清代文獻史料，受清代歷史話語影響的研究者常把這一關係徑直解釋為 "哈薩克三部歸附清朝"。蘇聯及獨立後的哈薩克斯坦的研究著作對這種解釋基本上是持排斥態度的（關於各國學者就乾隆二十二年後清哈關係所做研究結論的綜述，可參見 Noda J., *The Kazakh Khanates between the Russian and Qing Empires: Central Eurasian International Relations during the Eighteenth and Nineteenth Centuries*, Leiden-Boston：Brill, 2016, pp.32–41）。自費正清以來的西方研究者往往把這一關係納入所謂 "中華朝貢體系" 來看待（Fairbank, J. K. Ed., *The Traditional Chinese World Order: Traditional China's Foreign Relations,* Cambridge: Haward Univ. Press, 1968；佐口透：《18—19 世紀新疆社會史研究》，凌頌純譯，新疆人民出版社，1984）。近十多年來，相關的研究中也出現了一些新的敘述話語。例如，日本學者小昭孝博把這一關係模糊地解釋為 "基於外交禮節之上的一種外交制度"（"a system of diplomacy centering on the diplomatic protocols"），並為此創造了一個語義上與 "宗藩關係" 並無太大區別的新詞 —— "額真－阿勒巴圖關係"（"Ejen–albatu relationships"）[Noda J., Onuma T., *A Collection of Documents from the Kazakh Sultans to the Qing Dynasty*（Joint Usage / Research Center for Islamic Area Studies TIAS Central Eurasian Research Series Special Issue 1），Department of Islamic Area Studies, Center for Evolving Humanities, The University of Tokyo, 2010, p.86]。而美國學者濮德培則對這一關係的表像和實質做出了全新的判斷並聲稱："我寧願把（清哈交往話語）視作是一種服務於參與方各自目的的文化間語言（intercultural language）……它用各種正式表達的用語遮掩了各參與方自己的不同概念，但又聽憑各方在不同程度上擁有其自主評價尺度"（Perdue, P.C., *China Marches West: The Qing Conquest of Central Eurasia*, Cambridge: Haward Univ. Press, 2005，p.403）。

處。①儘管如此，在對哈薩克與清朝歷史關係做比較全面且準確的評價之前，我們仍需對哈清雙方交往過程中所留下的歷史文獻，尤其是近 20 年來發布的和將要發布的檔案史料做全面的梳理，並在深入闡釋歷史話語概念的同時對相關具體史實本身予以更多的關注。在這些具體史實中，有一項很重要但迄今為止並未得到充分闡釋的內容：我們知道，哈薩克與清朝之間的關係實際上是由哈薩克統治集團的幾支不同家族及其所屬部族與清朝交往過程中形成、發展起來的；因此，在討論這一關係史時，哈薩克統治集團各家族接近清朝的緣由和他們的期望以及清朝基於其相關認識而對待哈薩克諸統治家族的不同態度需要進一步釐清。

　　與此相關，這樣的一項研究內容引起了我們的注意：在對 1757 年秋遣使後哈薩克首領阿布賚稱汗一事予以特別重視的基礎上，日本學者野田仁在其近年來的研究中就所謂“清朝所授哈薩克封號”的問題進行了討論，並提出這樣一些論點，“清朝向哈薩克分封了‘汗’、‘王’、‘公’及‘臺吉’等四等稱號，其中有些是可以世襲的，有些是不可以世襲的”②；“因為阿布賚在其登上哈薩克 khan 位之前就已獲得清朝‘汗’（‘han’）號，而清朝從未授此‘汗’號於小玉茲努喇里，故哈薩克之 khan 與清朝的‘汗’並不對應。後者是清朝授予中亞遊牧者的貴族稱號”③。據我們的理解，野田的這些表述是想說明：其一，清朝授予哈薩克的“汗”號以及“王”、“公”、“臺吉”等其他稱號，乃是屬於凌駕哈薩克傳統之上的另一套統治制度術語；其二，阿布賚乃是接受清廷“汗”號的、被清廷認定為擁有哈薩克統治正統地位的遊牧貴族，因此包括小玉茲努喇里在內的哈薩克其他統治者在清哈關係中不可與阿布賚同日而語。儘管野田的這一研究看似新鮮、獨到，但在重新梳理過相關的史實後，我們認為其結論尚有可討論之處。尤其需要究明的是，所謂“清朝封號”對哈薩克內部統治制度而言意義如何？清廷關於哈薩克統治正統的觀念是否符合當時哈薩克的自我認識？清廷的這一正統觀對清哈關係的發展有過何種影響？

---

① 在不同程度利用滿文檔案文獻寫成的相關著作當中，日本學者野田仁的《俄清兩大帝國間的哈薩克諸汗國：18—19 世紀中央歐亞的國際關係》（Noda J., *The Kazakh Khanates between the Russian and Qing Empires: Central Eurasian International Relations during the Eighteenth and Nineteenth Centuries*）引起我們較多的注意。儘管從書名上看，該書似乎更多關心的是清俄在“中央歐亞”的爭奪。但其內容，尤其是有關 18 世紀的內容更多涉及的是哈薩克與清朝之間的直接關係，這一關係雖在一定程度上牽涉清俄交往中的某些具體爭執，但不必將此時的清哈交往視作清俄關係的衍生物。值得提出的是，類似的情形亦見於其他關乎歷史疆域問題的研究當中。例如，自 20 世紀的中蘇論戰至今，常有人把有關現今中哈疆域的歷史內容衹與清朝和俄國的爭奪相聯繫。其實，把 19 世紀之前的清哈關係置於清俄關係總體框架下考察嚴格說來是一種時代錯誤（anachronism），因為，直到 19 世紀 20 年代為止沙皇俄國並未建立其在哈薩克的統治。如果說有關疆域等歷史問題的確鑿始於 18 世紀後半葉，那對這些問題的討論也首先應該被納入哈薩克與清朝關係史的範疇之中。

② Noda J., "Tittles of Kazakh Sultans Bestowed by the Qing Empire: The Case of Sultan Ghubaydulla in 1824," *Memoires of the Research Department of the Toyo Bunko*, No. 68 (2010), pp.64–65.

③ Noda J., "Tittles of Kazakh Sultans Bestowed by the Qing Empire: The Case of Sultan Ghubaydulla in 1824," *Memoires of the Research Department of the Toyo Bunko*, No. 68 (2010), p.66 ; Noda J., *The Kazakh Khanates between the Russian and Qing Empires: Central Eurasian International Relations during the Eighteenth and Nineteenth Centuries*, p. 187.

一

讓我們先來重新審視一下"清朝所授哈薩克封號"的問題。需要首先究明的是"清朝封予阿布賚的'汗'號與哈薩克的 khan 號不對應；清朝祇把此號授予阿布賚"的說法。重檢相關的基本史料並把它們與新出滿文檔案史料做對照後，我們發現這一說法是與歷史事實相左的。可舉例說明如下：

其一，清高宗在乾隆二十二年的有關諭旨中明確指出，"念阿布賚等遠在外藩，若照內地扎薩克授予爵秩，恐爾等有拘職守。仍依爾舊俗，各安遊牧，庶無擾累"①。而據清使順德訥等人於乾隆二十二年十二月十八日（1758 年 1 月 27 日）寫的一份滿文奏摺中的記載，當年十一月四日先於阿布賚熟悉乾隆托忒文諭旨的阿布勒必斯曾說道，"大額真在此諭旨中告知吾兄阿布賚汗：'現汝為汗耶，然則汝之此汗稱者，實為遵循汝本人所願者矣。爾阿布賚若欲受朕所封尊號，亦可'"。②

其二，儘管未見小玉茲努喇里為"汗"的諭旨，但阿布賚並非被清廷稱作"汗"的唯一哈薩克。乾隆二十三年至二十四年的兩份清高宗諭旨即可證明這一點：在前一份諭旨中，有名"阿比里斯"者被稱作"右部哈薩克汗"（其實，此阿比里斯實為一受制於圖列拜等活動於塔什干周圍之哈薩克強人的傀儡，但為建構"左右哈薩克皆來臣服"的歷史話語，清筆帖式們甚至不顧事實地把此人與阿布勒班畢特之子阿布勒必斯混為一談。③而這也是造成後來有關哈薩克分部概念混亂的重要原因之一。有關哈薩克分部的討論見下文）。而在後一份諭旨中，被哈薩克人視為中玉茲正統汗的阿布勒班畢特（見下文）亦被清高宗稱作"哈薩克汗"。

與一年前敕阿布賚的諭旨內容相似，清高宗在上述乾隆二十三年至二十四年寫成的兩份諭旨中亦明確提到：之所以稱阿比里斯和阿布勒班畢特二人為汗，乃是"各依舊俗"。④所有上述這些史實確鑿地說明：在與哈薩克建立正式關係伊始，清廷對哈薩克內部統治狀況的瞭解是有限的，而且也不想直接介入"外藩"哈薩克的內部事務，遂對其制定了"依俗羈縻"的政策，這樣也就有了依照哈薩克人自己的說法而指稱前此諸人為"汗"的情形。這裏需強調：阿布賚在 1757 年秋自稱汗號確有獲得清廷支持的因素，但清廷的這一支持也祇是"依哈薩克舊俗"而為。

---

① 《大清高宗純皇帝實錄》卷五四八，第 9 頁下—10 頁上，乾隆二十二年十月甲子條。

② 《清代新疆滿文檔案彙編》第 27 冊，廣西師範大學出版社，2012，第 198 頁。滿文原文作："amba ejen i hese. meni ahūn abulai be. si te bicibe han kai. damu sini ere han serengge. suweni cisui tuwekiyehengge. abulai si mini fengnere wesihun coko be alime gaiki seci inu ombi."

③ 最能體現這一情形的是《皇清職貢圖》中的記述。其文稱："哈薩克在準噶爾西北，即漢大宛也。有東西二部。自古未通中國。乾隆二十二年，東哈薩克之阿布賚、阿布爾班比特，西哈薩克之阿比里斯等先後率眾歸誠，各遣子侄赴京瞻仰並進獻馬匹。遂隸版圖。"（《皇清職貢圖》卷二《哈薩克頭目》所附釋文）

④ 《大清高宗純皇帝實錄》卷五七五，第 5 頁，乾隆二十三年十一月己亥條；卷五八〇，第 20 頁下—21 頁下，乾隆二十四年二月壬戌條。

也就是說，所謂"清朝封予阿布賚的'汗'號與哈薩克的 khan 號不對應"的說法是不可取的。

再讓我們來看看其他所謂"封號"的情形。最早見有"王"號的是中玉茲哈薩克阿布勒必斯，而最早見有"公"號的是另一阿布賚的近親都拉特柯勒。儘管二人號稱如是，但滿文檔案文獻中的一些記載表明：清廷未曾正式封此類爵號於該二人。一份伊犁將軍阿桂寫成於乾隆三十二年六月十七日（1767 年 7 月 12 日）的奏摺涉及何以稱哈薩克阿布勒必斯為王的緣由，其文稱：

dergi hese be gingguleme dahame jalin. ere / aniya sunja biyai orin uyun de alime / gaiha aliha bithei da fuheng sei jasiha / abkai wehiyehe i gūsin juweci aniya sunja // biyai ice ninggun de / hese wasimbuhangge. agūi i wesimbuhe hasak sai / alban gaire jalin abulbis de bithei / jise i dorgi. hasak wang abulbis de afabume / unggihe seme arahabi. muse onggolo abulai. / abulbis sede hesei bithe unggire de. hasak i // han abulai. abulbis seme araha bihe. amala / hasak i abulai. abulbis seme araha mudan inu / bi. umai wang seme araha mudan akū. te / agūi cende ulhibure bithe unggire de. wang / seme arahangge. eici ili. yar i bade daci udu arambio. eici ubaliyambuha bukdari de // han sere hergen be jailame uttu arambio. / ce daci uttu araci inu okini. aika / daci uttu ararakū. ere mudan teile uttu / araci. tere uthai tašaraha. aika bukdari de / cohome hang sere hergen be jailaci. tere / uthai dabatala gūnin baitalaha. adarame seci. // musei kalka de inu tusiyetu han. jasaktu / han i jergi hergen bikai. gemu an i arambi. umai jailame wang seme araha ba / akū. bi oci. abkai fejergi be uhirilehe han. ce mangai emu aiman i buyasi han. / ede geli ai jailara babi. ere eici ce // an i ucuri uthai uttu arara. eici jise arara de tašarame araha babe. agūi de / jasifi getukeleme baicafi ildun de wesimbureci / tulgiyen. ereci julesi hasak sede bithe / unggire de. damu ceni an i ucuri araha / songkoi fe be dahame jabukini. cohotoi jailame // arara be baiburakū sehe be gingguleme dahafi. baicaci. onggolo hasak ci jihe ursei // alaha bade / ejen abulbambit. abulai be han. abulbis be wang fungnehe sehe gojime. jiduji ai hergen / fungnehe babe. ili bade umai hese be alime gaiha ba akū. jai ceni niyalma mudan mudan de abulbambit. abulai be ahasi i juleri han seme hūlarangge bi. / abulbis be han seme hūlarangge akū bime. / uthai abulbis ahasi de unggire bithe de / inu abulbis wang seme arambi. tuttu ofi. // ere mudan kemuni fe songkoi abul-bis be / wang seme arafi unggihe babe gingguleme baicafi / wesimbuhe bairangge. / genggiyen i bulekušereo.

（譯文）今年五月二十九日接大學士傅恒等咨文內開：乾隆三十二年五月初五奉旨：據阿桂奏文，在其為徵收官賦而曉喻阿布勒必斯的劄付中寫有"致哈薩克王阿布勒必斯"字樣。過去我們致書於阿布賚和阿布勒必斯時，曾署其為"哈薩克汗阿布賚、阿布勒必斯", 後亦有署作"哈薩克阿布賚、阿布勒必斯"之情形。但從未署其為"王"。現阿桂在曉諭阿布勒必斯之劄付中署其為"王",〔此乃是因〕伊犁、雅爾等地原來即署若此乎? 抑或此乃是為了在譯出摺子中避諱"汗"號而為之耶? 若彼〔阿布勒必斯〕原即署書若此, 亦可矣。如若原先並非如此, 祗是於本次這般署書, 則謬矣。如果此乃是為在摺子中避諱"汗"號而特意為之, 則是想的過於多了。再怎麼說, 吾等之喀爾喀亦有"圖謝圖汗"、"扎薩克圖汗"之類稱號, 我們照署其為"汗", 並不曾為避諱而署其為"王"矣。朕乃總領天下之汗, 而彼祗是一部落小汗。這裏又有什麼可避諱的? 是其平常即如此署書手? 抑或此乃是寫劄付時所出錯誤? 著阿桂查明奏聞。此外, 今後阿桂劄付哈薩克人等時, 祗管按哈薩克平時所署之號, 照原樣寫好了。不必特意避諱。欽此, 欽遵。

查原先由哈薩克而來人等所述, 有: "額真封阿布勒班畢特和阿布賚為汗, 封阿布勒必斯為王"之語。但就〔皇上〕到底封過何種官號〔於該等哈薩克〕, 伊犁之地並未接奉過諭旨。此外, 其人屢屢在臣面前稱阿布勒班畢特和阿布賚為汗, 但從未有過稱阿布勒必斯為汗的情形。而阿布勒必斯在其寫給臣的劄付中, 亦是署己為"阿布勒必斯王"的。因此, 此次臣亦照舊把阿布勒必斯署做了"王"。為此謹奏報聞。伏乞明鑒。①

我們從上引奏文中可清楚地得知: 清廷從未授"王"號於阿布勒必斯。而正如乾隆在其諭旨中懷疑的, 阿布勒必斯擁有此這一稱號或是因其本人自封, 或是因清邊吏的曲意比附而得之。我們認為, 儘管阿桂的奏文提到阿布勒必斯在其寫來的劄付中確實自稱"王", 但作為哈薩克遊牧首領, 阿布勒必斯原先可能並不瞭解此等爵號為何物。下一史實似可證明這一點。

我們看到, 在阿布勒必斯於 1765 年用察合臺文寫給乾隆的最早"呈文"②中並不見"王"號, 在這裏, 阿布勒必斯是把自己稱作"蘇勒坦"的 (見圖1③左下角的文字。其意為"阿布勒必斯蘇勒坦的使臣五名")。也就是說, 直到乾隆三十年, 阿布勒必斯還未與清朝的這一爵號發生關係。儘管我們所掌握的史料還無法使我們認定清朝這一爵號被綁定於阿布勒必斯之身的確切原因, 但上引阿桂奏文中透露的信息使我們有理由相信: 它的發生當與清廷對哈薩克的早期認識, 尤其是其把中玉茲蘇勒坦阿布勒必斯與大玉茲傀儡汗阿必里斯相混淆所帶來的錯誤認識不無關係。

---

① 《清代新疆滿文檔案彙編》第 84 冊, 第 158—160 頁。
② 據我們的調查, 現存中國第一歷史檔案館的文獻中有阿布勒必斯寫於乾隆三十年至四十八年 (1765—1783) 的近 30 件 "呈文" 和 "劄付", 其中大部分是用察合臺文寫成的。此處所及 "呈文" 即為其中的一件。文檔見中國第一歷史檔案館藏, 軍機處滿文錄副奏摺, 檔案號: 03-0181-2143-033。據文檔題名頁上提供的信息, 該檔時間為 "乾隆三十年五月"。據我們的判斷, 這一察合臺文 "呈文" 當與伊犁參贊大臣愛隆阿等人寫於乾隆三十年四月十八日 (1765 年 6 月 6 日) 的一份奏摺有關, 該摺見《清代新疆滿文檔案彙編》第 73 冊, 第 320—328 頁。
③ 承蒙中國第一歷史檔案館允准, 筆者於 2013 年 7 月得以複製該文檔。特此致謝!

圖1　"阿布勒必斯蘇勒坦"察合臺文字樣

　　在阿布賚和阿布勒必斯遣使清廷一年後，活動於塔什干周圍的哈薩克人也向北京派出了自己的使團。據首先經手這一事務的清軍將領富德於乾隆二十三年八月四日（1758 年 9 月 5 日）寫成的一份滿文奏摺，派出使團的哈薩克首領乃是塔什干周圍哈薩克部落集團之年長首領、"巴圖爾"強人圖里拜（Tulibai），所派出使團之首使為圖里拜之子卓蘭（Jolan）。由奏文中透露的信息看，圖里拜遣使的主要目的乃是為其傀儡汗阿必里斯（Abilis）從清廷爭取到如同阿布賚汗獲得的汗權認可，以便提高本部落集團在哈薩克人中的地位。[①] 卓蘭等人抵達清廷後，清軍機處又向其詢問了有關哈薩克內部統治情況的問題。而卓蘭則在其回答中向清廷提供了有關哈薩克內分三玉茲以及統治三玉茲諸汗系的明確信息。卓蘭是這樣回答的：

　　meni hasak de uluyus. ortoyus. kiciyus sere ilan hasak bi. ūlet gisun de ike joo. dumda joo. bagan joo sembi. daci gemu // kongker gurun ci jihengge seme donjiha. meni uluyus de juwe han bi. emke harabas han. erei jui yolboros han. erei jui abilis han inu. emke urustum han. erei jui ismandir han. erei jui mamut han. erei jui hambaba / han inu. ne abilis. hambaba juwe han dahabi. ortoyus de emu han bi. gebu isim han. erei jui yanggir han. erei jui teoke han. erei jui bolot han. erei jui abulmambit han inu. ne uthai abulmambit han dahabi. / abulbis serengge. abulmambit han i jui. ne sultan de yabumbi. abulai serengge abulmambit han i jalahi jui. udu han tehakū bicibe. sultan ofi. cooha be kadalame jecen i ergide tehebi. ceni ortoyus de kemuni emu hambaba sere / sultan bi. naiman sere emke otok be kadalahabi. inu abulai de teheršembi. kiciyus de juwe han bi. emke abulhair han. erei jui nurali han inu. emke hayab han. erei jui batur han inu. ne nurali. batur juwe han / dahebi. erei onggolo han sei gebu. jai guwa sultan sei gebu umesi labdu. bi sarakū seme alambi.

<hr />

　　① 富德的這一奏摺（奏摺錄副）收入《清代中哈關係檔案彙編》第 1 冊，中國檔案出版社，2006，第 136—147
　　　 頁；亦收入《清代新疆滿文檔案彙編》第 32 冊，第 77—90 頁。我們曾據《清代中哈關係檔案彙編》所錄件，
　　　 對該滿文檔進行了轉寫並用哈薩克語做了譯注，見巴哈提·依加漢《有關哈薩克汗國與清朝的政治外交關係的
　　　 中國檔案文獻》第 1 冊，阿拉木圖：Daik-Press，2009。需要指出的是，2012 年出版的《清代新疆滿文檔案彙
　　　 編》（第 32 冊，第 97—109 頁）還收有當時譯出的該奏摺的漢文本（此檔何以在滿文本寫成之後即刻被譯成漢
　　　 文，是一需要探明的特殊情況）。

（譯文）吾等哈薩克有大玉茲、中玉茲及小玉茲三種，在厄魯特語中作伊克昭、都木達昭及巴罕昭。據說，三者的祖先均來自洪豁爾國。吾等大玉茲有兩位汗［系］：第一位［傳自］哈拉巴斯汗，其子為卓爾巴勒斯汗，而卓爾巴勒斯汗之子為阿必里斯汗；第二位［傳自］魯斯帖木汗，其子為也思蠻得爾汗，也思蠻得爾汗之子為麻木特汗，麻木特汗之子為汗巴巴汗。現如今在位的乃是阿必里斯汗和汗巴巴汗二位。中玉茲有一汗［系］，稱額什木汗，其子名江吉爾汗，江吉爾汗之子為頭可汗，頭可汗之子為博拉特汗，博拉特汗之子為阿布勒班畢特汗。現在在位的是阿布勒班畢特，阿布勒必斯乃是阿布勒班必特之子，現如今在蘇勒坦位上行走；阿布賚則是阿布勒班畢特的侄兒，雖然未就汗位，但已是蘇勒坦，並率軍隊駐紮於邊境之地。中玉茲還有另一位名叫汗巴巴的汗，統領著名為乃蠻的大部，其地位同於阿布賚。而小玉茲亦有兩個汗［系］，第一位［傳自］阿布勒海爾汗，其子為努喇里汗；另一位［傳自］哈雅布汗，其子為巴特爾汗。現在在位的是努喇里汗和巴特爾汗。先前還有過許許多多的汗和蘇勒坦的名字，我對此不甚瞭解。①

卓蘭明確地說道：阿布勒必斯乃是中玉茲汗阿布勒班畢特之子，其地位僅是一蘇勒坦。在其回答中，卓蘭甚至無視阿布賚於一年前即已獲得清朝支持而自稱"汗"的事實，申明阿布賚未就汗位，僅可視為蘇勒坦。由此亦可窺見，從哈薩克人的角度來講，阿布賚和阿布勒必斯並不是足以代表全體哈薩克人的統治者。儘管因其出使目的（讓清廷確認傀儡阿必里斯的"汗"號以便提高本部地位），卓蘭似有抬高本部傀儡汗之地位的嫌疑，但其有關中玉茲和小玉茲哈薩克汗系及統治地位的說法應是可信的。也就是說，在與清朝建立聯繫的 1757—1758 年，為哈薩克人較為普遍認可的中玉茲統治者是阿布勒班畢特和汗巴巴，小玉茲統治者是努喇里汗和巴特爾汗。

但卓蘭提供的信息並未能促使清廷客觀地認識哈薩克的內部狀況。由上述阿桂奏摺中所提論旨內容我們可知，在乾隆的觀念中，阿布勒必斯應是被清廷稱作"汗"的哈薩克頭目之一。其實，乾隆此處乃是把阿必里斯與阿布勒必斯搞混了；② 後來或許是清邊吏意識到阿布勒必斯與阿必里斯有別，且阿布勒必斯為阿布勒班畢特之子，是蘇勒坦而非汗，故阿布勒必斯被清邊吏徑稱為"王"。③

---

① 《清代中哈關係檔案彙編》第 1 冊，第 179—180 頁。其哈薩克語譯注見巴哈提·依加漢《有關哈薩克汗國與清朝的政治外交關係的中國檔案文獻》第 1 冊，第 120—124 頁。

② 可以說，這一混淆現象縱貫清代漢文文獻。前述《皇清職貢圖》中的記述是其較早的例證，而《欽定新疆識略》卷一二《哈薩克世次表》中的記述則是其較晚的例證。在《欽定新疆識略》一書的記載中，徐松把上述富德所記與乾隆二十三年塔什干周圍哈薩克及其傀儡汗阿必里斯相關的故事直接移植到了阿布勒必斯的頭上。由於文獻的缺乏，後代的許多研究著作中出現了把中玉茲蘇勒坦阿布勒必斯與大玉茲傀儡汗阿必里斯混為一談，從而進一步把清朝所記哈薩克各"部"與哈薩克人概念中的三玉茲相混淆，並盲人摸象般地"考訂"各部居地的現象（如佐口透《18—19 世紀新疆社會史研究》，第 326—343 頁）。近二十年來公布的相關滿文檔案文獻中的記述證實，阿布勒必斯乃是活動於塔爾巴哈臺地區的哈薩克首領，與活動於塔什干的阿必里斯毫不相干。

③ 而阿桂在其奏文中所說的"原先由哈薩克而來人稱'額真封阿布勒班畢特和阿布賚為汗，封阿布勒必斯為王'"（見上正文）應是其為逃避責任而杜撰的托詞。

　　雖然與阿布勒必斯稱"王"有關的一些問題還不甚清楚，但在梳理與另一位哈薩克首領即都拉特柯勒被稱"公"的過程相關的史料後，我們對"此等清朝授予中亞遊牧者的貴族稱號何以與這些哈薩克人發生關係"問題的理解就會更進一步。據硃批時間為乾隆二十七年六月十四日（1762 年 8 月 3 日）的一份清軍機處奏片，阿布賚的堂弟都拉特柯勒以使者身份於該月抵達清朝邊境。清朝邊吏就此事上奏乾隆，並在奏文中稱該使者為"頭等臺吉"。接到有關奏摺後，乾隆對都拉特柯勒的名號產生了懷疑並諭令查清。軍機處對此進行查核後寫成奏片，內稱：

　　　　hese be dahame. ere mudan abulai i takūraha / dulet here. adarame uju jergi taiji / obuha babe baicaci. abkai wehiyehe i / orin sunjaci aniya uyun biyade dulet / here. tuktan mudan elcin ofi jihede. / hesei dulet here de uju jergi songkoi // jingse funggala hadaha mahala. etuku šangnaha / bihe. jakan cenggujab sei wesimbuhe bukdari de. / abulai i baci. uju jergi taiji dulet / here sebe takūrafi morin / jafame jihe seme arahabi. aici dulet / here daci soltong. // hesei inde uju jergi jingse funggala šangnaha / turgunde. ceni baci imbe uju jergi / taiji seme hūlambi dere. erei jalin / baicaha babe gingguleme / wesimbuhe. seme abkai wehiyehe i orin nadaci / aniya ninggun biyai juwan duin de // wesimbuhede. / hese saha sehe.

　　（譯文）遵旨查得本次阿布賚派遣之都拉特柯勒何以稱為頭等臺吉之緣由：乾隆二十五年九月，都拉特柯勒首次以使臣身份前來時，皇上曾欽命給其賞賜頭等頂戴並衣帽等。適繞又在成袞扎布奏摺內見到有"由阿布賚處派遣頭等臺吉都拉特柯勒送貢馬來"等語。或許，都拉特柯勒原即蘇勒坦，因欽命賞賜其頭等頂戴，故而彼處之人呼其為頭等臺吉耶？為此將查得之處謹具奏聞。①

　　顯然，都拉特柯勒在哈薩克人中的身份乃是蘇勒坦，祇是因為其先前受乾隆賞賜而戴頭等頂戴，故被出身喀爾喀蒙古的清定邊左副將軍成袞扎布比附成"頭等臺吉"。儘管在與此次來使相關的乾隆諭旨滿文件中都拉特柯勒祇被稱作"蘇勒坦"（滿文原文作"dulet here solton"），②但在幾份相關的清廷賞單中，都拉特柯勒的確是被清廷稱作"臺吉"或"頭等臺吉"的。③但有意思的是，與此情形有異，在護送該批哈薩克使臣赴清廷的清副護軍參領七十六致軍機處的一份呈文中，都拉特柯勒的稱號卻變成了"公"：

---

①　《清代中哈關係檔案彙編》第 1 冊，第 637 頁。

②　《清代中哈關係檔案彙編》第 2 冊，中國檔案出版社，2007，第 54—56 頁。

③　這幾件賞單收入《清代中哈關係檔案彙編》第 2 冊，第 57—58 頁托忒文賞單中都拉特柯勒被稱作"taiji dolodhere"；第 60 頁及第 61—62 頁兩份漢文賞單中都拉特柯勒均被寫作"臺吉"。

cišilio bi ere aniya ninggun biyai / orin jakūn i doboofi. karacin i jakūci giyamun de / alime gaiha // coohai nashūn i baci afabuha bithede. elcisai / dorgi. weci. wei takūraha babe gingguleme fonjifi. / elcin takūraha niyalma gebu. elcin i gebu jergi. / kutule i ton be arafi. neneme meni coohai / nashūn i bade boolanjikini sehebi. uttu ofi. / cišilio bi uthai asak dulet here sede / fonjici. dulet here i gisun. meni tofohon niyalma / gemu meni han abulai i takūraha / [e]jen de hargašame jihe niyalma. dulet here bi serengge. / neneme jihe mudan de / [e]jen i sindaha gung……

（譯文）七十六我於今年六月二十八日夜，在喀喇沁之第八驛站接奉軍機處咨文內稱：問清楚使臣中有哪些人、係誰派遣等，將派遣使臣之人名、使臣之名字及跟役數目等繕寫清單，先行呈報軍機處等因咨行前來。為此，七十六我當即詢問哈薩克都拉特柯勒，彼答稱：我等十五人皆係我汗阿布賚所派遣來朝觀大皇帝者。都拉特柯勒我第一次來朝觀時大皇帝晉封我為公……①

綜合上述各項史料中所反映的情況，可以清楚地看到，都拉特柯勒“蘇勒坦”的稱號先是被比附為“臺吉”，後又被比附為“公”。雖然從上引呈文所述似可推論出，此“公”號乃是都拉特柯勒自封，但相關的其他文檔並未反映這一情形的事實使我們懷疑七十六的這一記述。我們更傾向於推測，這與七十六本人的比附有關。

無論如何，有一點是顯而易見的，與上述“王”號的情形相似，“公”和“臺吉”之類的清朝爵號與哈薩克的關係也都是在偶然的情況下發生的，這裏，哈薩克人的“蘇勒坦”之號被比擬為清朝的“公”和“臺吉”；清朝未曾正式分封這些爵號於哈薩克人。因此，在部分哈薩克人被納入清朝的直接統治之前，清朝並未在哈薩克社會建立凌駕於哈薩克傳統之上的另一套統治制度。

從清朝的角度來講，把個別哈薩克統治者稱為“王”、“公”或“臺吉”，原本祇是清朝掩飾其“依俗羈縻”政策的表面文章，其目的祇是為了把哈薩克示若“內藩”蒙古及吐魯番等回地統治者而已。事實上，清廷並未對這些哈薩克統治者授印並“頒正朔”；除了要求擒拿阿睦爾撒納之外，清廷在早期也並未要求這些“受封者”承擔任何義務。而從哈薩克統治者的角度來講，此等稱號祇在其與清朝的交往中有意義。現藏中國第一歷史檔案館、時間上涵蓋18世紀50年代至19世紀30年代的近200封察合臺文及托忒文哈薩克書信上印章中的印文都是用阿拉伯字母書寫的，印章形製亦屬中亞傳統（有幾個附帶有俄文文字的例外），儘管其中的不少書信在正文內使用了“王”“公”等號。這表明，來自清朝的上述爵稱對哈薩克統治者來說更多的是一種

---

① 《清代中哈關係檔案彙編》第1冊，第646頁。

據以親近清廷的符號或者用於提高或穩固其內部原有統治地位的象徵性籌碼而已。①

　　然而，正如我們上文提到的，清廷對於不斷傳入的有關哈薩克內部統治制度的信息②並未客觀對待。相反，為了宣揚"哈薩克全體臣服"的表象，清廷展開了相應歷史話語的建構。於是，在清朝的文獻中出現了把阿布賚、阿布勒必斯視作哈薩克正統代表並且有意無視其他哈薩克統治集團分支權力的現象。此後，清廷偏執地認定阿布賚和阿布勒必斯即為哈薩克統治之正統，甚至是全體哈薩克的代表。為建構相應的歷史話語，清廷不僅製造出"哈薩克分東西二部""哈薩克分左、右、西部"等混亂概念③以及"哈薩克建廷葉什勒，居客斯騰城"之類的神話④，還常常有意地忽視雙方交往期間自然反映出的一些與哈薩克社會內部統治制度有關的事實。例如，《欽定新疆識略》中的《哈薩克世次表》以及中國第一歷史檔案館所藏軍機處滿文錄副奏摺檔中檔案號為 2476–014、題名為《伊犁將軍舒赫德為查明哈薩克博拉特為何稱汗事摺》的文檔均提到：遲至乾隆三十七年，清廷仍搞不明白為何在阿布賚汗之外，哈薩克中又出現了一個博拉特

---

①　這又讓我們想到了濮德培對哈清關係的表像和實質做出的判斷（見 Perdue, P.C., *China Marches West: The Qing Conquest of Central Eurasia*）。

②　與上述哈薩克使臣提供的信息相類似的記述亦見於後來徐松所撰的《欽定新疆識略》卷一二《哈薩克世次表》中，其文作："乾隆三十七年（1772），伊犁將軍舒赫德覆奏博拉特稱汗緣由。摺內稱：查問由哈薩克投出之厄魯特營佐領沙爾噶勒岱及乾清門行走、戴頂翎之哈薩克西爾莫特等言，哈薩克內有伊克準、都木達準、巴汗準三部。伊克準即衛遜鄂托克，向無專管之人，若有事，以所居遠近在阿布賚、博羅特、阿布勒必斯等處詢行。都木達準即奈曼、阿爾哈呼勒兩鄂托克。巴罕準即阿勒沁鄂托克等語。"書中提到的舒赫德滿文奏摺現已在中國第一歷史檔案館所藏軍機處滿文錄副檔中得以面世，見《清代新疆滿文檔案彙編》第 109 冊，第 212—214 頁。

③　清代文獻中用"哈薩克分東西二部"描述哈薩克的例子雖不多，但也有一些，其典型者為《皇清職貢圖》之"哈薩克頭目"圖所附文字。而在更多的清代文獻中，哈薩克一般被分作"左、右、西"三部。後世研究者常把清代文獻中的這一分類與哈薩克人內部所固有的三玉茲（或稱三帳）概念相對應（源於清代的這一比對長期以來被廣泛傳播著，例如佐口透《18—19 世紀新疆社會史研究》，第 330—346 頁；《哈薩克簡史》，第 19 頁；孫喆《康雍乾時期輿圖繪製與疆域形成研究》，中國人民大學出版社，2003，第 3 頁；華立《〈塔爾巴哈臺奏稿〉與嘉慶時期新疆北部邊政研究》，沈衛榮主編《西域歷史語言研究集刊》第 9 輯，科學出版社，2017，第 213—227 頁）。這實際上是一個誤解。伯希和早在 1960 年就已指出：《欽定新疆識略》中的"哈薩克右部"和"哈薩克西部"均與哈薩克中玉茲有關，該史籍中提到的"西部"所指乃是中玉茲巴喇克的世系（伯希和：《卡爾梅克史評注》，耿昇譯，中華書局，1994，第 160 頁）。筆者曾在結合哈薩克黑宰部的民族志材料（這些材料是筆者於 20 世紀 80 年代在中國伊犁地區搜集的）及清代文獻的基礎上，就所謂"哈薩克西部"的問題做過分析［巴哈提·依加漢：《析清文獻所記哈薩克西部》，《南京大學學報》專輯（南京大學歷史系元史研究室編《元史及北方民族史研究集刊》）1990 年第 1 期，第 83—87 頁］；在近 10 多年來的一些譯著和研究中，筆者亦曾涉及這一問題（巴哈提·依加漢：《十八世紀小玉茲哈薩克前往清朝的商隊》，《哈薩克斯坦科學界》2005年第 2 期，第 244 頁注 2、第 302 頁注 2；《哈薩克斯坦史學界對清朝歷史文獻的研究利用》，王延中主編《民族發展論壇》第 2 輯，社會科學文獻出版社，2017，第 207—225 頁）。野田仁在其有關哈薩克史的近著中也依照自己的視角對此問題進行了較為詳細的討論（Noda J., *The Kazakh Khanates between the Russian and Qing Empires: Central Eurasian International Relations during the Eighteenth and Nineteenth Centuries*，pp.144–180）。

④　劉統勳、何國宗等：《欽定皇輿西域圖志》卷四四《藩屬一·左部哈薩克》，鍾興麒等校注，新疆人民出版社，2002，第 563 頁。後代研究者（如佐口透《18—19 世紀新疆社會史研究》，第 332—333 頁）有據此按圖索驥者。其實，此乃是肇始於乾隆"御製詩"的一個謬誤。有關的討論見巴哈提·依加漢《關於清代文獻中記載的"哈薩克都城客斯滕"》（哈薩克文），《哈薩克共和國科學院通訊》2012 年第 1 期。

汗。通過詢問移居伊犁的哈薩克人，清統治者纔瞭解到：博拉特汗是阿布勒班畢特的兒子，而阿布勒班畢特住在"哈薩克的中部"突厥斯坦城，所以哈薩克人視阿布勒班畢特及其子為汗。其實，史料中的這些記載有其含糊之處：阿布勒班畢特生活的突厥斯坦城地理上處於哈薩克的最南端而非哈薩克的中部；即便地理上屬"中部"，也無以說明哈薩克人何以就認定居住在那裏的阿布勒班畢特及其子為汗。實際上，史料中所提到的"中部"一詞應即哈薩克語"ortalïq"一詞的直譯，而"ortalïq"在哈薩克語中除了"中部"這一基本含義外，還有"首府、首都"的引申含義。因而我們認為，這一史料中包含了關於18世紀哈薩克統治制度的重要信息。它實際上反映了當時哈薩克人關於其政權的正統觀念，這與上述乾隆二十三年赴清廷的哈薩克使臣卓蘭所提供的信息是一脈相承的。也就是說，儘管在清朝的觀念中，阿布賚是哈薩克人的代表者，但在（大帳及中帳）哈薩克人自己的認識中，居住在突厥斯坦城的汗國首領纔是其正統的最高統帥。而對於這一正統觀念，連阿布賚本人也是遵循的。從較早時期俄國人的記述中可以得知，雖然阿布賚遠比阿布勒班畢特機敏且能說會道，但前者對後者總是恭敬有加的。[①]

阿布賚之於阿布勒班畢特的這種恭敬態度在其獲得清朝的支持而自稱"汗"號後並未改變。從一些滿文檔案中可以看出，阿布勒班畢特健在時，阿布賚在哈薩克的內部事務中並無意摒棄上述與汗權正統觀念相關的傳統。例如，從中國第一歷史檔案館所藏一份哈薩克"呈文"的滿文譯件中可知，[②] 在一同出現於哈薩克人自己的公文文書上時，阿布勒班畢特被稱作"汗"，[③] 而阿布賚則被明白無誤地稱作"蘇勒坦"。[④] 然而，在與此哈薩克"呈文"相關的乾隆諭旨中，阿布賚的名字反而被置於阿布勒班畢特之前。[⑤] 耐人尋味的是，在稍後的一些乾隆諭旨中，阿布賚和阿布勒班畢特兩人都被直呼其名，未帶任何官稱。顯然，在與哈薩克打交道

---

① 據1740年在奧倫堡接待過小玉茲及中玉茲哈薩克人代表的瓦西里·烏魯索夫所寫的報告，作為蘇勒坦的阿布賚甚至在阿布勒班畢特和俄國代表就坐的帳篷站立不動，以示恭敬（哈薩克蘇維埃共和國中央檔案館編《十八至十九世紀的哈俄關係》，阿拉木圖：哈薩克蘇維埃共和國科學院出版社，1961，第166頁）。關於阿布賚比阿布勒班畢特機敏善言的描述，見同一報告（《十八至十九世紀的哈俄關係》，第153頁）。

② 該文檔收入《清代中哈關係檔案彙編》第2冊，第139—140頁，題名《哈薩克汗派遣使臣事奏書》，檔案成文時間被推測為乾隆二十七年十一月（1762年12月），此一時間推測當是受文檔所出月摺包時間影響所致。但是，乾隆二十六年正月乙卯的一件諭旨中（見下文所引《大清高宗純皇帝實錄》）所提及的史實及人名與這件哈薩克文書中的史實及人名完全相和。無疑，這件哈薩克文書是在乾隆二十六年正月之前寫成並送抵清廷的。

③ 其實，上一注文中提到的哈薩克文書的題名在更早編成的《清代邊疆滿文檔案目錄》（第7冊，廣西師範大學出版社，1999，第528頁）被正確地寫作《哈薩克汗阿布勒班畢特為烏梁海侵擾哈薩克及派人請安事》。

④ 見《清代中哈關係檔案彙編》第2冊，第139頁，第4扣，滿文作"abulbanbithan"及"abulaisolton"。在此前清參領那旺出使哈薩克返回後於乾隆二十三年十二月十三日寫成的一份奏摺裏，也出現了阿布勒班畢特稱汗而阿布賚稱名的情形，見《清代中哈關係檔案彙編》第1冊，第188—198頁；其現代哈薩克文譯文見巴哈提·依加漢《有關哈薩克汗國與清朝的政治外交關係的中國檔案文獻》第1冊，第124—139頁（阿布勒班畢特稱"汗"而阿布賚祇稱名的情形見同書第134、136頁）。與此相關，這樣一個事實亦值得注意：直至其去世為止，阿布賚從未使用過有"汗"稱的印章；迄今為止我們所看到的阿布賚印章中的文字均為"阿布賚·本·巴哈都爾·蘇勒坦"（Abulai bin bahadur sultan）（涉及印章的這一現象有點奇怪，因為1771年阿布勒班畢特去世之後，阿布賚至少被中玉茲和大玉茲正式選為大汗一事已是不爭的事實）。

⑤ 《大清高宗純皇帝實錄》卷六二八，第18頁下—21頁上，乾隆二十六年正月乙卯條。

的過程中清廷逐步意識到：自己在交往伊始所形成的有關哈薩克權力的觀念並不全然符合哈薩克的內部狀況；儘管在準備回復哈薩克的"呈文"時亦想有意強調自己與阿布賚之間的關係，但在阿布勒班畢特和阿布賚的代表共同"來朝"時，在究竟該如何回應哈薩克人的上述權力正統概念並稱呼何人為"汗"的問題上它常常是躊躇不決的。

二

清廷和哈薩克社會內部有關哈薩克汗權正統觀念上的這種脫節現象在乾隆四十八年的清哈交往中又重復出現。

由於哈薩克"王"阿布勒必斯早先幾年在捉拿過境肇事者的過程中有功於清，乾隆皇帝遂命伊犁將軍派使者德祿賞賜阿布勒必斯並鼓勵該哈薩克王遣子到北京朝覲。乾隆四十八年四月，以阿布勒必斯之子嘉岱為首的哈薩克使團抵達清廷。

阿布勒必斯之子嘉岱所率領的本部使者是於乾隆四十七年十二月二十二日到達伊犁的。其實，後來由伊犁赴清廷的使團實際是由三支哈薩克統治家族的代表組成的：與嘉岱同行的還有一名為哈喇托霍的哈薩克小玉茲使臣；此外，中玉茲的另一支統治家族即都爾遜家族後裔、與清廷有過接觸的已故薩呢雅斯蘇勒坦的三個兒子也急忙派出以其弟托克托庫楚克為首的使者加入了嘉岱等人的隊伍。① 三支家族的統治者均向乾隆皇帝和伊犁將軍伊勒圖寫去了"呈文"和"劄付"。② 但從相關的檔案文獻中可知，如何看待三支哈薩克家族地位的問題又給清廷帶來了煩惱。

使清廷感到困惑的首先是如何稱呼小玉茲哈薩克汗努喇里的問題。

哈薩克小玉茲阿布勒海爾汗家族在 18 世紀哈薩克歷史中扮演過重要的角色。阿布勒海爾

---

① 有關雙方使臣來往伊犁的記述見如下諸檔：《乾隆四十七年十二月十六日伊犁將軍伊勒圖奏摺》，《清代新疆滿文檔案彙編》第 154 冊，第 67—80 頁；《乾隆四十七年十二月十八日伊犁將軍伊勒圖奏摺》，同書第 143—147 頁；《乾隆四十七年十二月十八日伊犁將軍伊勒圖奏摺》，同書第 147—153 頁；《乾隆四十七年十二月十八日伊犁將軍伊勒圖奏摺》，同書第 153—159 頁。

② 筆者曾於 2012 年 11 月 22 日在中國第一歷史檔案館軍機處錄副奏摺檔縮微卷中查得察合臺文檔 6 件。閱讀其內容後瞭解到：6 件文檔分別是乾隆四十七年底中玉茲王阿布勒必斯、中玉茲蘇勒坦薩呢雅斯之子及小玉茲汗努喇里之子阿布賚寫給乾隆的"呈文"三件以及阿布勒必斯和薩呢雅斯之子寫給伊犁將軍伊勒圖的"劄付"各一件；另有一份看似是小玉茲阿布賚致伊犁將軍的"劄付"，但內容與其寫給乾隆的"呈文"雷同（有一處格式上的更改）。由於當時與這些文書相關的檔案文獻還未充分公布，筆者遂決定暫緩譯介、研究這批書信的工作。近見杜山那里·阿不都拉西木把其中小玉茲汗努喇里之子阿布賚的"呈文"譯成現代哈薩克文 [杜山那里·阿不都拉西木：《中國第一歷史檔案館藏清代哈薩克語文獻研究》（阿拉伯字體哈薩克文），民族出版社，2016，第 215—217、228—220 頁]，但他把顯然是同一件"呈文"的一份複製件（內容與另一件完全相同，祇是有一處格式上的不同，並有一兩處筆誤）重復翻譯了一遍，並把它歸入其所稱的"西部哈薩克致地方政府書信"類別中（另一份被歸入"西部哈薩克致皇帝書信"類別中）。相關檔案文獻的公布，尤其是本次哈薩克出使相關的乾隆諭旨的公布為這幾封哈薩克書信的研究注入了活力，但即便如此，我們仍無法確切地解釋為何小玉茲汗努喇里之子阿布賚寫有內容相同、祇是收信者相異的兩份文書。目前我們祇能推測，相比之下更符合清朝文書格式的一份（其中把"Boyda Ejen"專寫一欄，做了"抬頭"處理）可能是伊犁將軍府筆帖式所重新抄寫的。由於篇幅的關係，筆者擬另文刊布對這些察合臺文哈薩克書信的研究。

乃是首先與俄國建立正式關係的哈薩克統治者，故其本人曾被俄國方面封為哈薩克大汗；而阿布勒海爾去世後，其子努喇里又被俄國確認繼汗位。①這些都是當時為哈薩克各部所周知的事實（上述卓蘭的回答便是其反映）。努喇里儘管與其父一樣與俄國保持著更為密切的關係，但他也時不時地表現出有聯合中玉茲向東發展的意願。據現有的史料，他至少兩次派遣使臣至清廷。第一次是在乾隆二十七年底至二十八年初，以烏胡巴什②為首的小玉茲使團赴清廷"朝覲"。這次小玉茲出使規模很大，清代文獻中的相關記述也相當多。③第二次即為我們所注意的乾隆四十七年至四十八年哈喇托霍的出使。兩次派出的使臣都攜有"呈文"，這些"呈文"中努喇里都是以"小玉茲汗"之名出現的。④但與這兩次來使相關的乾隆諭旨中努喇里都祗是被稱名而未被稱"汗"號。⑤在乾隆二十八年初的諭旨中何以如此，我們不得而知。⑥不過，清軍機處所奉如下諭旨中則明確地提到乾隆四十八年諭旨中不稱努喇里為"汗"的理由：

abkai wehiyehe i dehi jakūci aniya duin biyai juwan emu de hese wasimbuhangge. wargi hasak nurali i han i colo oci. ini nuktei hasak se ini cisui hūlahangge. umai hesei fungnehengge waka be dahame aika imbe han seme araci. giyan de acanarakū. te bici hasak abulai i jui wali solton fungnere be baiha turgunde. bi kesi isibume han fungnefi. jaka hacin šangname. hesei bithe wasimbuhe ofi teni cembe han seme araci ombi. erebe ildunde iletu de jasifi. ereci julesi wargi hasak nurali yaya baita jalin alibuhe bithede. i beye han seme araci inu dara ba akū. karu afabure bithede. damu gebu be jorime nurali seme arakini. i unenggi fungnere me baime bithe alibuci. bi kesi isibume fungnehe manggi. jai imbe han seme arakini. ere mudan elci haratoho marifi. nurali de wasimbuha hesei bithede. damu nurali seme araha babe suwaliyame jasifi saki-

---

① 關於阿布勒海爾被視為"哈薩克大汗"，見《哈薩克斯坦史》第 3 卷（哈薩克文版），阿拉木圖：《阿塔木拉》（《先民遺產》）出版社，第 101—102 頁；《哈薩克斯坦史》第 3 卷（俄文版），第 100—101 頁。關於努喇里繼位，見《哈薩克斯坦史》第 3 卷（哈薩克文版），第 208 頁；《哈薩克斯坦史》第 3 卷（俄文版），第 208 頁。

② 清代文獻中亦有寫作"烏克巴什"的。

③ 有關的研究見巴哈提·依加漢《十八世紀小玉茲哈薩克前往清朝的商隊》，《哈薩克斯坦科學界》2005 年第 2 期；《與 1762 年小玉茲哈薩克遣使清廷相關的新出檔案文獻：汗－蘇勒坦們的書信及清朝大臣們的奏摺》，《（哈薩克斯坦）國立文獻及史料學研究中心通訊》2011 年第 1 期；《穿越長城的哈薩克使者》第 1 冊《呼圖拜和阿克太里克》（哈薩克文），阿拉木圖，2015。

④ 乾隆二十七年遣使時小玉茲哈薩克諸首領所發出的幾份書信的原文現不知遺落何處，但其滿文翻譯件已被發布，見《清代中哈關係檔案彙編》第 2 冊，第 104—106、138 頁；其現代哈薩克語譯文見巴哈提·依加漢《與 1762 年小玉茲哈薩克遣使清廷相關的新出檔案文獻：汗－蘇勒坦們的書信及清朝大臣們的奏摺》，《（哈薩克斯坦）國立文獻及史料學研究中心通訊》2011 年第 1 期。

⑤ 與此"來朝"相關的乾隆諭旨的漢文譯文見《大清高宗純皇帝實錄》卷六七八，第 19 頁，乾隆二十八年正月己巳條。諭旨中 Nurali 被寫作"努爾里"，此顯然是受滿文訛寫影響所致。在滿文中表"–r–"音字母和表"–l–"音字母之間少寫一表示"–a–"音之牙的話，"Nurali"即可讀作"Nurli"。

⑥ 雖然諭旨中如此，但在清代其他文獻中亦間或有稱此次遣使之努喇里（努爾里）、巴圖爾及哈扎布（哈雅布）等小玉茲哈薩克首領為"汗"者（例如《清朝文獻通考》，商務印書館"萬有文庫"本，第 7489 頁）。

ni. damu ere sidende iletu i baci. nurali de karu afabuha bithede. emgeri imbe han seme araha ba bici. inu okini. iletu memerere be baiburakū. ildun de yargiyan be afafi donjibume wesimbu ……

（譯文）乾隆四十八年四月十一日奉旨：“西哈薩克努喇里之汗號乃是其部哈薩克人等私下所稱，並非奉旨所封者也。故，若書其為汗，則於理不合。因阿布賚子瓦里蘇勒坦所請，朕已加恩封其為汗；因朕已賞其物品並降諭旨，彼瓦里蘇勒坦今方可得書為汗。著將此寄語伊勒圖：此後西哈薩克努喇里無論因何事呈文署己為汗時，伊勒圖可不予理會。伊勒圖劄復時，亦祇管指稱其名，書其為努喇里。在其誠心呈文求封而朕亦對其加恩封賞之後，伊勒圖再書其為汗好了。並告知伊勒圖：此次使臣哈喇托霍返回時，朕敕諭旨於努喇里，內亦僅書努喇里之名矣。倘若在此期間伊勒圖於其回復努喇里之劄付之上已把努喇里書作汗，亦無妨。伊勒圖不必拘泥於此。惟著乘間具奏聽聞之”……①

　　乾隆諭旨中的這些文字首先反映出清廷直到乾隆四十八年仍對如何應付小玉茲哈薩克人的問題茫然不知所措。我們知道，在小玉茲諸統治家族於乾隆二十八年“來朝”時，清廷甚至不知該如何界定這些突然冒出來的哈薩克人的歸屬，以至於在不同的諭旨中既出現“左部努爾里”②又出現“右部哈薩克奇齊玉斯努爾里”③的稱呼。這種混亂與上述清朝所建構“哈薩克分東西二部”“哈薩克分左、右、西部”等歷史話語概念的影響有極大的關係。而如上所述，清朝的這一話語建構乃出自其對有關哈薩克汗權正統的認識；但清朝在這一方面並不總是與哈薩克社會合拍的。為我們所注意的乾隆四十八年的兩件乾隆諭旨中也出現了雙方認識上的這種脫節現象：努喇里是哈薩克小玉茲汗的事實在此並未被理會；而雖然阿布勒必斯終其一生祇是階位低於“汗”的“蘇勒坦”，其在哈薩克社會内部的地位亦並不比努喇里高，但與對待努喇里的態度相異，乾隆在敕阿布勒必斯的諭旨中特意提到了他的“王”號。與此相關，在其他的清代文獻中甚至出現了諸如“四十八年右哈薩克弩喇里之子並哈薩克汗阿布勒必斯之子噶岱等見於賢良門”之類的記述。④這裏清朝筆帖式們指鹿為馬般地稱呼努喇里為“右哈薩克”、阿布勒必斯為“哈薩克汗”，其目的顯然也祇是把清朝自己所建構的有關“哈薩克全體臣服”的歷史話語說得更圓滿一些罷了。

　　乾隆四十八年，清朝統治者因囿於其早期模糊認識而有意忽視自己所不甚熟悉的哈薩克統治家族的現象並不限於上例。如前所述，此次“朝覲”的哈薩克使團實際上代表著三個統治家族，除努喇里家族和阿布勒必斯家族的使臣之外，他們中間還有中玉茲已故薩呢雅斯蘇勒坦後裔的代表，而且後者也寫有察合臺文的“呈文”。然而，我們看到，與此次哈薩克出使有關的

①　《乾隆四十八年五月十七日伊犁將軍伊勒圖奏摺》，《清代新疆滿文檔案彙編》第 154 冊，第 332—335 頁。
②　《大清高宗純皇帝實錄》卷六七五，第 4 頁，乾隆二十七年十一月丙子條。
③　《大清高宗純皇帝實錄》卷六七八，第 19 頁，乾隆二十八年正月己巳條。
④　《清朝文獻通考》，第 7489 頁。

諭旨卻祇有兩件，① 清高宗甚至懶得多寫一件諭旨給中玉茲薩呢雅斯蘇勒坦的後裔。這是為什麼呢？通過閱讀事件前後形成的滿文檔案文獻，我們認識到：清廷的這一舉動實際上與伊犁將軍伊勒圖在乾隆四十五年八月十八日（1780 年 9 月 16 日）所寫奏摺中的一項建議有直接的關係。在該奏摺寫成之前不久，有哈薩克"臺吉"阿迪勒（Adil）蘇勒坦和多遜（Doson）蘇勒坦遣使至伊犁，向伊勒圖請安呈文，請求赴北京朝覲。但是，伊勒圖沒有准其所請，祇是收下"伯勒克"（"禮品"）馬並回賞相應綢緞，然後打發該哈薩克人等返回遊牧。伊勒圖在隨後的奏摺中提到：阿布賚（此處所指乃是已故阿布賚汗）子色德克前不久剛被送往京城朝覲，阿迪勒蘇勒坦和多遜蘇勒坦所遣之人來晚了，不必單獨遣往北京。伊勒圖是這樣解釋此事的：

hasak adil. dosusultan serengge. gemu hasak i dorgi bai emu an i jergi taiji. abulai. abulebisi de duibulebici ojorakū. ceni juse deote be. abulai. abulbis i juse be takūrafi. ejen i genggiyan be hargašame unggire ildunde. sasa icihiyafi unggici kemuni ombi …… hasak i dorgi ere adali oyonburakū taiji umesi labdu. gemu alhūdanome jabšan baime ceni juse deote be takūrafi ejen i genggiyan be hargašame unggime ohode. inu jaci largin banjinambi……

（譯文）該哈薩克阿迪勒、多遜蘇勒坦者，實乃哈薩克中普通閒散臺吉，不可與阿布賚、阿布勒必斯相比。若在阿布賚、阿布勒必斯所遣之子出發朝覲時，其子弟亦得順便遣去，尚屬可行 …… 此等無關緊要之臺吉在哈薩克人中有很多，如果都要照此一味僥倖各自遣其子弟朝覲，則將徒生諸多煩擾……②

據伊勒圖該奏摺中提供的信息，阿迪力是薩呢雅斯的胞兄（滿文作"banjiha ahūn"），多遜父名汗巴巴（滿文作"Hanbaba"）。而據當時送達伊犁的兩件察合臺文哈薩克"呈文"之一中留存的信息，與多遜（"呈文"作"Dosan"）一道向伊犁將軍伊勒圖獻"伯勒克"馬的還有胡岱押圖和薩爾塔克。③ 查《欽定新疆識略》之《哈薩克世次表》，此處所及多遜父子兄弟實際上也是薩呢雅斯近親（見圖 2），其祖均為都爾遜。也就是說，都爾遜一系哈薩克統治家族的成員被伊勒圖之類清邊吏一概視作"無關緊要的閒散臺吉"。事實果真如此嗎？在回答這一問題之前，先讓我們梳理一下這裏提到的哈薩克"臺吉"的譜系 ④（見圖 2）。

①　據伊犁將軍伊勒圖寫於乾隆四十八年八月十六日的奏摺（見《清代新疆滿文檔案彙編》第 156 冊，第 331—333 頁），該批哈薩克使臣返回時清高宗確實祇敕有兩件諭旨。

②　《乾隆四十五年八月十八日伊犁將軍伊勒圖奏摺》，《清代新疆滿文檔案彙編》第 144 冊，第 18—27 頁。

③　有關該察合臺文文書的譯釋筆者擬另文發表。

④　此譜系是根據《欽定新疆識略》卷一二中的《哈薩克世次表》製作的，人名左上方的數字代表輩分。因篇幅的關係，本文未能給出譜系完整的面貌。

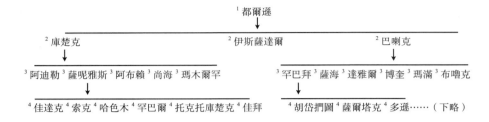

圖 2　哈薩薩克"臺吉"譜系

　　流覽譜系，我們可以清楚地認識到所謂"無關緊要、閒散臺吉"的說法是有悖於歷史事實的，因為，其中的一些歷史人物並非等閒之輩。早在 18 世紀 20 年代，統領哈薩克乃蠻大部及弘吉剌特部分部衆的巴喇克蘇勒坦就已是與阿布勒班畢特、阿布賚等人齊名的中玉茲統治者之一；[①] 他也是與小玉茲阿布勒海爾汗爭奪哈薩克汗統地位且最終殺死後者的人。[②] 其子達雅爾也曾在阿布賚逝世之際欲奪回中玉茲的最高統治權力，並為此向俄國和清朝都發出了相關的書信。[③] 而從如下事實亦可看出薩呢雅斯後裔在中玉茲哈薩克人中的地位：據稍後成書的《西陲總統事略》，罕巴爾（該書作哈木巴爾）所轄"鄂托克"多達 24 個。[④]

　　對於努喇里汗和阿布勒必斯蘇勒坦兩人來說，乾隆四十七至四十八年的遣使是他們向東發展、示好清廷的最後嘗試。此後不到三年，努喇里因俄國的介入而失掉其在小玉茲的汗位；[⑤] 而阿布勒必斯也於乾隆四十八年七月初三日（1783 年 7 月 31 日）其子率使團返回之前病逝於其在成吉斯山的夏日居地。[⑥] 中玉茲阿布勒班畢特汗、阿布賚汗及阿布勒必斯蘇勒坦等人的逐漸過世以及小玉茲努喇里汗汗權的削弱，是對本已奄奄一息的哈薩克汗國統治制度的巨大衝擊。缺乏強人的狀況不僅為大大小小的蘇勒坦們（或稱"töre"[⑦] 們）提供了覬覦、爭奪政治權利的可能，也常常迫使哈薩克的普通遊牧部衆不得不脫離原有遊牧組織並為尋求新牧

---

①　《哈薩克斯坦史》第 3 卷（哈薩克文版），第 100 頁。俄文版同。

②　《哈薩克斯坦史》第 3 卷（哈薩克文版），第 174—175 頁。俄文版同。

③　關於達雅爾致信俄國事，見 G. I. 斯帕斯基《吉爾吉斯 - 凱薩克大、中及小帳》，《西伯利亞通訊》1820 年第 9 章，第 118—119 頁。有關達雅爾為爭得汗位而呈文清廷一事，先有阿拉騰奧其爾和吳元豐基於滿文檔案之上的研究（阿拉騰奧其爾、吳元豐：《清廷冊封瓦里汗蘇勒坦為哈薩克中帳汗始末——兼述瓦里汗睦俄及其緣由》，《中國邊疆史地研究》1998 年第 3 期，第 52—58 頁），後有阿力肯·阿烏哈力對達雅爾察合臺文"呈文"的釋讀（阿力肯·阿烏哈力：《阿布賚後的清哈關係——一件清代哈薩克文書的釋讀》，張定京編《突厥語文學研究——耿世民教授八十華誕紀念文集》，中央民族大學出版社，2009，第 21—26 頁）。野田仁結合上述研究又做了發揮（Noda J., Onuma T., *A Collection of Documents from the Kazakh Sultans to the Qing Dynasty*, pp.48–51; Noda J., *The Kazakh Khanates between the Russian and Qing Empires: Central Eurasian International Relations during the Eighteenth and Nineteenth Centuries*, pp.176–177）。

④　《西陲總統事略》卷一一，第 15—16 頁。

⑤　《哈薩克斯坦史》第 3 卷（哈薩克文版），第 228 頁。俄文版同。

⑥　阿布勒必斯在其子嘉岱出使返回之前已逝世於其居地的記載見《乾隆四十八年八月初八日塔爾巴哈臺參贊大臣惠齡奏摺》，《清代新疆滿文檔案彙編》第 156 冊，第 305—312 頁。

⑦　哈薩克人如此稱呼其統治集團中的成吉思汗後裔。

地而遷往他處；而這也進一步影響到清哈邊境地區的民族分布，並最終導致哈薩克人遷入清朝所屬阿勒泰、塔城及伊犁等地區，使其成為真正意義上的清朝屬民。有意思的是，原被清廷視作哈薩克統治正統代表的阿布賚家族所統領的部屬最終大多成為俄國臣民，而遷入清朝直接統治地域內的哈薩克人有一大部分原是那些被稱為"無關緊要的閒散臺吉們"的部屬。19 世紀後逐漸遷入阿勒泰、塔城、博爾塔拉、烏魯木齊周圍、新疆東部乃至甘青一帶的哈薩克人多為克烈部及乃蠻部，其原有統治者除阿布勒必斯的子孫（其中以統治十二部克烈的庫庫岱為代表）外，主要是薩呢雅斯的後裔（如上述罕巴爾）。此外，據我們搜集的民族志材料，遷入清屬伊犁地區的黑宰部（原屬乃蠻中的馬泰部）原亦是薩呢雅斯之兄阿迪勒（見圖 2）及其子孫的屬民。① 可以說，與哈薩克各部歷史命運有關的這一史實本身便是對清廷對待哈薩克各部之態度和政策的一種反諷。

# Qing Court's Conceptualization of the Political Legitimacy in Kazakhs and Its Influences: Exampled with the Qing–Kazakh Diplomatic Contact in the 48th Year of Qianlong Reign

Bakhyt Ezhenkhan–uli

By comparing the traditional Qing Chinese sources with the Manchu archival documents, the author tries to shed new light on the studies of Qing conceptualization of political legitimacy in Kazakhs in the second half of 18th century. It is pointed out in the article that there was not a Qing ruling system superimposed on the traditional Kazakh society before some parts of Kazakhs were involved into the direct control of the Qing government in the 19th century; To indicate some of the Kazakh rulers as *wang, gong,* and *taiji* was just an easy way of Qing court to hide the true face of its policy of *yi-su-ji-mi*（依俗羈縻）towards Kazakhs and to show the world that Kazakhs were not too different from the *neifan*（內藩）peoples in Mongolia and Turfan —— and by this way to fit its general discourse about Kazakhs which claimed that "all the Kazakhs have surrendered and became Qing's dependents"; In line with such a discourse–constructing, a conceptualization of the political legitimacy in Kazakhs was formed in Qing court during the mentioned time period. According to this conceptualization, the members of the Abulai khan's house and Abulfeiz sultan's house were the only orthodox rulers of Kazakhs. Such a conceptualization quite strongly influenced the developing process of the Qing–Kazakh relations.

---

① 巴哈提·依加漢：《析清文獻所記哈薩克西部》,《南京大學學報》專輯（南京大學歷史系元史研究室編《元史及北方民族史研究集刊》）1990 年第 1 期。

# 清哈關係若干問題探析

## ——以乾隆年間清兵盜馬案為中心

英卡爾·巴合朱力

## 引　言

　　隨著平定準噶爾，清朝西北邊疆始與哈薩克汗國毗連，哈薩克汗國各玉茲與清朝互通使者，建立較為密切的關係。對於清哈關係的性質，有學者提出"額真－阿勒巴圖（ejen-albatu）"說，[①]對傳統的"藩部"說與"屬國"說提出了挑戰。他們通過解讀清哈交往過程中留下的極其重要的滿文檔案、托忒文文書等非漢文遺留性史料，發現簡單的"藩部"說或"屬國"說已經不能涵蓋清朝與哈薩克各部的關係，強調清哈關係中存在複雜而多元的因素，提醒我們在審視清哈關係時，需從清哈交往的各個環節入手，橫向剖析比較不同時期的不同個案，方能具體而深入地理解清哈關係的實質。近來已有一些關於清哈互通使者、封汗致祭、爵位承襲等問題的微觀考察，[②]但專門對清哈邊境劫盜案的研究實為一空白領域。清哈邊境劫盜案件是清哈交往的重要內容之一，雙方為此類事件頻繁交涉，能夠反映清哈雙方交往過程中的諸多相關信息，是一個不容忽視的問題。就此，本文主要通過滿文檔案來剖析乾隆三十四年（1769）塔爾巴哈臺官牧場盜馬事件之始末，這對於具體而深入地瞭解乾隆年間清朝與哈薩克汗國的關係、清朝邊境卡倫之外哈薩克遊牧地以及此處哈薩克部落分支等相關問題均

---

① 相關論述詳見 Onuma Takahiro, *Political Relations between the Qing Dynasty and Kazakh Nomads in the Mid-18th Century: Promotion of the "ejen-albatu Relationship" in Central Asia,* Central Eurasian Research Special Issue 1,University of Tokyo,2010；Noda Jin,*The Kazakh Khanates between the Russian and Qing Empires Central Eurasian International Relations during the Eighteenth and Nineteenth Centuries,*Leiden-Boston:Brill,2016。

② 相關論述詳見 Еженханұлы Б.*Абылай ханның Цин патшалық ордасына жолдаған тұңғыш хаты және одан туылған тарихи мәселе,*Қазақстан Республикасы Ұлттық Ғылым Академиясы хабарлары, *2010 ж. № 2, 22–27-бб., Алмат, 2010*；阿拉騰奧其爾、吳元豐《清廷冊封瓦里蘇勒坦為哈薩克中帳汗始末——兼述瓦里汗睦俄及其緣由》，《中國邊疆史地研究》1998 年第 3 期；Noda Jin, *An Eassy on the Titles of Kazakh Sultans in the Qing Archival Documents,* Central Eurasian Research Special Issue 1,University of Tokyo,2010; Noda Jin, *The Kazakh Khanates between the Russian and Qing Empires Central Eurasian International Relations during the Eighteenth and Nineteenth Centuries*；華立《嘉慶四—五年哈薩克王位承襲問題與清廷的對應方針》，《故宮博物院八十華誕暨國際清史學術研討會論文集》，紫禁城出版社，2006；郭文忠《清朝與哈薩克汗國首次通使若干問題再探討》，《清史研究》2016 年第 1 期。

有重要意義。

## 一 塔爾巴哈臺牧場盜馬事件始末

隨著準噶爾汗國的滅亡，此前受其壓迫的部分哈薩克牧民為尋求更好的草場自然而然地向塔爾巴哈臺地區、額爾齊斯河上遊流域等地遊牧。在清哈政治關係建立之初，哈薩克中玉茲領袖阿布賚就曾派遣使臣覲見乾隆帝，為其部衆爭取重返塔爾巴哈臺等故地的權利。[①]乾隆帝向哈薩克強調準噶爾故土皆為清朝疆域，並設立諸多卡倫防範哈薩克越境遊牧。可仍然有大量進入科布多和塔爾巴哈臺地區遊牧的哈薩克牧民，他們與烏梁海、厄魯特等部落間屢屢發生盜竊、搶掠等糾紛案件，成為影響清朝西北邊境安寧的重要因素。為此，清廷於乾隆三十二年出臺了靈活的應對方案，將塔爾巴哈臺等地區部分邊境卡倫季節性地內外移設，向哈薩克牧民收取牲定額牲畜允許他們進入卡倫越冬，時令一到便遣回。隨之，愈來愈多的哈薩克牧民湧入清朝西北邊境卡倫附近的廣闊地區尋找冬牧場。

乾隆三十四年三月，塔爾巴哈臺參贊大臣巴爾品因官牧場之馬被盜一事向乾隆帝奏報：

> aha barpin i morin be tuwakiyara cahar bošokū lobzangcereng ni alanjiha bade.orin ninggun dobori juwan udu hasak jifi morin hūlhara de. meni adun be tuwakiyara ilan cooha hasak sai emgigala aššafi hasak sa adun be tuwakiyara cooha mandal ulemi juwe niyalma be gidalafi morin ci tuhebufi. amban i ilan morin. meni coohai ursei orin funcere morin be dalime gamaha.mandal ulemji juwe niyalmai feye ujen akū ofi. tatan de isinjiha. sarima aibade genehe be sarkū. uttu ofi.meni niyalmai dorgi. jakūn niyalma hūlha be farganame genehe.bi mandal be gaifi amban de boolanjiha.[②]

（譯文）奴才巴爾品之看守牧群之察哈爾領催羅卜藏車棱來報，二十六日夜十幾名哈薩克人前來盜馬時與我之看守牧群三名士兵動手，哈薩克人等將牧群看守士兵滿達爾、烏勒木吉二人刺下馬，並將官員之三匹馬、士兵之二十餘匹馬皆掩帶去。滿達爾、烏勒木吉二人傷勢不重，抵達帳幕。薩里瑪不知去往何處。為此，我等之中八人前去追趕盜賊，我攜滿達爾勒報於上級。

從巴爾品的奏報中可知，十幾名哈薩克人於二十六日夜間越入卡倫盜取塔爾巴哈臺牧場

---

① 詳見軍機處滿文錄副奏摺，亦見《清高宗實錄》卷五四八，乾隆二十二年十月甲子條。轉引自巴哈提·依加漢《從地圖和紀行史料看清朝對哈薩克的早期認識》，《民族研究》2018 年第 2 期。

② 中國第一歷史檔案館藏，軍機處滿文錄副奏摺，檔案號：03-0183 2312-010。亦收於《清代新疆滿文檔案彙編》第 92 冊，廣西師範大學出版社，2011，第 66 頁，《塔爾巴哈臺參贊大臣巴爾品等奏審辦哈薩克盜馬罪犯摺（附劄付哈薩克王文一件）》。

之馬，將看守牧場士兵刺傷，攜馬而逃。隨後，巴爾品立即派官兵追緝盜賊並詢查丟失馬匹去向，追回被盜馬匹 130 餘匹並拿獲以鄂羅木拜（orombai）為首的八名哈薩克盜犯。在逐一審訊所有涉案人員後，將抓獲的鄂羅木拜、卡拉西（karaši）、哈爾巴士（harbaši）三人帶枷三個月，圖伯特（tubet）、額托里（otoli）、爾森科爾迪（ezenkeldi）等人帶枷兩個月，並將失察之官員駐瑪呢圖卡倫之代理領催德棱額罰俸一年，嚴加管教。與此同時，巴爾品還行文致哈薩克蘇丹阿布勒必斯，要求將在逃的布拉鄂托克之拉巴、滿濟，哈布奇克鄂托克之齊呢木拜，喀再瑪太鄂托克之朝恩巴斯、額色凱里，土爾兔勒鄂托克之額斯特麼斯（bura otok i laba manji，habcik otok i cinembai，kadzai matai otok i coonbas esekaili mailimbai, turtul otok i estemes）等人務必捉拿，從嚴治罪懲處。然而，乾隆帝接到該奏報後認為"巴爾品等所辦全屬錯矣"[1]，應在審明案情後速將首犯正法以示儆戒。在乾隆帝看來，參贊大臣駐邊辦事，尤其是在處理邊境盜案時應嚴之再嚴，方可肅清地方。

五月，哈薩克蘇丹阿布勒必斯在收到塔爾巴哈臺參贊大臣巴爾品的劄付後回信，巴爾品向乾隆帝奏報時轉述了其中的內容：

> tarbahatai de tefi uherileme baita icihiyara hebei amban .amban i bithe wang abulbis de afabume unggihe.karu bithe bure jalin. sunja biyai juwan ninggun de. sini baci hiya begnai sebe takūrafi. mende alibuha bithede. jafaha jakūn hasak i jalin. sinde unggihe bithe be alime gaifi tuwafi. sini beye fejergi urse gemu umesi urgunjehe. damu bigan de banjiha hasak sabe goidame horici. nimembi bucembi.ceni weile be guwebufi uthai šangnarao. belek morin juwan benebuhe .[2]

> （譯文）駐塔爾巴哈臺總管辦事參贊大臣，於王阿布勒必斯派付臣之文書，為給回文之故。五月十六日，自爾處遣侍衛博格奈等，致我等書信中，書：所執八哈薩克人之故，領受派致於爾之文書觀之，爾（阿布勒必斯）等自身及屬下人眾皆甚喜，惟曠野生活之哈薩克等囚禁已久，患病、死亡，請饒恕其罪過即行賞賜，貢馬十匹送去。

從巴爾品的轉述中可得知，阿布勒必斯不但沒有捉拿在逃的 7 名哈薩克人，反而向巴爾品要回正在塔爾巴哈臺枷號看守的其餘 8 名哈薩克人。為此，巴爾品再次行文阿布勒必斯，嚴正聲明：

---

① 《寄諭雅爾參贊大臣巴爾品等申飭未能嚴辦盜馬之哈薩克事》，《乾隆朝滿文寄信檔譯編》第 8 冊，岳麓書社，2011。

② 中國第一歷史檔案館藏，軍機處滿文錄副奏摺，檔案號：03–0183 2318–018。亦收於《清代新疆滿文檔案彙編》第 92 冊，第 304 頁，《塔爾巴哈臺參贊大臣巴爾品等奏哈薩克遣人到塔爾巴哈臺索還盜犯摺（附劄付底稿一件）》。

ere baihangge uthai umesi waka oho…… giyan i ere gese ehe yabuha urse be. ubui nonggime ujeleme weile arafi. geren de targacun tuwabuci acambi……si damu amba enduringge ejen i suweni hasak sabe jilame gosire ten i kesi be hukšeme.sini fejergi hasak sabe saikan ciralame kadalame. ainaha seme ume hūlha ome yabubure.aika hūlha ofi yaburengge bici. mende nambuha manggi.urunakū gemu fafun i gamambi.ainaha seme ja i guweburakū.①

（譯文）此等所求，殊屬非是……爾理應將此等惡行之人倍加從嚴治罪，示眾以示懲戒……爾僅感戴大皇帝於爾哈薩克等之仁愛厚恩，爾屬下之哈薩克若嚴加管理，斷然無為盜之行為。若有為盜之行為，被我等拿獲，必皆依法處置，斷不寬免。

　　隨後，令巴爾品意想不到的是，被枷號看守的 8 名哈薩克人竟越城逃脫，巴爾品派遣官兵緝拿未果，遂將逃人之妻妾等扣為人質，試圖對哈薩克方面施壓，以期阿布勒必斯能夠盡快索還盜犯。繼而，阿布勒必斯衹給還圖伯特一人，其餘人等均未給還。乾隆帝得知後立即降旨將這些無涉之人釋放，並嚴飭巴爾品辦事不力，摘去其頂翎。案情變得撲朔迷離，乾隆帝越來越不信任辦案的巴爾品和伊犁將軍永貴，傳諭烏什參贊大臣舒赫德赴塔爾巴哈臺“徹底查明此事，秉公辦理”②，並要求永貴行文阿布勒必斯“為辦此事，今將奉命特派大臣於爾會盟辦理，屆時爾務必準時赴約來塔爾巴哈臺，我等共同辦理”③。為此，永貴即派人赴阿布勒必斯處宣諭，諭旨中指明罪在巴爾品等，與哈薩克牧所人等無干，且所屬王、公亦無罪過，並要求“阿布勒必斯汝知此，惟通行汝屬下人等查拿，拿獲解送雅爾”。④

　　八月二十六日，案情有了轉折。永貴在其奏摺中轉述哈薩克蘇丹阿布勒必斯派遣的侍衛阿克塔木拜爾底之言“因我方（清朝。——引者注）人從伊等哈薩克驅馬四十匹，故伊等哈薩克追趕奪回。逾兩日，我方人趕馬二十二匹，棄於伊等哈薩克地方。翌日，我方七十人往伊等哈薩克取馬一千匹，伊等哈薩克人追趕，始給馬九百匹帶回”⑤。乾隆帝認為這雖係哈薩克一面之詞，但對此案的疑慮加深，認為邊境地方徹底查明該案甚為重要，要求舒赫德“務必徹底查明我方人作弊與否，秉公辦理，不得纖毫庇護⑥”。

　　十月初七，真相大白，塔爾巴哈臺牧場兵丁去偷哈薩克等之馬匹情況屬實。盜犯供詞

①　中國第一歷史檔案館藏，軍機處滿文錄副奏摺，檔案號：03-0183 2318-018。亦收於《清代新疆滿文檔案彙編》第 92 冊，第 304 頁，《塔爾巴哈臺參贊大臣巴爾品等奏哈薩克遣人到塔爾巴哈臺索還盜犯摺（附劄付底稿一件）》。

②　《寄諭署伊犁將軍永貴等著秉公辦理哈薩克盜馬一案》，《乾隆朝滿文寄信檔譯編》第 8 冊。

③　《寄諭署伊犁將軍永貴著會同舒赫德辦理哈薩克逃人事件》，《乾隆朝滿文寄信檔譯編》第 8 冊。

④　《寄諭署伊犁將軍永貴著派人赴阿布勒必斯遊牧宣傳諭旨（附乾隆帝上諭一紙）》，《乾隆朝滿文寄信檔譯編》第 8 冊。

⑤　《寄諭烏什參贊大臣舒赫德著妥善查辦哈薩克盜馬事》，《乾隆朝滿文寄信檔譯編》第 8 冊。

⑥　《寄諭烏什參贊大臣舒赫德著查巴爾品辦理逃人案有無情弊》，《乾隆朝滿文寄信檔譯編》第 8 冊。

稱："起初與巴爾品牧群人斡克等數人合夥，同去偷盜哈薩克馬匹，被哈薩克等追逐相戰，有人受傷，因懼怕參贊大臣知後治罪，經共商議，索性趕參贊大臣馬群棄於哈薩克牧場，以訛賴哈薩克，假詞謊報。"[①] 為此，乾隆帝命舒赫德立即明白曉諭哈薩克該案實情，允諾將首犯當哈薩克部眾前正法，要求將逃脫之人解送至塔爾巴哈臺對質審訊以徹底查明該案。隨後，據赴阿布勒必斯蘇丹處的侍衛告稱，阿布勒必斯心悅誠服，"將所逃七名哈薩克，交付其子卓勒齊解來"[②]，以配合清廷對該案詳細審查。

十二月初八，經過一年的審理該盜案最終結案，舒赫德、永貴等人合奏 "審明牧場之兵偷盜哈薩克馬匹反誣哈薩克"[③]，主要負責人——塔爾巴哈臺參贊大臣因始終被屬下人等矇騙，莽撞行事驚動哈薩克遊牧人等，而被乾隆帝嚴厲懲處。首犯於哈薩克處被就地正法，脫逃的哈薩克人則被卓勒齊帶回，交由阿布勒必斯蘇丹治罪。

該案的審理過程和處置結果體現出清廷對邊境盜案的重視程度，為將案件真相調查清楚，清廷還傳諭哈薩克王公前來會盟共同審理。在案情大白之後，更不惜對辦事不力的塔爾巴哈臺參贊大臣嚴加懲處。而對於那些誣陷哈薩克盜馬，險些破壞了清哈關係的己方人員，清廷則更是毫不手軟地將其處斬、流放。由此可見，清廷高度重視清哈邊境盜案，並且通過嚴懲盜犯的方式來維護邊境的安寧。

## 二 該案反映的問題

學界不大關注活躍在清朝邊境卡倫附近的哈薩克人，[④] 可恰是這部分哈薩克人與清朝的邊境安寧息息相關，清朝與哈薩克也因邊卡附近盜馬案而頻繁交涉，深入發掘這些問題有助於我們理解清朝與哈薩克之間是如何交涉的，他們的遊牧地具體在何處，他們屬於哪些部落分支？而這類問題的解決尚有待於相關遺留性史料的發掘與研究。對此，滿文檔案為我們揭示了更多細節，有助於我們更為直觀地瞭解乾隆年間的清哈關係的實質性內容。現通過對該盜

---

① 《寄諭烏什參贊大臣舒赫德著徹查偷盜哈薩克馬匹事》，《乾隆朝滿文寄信檔譯編》第 9 冊。

② 《寄諭署伊犁將軍永貴等著秉公辦理哈薩克盜馬案》，《乾隆朝滿文寄信檔譯編》第 9 冊。

③ 《寄諭參贊大臣舒赫德等將偷盜哈薩克馬匹案內所涉官員嚴懲治罪》，《乾隆朝滿文寄信檔譯編》第 9 冊。

④ 涉及清朝邊境卡倫附近的哈薩克，對本文的研究有所啓發的有佐口透在其《新疆民族史研究》（新疆人民出版社，1993）一書中關注到塔爾巴哈臺邊境的哈薩克牧民，利用俄文檔案以及漢文官私文獻詳細考述了 18 世紀60 年代東部哈薩克人的遊牧地以及部族情況，但由於時局所限，相關檔案尚未公布，並未詳述清朝與邊境卡倫外哈薩克之間交涉的具體情形。此外，張榮、鄭峰的《清朝卡外界內哈薩克身份問題再探討——以 "徵收馬匹" 為中心》（《北方民族大學學報》2011 年第 4 期）、《試論清朝對哈薩克的 "封官授爵"》（《中國邊疆史地研究》2016 年第 2 期）兩篇文章，從不同角度分析了邊境卡倫外的哈薩克人及其與清朝的關係，頗具新意，但遺憾的是他們的論證主要根據有限的清代官私漢文文獻，並沒有直接利用清哈交往的主要史料——滿文檔案。耿琦在《再論清朝對中亞宗藩體制的維繫與鞏固——以乾隆帝與外藩領主的私人關係為中心》（《新疆大學學報》2016 年第 2 期）一文中提及本文所研究的盜案，僅將該盜案涉及的幾份寄信檔作為其論證乾隆帝為維繫與中亞外藩領主間的私人關係所採取的技術性運作的例子，並沒有用滿文檔案來梳理整個案情的經過，因而未發現該案所涉及的滿文奏摺中反映的哈薩克遊牧地及部落分支等重要問題。

案的剖析，探討其反映的以下幾個方面的問題。

（一）清朝與哈薩克汗國的關係

清朝授予哈薩克統治階層王、公、臺吉等爵位，要求他們監督所屬牧民向塔爾巴哈臺境內的季節性遷移以及處理由此引發的糾紛，力求維持邊境的安寧。而哈薩克方面則以此為基礎，取得在邊境地區開展絹馬貿易以及在清境內獲得冬牧場的權利。由於這部分哈薩克遊牧集團與邊境的安寧息息相關，清朝極其重視與這部分哈薩克人的關係。阿布勒必斯蘇丹家族集團所屬的眾多部落遊牧於清朝邊境卡倫附近的廣大地區，清朝將阿布勒必斯蘇丹家族集團稱為“右部”。① 阿布勒必斯是中玉茲汗阿布勒班畢特的次子，統治著遊牧於中、東部哈薩克草原的奈曼等若干部族集團，在清朝史料中被稱作“哈薩克王”。阿布勒必斯於乾隆二十二年（1757）九月派遣塔納錫、伯克奈等使臣進京朝覲，② 與清朝建立了較為密切的關係。通過對滿文檔案的爬梳，可以看出阿布勒必斯家族與清朝有著頻繁的交往，而且阿布勒必斯的後裔曾屢次得到清朝授予的爵位。那麼，在邊境地帶發生糾紛時，他們與清朝是如何交涉的呢？清朝授予爵位、賞賜頂戴花翎的哈薩克頭目對於盜案的有效審理是否起到了積極作用呢？想要回答這些問題有必要從該盜案來分析清哈雙方是如何交涉的以及阿布勒必斯、卓勒齊等哈薩克頭目在該案審理過程中的態度以及採取的措施。

乾隆帝為了查明案情真相，傳諭阿布勒必斯：

奉天承運皇帝敕諭哈薩克阿布勒必斯知悉。項據駐雅爾辦事大臣巴爾品等奏，彼處被鎖禁之盜馬哈薩克八名，因苟且懈怠，使之逃脫，故行文阿布勒必斯索取之。阿布勒必斯遂即行將執獲之叫圖伯特一賊送來，其餘七賊，呈報未獲。等語。巴爾品等懼怕懈怠之罪，惟圖從速得人，不顧一切，遣官兵赴哈薩克牧場查拿，殊屬非是……今巴爾品等竟不諳道理，不顧牧場人等驚惶，派官兵往查拿者，殊屬非是。故降旨諭巴爾品等將伊等所派官兵即行帶回。阿布勒必斯汝知此，惟通行汝屬下人等查拿，拿獲即解送雅爾。再，巴爾品、永貴等此事所辦未善，故頒旨特遣大臣與汝會盟辦理此事。此特為巴爾品等不能辦此一事，恐其中另有異情，令查明將伊等治罪也。但阿布勒必斯汝父病故，朕已施恩專差大臣前往祭奠。阿布勒必斯若為辦汝父之事，已去阿布勒班畢特牧場，則此一事亦非阿布勒必斯汝必親來辦理之要事，汝可即去辦理汝父喪事，不必來會盟，惟交付汝等之屬下頭目，查獲逃賊解來。俟欽差大臣明白辦完此一案後，再咨汝知悉可也。特諭。③

---

① 《西陲總統事略》卷一一《哈薩克源流》，《中國邊疆叢書》第 1 輯，臺北：文海出版社，1965。
② 《清高宗實錄》卷五四六，乾隆二十二年九月甲午。
③ 《寄諭署伊犁將軍永貴著派人赴阿布勒必斯遊牧宣傳諭旨》，《乾隆朝滿文寄信檔譯編》第 8 冊。

　　在該諭旨發布之前，乾隆帝業已獲悉極有可能是清朝兵丁偷盜了哈薩克之馬匹，所以強烈要求阿布勒必斯交出其餘逃逸的哈薩克人以查明案情。因而，該諭旨可以看作乾隆帝對阿布勒必斯所作的“解釋”以及“邀請”。乾隆帝一再強調因塔爾巴哈臺官員疏忽而導致盜犯脫逃，罪在以巴爾品為首的清朝官員，與哈薩克無涉；與此同時，嚴斥因發兵赴哈薩克遊牧查拿盜犯而險些破壞了清哈關係的參贊大臣巴爾品。乾隆帝意在引導阿布勒必斯積極配合清廷查明案情真相，還念其父已逝可不必特來會盟，即派屬下人等執解逃人前來便可。隨後，阿布勒必斯應允，並作如下答復：

　　（轉寫）Abūl Fayż wāŋ jaŋjunïgäfijik tut[t]ï.ezen ezen uluġezendin ḫaṭkeldi.men bašurup aldïm. yarïġnïajip qaradïm. tim quwandïm. yarïġḫaṭda narïqï yerim−ġa baramïndep barsun özindin bir yaḫšïkišinialïp kelip ambu birlän bitürip bolur gegän yarlïġbar ikän. Yuji goŋnïnarïḫu jügäjäkgäḫaṭïmdu yibärdim.meni narïqïyermġa bar degän ḫännïŋyarïġbar ikän. äŋäquwanïp bardïm.kterip tut[t]um. on−ïnjïaynïŋ yigirmä bešindä.Yuji goŋn baradïrġan.[1]

　　（譯文）阿布勒必斯王致將軍

　　大額真來信，吾叩首接收，將敕諭打開來看，甚為喜悅。得聞聖上敕諭：“爾應赴彼處吾所屬之地，攜一尊者同大臣碰面辦理。”吾信已令卓勒齊公帶至楚呼楚。得聞聖上敕諭：“往彼處吾所屬之地。”吾甚喜悅，並往赴彼處，拜受聖諭。十月二十五日，卓勒齊公將赴彼處。

　　從該文書中可以看出，阿布勒必斯用樸素話語示好清廷以外，欲派其子卓勒齊前去塔爾巴哈臺協助審案。據伊犁將軍永貴派至哈薩克牧地的清朝侍衛告稱，接到乾隆帝諭旨的阿布勒必斯“心悅誠服，將所逃八名哈薩克，交付伊子卓勒其解來”[2]。卓勒齊是阿布勒必斯的次子，清朝授予其“公”爵，於乾隆三十三年朝覲，得到清廷賞賜的寶石頂戴雙眼花翎。[3]恰在該案的審理過程中，卓勒齊作為哈薩克方面的代表至塔爾巴哈臺帶來了逃脫的哈薩克人，協助配合清廷查明案情的真相。至少從這一點可以看出，清朝授予爵位並賞賜頂戴花翎的哈薩克頭目，對於審理邊境盜案起到了積極作用。

　　此外，在該案的審理方面，乾隆帝一再要求負責該案的舒赫德“務必徹底查明我方人作

---

①　中國第一歷史檔案館藏，軍機處滿文錄副奏摺，檔案號：03−0183 2339−015，《署伊犁將軍永貴奏聞派員將敕諭頒給哈薩克王阿布勒必斯情形摺》之附件，該附件為阿布勒必斯致伊犁將軍之書信。轉寫參考 Noda Jin,Onuma Takahiro, *A Collection of Documents from the Kazakh Sultans to the Qing Dynasty*,Central Eurasian Research Special Issue 1,University of Tokyo,2010,p.22.

②　《寄諭署伊犁將軍永貴等著秉公辦理哈薩克盜馬一案》，《乾隆朝滿文寄信檔譯編》第 9 冊。

③　《欽定新疆識略》卷一二《外裔》，《中國邊疆叢書》第 1 輯。

弊與否，秉公辦理，不得纖毫庇護"①。經乾隆帝的明白曉諭以及舒赫德等官員的秉公審查，阿布勒必斯方纔積極配合清廷查明案情。而且，在審理該案時，乾隆帝嚴懲巴爾品，繼而收回清兵，不難看出，清廷對於處理清哈邊境盜案所持的謹慎態度；在處理此類問題時，乾隆帝要求駐邊大臣"料理外藩事務時，務宜持以大義，計以收服伊心快速辦理"②，達到人心自服以靖邊陲之效。

### （二）清朝邊境卡倫外哈薩克遊牧地問題

塔爾巴哈臺為清朝西北極邊之域，其東北界科布多，東南界庫爾喀喇烏蘇，西南界伊犁，西及北界哈薩克，戰略地位非常重要。清朝平定準噶爾之後，便積極在塔爾巴哈臺屯墾建城，塔爾巴哈臺西北卡倫以外俱係哈薩克遊牧，其"北界哈薩克部七十里"③。為了防止哈薩克越境遊牧，甚至與境內厄魯特、察哈爾駐防營兵民起釁，清朝設立諸多卡倫隔離警戒。塔爾巴哈臺參贊大臣駐地綏靖城西南至伊犁地區設有巴克圖、瑪呢圖、沙喇布拉克、察罕托輝、額爾格圖、巴爾魯克、莫多巴爾魯克、阿魯沁達蘭等諸多常設卡倫，卡外即有哈薩克遊牧。那麼，本文所研究的阿布勒必斯所屬的哈薩克人具體遊牧地又在何處？就此，滿文檔案明確記載了卡外相鄰哈薩克人的具體活動區域。據首犯——塔爾巴哈臺參贊大臣牧群的厄魯特士兵鞥克（engke）的供詞稱：

yamjishūn juraka. ede wargi baru hasak i nukte be baime emu dobori yabufi . argalingtu alin de isinafi gereke ofi. gelhunakū yabuhakū.kocoi bade somime tefi. yamji oho amala. casi yabume gebu sarkū hasak adun de isinara hancikan. ceni adun ci fifame tucike dehi isire morin be teisulefi. cagan mandal hotola salima duin niyalma de hendufi. neneme dalifi amasi unggihe. engke bi kemuni udu morin hūlhaki seme barang ulemji hanggal i sasa adun i hanci isinaha manggi. kederere niyalmai asuki bifi. gelhun akū hanci latunahakū. amasi bederefi argalingtu i cargide salima sebe amcafi.sasa argalingtu dabagan i ebergi de isinjiha manggi.abka gereke bime ⋯⋯ ede orin funcere hasak gaitai isinjifi umai seme gisurehekū. uthai miyaocašame gidalame morin be durihe. be ekšeme saksime yaluha morin be jafara de. cagan morin yalume neneme feksihe. ulemji morin jafame jabduhakū. hotola i emgi sundalame hanggal mandal bontoho morin yalufi sasa amasi feksitehe.hasak se amargici amcanjifi salima be gidalafi. morin be suwaliyame jafaha. ulemji mandal gida feye bahafi

① 《寄諭烏什參贊大臣舒赫德將官兵赴哈薩克遊牧訪查逃人事查明辦理》，《乾隆朝滿文寄信檔譯編》第 9 冊。
② 《寄諭烏什參贊大臣舒赫德會同永貴等辦理索要逃脫之哈薩克事》，《乾隆朝滿文寄信檔譯編》第 9 冊。
③ 《西陲總統事略》卷一○《塔爾巴哈臺事略》，《中國邊疆叢書》第 1 輯。

katunjame meni sasa yabuha . hasak se kemuni dahalahai amcame ofi.①

　　（譯文）傍晚啓程，向西尋哈薩克遊牧行進一夜，行抵阿爾噶靈圖山，因天亮不敢行進，於偏僻處匿住，晚後，朝彼行進，抵近某不知名哈薩克牧群，逢自彼等牧群散出約四十匹馬。告於查幹、滿達勒、霍托拉、薩里木四人，先行牽走後遣回，鞝克我說仍再偷幾匹與巴郎、烏勒木吉等一同抵近牧群之後，有巡查者之動静，不敢靠近。退回，於阿爾噶靈圖彼側追上薩里木等人，所有人到達阿爾噶靈圖山嶺這邊之後，破曉……二十餘哈薩克人突然逼近竟未說話便立刻放槍刺矛奪馬，我等急忙牽執所騎馬匹之時，查幹騎馬先逃。烏勒木吉與霍托拉疊騎，杭安、滿達勒騎驏馬一同馳回，哈薩克等從後面追來，將薩里木刺傷，一並捉拿。烏勒木吉、滿達勒受傷勉強與我們一起騎馬，哈薩克仍尾隨追趕。

　　該滿文奏摺所附的盜犯供詞具有彌足珍貴的史料價值。從盜馬首犯鞝克的供詞可知，以鞝克等為首的若干清朝士兵抵達阿爾噶靈圖山（argalingtu alin）附近偷哈薩克牧群之馬，遭到二十餘哈薩克人的反擊。隨後，鞝克等遣唐古特，於瑪呢圖卡倫來報，驅馬行抵阿爾噶靈圖（engke se tanggū be takūrafi,manitu karun de boolanabufi,morin be dalime argalingtu de isinafi）。可知，以鞝克為首的清朝士兵越過瑪呢圖卡倫（manitu karun）西行阿爾噶靈圖山偷哈薩克牧群之馬。這裏提到的瑪呢圖卡倫，是位於塔爾巴哈臺綏靖城西南部六十里的常設卡倫，該卡倫以西為哈薩克遊牧，以東為巴爾魯克山一帶。而案發地點阿爾噶靈圖山——也就是哈薩克牧群所在之處，清代史地典籍及輿圖中雖未指明具体在何處，②但在《乾隆十三排圖》③第七排西三圖中出現，即在塔爾巴哈臺城的西南方不遠處，阿拉克圖胡爾淖爾④的東北方，與巴克圖卡倫、瑪呢圖卡倫隔河相望。由此可知，滿文檔案揭示了早在乾隆三十四年部分哈薩克遊牧集團就已經在離清朝邊境卡倫極近的阿爾噶靈圖山一帶活動的事實，這是漢文文獻所未載的。

　　（三）清朝邊境卡倫外哈薩克鄂托克

　　難得的是，該盜案反映了當時生活在清朝邊境卡倫附近的哈薩克基層社會組織——鄂托

---

① 　中國第一歷史檔案館藏，軍機處滿文錄副奏摺：03-0183 2339-013；亦收於《清代新疆滿文檔案彙編》第94冊，第37頁，《署伊犁將軍永貴等奏審訊偷盜哈薩克馬匹之厄魯特兵情形摺（附供單一件）》。

② 　《西域同文志》（《欽定四庫全書薈要》）史部）卷四，第20頁，僅將該山脈名稱收錄於"天山北路準噶爾部所屬諸山"一節中，並未指出其具體地理方位。

③ 　《清廷三大實測全圖集——乾隆十三排圖》，汪前進、劉若芳整理，外文出版社，2007。

④ 　《西域水道記》卷五載，阿拉克圖古勒淖爾，"準語阿拉克者水紋青碧歷碌然也，圖古勒謂小犁牛，猶古白狼河之比矣，亦曰古爾格淖爾，又曰愛古斯淖爾，極西七十度又六分，西三十五度又九分，額敏河入自東北，雅爾河入自北，近來去額敏河入處三十餘里，喀喇河入自西北，距雅爾河入處一百里，安吉里克河入自正南，在巴勒喀什淖爾東南三百八十餘里，塔爾巴哈臺城西南三百餘里，淖爾之南即沁達蘭烏可諸山。"

克的詳細情況。如《塔爾巴哈臺參贊大臣巴爾品等奏審辦哈薩克盜馬罪犯摺》中具體記載了被誤判為盜犯的 15 名哈薩克人所屬鄂托克的名稱：

kazai matai otok i hasak orombai,amambai,caonbai,esekaili,mailimbai,iteši. turtul otok i hasak harbaši,estemes,tubet,otoli,ezenkeldi. habcik otok i hasak i karaši,cinembai. bure otok i hasak laba,manji tofohon niyalma.①

（譯文）喀再瑪太鄂托克之哈薩克鄂羅木拜、阿曼巴依、查烏恩巴依、額瑟凱里、買里木巴依、依特希；土爾兔勒鄂托克之哈薩克哈爾巴什、額斯特麼斯、圖伯特、鄂托里、額怎可勒迪；哈布奇克鄂托克之哈薩克卡拉希、奇呢木巴依；布熱鄂托克之哈薩克拉巴、滿濟等十五人。

可見，這 15 名被扣押的哈薩克人分別屬於喀再瑪太（kazai matai）、土爾兔勒（turtul）、哈布奇克（habcik）、布熱（bure）4 個鄂托克。在隨後盜案的審理過程中，與清朝官員交涉的哈薩克頭目是阿布勒必斯，因而可確認該四鄂托克的哈薩克人應為阿布勒必斯所屬。在清哈正式交往之初，清廷便主動瞭解哈薩克社會內部相關信息，從收錄於《清代中哈關係檔案彙編》②中的一份題為《哈薩克各部戶口檔子》③的滿文檔案中可見一斑：

hasak biogon i ton i dangse
oroyus i taraktu,argan,naiman,kere,wak,tulunggu,habcak,ere nadan aiman.

（譯文）哈薩克戶數檔冊
　中玉茲的塔拉克圖、阿爾幹、奈曼、克熱、瓦克、圖倫古、哈布察克，這七部。

《哈薩克各部戶口檔子》反映了乾隆二十三年清廷對哈薩克中玉茲各部的分支及人口狀況進行了調查。但是，與本文研究相關的 4 個阿布勒必斯所屬鄂托克，未見於這份戶口檔子。所以，可以看出當時清朝祇查到哈薩克中玉茲一部分的鄂托克。不過，有關哈薩克鄂托克的情況，清代漢文史籍中亦留下了相關記載。與本文研究有關的阿布勒必斯家族，其所轄鄂托克在《西陲總統事略》中有如下記載：

①　中國第一歷史檔案館藏，軍機處滿文錄副奏摺，檔案號：03-0183 2312-010。亦收於《清代新疆滿文檔案彙編》第 92 冊，第 66 頁，《塔爾巴哈臺參贊大臣巴爾品等奏審辦哈薩克盜馬罪犯摺（附剳付哈薩克王文一件）》。
②　中國第一歷史檔案館、哈薩克斯坦東方學研究所編《清代中哈關係檔案彙編》。
③　中國第一歷史檔案館、哈薩克斯坦東方學研究所編《清代中哈關係檔案彙編》，第 87—89 頁，乾隆二十三年正月。由於篇幅所限，在此僅將該檔案部分內容轉寫翻譯。

　　哈薩克王姜霍卓所轄：阿赫木博特素宛奈曼（原係哈薩克王阿布勒必斯所居，現今伊孫姜霍卓居住）、色密斯奈曼鄂托克、赫爾濟奈曼鄂托克、特勒斯塔木哈利奈曼鄂托克、托郭斯多克伯克奈曼鄂托克、邁提皮斯瑪圖奈曼鄂托克、哈布塔海奈曼鄂托克、巴克圖利默斯奈曼鄂托克、體西雅爾奈曼鄂托克、額默利海呢雅爾奈曼鄂托克、伯根伯特奈曼鄂托克、布拉奈曼鄂托克、額爾格納克圖奈曼鄂托克、西達勒奈曼鄂托克、拜哈納奈曼鄂托克、哈魯爾嘉薩克奈曼鄂托克、洪烏拉特奈曼鄂托克、沙爾珠默特奈曼鄂托克、伯斯霍斯奈曼鄂托克、土爾兔勒奈曼鄂托克。

　　哈薩克公卓勒齊所轄：穆隆奈曼鄂托克。

　　公爵博浦所轄：斯班奈曼鄂托克。

　　公爵庫庫岱、臺吉色敏所轄：色密斯奈曼鄂托克、赫爾吉奈曼鄂托克、車魯齊奈曼鄂托克、庫克楚古斯奈曼鄂托克、嘉斯塔瓦奈曼鄂托克、鷫勒霍奈曼鄂托克、嘉達克奈曼鄂托克、塔斯霍彥奈曼鄂托克、哈爾噶斯奈曼鄂托克、齊巴爾愛哈奈曼鄂托克。[①]

　　據上述《西陲總統事略》中的記載可得知，阿布勒必斯家族後裔轄有 32 個奈曼鄂托克。哈薩克王姜霍卓為阿布勒必斯之孫，繼承阿布勒必斯所居的塔爾巴哈臺附近地區遊牧的奈曼集團 20 個分支。《西陲總統事略》中記載的哈薩克王姜霍卓所屬土爾兔勒鄂托克與布拉鄂托克的名稱與《塔爾巴哈臺參贊大臣巴爾品等奏審辦哈薩克盜馬罪犯摺》滿文奏摺中所載 turtul otok（土爾兔勒鄂托克）及 bure otok（布熱鄂托克）兩個鄂托克名稱吻合，kazai matai otok（喀再瑪太鄂托克）和 habcik otok（哈布奇克鄂托克）卻未載於《西陲總統事略》中。因而，滿文檔案揭示了在乾隆年間阿布勒必斯家族集團還掌管著奈曼部的喀再瑪太（kazai matai）和哈布奇克（habcik）氏族。

　　若要深入瞭解乾隆年間中玉茲奈曼部的具體分支情況，則要看乾隆二十三年的《哈薩克各部戶口檔子》詳細記載的中玉茲奈曼部所屬 10 個鄂托克的情況：

　　　　teres tamahala otok i emu minggan funcere boigon be yaraleb batur dalahabi. karakere baijigete naiman i emu minggan boigon be habambai,duloobai batur se dalahabi.matai naiman i emu tumen boigon be oljibai atalak dalahabi.sardur naiman i emu minggan boigon be mailai batur dalahabi,da baicara de gebu akū bihe.turtugul naiman i emu minggan boigon be tanggatar bi dalahabi.bolakci naiman i sunja tanggu boigon be tas batur dalahabi,da baicara de gebu akū.kukja naiman i emu minggan boigon be barak batur dalahabi.bora naiman i juwe minggan boigon be yobosar batur dalahabi.bahanala naiman i juwe minggan boigon be malar

---

　　① 《西陲總統事略》卷一一《哈薩克源流》，《中國邊疆叢書》第 1 輯。

batur dalahabi,da baicara de gebu akū.batal naiman i sunja tanggu boigon be etusi batur dalahabi,da baicara de gebu akū.ere naiman i juwan otok.

（譯文）特熱斯塔瑪哈拉鄂托克一千餘戶，由雅拉勒布巴圖魯統領。喀拉克熱、拜吉格特奈曼一千戶，由哈滿木拜、杜勞拜巴圖魯統領。馬太奈曼一萬戶，由渥勒吉拜、阿塔拉克統領。薩爾都爾奈曼一萬戶，由買依萊巴圖魯統領，初查時未得名。圖爾圖古勒奈曼一千戶，由唐阿塔爾巴圖魯統領。博拉克其奈曼五百戶，由塔斯巴圖魯統領，初查時未得名。庫克扎奈曼一千戶，由巴拉克巴圖魯統領。波拉奈曼二千戶，由尤博薩爾巴圖魯統領。巴哈納拉奈曼二千戶，由瑪拉爾巴圖魯統領，初查時未得名。巴塔勒奈曼五百戶，由鄂圖希巴圖魯統領，初查時未得名。此為奈曼十個鄂托克。

該戶口檔冊詳細記載了當時清廷搜集到的哈薩克中玉茲奈曼（naiman）部的 teres tamahala、karakere、baijigete、matai、sardur、turtugul、bolakci、kukja、bora、bahanala、batal 10 個分支的具體信息，證補了《西陲總統事略》中阿布勒必斯家族所轄奈曼鄂托克的情況，其中 teres tamahala 、bora、bahanala 鄂托克分別對應於《西陲總統事略》中的特勒斯塔木哈利、布拉、拜哈納鄂托克。該戶口檔冊對鄂托克所轄戶口數及管轄巴圖魯都有詳細記載，既補充了《西陲總統事略》中對奈曼鄂托克的記載，亦可作為勘誤的依據，對於瞭解 18 世紀哈薩克部落譜系狀況具有重大意義。

## 三　結語

滿文檔案作為珍貴的遺留性史料，恢復了乾隆三十四年清朝兵丁越卡偷盜哈薩克馬匹事件的原貌。十分重要的是，有關該事件的滿文檔案為我們揭示了早在乾隆三十四年，哈薩克蘇丹阿布勒必斯家族集團管轄下的奈曼部若干分支，即土爾兔勒（turtul）、布拉（bure）、喀再瑪太（kazai matai）、哈布奇克（habcik）氏族所屬的哈薩克牧民，已在距清朝邊境卡倫很近的阿爾噶靈圖山一帶遊牧的事實，填補了漢文文獻的空白。這對我們瞭解乾隆年間邊境卡倫外哈薩克遊牧集團的社會結構狀況及部落分支狀況具有重要意義。此外，從清哈雙方就該案的交涉亦可看出，得授清朝爵位及頂戴花翎的哈薩克頭目出面協助、配合審理案件，對於西北邊境地帶的安寧起到了一定程度的積極作用。

# Research on Several Issues about the Relation between Qing Dynasty and Kazakh Khanate: Focused on the Case of Qing's Soldiers Stealing Horses in 1769

Enkar Bahetjol

In 1769,the Qing's soldiers of royal pastures in Tarbaghatai stole horses from Kazakh by crossing the Karun of border,and made a false accusation against Kazakh. This case went through a rough and complicated process,that the details are worthwhile to research,and there is no study on it at present.This thesis based on Manchu documents and original letter from Kazakh Sultan in order to reveal the fact of the case,that is of critical importance to understand the relation between Qing Dynasty and Kazakh Khanate, the pasture lands of Kazakh that outside the Karun of border in Qing Empire and the situation of the distribution of Kazakh nomadic tribes.

# 羈縻與攀附：1762年奇特拉爾爭端與清朝的因應之道<sup>*</sup>

馬子木

乾隆二十四年（1759）十月，富德率兵自伊西洱庫爾淖爾班師葉爾羌。翌年正月，巴達克山使團赴京，葉爾羌的邊境貿易也在隨後不久展開。在軍府體制的框架內，清朝亦逐漸建立起一套與中亞諸部的往來機制，形成有效的雙軌監控。① 筆者將此種關係形容為常態化，祇是較之戰時狀態而言。事實上，清朝與巴達克山乃至西帕米爾諸部間的關係，並非表面看來的平靜。清朝的權威為西帕米爾諸部提供了一種可以攀附的資源，諸部間複雜的歷史糾葛、利益競逐，皆因清朝權威的出現而再生變數，"挾清自重"成為諸部慣用的策略。本文聚焦於乾隆二十七年巴達克山與博洛爾圍繞奇特拉爾歸屬問題的爭端，考察高宗君臣的因應之道，特別是面對當地複雜的歷史糾葛時，清朝是如何維持西帕米爾政治秩序及權力網絡穩定與平衡的。

## 一 後西征時代西帕米爾的政局波動

在西征之役中歸順清朝的巴達克山、博洛爾、什克南、瓦罕等部落，相互間關係並不和睦，協調諸部的紛爭因此成為葉爾羌邊臣的重要任務。此類紛爭大抵以日常糾紛或小規模的軍事騷擾為主，涉及各方皆遣使呈告於葉爾羌邊臣，邊臣則分別行文，加以寬解、訓諭。乾隆二十六年袞與什克南部的糾紛便是典例。

是年十月，袞伯克沙莽蘇爾遣使至葉爾羌，聲言什克南額米爾伯克率兵五百侵擾袞地。因呈文與使者口述不合，葉爾羌辦事大臣新柱、額敏和卓隨即斷定此出自沙莽蘇爾之編造，欲以誣陷額米爾伯克，遂行文申飭沙莽蘇爾，告誡以"是後一切事宜，必據實行之，不得稍有假飾"②。兩部的糾紛並未因此而止。十二月初九日，額米爾伯克通過瓦罕伯克米爾莽蘇爾遣使至葉爾羌，呈文申訴先前所遣請安使皆被袞伯克沙莽蘇爾截留，並懷疑後者曾向葉爾羌邊臣讒言誣陷。新柱、額敏和卓遂分別行文，一面訓責沙莽蘇爾，云"額米爾伯克乃恭順事主之近裹人，與爾同為主上臣僕"，"賞書差人路經爾境，理宜遣人妥善護送為是"，念及"爾係外藩回

---

\* 本文為中國人民大學2018年度拔尖人創新人才培育資助計劃成果。

① 細節討論可參見拙文《乾隆中葉清與巴達克山關係考（1760—1767）》，沈衛榮主編《西域歷史語言研究集刊》第9輯，科學出版社，2017，第139—150頁。

② 《乾隆二十六年十一月初六日新柱、額敏和卓摺》，中國第一歷史檔案館等編《清代新疆滿文檔案彙編》第53冊，廣西師範大學出版社，2012，第338—343頁。

人，歸順年淺，未諳内地事體"，姑暫置不問；一面寬解額米爾伯克，云"我等奉旨鎮邊理事，惟問是非，持正以行，無絲毫偏徇，斷不憑一面之詞而辦理"。① 自使者抵達至事竣具奏，前後僅十餘日，葉爾羌邊臣並未大費周章，呈文、使者口述與成案成為其判定的主要依據，高宗亦對此結果甚為滿意，稱新柱"辦理得宜"②。對於清代邊疆體制的運轉而言，此類日常糾紛雖數量較多，但多無關緊要，邊臣調解的成本亦相對較低，並不能構成體制運轉的負擔。

此類日常糾紛背後，或多或少顯露出西帕米爾諸部間纍積的宿怨。對於清朝而言，這些糾葛是西征之役以前的歷史遺留問題。而清朝權威的出現，又使諸部看到解決遺留問題的新的可能性。與清朝關係的親疏、是否得到清朝的支持，成為西帕米爾部落競逐區域性強權的新標準。西帕米爾的政局因此亦在歷史問題與現實權力關係的交相影響下產生了更多的不確定性，這也正是西征之役後高宗君臣的隱憂所在。

在西帕米爾諸部中，巴達克山的實力相對較強，且素有對外擴張的傳統，與鄰部積怨甚深。18世紀初，巴達克山首領 Yusaf Ali Khan 便曾侵入琿都斯、Ishkamish、Ghori 等部落，其統治亦因征討琿都斯一役失敗而告終，其後巴達克山與琿都斯間爆發持續了十餘年的戰爭。③ 至噶爾丹策零時期，巴達克山伯克米爾扎·尼巴特曾向噶爾丹策零借蒙古兵二萬，侵擾琿都斯、塔拉干（talgan）、伊瑪木（iman）等部落，擄掠人口。④ 同時與喀布爾、準噶爾通商，頗稱富庶。蘇勒坦沙的伯克之位係篡奪而來，其人出身於達旺（dawang）地方，"强力勇鬥"⑤，延續了此前歷任伯克對外擴張的策略。⑥

一方面，蘇勒坦沙歸附清朝、呈獻和卓尸骸，事實上面臨來自鄰部的極大壓力。巴達克山本與相鄰之烏茲別克人素有嫌隙，蘇勒坦沙的歸清更加劇了兩者間的矛盾，亦引起中亞穆斯林世界的不滿。在歸附之初的表文中，蘇勒坦沙已向高宗表示了對周邊局勢的擔憂，稱："溫都斯坦（undustan）、呼羅珊（horasan）等部知我既為主上之臣僕，因殺霍集占之故，仇視我者必多。"⑦ 乾隆二十五年二月，前鋒參領富呼（fuhu）、額敏和卓侍衛希毗（sipi）、布魯

---

① 《乾隆二十六年十二月二十六日新柱、額敏和卓摺》，《清代新疆滿文檔案彙編》第54冊，第207—208頁。

② 《乾隆二十六年十二月二十六日新柱、額敏和卓摺》（二十七年正月二十五日硃批），《清代新疆滿文檔案彙編》第54冊，第209頁。

③ "Central Asia Material Ⅲ : Revelations Regarding Badakhshan," *The Asiatic Quarterly Review*, vol.9 (new series), Jan.&Apr., 1895, pp.195–196.

④ 《乾隆二十五年三月二十四日阿里袞、額敏和卓摺》，《清代新疆滿文檔案彙編》第45冊，第11—12、14頁。

⑤ 《西域聞見錄》卷三《外藩列傳卷上·巴達克山》，乾隆四十二年刻本，第12b頁。

⑥ 佐口透認為蘇勒坦沙係巴達克山舊部長瑪札爾伯克之孫、密爾雜尼巴特之子，參見氏著《18—19世紀新疆社會史研究》，第83—84頁。此說是否成立，恐仍需謹慎。根據清朝自使者處探知的巴達克山世系，蘇勒坦沙祖父為米雅爾（miyar），米雅爾長子米爾咱·帕沙（mirdzan paša），次子米爾咱·蘇賚曼（mirdzan sulaiman），兄弟相繼為伯克。蘇勒坦沙為米爾咱·帕沙長子，成年後篡奪其叔父之位。參見《乾隆三十三年七月十八日旌額理、額敏和卓摺》，《清代新疆滿文檔案彙編》第88冊，第441頁。從年代來看，米爾咱·帕沙似與密爾雜尼巴特（米爾扎·尼巴特，mirdza nibat）相近，是否為同一人不可考。

⑦ 《乾隆二十四年蘇勒坦沙奏書》，《清代新疆滿文檔案彙編》第43冊，第380頁。原件無年月，整理者繫於乾隆二十四年之末。

特三等侍衛額森（esen）率領的使團抵達巴達克山，蘇勒坦沙又面告使者，"周邊烏茲別克（ūsubek）等部俱與我為仇，時時劫掠我部"①，希望清朝發兵相助，未獲回應。蘇勒坦沙隨即向高宗進表，並向葉爾羌邊臣呈文，分別申述此事，稱"眾烏茲別克之遊牧向俱為巴達克山所屬，今宣力主上，速誅霍集占，是以烏茲別克諸部之人俱與我巴達克山為敵；我初與烏茲別克相善，今皆為讎仇"②。蘇勒坦沙所言烏茲別克諸部具體何指尚不清楚，不過從清朝方面留下的零散記錄來看，乾隆二十四年、二十五年，巴達克山與周邊部落確實互有征伐。乾隆二十五年夏，達爾瓦斯（darwas）地方頭目尼扎拉巴沙（nidzarabša）侵擾巴達克山所屬羅善（rušan）地方，掠奪人口一千二百餘戶。③是年十月，侍衛明仁、額爾登額使團抵達巴達克山，時蘇勒坦沙正與西南方向瑪沙特（mašat）地方之塔什瑪木特（taši mamut）交戰，後者本為巴達克山所屬，後反目成仇。④愛烏罕杜蘭尼王朝之創立者艾哈邁德沙赫，亦於乾隆二十六年冬召集西帕米爾諸部首領，籌議報復巴達克山，諸部多有響應，巴達克山周邊的 nimamla、bakla、holom、aimak 等部伯克均有參加。⑤

另一方面，蘇勒坦沙自恃有功於清，試圖藉重清朝的支持或至少在清朝的默許下擴展其權威，而諸部間的歷史糾葛正成為其正當性論說的基礎。巴達克山與博洛爾的爭端便是這方面的典例。博洛爾在巴達克山東南，根據清人的記載，其人為"西域別一種"，"無文字，不通回子語言"⑥，風俗似與巴達克山並不一致。博洛爾面積較巴達克山為小，但其地"草柴俱好"，"莊田多"，故"穀麥尚屬充足"，而巴達克山則"人稠地窄，可種田稀"，以畜牧資生。⑦在西征之役中，博洛爾與巴達克山先後表示歸順清朝，亦同時派遣使團朝覲，得到高宗召見。使團返回時，朝廷皆遣員護送，並向二部頒發敕書。由此利益安排來看，高宗君臣當認為巴達克山、博洛爾是西帕米爾諸部中實力相對較強的政權。乾隆年間有任職西陲的滿洲官員將巴達克山稱為"我屬西郊邊鄙"，而將博洛爾視作"我部西南邊鄙"，大抵反映出同樣的認知。⑧巴達克山與博洛爾的土地爭端主要圍繞奇特拉爾（citrar）的歸屬權問題展開。奇特拉爾是時為博洛爾所屬，而蘇勒坦沙堅稱奇特拉爾為"父祖之舊遊牧（fe nukte）"⑨，意欲恢復。

---

① 《乾隆二十五年三月二十四日阿里袞、額敏和卓摺》，《清代新疆滿文檔案彙編》第 45 冊，第 12 頁。
② 《乾隆二十五年五月蘇勒坦沙奏書》，《清代新疆滿文檔案彙編》第 45 冊，第 446 頁。
③ 《乾隆二十五年十二月初五日新柱、額敏和卓摺》，《清代新疆滿文檔案彙編》第 49 冊，第 246—248 頁。
④ 《乾隆二十五年十一月十六日新柱、額敏和卓摺》，《清代新疆滿文檔案彙編》第 49 冊，第 112 頁。瑪沙特、塔什瑪木特兩譯名，據《乾隆二十五年十一月十六日明仁摺》（滿漢合璧），《清代新疆滿文檔案彙編》第 49 冊，第 136—137 頁。
⑤ 《乾隆二十六年十二月二十六日新柱、額敏和卓摺》，《清代新疆滿文檔案彙編》第 54 冊，第 193—194 頁。
⑥ 《西域聞見錄》卷三《外藩列傳上·博羅爾》，第 5a 頁。
⑦ 《西域地理圖說注》卷六，阮明道、劉景憲注，延邊大學出版社，1992，第 133 頁。關於博洛爾地名的考證，可參見 Paul Pelliot, *Notes on Marco Polo*, vol.1, Paris: Imprimerie Nationale, 1959, pp.91–92。
⑧ 《西域地理圖說注》卷六，第 133—134 頁。
⑨ 《乾隆二十七年十二月蘇勒坦沙呈文》，《清代新疆滿文檔案彙編》第 60 冊，第 191 頁。原件無年代，此據整理者之繫年。

乾隆二十六年，蘇勒坦沙率兵劫掠博洛爾，博洛爾伯克沙呼沙默特派遣阿依達爾（aidar）伯克向葉爾羌邊臣申訴。次年，蘇勒坦沙一舉攻佔奇特拉爾，擁立新首領 ša abdugadir，並圍攻博洛爾都城，沙呼沙默特從子四人皆死於亂兵。[①]清朝方面由是開始介入雙方的爭端。

## 二　奇特拉爾問題的出現

Katoor 部族於 16 世紀末在奇特拉爾取代 Raees 部族建立其統治，然而其政權並不穩固。1630 年、1697 年，Raees 家族曾兩次篡奪，而 Katoor 部族則分別於 1660 年、1698 年奪回首領（mehtar）之位。此外，來自克什米爾 Yasin 地區的 Khushwakhte 部族亦始終與 Katoor 部族處於競爭關係。根據巴基斯坦史家的研究，Khushwakhte 部的 Khairullah 曾於 1761 年入侵奇特拉爾，Katoor 部族的奇特拉爾統治者 Shah Nawaz Khan 棄城逃往南鄰的 Dir 地區。Khairullah 隨即扶植 Khan Bahadur 與 Shah Nawaz Khan 的從兄弟 Sher Jang 為代理統治者。[②]由於本土史料的匱乏，18 世紀中葉奇特拉爾統治者更易的具體年代並不能完全考訂，此僅是諸多繫年中的一說。巴達克山伯克蘇勒坦沙在送交葉爾羌辦事大臣新柱的呈文中給出了另一種版本的叙事，因不見於本土史料，故詳加徵引如次：

> citrar ba serengge. daci mini mafa ama-i fe nukte. mini nakcu šamamet citrar nukte-i akim bihe. šipi. abdzal. padzel se be daci ehereme ishunde dain ome yabuhai jihe. ese gemu koco wai de tehe niyalma. umai (++)amba ejen de uju alibume dahame dosirakū ofi. ede sultanša bi (++)amba ejen hacinggai horon de. citrar nukte ba be dailara de. šipi. abdzal. padzel-i jergi sunja niyalmai baru afandume gebu be sarkū. juwe niyalma be wafi citrar ba be baha. neneme mini nakcu citrar ba-i akim bihe fonde. šipi sede wabufi šamamet-i jui šababur ukame jailaha. citrar ba šipi se ejelefi tehe. amala šamamet-i jui šababur geli citrar ba be dahūbuha. tere fonde šababur se ajigen eiten baita be ulhirakū de šipi. abdzal. padzel sebe wahakū an-i bibufi takūršabuha. gūnihakū šipi se ehe gūnin deribufi geli šibabur be wafi. ce kemuni citrar nukte be niyalma be ejelehe. šababur-i deo gebu šaris ce ini ahūn šababur be waha be safi šaris be bibufi badakšan-i hanci dzibak sere bade tebubuhe. duleke aniya šipi se dobori jendusa-i dzibak de jifi geli šaris be waha. neneme šipi se šamamet be wafi. šamamet-i hehe ukame tucifi minde baihanjifi beye jursu bihe. amala emu haha jui banjiha manggi. inde ša abdugadir seme gebulehe. sultanša bi imbe huhuri ci. sain-i

---

① 《乾隆二十六年十一月沙呼沙默特呈文》，《清代新疆滿文檔案彙編》第 54 冊，第 34—35 頁。原件無年代，此據整理者之繫年。

② 奇特拉爾簡史可參見 Rahmat Karim Baig, "An Abridged History of Chitral, 1320–1954 A.D.," in idem, *Hindu Kush Study Series*, vol.2, Peshawar: Rehmat Printing Press, 1997, pp.6–14; IUCN Pakistan ed., *Chitral: A Study in Statecraft (1320–1969)*, Karachi: IUCN Pakistan, Sarhad Programme, 2004, p.5, pp. 105–106.

ujime mutuha. ere citrar ba uthai ša abdugadir-i mafa ama-i fe nukte. šipi. abdzal. padzal. šahūšamet. onggolo gemu šamamet de takūršabuha niyalma bihe. ce bailai be onggofi šamamet erei juse be wahangge waha. ukakangge ukambure de isibufi ce citrar nukte ba be ejelefi tehe. amala geli emu sulaima han sere gebungge niyalma tucike. ere sulaiman han be daci umesi kimungge. šipi. be inu kimungge. šipi i ini non be sulaiman han sargan obume gaifi cembe citrar hoton de tebubuhe. citrar ba meni badakšan de umesi hanci sidenderi juwe kimungge niyalma tefi mimbe dailanjire ayoo seme ede sultanša bi (++)amba ejen han-i minde nukte be akdulame tuwakiya seme wasimbuha (++)hese be gingguleme dahame. teni citrar nukte be dahūbufi. šamamet-i jui ša abdugadir de buhe. bi citrar ba niyalma be gaihakū ša abdugadir be tubade tebubutakū oci amaga inenggi ce cooha ilifi mini nukte be tabcilara efujere teile akū. bi geli (++)amba ejen han-i tacibuha badakšan-i ba na be tuwakiyahangge akdun akū weile de gelembi. erei tungunde sultanša bi teni citrar be gaiha.

　　奇特拉爾地方本為我父、祖舊遊牧，我母舅 šamamet 為奇特拉爾阿奇木伯克。šipi、abdzal、padzel 等本反目為仇、相互爭戰，彼等皆居於僻遠地方之人，並未歸順主上。故我承聖主之威，征討奇特拉爾遊牧地方時，並不知 šipi、abdzal、padzel 等五人相互攻掠，殺其二人，取奇特拉爾地方。初，我舅為奇特拉爾阿奇木伯克時，為 šipi 等所殺，其子 šababur 逃遁，šipi 等遂佔據奇特拉爾。後 šamamet 之子 šababur 又恢復奇特拉爾，彼時 šababur 年幼不問事，未殺 šipi、abdzal、padzel 等，仍舊留用。未料 šipi 等心生惡意，又殺 šababur，伊等仍霸佔奇特拉爾遊牧。šababur 之弟名 šaris，知彼等殺其兄 šababur，šipi 留 šaris，令居於臨近巴達克山之 dzibak 地方。去年 šipi 等夜中潛至 dzibak，又殺 šaris。先是，šipi 既殺 šamamet，šamamet 之女逃出，至巴達克山有孕，後生一子，命名為 ša abdugadir，我善為撫育。此奇特拉爾即 ša abdugadir 父祖之舊遊牧，šipi、abdzal、padzel、šahūšamet 先俱為供事人，彼等忘恩，šamamet 諸子或誅或逃，彼等竟奄有奇特拉爾遊牧。後又有名 sulaiman han 者。此 sulaiman han，與我素有仇隙，šipi 嫁妹於 sulaiman han 為妻，令彼居奇特拉爾城。奇特拉爾地方鄰近我巴達克山，其中有二仇人居住，恐其來攻。主上嘗降旨，令我固守遊牧，謹遵聖旨，方恢復奇特拉爾遊牧，交與 šamamet 之子 ša abdugadir，我並未奪佔奇特拉爾之土、人。若不使 ša abdugadir 居彼處，日後伊不但可起兵毀我遊牧，我亦畏未能堅守主上所命之巴達克山土地之罪。以此之故，我方奪取奇特拉爾。①

---

① 《乾隆二十七年十二月蘇勒坦沙呈文》，《清代新疆滿文檔案彙編》第 60 冊，第 191—193 頁。原件無年代，此據整理者之繫年。

關於蘇勒坦沙此份呈文的書寫邏輯，下文另有討論。在此僅稍述呈文中展示的歷史叙事。

蘇勒坦沙聲言奇特拉爾為“父祖之舊遊牧”，從奇特拉爾首領之位始終在 Raees、Katoor 與 Khushwakhte 三部族間流轉的情況來看，此說似不能成立。蘇勒坦沙云其母舅 šamamet 曾掌管奇特拉爾，奇特拉爾此前首領名號與之近似者，祇有 Shah Muhammad Shafi，其人 1699 年至 1701 年短暫在位，旋為 Raees 部族所篡，至 1702 年復立，1717 年卒於位。唯其年代稍早，且非如蘇勒坦沙所言死於篡逆，未可斷定是否同一人。不過從現存檔案來看，博洛爾並未對蘇勒坦沙的說辭做出反駁，清朝邊臣對此亦置之不問，可知其非出自蘇勒坦沙捏造。這一叙事中的若干要素，與奇特拉爾本土史籍確存在一定程度的關聯。首先是來自本土之外的勢力篡奪政權，奇特拉爾人光復失敗，首領子嗣四散逃出，奇特拉爾史籍中與之近似的記錄是來自 Mastuh 的 Khairullah 入侵奇特拉爾，奇特拉爾首領 Shah Nawaz Khan 堅守數月，不支而逃遁。其次是 šababur、šaris 兄弟相及，而在奇特拉爾史籍中亦可看到 18 世紀當地首領之位往往在兄弟間傳承。如 1754 年奇特拉爾首領 Shah Afzal（1724 年起在位）卒，其弟 Shah Fazil 繼立。1760 年，Shah Afzal 三子 Shah Nawaz Khan、Muhtaram Shah、Sar Buland Khan 聯合推翻其叔父 Shah Fazil，擁立長兄 Shah Nawaz Khan 為首領。三人後又聯合抵抗 Khairullah 的入侵。1782 年 Shah Nawaz Khan 復位，1788 年被其弟 Muhtaram Shah 篡奪。[1] 西帕米爾的本土史籍大抵出自後世追述，鮮有成書於 18 世紀的直接記錄，在年代、史事細節上往往不甚可信，且多有缺漏。要之，18 世紀前中期奇特拉爾政局紛更的歷史事實恐已難詳考。奇特拉爾本土史籍與蘇勒坦沙呈文提供的兩種歷史叙事，何種更接近事實，亦不易判斷。但至少可以確定，蘇勒坦沙呈文中的說辭在彼時西帕米爾社會是一種被普遍接受的版本。更重要的是，蘇勒坦沙在呈文中自我塑造為奇特拉爾正統的維護者。由於其所扶植的 ša abdugadir 出生於巴達克山，外間傳聞謂 ša abdugadir 實為蘇勒坦沙之弟，甚至葉爾羌邊臣也一度採信此說。[2] 不過根據蘇勒坦沙的說辭，征討奇特拉爾、擁立 ša abdugadir，是為驅逐篡逆者，恢復失落已久的奇特拉爾正統首領，頗具正當性。

根據奇特拉爾的本土史料，作為其強鄰的巴達克山，對奇特拉爾之地早有覬覦。17 世紀初，在 Katoor 部建政後，Raees 部族的 Shah Mahmood 曾經流亡至巴達克山。1630 年，他自巴達克山發起復辟，短暫復立為奇特拉爾首領，其背後當有巴達克山的支持。1724 年，Shah Afzal 即位，奇特拉爾首領之位由 Khushwakhte 部重新回到 Katoor 部，趁此政局不穩之機，巴達克山又試圖由東北方向的 Mastuj 入侵奇特拉爾，但旋即被擊退。[3] 乾隆二十七年，蘇勒

---

① 參見 Rahmat Karim Baig, "An Abridged History of Chitral, 1320–1954 A.D.," in idem, *Hindu Kush Study Series*, vol.2, pp.10–18。

② 葉爾羌辦事大臣新柱在致蘇勒坦沙的劄文中便指責其“徑取奇特拉爾，立爾弟為阿奇木伯克”。參見《乾隆二十七年正月新柱劄文》，《清代新疆滿文檔案彙編》第 54 冊，第 427 頁。

③ 參見 Rahmat Karim Baig, "An Abridged History of Chitral, 1320–1954 A.D.," in idem, *Hindu Kush Study Series*, vol.2, pp.8–10。

坦沙佔領奇特拉爾，雖以匡扶正統為說辭，但其之所以選擇這一時機，一方面仍然試圖利用奇特拉爾政局動盪的機會，另一方面則由於彼時西帕米爾舊有的權力格局與秩序已經解體，而清朝主導的新秩序尚未完全確立。在新舊秩序的交替時期，以解決歷史問題為口號，正是蘇勒坦沙擴展勢力範圍、競逐區域性強權的策略。

西征之役結束後，西帕米爾地區的新秩序如何建立，其主導在於清朝。巴達克山對外擴張是否可以實現，在很大程度上亦取決於清朝是否默許，因此，攀附清朝權威以“挾清自重”成為蘇勒坦沙的慣用之策。事實上，藉助東北強鄰——準噶爾汗國與清朝——的力量以拓展其在西帕米爾的地區權勢，對巴達克山歷任首領而言均不陌生。噶爾丹策零時期，巴達克山伯克米爾扎·尼巴特（mirdza nibat）曾向準噶爾借兵二萬，劫掠琿都斯、塔拉干等地，悉數收復烏茲別克諸部落。[①] 蘇勒坦沙在歸附清朝後，更在諸多方面攀附清朝權威。乾隆二十五年二月，前鋒參領富呼受命出使巴達克山，蘇勒坦沙當面關說富呼“為我具奏請兵”[②]，以平定周邊之烏茲別克部落。蘇勒坦沙隨即於三月派遣使者訥扎爾（nedzer）至葉爾羌，賷文呈請借兵二萬，“蕩平伊等（烏茲別克部落）”，其呈文云：

te (++)amba ejen de hūsun alibume hojijan be facihiyašame waha turgunde. gubci ūsub-ek-i aiman-i urse gemu meni badakšan-i baru dain ohobi. be onggolo ūsubek de sain ome yabuha bihe. te bi esei manggi gemu kimun ohobi. neneme mirdza nibat g'aldan cering-ni hūsun de ūsubek-i kejine aiman-i urse be harangga obume gaiha bihe. sultanša bi ne (++) amba han-i albatu ome hūsun tucibumbi. (++)abkai han-i horon de ertufi. badakšan-i emgi bade oho. geren aiman-i urse gemu kimun akū okini seme gūnihai bi.

　　今宣力主上，速誅霍集占，是以烏茲別克眾部俱與我為敵。我初與烏茲別克部相善，今皆為讎仇。此先米爾扎·尼巴特仰噶爾丹策零之力，收烏茲別克諸部為所屬。我今為大汗之阿勒巴圖，仰大汗之威，願泯與諸部之仇。[③]

請兵祇是蘇勒坦沙攀附清朝權威、宣威於鄰部的一種途徑。乾隆二十五年十月，清朝遣往頒發敕書之侍衛明仁、額爾登額抵達巴達克山，時蘇勒坦沙正與西南方向瑪沙特（mašat）地方之塔什瑪木特（taši mamut）交戰。這場戰爭的時機事實上出自蘇勒坦沙的謀劃，其用意

---

① 《乾隆二十五年二月蘇勒坦沙呈文》，《清代新疆滿文檔案彙編》第 46 冊，第 1—2 頁。
② 《乾隆二十五年三月二十四日阿里袞、額敏和卓摺》，《清代新疆滿文檔案彙編》第 45 冊。
③ 《乾隆二十五年五月蘇勒坦沙奏書》，《清代新疆滿文檔案彙編》第 45 冊，第 446—447 頁。按此件出自滿文錄副奏摺二十五年五月包，同包內尚有蘇勒坦沙致阿里袞的呈文（《清代新疆滿文檔案彙編》第 46 冊，第 1 頁）以及軍機處轉錄呈文內容的奏片（《清代新疆滿文檔案彙編》第 45 冊，第 418—419 頁），應是一體翻譯進覽的，而實際呈奏的日期當早於此。按《乾隆二十五年三月二十四日阿里袞、額敏和卓摺》（《清代新疆滿文檔案彙編》第 45 冊，第 11—16 頁），此文於三月十七日送達葉爾羌。

正是希望利用清朝使者的到來懾服鄰部。據明仁奏云：

ahasi sultanša ya bade coohalame genehe babe fonjici. badakšan-i wargi julergi mašat sere ba-i taši mamut de dain ofi. juwe ilan aniya oho. ere aniya jakūn biyade. sultanša meni geren be isabufi. hebešehe bade. duleke aniya (++)amba ejen be hargašabume unggihe elcin emurbai se ne isinjime hamika be dahame. muse (++)amba ejen de baiha cooha elcin isinjiha seme horon algim-bume ere babe gaiki seme hebešeme toktobufi. sultanša ini sirame baita icihiyara mirdza sedek de minggan funcere cooha bufi. afame unggifi biya hamika. te damu mašat gašan ci gorokon bai tehe susai funcere boigon be baha. mašat babe kemuni bahara unde. jaka (+−)amba ejen-i takūraha elcin. ambasa-i isinjire mejige be donjire jakade. sultanša umesi urgunjefi. (++)amba ejen-i horon algin de. dain-i urse be gelebume. babe gaiki seme genefi ilan inenggi oho. sultanša jurara de werihe gisun. elcin ambasa badakšan de isinjiha manggi. suwe mini funde baime ala. ambasa meni afara bade geneci. dain-i urse saha manggi. (++)amba ejen-i horon algin de toktofi dahambi. ere nukte be bahaci. (++)amba ejen-i horon algin ele algimbumbime. meni kimungge niyalma inu emke komso oci ombi. (++)amba ejen-i albatu geli fulu nonggibumbi seme ahasi de alahabi.

奴才等詢問蘇勒坦沙往何處出兵，據云巴達克山西南瑪沙特地方塔什瑪木特與我攻擊已經三二年，今歲八月間，蘇勒坦沙集衆計議，定議云去年朝觀主上之額木爾拜等將回，我等可言所請主上大軍、使者已來，以壯聲威。蘇勒坦沙隨遣伊辦事之米爾雜塞特克帶兵千餘往攻，將及一月。今止得瑪沙特村遠處所居五十餘戶，仍未取瑪沙特地方。適因聞主上遣使將至，蘇勒坦沙甚喜，謂將仰天威以懾敵，遂爾前去，已三日矣。蘇勒坦沙啓程之際，囑稱俟使者至後，汝等代我呈請，大人如肯至我陣前，敵懾服主上聲望，將聞風歸順。若得此遊牧，不惟天威遠震，我等藉以剪滅仇人，且主上又多一臣僕云云。[①]

蘇勒坦沙屢次攀附清朝權威，其基礎正在於西征之役中巴達克山緝獲和卓兄弟、呈獻尸骸，有功於清，與別部之僅僅歸順者不同。在乾隆二十五年向葉爾羌遣臣請兵的一份呈文中，蘇勒坦沙稱述米爾扎·尼巴特故事，並言“米爾扎·尼巴特全然無益（umai tusa obuhakū）於噶爾丹策零，而得二萬蒙古兵，收降琿都斯、塔拉干、haijang 等地，我部之人，竭忠事主，事後仍當竭忠”[②]。以米爾扎·尼巴特無益於準噶爾，正是暗示蘇勒坦沙有益於清朝。既有功於

---

① 《乾隆二十五年十一月十六日明仁、額爾登額摺》，《清代新疆滿文檔案彙編》第 49 冊，第 131—132 頁。

② 《乾隆二十五年五月軍機處奏片》，《清代新疆滿文檔案彙編》第 45 冊，第 418 頁。此件係軍機處對呈文滿文譯文所做的摘錄。根據文意來看，很有可能即是二十五年三月送交阿里袞的呈文。滿文錄副奏摺乾隆二十五年五月包內另收有一份《略譯蘇勒坦沙致奴才之文》（影印件見《清代新疆滿文檔案彙編》第 46 冊，第 1 頁，題《巴達克山汗蘇勒坦沙爲請派兵以靖地方事咨文》），兩者詳略互異，當係同一文書的不同譯本。

清朝，則自應受到清朝的庇護與支持。如下文所示，此種邏輯將反復出現在巴達克山與清朝的交涉中。

### 三　清朝的因應之策：信息收集與決策形成

面對奇特拉爾歸屬權的糾紛，尚不完全熟悉西帕米爾社會與歷史的高宗君臣如何處理，清朝初建未久的權力與信息網絡如何運轉？本節嘗試回答的，即是高宗君臣通過何種機制、藉助何種資源，做出了何種決策。

首先有必要稍做辨正的是，蘇勒坦沙於何時佔領奇特拉爾，葉爾羌方面又於何時獲得消息。軍機處滿文錄副奏摺中存有五份相關文書，分別為《博洛爾伯克沙呼沙默特呈文》、《葉爾羌辦事大臣新柱致沙呼沙默特之劄付》、《新柱致蘇勒坦沙之劄付》、《額敏和卓致蘇勒坦沙之劄付》（兩份）。沙呼沙默特呈告蘇勒坦沙侵擾奇特拉爾，葉爾羌方面分別行文調解，責令蘇勒坦沙撤兵。此五份文書原無年月，皆出自乾隆二十六年十一月包，故整理者徑繫於此月。[①] 然而細讀前後史料，這一繫年是無法成立的。其一，額敏和卓劄付內云"今伯克所遣蓋布尼匝爾（gaibnidzar）等貿易事竣，妥善返回"[②]，蓋布尼匝爾是年十二月初九日方抵達葉爾羌，且係巴圖魯伯克使團之副使，與此不合。其人作為正使出使葉爾羌，事在乾隆二十七年九月，至遲於乾隆二十八年三四月尚未返回。[③] 其二，乾隆二十六年十二月巴圖魯伯克使團到達葉爾羌後，新柱、額敏和卓傳召使者，詢問巴達克山近況。根據新柱所奏，使者僅表示了對愛烏罕勢力擴張的擔憂，如奇特拉爾糾紛發端於此前，雙方不應無一語談及。[④] 就現存檔案來看，葉爾羌邊臣於乾隆二十七年十一月二十一日首次具奏奇特拉爾爭端，摺中詳述博洛爾遣使呈告始末，摘引之呈文亦與乾隆二十六年十一月包內博洛爾呈文相同。[⑤] 前舉之五份文書，很有可能原為該摺之附件，歸檔時與原摺分離，遂致年代不明。蘇勒坦沙之侵擾博洛爾、佔領奇特拉爾，應繫於乾隆二十七年，葉爾羌邊臣至年末接獲呈告，正式介入。

乾隆二十七年十月十七日，博洛爾伯克沙呼沙默特派遣其弟沙卜都拉（šabdula）及伯克阿依達爾（aidar）攜帶敕書前往葉爾羌，呈文求援，其文云：

neneme fu jiyanggiyūn jidere de. okdome elcin takūrafi uju alibume dahafi aha oho

① 參見《清代新疆滿文檔案彙編》第 54 冊，第 34—44 頁。

② 《乾隆二十六年十一月額敏和卓劄付》，《清代新疆滿文檔案彙編》第 54 冊，第 41 頁。

③ 巴圖魯伯克使團參見《乾隆二十六年十二月二十六日新柱、額敏和卓摺》，《清代新疆滿文檔案彙編》第 54 冊，第 193—201 頁；《乾隆二十七年四月二十二日新柱、額敏和卓摺》，《清代新疆滿文檔案彙編》第 56 冊，第 73—74 頁。

④ 蓋布尼匝爾使團參見《乾隆二十七年十一月二十一日新柱、額敏和卓摺》，《清代新疆滿文檔案彙編》第 59 冊，第 315—318 頁。關於該使團返程日期的考證，參見《乾隆中葉清與巴達克山關係考（1760—1767）》，《西域歷史語言研究集刊》第 9 輯。

⑤ 《乾隆二十七年十一月二十一日新柱、額敏和卓摺》，《清代新疆滿文檔案彙編》第 59 冊，第 318—331 頁。

bihe. mini baci elcin takūrafi (++)amba ejen-i genggiyen de hargašaha de. umesi (++)kesi
fulehun isibume ofi. elcisa urgunjeme amasi jihe bihe. duleke aniya sultanša cooha gaifi
mini nukte be cuwangname durime tabcilaha be. šahūšamet bi. aidar bek be jiyanggiyūn-i
jakade takūrafi donjibuha de. kesi isibume juwangduwan emke. suje juwe šangnafi. minde
unggihe be. bi hukšeme alime gaiha bihe. sultanša ere aniya geli encu jugūn deri cooha
gaime jifi. šahūšamet mini ahūn-i duin jui be gemu wafi. mini hoton de jidere siden-i ududu
nukte be gemu susunggiyame tabcilaha. ne šahūšamet mini tehe hoton be gahabi. ne bi
umesi gacilabuha ofi. mini deo šabdula. aidar bek sebe. jiyanggiyūn-i kesi isibume aitubure
cooha emu gargan bure be baime takūraha. neneme (++)amba ejen ming ambasa be takūrafi
šahūšamet minde (++)hesei bithe wasimbume jidere de. minde alaha babde. geren aiman-i
baci aika simbe dailanjici. (++)hesei bithe be cende tuwabufi amasi bederebuci sain aika dain
bedererakū oci. niyalma takūrafi yerkiyang-ni ambasa de donjibu seme. šahūšamet minde
ulhibume alaha bihe. ere jergi turgun be tucibume alibume boolahaci tulgiyen. belek obume
takūraha šabdula de miyoocan emke afabufi. jiyanggiyūn de jafaha. gosici bargiyarao. erei
jalin alibuha.

　　昔富將軍來時，我等已遣使迎降。又遣使瞻仰天顏，聖恩垂憐，使者歡忭而返。昨
歲蘇勒坦沙率兵掠我遊牧，我遣阿依達爾伯克至將軍前稟聞，蒙恩得賞妝緞一匹、緞子
兩匹，我叩首受之。蘇勒坦沙本年又經別路率兵前來，殺我兄四子、毀途中數城，今
已得我居處矣。因情甚窘迫，遣我弟沙卜都拉、阿依達爾伯克等至將軍前，請發援兵一
路。昔主上遣明大人來頒敕於我，明白曉示我云："諸部若侵汝，則向彼宣示敕諭，若退
回則善，否則遣人稟於葉爾羌諸大人。"今除因此情由稟聞外，並遣沙卜都拉獻鳥槍一
個為禮，僅獻於將軍，祈加恩收納。為此稟聞。[1]

值得注意的是，博洛爾使用敕書作為向清朝求援的依據。如前所述，清朝在平定天山南北路
後，曾向巴達克山、浩罕、博洛爾以及布魯特等部頒發敕書，表現出宗主國與保護者的雙重
姿態，而多語文合璧的敕書也成為清朝權威在中亞世界的視覺性表達。呈文中所引"否則遣
人稟於葉爾羌諸大人"其實並非敕書之原文，乃是乾隆二十五年頒敕侍衛明仁向沙呼沙默特
做出的口頭承諾。[2]沙呼沙默特徵引此語，意正在敦促清朝以宗主國之身份維持西帕米爾地區

---

① 《乾隆二十六年十一月沙呼沙默特呈文》，《清代新疆滿文檔案彙編》第 54 冊，第 34—35 頁。時間應為乾隆
　二十七年。

② 《乾隆二十七年十一月二十一日新柱、額敏和卓摺》，《清代新疆滿文檔案彙編》第 59 冊，第 319 頁。頒賜博洛
　爾敕書之文字見《清高宗實錄》卷六〇六，乾隆二十五年二月丙子條。敕書底稿當以滿文寫成，惜其滿文本似
　不存。考慮到乾隆年間敕諭文書的製作已相當程式化，滿漢文本當不致有較大出入。

的政治秩序。

此份呈文詞甚簡明，葉爾羌邊臣新柱、額敏和卓在接獲呈文後，隨即傳召使者沙卜都拉、阿依達爾，面詢細節。據使者沙卜都拉稟稱，呈文中所謂“別路”即奇特拉爾，“我兄ayangsa四子原居奇特拉爾，此次蘇勒坦沙率兵至奇特拉爾，盡殺四子，尚不知奇特拉爾伯克、我兄maimaišipi現逃至何處。蘇勒坦沙自奇特拉爾起劫掠我遊牧，我等啓程前日，已至距城一日之地。我兄沙呼沙默特甚為困厄，作書速差我等出城前來”①。新柱最初對使者所言仍在疑信之間。是年九月，巴達克山使者蓋布尼匝爾曾言奇特拉爾與巴達克山結仇，蘇勒坦沙將率兵征討，祈清朝勿加責問，因此新柱對兩部之糾紛並不陌生。但因彼時葉爾羌方面尚無其他情報來源，兩部之是非不易斷定，“觀伊（博洛爾使者）辭色，實困厄至極。雖不似編造，然外藩之人究竟狡黠，若無實據，恐難盡信辦理”②。色勒庫爾伊沙噶伯克阿卜拉薩（abulasa）時正往博洛爾頒賞綢緞，新柱等議定俟其人返回後再行核實。雖然其間不乏往來葉爾羌與西帕米爾的商人，但與此前追討大小和卓時不同，清朝並未主動利用這些穆斯林社會的信息渠道。此種略顯保守的策略，顯然源自新柱對此事的初步判斷，“伊等外藩稍有喧嚷之事，未及深究即已平復”③。易言之，葉爾羌邊臣最初仍將此事視作一般的藩屬糾紛，冀其自解，無需加意訪查。十一月初九日，阿卜拉薩返回葉爾羌。由於途中遇盜，阿卜拉薩並未抵達博洛爾，但其見聞已基本證實了博洛爾使者所言，“蘇勒坦沙將博洛爾西、南諸村寨遊牧悉數劫掠，圍困沙呼沙默特所居之masitukeoi城，後沙呼沙默特夜中率三百人潛出城外，劫蘇勒坦沙之營，於蘇勒坦沙之人略有殺傷。蘇勒坦沙或稍受傷而撤兵，並掠gul地方，瓦罕之人懼被劫掠，稍向內遷”④。

新柱、額敏和卓至是方決計介入，遂於十一月二十一日連發三摺，具陳因應之策。在新柱等看來，巴達克山侵擾同為清朝藩屬的博洛爾，實是對清朝主導的中亞秩序的挑戰，“若不嚴加懲辦，日久驕縱，伊臨近部落俱為所傷，不得安生”⑤，因此須以強硬立場迫使蘇勒坦沙與博洛爾修好。葉爾羌方面隨即派出噶匝納齊伯克薩里（sali）出使巴達克山，新柱並作書責蘇勒坦沙“反復以含混之言欺朦我等，加以試探，於主上無旨之時，劫掠弱小之博洛爾奇特拉爾部”，並責令其退兵，將所掠博洛爾之人口、牲畜悉數退還，否則即發兵“直入滅爾遊牧，執爾治以重罪，以為外藩伯克惡行之戒”。⑥額敏和卓亦通過即將返回的巴達克山使臣蓋布尼匝爾致書蘇勒坦沙，大旨與新柱之文相同，唯言辭稍緩，云“不忍視死不救”，承諾如

① 《乾隆二十七年十一月二十一日新柱、額敏和卓摺》，《清代新疆滿文檔案彙編》第 59 冊，第 320 頁。
② 《乾隆二十七年十一月二十一日新柱、額敏和卓摺》，《清代新疆滿文檔案彙編》第 59 冊，第 321 頁。
③ 《乾隆二十七年十一月二十一日新柱、額敏和卓摺》，《清代新疆滿文檔案彙編》第 59 冊，第 322 頁。
④ 《乾隆二十七年十一月二十一日新柱、額敏和卓摺》，《清代新疆滿文檔案彙編》第 59 冊，第 324 頁。
⑤ 《乾隆二十七年十一月二十一日新柱、額敏和卓摺》，《清代新疆滿文檔案彙編》第 59 冊，第 325 頁。
⑥ 《乾隆二十六年十一月新柱劄付蘇勒坦沙》，《清代新疆滿文檔案彙編》第 54 冊，第 40—41 頁。時間應為乾隆二十七年。

蘇勒坦沙遵命退兵，當代為緩頰。① 以伯克與本地穆斯林為使者，由額敏和卓別做私信致蘇勒坦沙，都足以說明葉爾羌方面嘗試藉助穆斯林社會的渠道調解爭端。

新柱劄文中所謂發兵征剿，非僅以威懾蘇勒坦沙。葉爾羌方面已議定了周密的部署，一旦蘇勒坦沙抗命，新柱即會同布魯特散秩大臣阿奇木率滿洲、索倫、綠營及布魯特、回人兵征討巴達克山，額敏和卓留守葉爾羌城。在十一月二十一日拜發的另一封奏摺中，新柱甚至已開始籌備戰後賞賜的問題，奏請發下孔雀翎、藍翎各二十枝，以備賞給從征官兵之奮勉出力者。② 兵丁調撥亦隨即展開。十二月，布魯特散秩大臣阿奇木至葉爾羌，新柱等遂命其揀選布魯特精兵六百從征；復向伯克鄂對等徵調葉爾羌回人兵五百，令總兵和誠於和田酌選回人精兵一千。葉爾羌本地駐防尚有滿洲、索倫兵三百六十餘人及綠營兵五百餘，另有即將抵達之換班索倫兵若干，合計可調撥滿洲、索倫、綠營及布魯特、回人兵丁三千餘人。經熟悉當地情形的阿奇木建議，發兵日期初步擬定在翌年五月二十日前後，是時沿途"牧場豐美""河水平和"，可畢其功於一役。③ 至乾隆二十八年正月，新柱覆奏請暫留新任伊犁總兵汪騰龍於葉爾羌，"俟巴達克山事竣，再遣往伊犁辦事"④。

如與乾隆三十三年巴達克山請兵對抗愛烏罕相比，葉爾羌邊臣此次籌議征剿，顯然較為倉猝。促成邊臣如此決策的，不僅來自於蘇勒坦沙"形同叛逆，甚為可憎"⑤，亦當與彼時西帕米爾乃至中亞地區的情勢有關，最重要的則是和卓遺孀與子嗣問題的困擾。大小和卓敗亡後，在清朝的反復交涉之下，蘇勒坦沙向清朝呈交了霍集占尸骸及部分追隨和卓出亡的隨從，布拉尼敦之子以及和卓兄弟的妻妾仍流散於中亞，成為清朝在中亞權力秩序的隱患。因此在西師告竣後，訪察、招撫乃至引渡和卓子嗣、妻妾，便成為邊臣必須留心的問題。乾隆二十六年七月，新柱、額敏和卓派出以侍衛蘇毗為首的使團，帶領穆斯林商人前往巴達克山貿易。新柱密囑蘇毗，令其暗中打探布拉尼敦妻妾子女下落，趁便帶回。然因蘇毗"非可成大事之人"，出使計劃中輟，葉爾羌方面亦苦於無其他人選，"巧取"（faksikan-i gaimbi）之策遂告失敗，葉爾羌邊臣轉而直接向蘇勒坦沙施壓，迫其交出和卓子嗣。⑥ 是年十一月，喀什噶爾方面又獲知布拉尼敦遺孀八人、幼子四人仍在巴達克山，其中無子之四妻為蘇勒坦沙收娶，另有一衛拉特血統之遺孀逃至愛烏罕；霍集占遺孀三人，無子嗣，亦皆在巴達克山境內。喀什噶爾參贊大臣永貴擬行文蘇勒坦沙，勸誡其不得容留和卓子嗣，"若將伊等妥善看

---

① 《乾隆二十六年十一月額敏和卓致蘇勒坦沙信》，《清代新疆滿文檔案彙編》第54冊，第43頁。時間應為乾隆二十七年。

② 《乾隆二十七年十一月二十一日新柱、額敏和卓摺》，《清代新疆滿文檔案彙編》第59冊，第333—334頁。

③ 《乾隆二十七年十二月初三日新柱、額敏和卓摺》，《清代新疆滿文檔案彙編》第59冊，第435—437頁。

④ 《乾隆二十八年正月十七日新柱、額敏和卓摺》，《清代新疆滿文檔案彙編》第60冊，第290頁。

⑤ 《乾隆二十七年十二月初三日新柱、額敏和卓摺》，《清代新疆滿文檔案彙編》第60冊，第434頁。

⑥ 《乾隆二十六年十二月二十六日新柱、額敏和卓摺》，《清代新疆滿文檔案彙編》第54冊，第201—206頁。

護，報復尚不能免，而似此之人，豈有感激之理耶？"①並通過蘇勒坦和卓致書於蘇勒坦沙之親信重臣米爾扎·色第克，令其居間遊說。然而蘇勒坦沙態度遊移，並無直接回應。奇特拉爾爭端的出現，為清朝再度施壓巴達克山提供了機會。巴達克山使者蓋布尼匝爾返程時，額敏和卓寄密劄於蘇勒坦沙云："今因汝罹重罪，我甚為汝憂之。念惟速獻布拉尼敦之妻、子，彼時我復向將軍商請，或可稍貸汝罪。"②薩里使團前往巴達克山時，額敏和卓亦囑薩里傳語於蘇勒坦沙，謂若送還布拉尼敦妻、子，"則功過相抵，我方可奏請主上寬赦爾罪"，否則"我等即率兵入境"③。在翌年二月的一份奏摺中，新柱自述籌議用兵之本意云："布拉尼敦之妻，伊（蘇勒坦沙）早密為擒獲，口說送回，總令為模棱之語，求僥幸不給。奴才即知其斷不易給還，留之以圖僥幸。適蘇勒坦沙劫掠博洛爾，正合趁機問罪。"④原無關聯的土地爭端與和卓子嗣問題，此時卻被視為巴達克山"恭順"的標準。葉爾羌邊臣力主強硬政策，正期以收一石二鳥之效。

高宗於乾隆二十七年十二月二十五日接獲新柱十一月二十一日拜發之摺，對於葉爾羌邊臣的籌議尚屬滿意，硃批云："所慮是，惟略有不合之處，已有旨。"⑤所謂不合之處，主要針對調兵方面，並且對未曾從戎的新柱能否勝任征剿頗有懷疑。在高宗看來，新柱所謂調集三千兵丁，大抵屬威懾之辭，"若必須用兵，回疆兵力不足，草率出擊，以薄兵進剿，反招人藐視"，故必須自伊犁徵調滿洲、蒙古及索倫兵丁，由久歷行陣的愛隆阿、伍岱隨同領兵進剿為宜，並令新柱與伊犁將軍明瑞、喀什噶爾參贊大臣永貴會商定策。⑥但對於是否必須出兵，高宗的態度甚為謹慎。翌日又傳諭新柱，申飭其辦事草率，回人兵丁"虛名充數"，不可倚任"。⑦新柱籌備五月發兵及進軍路綫之摺，於翌年正月初四日送至御前，高宗又於次日寄諭葉爾羌邊臣，囑其不可輕率從事：

> 果若如此（按指蘇勒坦沙恭順聽命），此事即了結，不必過於張皇為事。如若不從，必須用兵，即遵照朕前所降諭旨，酌調伊犁等處三千精兵前往，布魯特、回子等內，亦可挑選二三千名，務期一舉竣事。即便此次素勒坦沙稍有支吾，不妨再遣使一次，姑示

① 《乾隆二十七年十一月初九日永貴、伊勒圖摺》，《清代新疆滿文檔案彙編》第 59 冊，第 217 頁。有關和卓遺孀與子嗣情況，參見同摺，第 214—215 頁。按，摺中稱和卓之妻為 ahaca，蓋從穆斯林之俗。《西域聞見錄》卷七《回疆風土記·雜記》，"伯克之妻，回子稱之為阿葛插，無大小嫡庶之別"（第 17b 頁）。又和寧《回疆通志》卷一二《風俗》，"伯克之妻，回人稱之曰阿哈察，即有娶三四妻者，皆此稱謂"（《中國邊疆叢書》第二輯 24，臺北：文海出版社，1966，第 403 頁）。
② 《乾隆二十七年十一月二十一日新柱、額敏和卓摺》，《清代新疆滿文檔案彙編》第 59 冊，第 317—318 頁。
③ 《乾隆二十七年十一月二十四日新柱、額敏和卓摺》，《清代新疆滿文檔案彙編》第 59 冊，第 347 頁。
④ 《乾隆二十八年二月初三日新柱摺》，《清代新疆滿文檔案彙編》第 60 冊，第 413 頁。
⑤ 《乾隆二十七年十一月二十一日新柱、額敏和卓摺硃批》，《清代新疆滿文檔案彙編》第 59 冊，第 327 頁。
⑥ 《乾隆二十七年十二月二十五日寄信上諭》，《乾隆朝滿文寄信檔譯編》第 3 冊，岳麓書社，2011，第 566 頁。
⑦ 《乾隆二十七年十二月二十六日寄信上諭》，《乾隆朝滿文寄信檔譯編》第 3 冊，第 568 頁。

羈縻，藉以集我兵力。[①]

巴達克山問題的處理至是由葉爾羌邊臣主導轉為葉爾羌、喀什噶爾、伊犁三方協作。高宗此舉固然為兵丁徵調之便，亦寓牽制之意，庶可避免葉爾羌邊臣單方面草率出兵。此外，高宗隱微覺察到新柱對額敏和卓及回人伯克的不信任，永貴與明瑞的介入，既是對葉爾羌邊臣間嫌隙的調和，更是對雙軌體制的一種鞏固與再確認。[②]

薩里使團於乾隆二十七年十二月十九日抵達巴達克山，經過交涉，蘇勒坦沙交還布拉尼敦三名遺孀及其子嗣，然而於奇特拉爾之事卻持之甚堅，辯稱"天下一應遊牧之地，皆為主上所有，我何過之有，全憑將軍大人定奪"[③]。使團於十二月二十六日離開巴達克山，經由博洛爾，於翌年正月二十五日抵達葉爾羌。不過薩里在途中曾向葉爾羌方面報告進展，因此葉爾羌邊臣應在正月初已經知曉蘇勒坦沙的態度，並進摺具奏。[④]奏摺葉爾羌遞送至京，最遲三十日左右可達，高宗大抵在二月上旬當已接獲新柱所奏，其對出兵征剿的態度由此發生轉變。二月十五日，高宗接到明瑞自請領兵之摺，硃批云"知道了，著候旨，未必至出兵"[⑤]，高宗至此開始傾向於通過交涉渠道解決奇特拉爾爭端。

葉爾羌方面則於二月初一日接到高宗十二月末至正月初所發上諭，隨即遵旨再次派出薩里出使交涉。事實上，新柱、額敏和卓此時亦已意識到出兵的必要性大為降低，備兵征剿云云，不過是一種藉以懾服巴達克山的姿態。在二月初三日拜發的奏摺中，新柱、額敏和卓預估"使臣曉之以理，（蘇勒坦沙）料即遵行，亦毋庸用兵"[⑥]，"必不至用兵，然兵不可不預備，若萬一需用，亦不便不動，事先籌備、宣揚於外，蘇勒坦沙亦有畏懼"[⑦]。額敏和卓致書蘇勒坦沙，在擬制父子關係話語的基礎上，仍以清朝的軍力施壓：

ili cooha be aliyara sidende. te geli emu mudan elcin takūrafi. sini niyalmai sasa amasi

---

① 《乾隆二十八年正月初五日寄信上諭》，《乾隆朝滿文寄信檔譯編》第 4 冊，第 470 頁。

② 新柱初擬自行出兵巴達克山，由額敏和卓留守葉爾羌。永貴對此頗有微詞，新柱乃改為二人共同出征。參見《乾隆二十七年十二月二十四日新柱、額敏和卓摺》，《清代新疆滿文檔案彙編》第 60 冊，第 152—153 頁。二十八年正月初八日，高宗發現新柱奏摺未與額敏和卓合署，特寄諭云額敏和卓"乃朕舊僕"，"非他人可比"，"一切事件俱令會同辦理，毋庸回避"，參見《乾隆朝滿文寄信檔譯編》第 4 冊，第 471 頁。

③ 《乾隆二十七年十二月蘇勒坦沙呈文》，《清代新疆滿文檔案彙編》第 60 冊，第 194 頁。筆者在滿文錄副奏摺中並未找到葉爾羌邊臣關於薩里出使、交涉詳情的奏報，其大略可參見《平定準噶爾方略》卷二一，乾隆二十八年三月戊午，《故宮珍本叢刊》本第 7 冊，海南出版社，2001，第 315—316 頁。

④ 乾隆二十八年正月十七日，新柱接到薩里四天前發出的報告，稱正前往博洛爾，隨即於當日奏聞，參見《清代新疆滿文檔案彙編》第 60 冊，第 301—302 頁。由此可見薩里沿途隨時報告，邊臣亦隨時具奏。此摺中並未言及蘇勒坦沙呈獻和卓遺孀之事，但從時間來看，葉爾羌方面應已獲知，可以推測，邊臣此前已經具奏此事，故無需再次提及。

⑤ 《乾隆二十八年正月二十四日明瑞摺》，《清代新疆滿文檔案彙編》第 60 冊，第 344 頁。

⑥ 《乾隆二十八年二月初三日新柱、額敏和卓摺》，《清代新疆滿文檔案彙編》第 60 冊，第 423 頁。

⑦ 《乾隆二十八年二月初三日新柱、額敏和卓摺》，《清代新疆滿文檔案彙編》第 60 冊，第 413—414 頁。

unggihe. si mimbe ama seme akdaha kai. bi geli jembi simbe tuhebumbio. ere baita aika afara de isinaci. si geli (++)amba ejen de bakcilaci ombio. toktofi wajire de isinambi. citrar be baharakū sere anggala. sini badakšan be inu akdulame muterakū. beye wajire de isinambi kai. sinde ai tusa. si aika unenggi gūnin-i mimbe ama seme akdara. umai mimbe oilo kunduleme. sini funde jabšan baita be mutebure gūnin akū. oci si uthai mini afabuha songkoi eiten be. gemu jiyanggiyūn-i afabuha bithe be dahame icihiyara. emu hacin ede oci ojorakū. si aika mimbe holtorongge oci. si uthai cinggai yabu. jai jai ume minde baire.

　　正等候伊犁兵時，今汝再度遣使，與汝之人同歸。汝言仰賴我如父，我又曾食言陷害汝乎？此事若至對陣，汝可敵主上乎？定至滅亡。與其不還奇特拉爾，不若不能保巴達克山，以至身敗矣，於汝何益？汝意中如誠仰賴我如父，全然表面尊我，而無為汝成此幸事之意。汝即遵囑，將一切事宜俱照將軍劄付辦理。一事不可缺。汝若欺我，勿復來求。①

由於路遇大雪，薩里使團往返破費周章，與葉爾羌的聯繫亦一度中斷。②至五月初七日葉爾羌邊臣方收到薩里的第一份呈文，稱"蘇勒坦沙於一切事宜俱遵囑而辦理"③，其所擅立的奇特拉爾伯克已召回，所劫掠博洛爾之牲畜、人口亦已清點交還，奇特拉爾爭端至此告終。值得注意的是，從現存檔案來看，二十八年二月至五月，邊臣並未奏報任何有關巴達克山、博洛爾近況的情報，④不過葉爾羌、喀什噶爾、伊犁三方邊臣分別對事態進展做出了各異的評估。喀什噶爾與伊犁方面仍然按照乾隆二十七年十二月籌備出征的上諭進行準備，伊犁將軍明瑞於二月初五日奏言將與永貴、新柱商議，派兵前往喀什噶爾；⑤伊犁參贊大臣伊勒圖同日亦具摺自稱"稍知回人、布魯特風俗"⑥，請與愛隆阿一同出征巴達克山；喀什噶爾參贊大臣永貴稍後亦具奏兩路進兵征討之策。⑦高宗於二月末陸續收到上述諸摺，其批伊勒圖摺云"亦不必"，批永貴摺云"已不需用兵矣，何用預籌無用之事"。⑧可知最晚在此時，高宗已有定見，不必

---

① 《乾隆二十八年三月額敏和卓致蘇勒坦沙函》，《清代新疆滿文檔案彙編》第 62 冊，第 5—6 頁。原件無年代，出自乾隆二十八年三月包，核其文字，當係二十八年二月薩里再度出使時賫去。
② 《乾隆二十八年四月十二日新柱、額敏和卓摺》，《清代新疆滿文檔案彙編》第 62 冊，第 99—100 頁。
③ 《乾隆二十八年五月初八日新柱、額敏和卓摺》，《清代新疆滿文檔案彙編》第 62 冊，第 246 頁。
④ 乾隆二十八年三月初三日，高宗寄諭新柱，詢問薩里使團有無進展，且言"今永貴等亦為此事具奏"，參見《乾隆朝滿文寄信檔譯編》第 4 冊，第 487 頁。根據新柱四月十二日的回奏（《清代新疆滿文檔案彙編》第 62 冊，第 99—100 頁），葉爾羌方面亦無最新消息。
⑤ 《乾隆二十八年二月初五日明瑞、愛隆阿、伊勒圖摺》，《清代新疆滿文檔案彙編》第 60 冊，第 450—452 頁。
⑥ 《乾隆二十八年二月初五日伊勒圖摺》，《清代新疆滿文檔案彙編》第 61 冊，第 8 頁。
⑦ 《乾隆二十八年二月初七日永貴、楊興阿摺》，《清代新疆滿文檔案彙編》第 61 冊，第 9—13 頁。
⑧ 《乾隆二十八年二月二十八日硃批伊勒圖摺》《三月初九日硃批永貴摺》，《清代新疆滿文檔案彙編》第 61 冊，第 9、13 頁。

出兵巴達克山，而就在正月末薩里使團初次出使返回時，葉爾羌邊臣亦已做出相近的預估。如下文所述，清朝與中亞諸部族、政權交涉的模式是局限於喀什噶爾或葉爾羌的"單點外交"。在此模式下，皇帝與樞臣關於邊疆的情報完全仰賴邊臣，而邊臣直接向皇帝、樞臣彙報，必然影響到邊臣之間信息溝通的效率。在奇特拉爾爭端的處理中，伊犁邊臣雖奉旨參與其中，但所獲得的信息實甚有限，甚至如與葉爾羌相去不遠的喀什噶爾，其駐防大臣亦很難與葉爾羌邊臣保持同步，對高宗決策影響最深的仍是葉爾羌邊臣的態度與判斷。

## 四　羈縻的邊界與限度

前節從信息交通的渠道與決策機制的角度討論了清朝對奇特拉爾爭端的因應之策。所謂因應之策，固不僅限於對此一具體問題的決策及其形成過程，至少還包括以下兩方面的內容。其一是如何回應蘇勒坦沙的攀附與挾清自重；其二是如何處理西征之前已經形成的歷史糾葛。而其共同指向的則是高宗君臣是否願意深度介入西帕米爾的地區性事務。本節則希望跳出事件與機制，考察清朝嘗試構建的中亞秩序如何回應西帕米爾地區複雜的歷史問題，而面對西帕米爾地區部族首領的攀附，清朝又如何界定羈縻的邊界。

如前所述，仰賴強鄰以擴張自身的威勢，本是巴達克山歷任首領的慣用之策。在清朝平定天山南北路前，準噶爾汗國對於介入西帕米爾地區的事務並不反感，甚至主動派兵進入中亞。當清朝取代準噶爾汗國後，此種攀附的傳統在西帕米爾地區仍然延續。對於蘇勒坦沙而言，其率先歸附清朝，並呈獻和卓尸骸，有功於清，因此自視理應得到清朝的庇護與援助。前引蘇勒坦沙向葉爾羌邊臣申述佔領奇特拉爾正當性的呈文中，蘇勒坦沙自稱"主上嘗降旨，令我固守遊牧，謹遵聖旨，方恢復奇特拉爾遊牧"，對於清朝左袒博洛爾頗感不滿：

> damu sultanša bi neneme (++)amba ejen han de hūsun bume. hojijan buranidun sebe waha turgunde. te gubci aiman-i urse gemu mini manggi uherefi dain oho bicibe. mini beye bisire ebsihe. naranggi (++)amba ejen han-i albatu damu hūsun bume faššara ci tulgiyen. encu gūnin akū. sultanša bi geli bairengge jiyanggiyūn ambasa-i šahūšamet be gosire kesi be mende neigen isibure be erhei bi. tuttu bicibe. šahūšamet-i hūsun buhengge. ya ba. onggolo i ini beye weile be geleme ofi. tuttu jiyanggiyūn ambasa de emu elcin takūraha.ede encu faššan akū. bi (++)amba ejen han de hūsun bume faššarangge inu emu amba tušan-i derengge niyalma ume mutembi dere seme gūnifi. hojijan-i baru afandure de emu inenggi juwe tanggū cooha kosirafi naranggi hojijan sebe jafafi wafi giran be alibuha. šahūšamet serengge. emu fulehe sekiyen akū niyalma. te jiyanggūn ambasa cembe hairame ere majige baita de mimbe fakšahangge. yala šahūšamet de sanggūšabuha. bi yargiyan-i ubabe gūninahakū.

惟我先時效力主上，殺霍集占、布拉尼敦，是以今諸部之人皆與我反目。雖如是，我究為主上臣僕，亦但竭所能，奮勉效力，此外別無他念。亦期將軍大人將垂恤沙呼沙默特之恩均分於我。然沙呼沙默特何處出力？彼初因畏罪，故遣使將軍大人，斯時別無效力之處。意能勤勉宣力於主上，其人亦有重任之殊榮。與霍集占交戰時，一日損兵二百，終執霍集占等而殺之，呈獻尸骸。沙呼沙默特乃一無根之人，今將軍大人憐之，以此一小事而斥我，正遂沙呼沙默特之願，我實未念及此。[①]

在奇特拉爾爭端中，蘇勒坦沙正是秉持此種邏輯與清朝展開交涉的，試圖藉助清朝權威以解決歷史問題，並獲得區域霸權。正因此種邏輯的存在，蘇勒坦沙在出兵奇特拉爾時曾向葉爾羌方面隱約告知，希望獲得邊臣的支持，或至少是默許。[②]

對於蘇勒坦沙的攀附，高宗君臣如何回應？葉爾羌邊臣收到此份呈文後，即復書駁之，首先否定了蘇勒坦沙自恃可得清朝庇護的基礎：

si hojijan−i uju bure baita be si majige bodome gūni. si tere fonde burakū oci. sini nukte bahafi taksimbio. si inu jabšara ufarara be šumilame bodofi teni benjibuhe dabala. yargiyan−i (++)abkai gurun−i hūsun. sini nantuhūn aiman be gaime muterakū. elcin takūraha inu. (++) amba ejen sini nukte be yongkiyabuha (++) kesi umesi ujen. si jalin wajitala. aha jušen−i doro be akūmbume yabucibe. hono tumen de emgeri karulame muterakū bime. si elemangga (++)amba ejen de wesimbure. mende bithe alibure dari. sini neneme fašašaha babe jonome (++)amba ejen sinde labdu šangnahakū seme gasara uru tuyembumbi. si fuhali elecun be sarkū. (++) amba ejen−i dabtala šangnara be balai kicehengge. ere uthai sini amba weile. giyan−i nišalame icihiyaraci acambime.

汝稍思呈獻霍集占首級之事，彼時汝若不給，汝遊牧尚得存乎？汝亦深思利害方得之而已。誠以天朝之威，取汝撮爾小部，有何不可，遣使亦主上存汝遊牧之深恩也。汝雖遵奴僕之道，尚不能報萬一；況汝反具奏主上、呈文我等，述汝昔時勤勉，而主上賞賜未多云云，哀怨畢露。汝毫不知足，妄求主上逾格之賞，此即汝之大罪，理宜從重辦理。[③]

---

① 《乾隆二十七年十二月蘇勒坦沙呈文》，《清代新疆滿文檔案彙編》第 60 冊，第 193—194 頁。
② 《乾隆二十七年十一月二十一日新柱、額敏和卓摺》，《清代新疆滿文檔案彙編》第 59 冊，第 321—322 頁。按，此信由巴達克山使者蓋布尼匝爾於九月初一日送達，葉爾羌方面卻因不知奇特拉爾係何人屬部，置之不問。
③ 《乾隆二十六年十一月新柱致蘇勒坦沙劄付》，《清代新疆滿文檔案彙編》第 54 冊，第 38—39 頁。按，原件無年月，此處繫年有誤，應為二十七年，說詳前。

在葉爾羌邊臣看來，呈獻和卓尸骸非蘇勒坦沙之本意，實為大軍壓境之下，籌度利害而後行之，不可謂之有功。事實上，自巴達克山歸順以來，清朝便對蘇勒坦沙挾清自重的擴張意圖相當警覺，同時亦小心避免為西帕米爾諸部所利用，陷入當地歷史糾葛的泥淖之中。乾隆二十五年二月，蘇勒坦沙向清朝使者富呼關說發兵相助時，富呼即面責其"不知足、不遵天理"，囑其"收綏下人安居"；蘇勒坦沙隨即呈文阿里袞，阿里袞亦駁回所請，並謂"先時噶爾丹策零出兵二萬，特為劫奪琿都斯、塔拉干地方，援助米爾扎·尼巴特之咎，不特葉爾羌之伯克俱知，即自我而下，亦俱知也"。① 事實上，高宗君臣對於如何回應蘇勒坦沙之請頗費周章。是年九月明仁、額爾登額出使巴達克山，任務之一便是探查巴達克山與鄰部的關係。明仁行前收到諭旨："若係鄰部蘇勒坦沙汝殺霍集占兄弟而構釁，汝等歸來具奏，朕自有辦理；若係請兵剿滅無辜、展拓土地，則斷不可行。"使者抵達巴達克山後，蘇勒坦沙果言及請兵，明仁面告之云"自瓦罕地方以來，訪問遊牧人等，俱稱汝與鄰部互相搶奪，已經多年，習以為常等語，如此豈可代奏請兵？"② 可知至遲在此時，高宗君臣已知悉蘇勒坦沙挾清自重之意圖，而對西帕米爾各部的類似請求，大抵亦置之不理。

乾隆二十五年末，又有巴達克山所屬羅善（rušan）地方頭目因被達爾瓦斯劫掠，遣使葉爾羌請出兵代為伸冤。新柱與額敏和卓僅行文調解，駁斥其發兵之請，並具奏云：

> kimcime gūnici. jecen-i ergi geren aiman-i hoise sei fe tacin. heni jabšan majige jili de. uthai ishunde kimutulefi wandume. durime tabcilarangge. ere gemu ceni an-i baita ta seme bisirengge. uru waka be inu ilgabume de mangga. enenggi ere aiman gaibufi. cooha baihanjire de. muse cooha elcin unggifi kimun šaringgiyabuci. cimari tere aiman gaibufi. cooha baihanjiha manggi. geli cooha bure de isinambi. (++)abkai gurun de inu cooha be weihukeleme ilifi. ceni funde karu gaire kooli akū. ere ainaha seme yabume banjinarakū baita.

> 伏惟邊外諸部回人舊習尚存，稍有忿怒即相互仇殺劫掠，此俱伊之常事，是非難辨，今日此部來請兵伸冤，明日彼部來請，又將與之，亦輕慢天朝之兵也，且無由伊統帥之例，乃斷不可之事也。③

高宗旁批云"甚是"（umesi inu），這或可代表乾隆中葉高宗君臣對於中亞伊斯蘭世界的一般態度。乾隆二十六年，蘇勒坦沙恐艾哈邁德沙赫來犯，遣使葉爾羌求援，新柱與額敏和卓唯

---

① 《乾隆二十五年三月二十四日阿里袞、額敏和卓摺》，《清代新疆滿文檔案彙編》第 45 冊，第 13—14 頁。

② 《乾隆二十五年十一月十六日明仁、額爾登額摺》（滿漢合璧），《清代新疆滿文檔案彙編》第 49 冊，第 136—137 頁。按，此摺滿、漢稍有出入，漢文詳於滿文，故據漢文引錄。此句"俱稱"以下文義不見於滿文。

③ 《乾隆二十五年十二月初五日新柱、額敏和卓摺》，《清代新疆滿文檔案彙編》第 49 冊，第 248 頁。

行文撫慰云 "汝是後惟和輯鄰部、堅守遊牧、恩養下人，不可妄自生事。鄰部礙於道理，亦不致與汝生隙，和輯安生"①。

蘇勒坦沙此前反復要求清朝軍事援助，主要針對巴達克山周邊並未歸附清朝的敵對部族，如其對使者明仁所言，"若得此等遊牧，不惟天威遠振，我等藉以剪滅仇人，且主上又多一臣僕（albatu）"②。與之不同的是，奇特拉爾爭端涉及的兩方皆是清朝藩屬，蘇勒坦沙更以歷史糾葛為此舉的正當性辯護。在高宗君臣看來，此舉的嚴重性遠甚於一般的藩屬糾紛，新柱摺中謂 "蘇勒坦沙徑奪天朝之奇特拉爾，擁立阿奇木伯克，為伊之土地矣。又佔據博洛爾城，迫令割地，此直是叛逆，甚為可憎。計伊所犯之罪，較外藩之人慣常互相攻掠之罪為重，斷不可不從重辦理"③。如巴達克山與博洛爾間果有恩怨糾葛，蘇勒坦沙自應 "遵例呈稟，由我等（葉爾羌邊臣）具奏主上，候旨辦理方是"④。易言之，清朝希望充當西帕米爾地區糾紛的權威裁斷者。博洛爾既同歸附清朝，則其已為 "主上之地"，蘇勒坦沙擅自侵奪其領土，葉爾羌邊臣更視之為 "此即伊不懼主上、目中無我"⑤，事實上即是對清朝權威的挑戰，亦打破了清朝在西帕米爾世界試圖維持的平衡格局。

通覽葉爾羌邊臣與蘇勒坦沙的往返函劄，可知清朝始終有意回避蘇勒坦沙藉以作為合法性依據的歷史問題。新柱、額敏和卓曾向葉爾羌舊人探問奇特拉爾部族的歷史，得知蘇勒坦沙舅父 šamamet 早年自博洛爾取得奇特拉爾控制權，後沙呼沙默特之祖父沙呼沙塔克（šahūšatak）又奪回，新柱等遂據此駁斥蘇勒坦沙，"爾言係爾父祖之遊牧，顯為妄造"⑥。新柱未派出使者至當地詢問，其信息來源祇是葉爾羌穆斯林，是否可信尚需斟酌。此一版本的敘事同樣不見於追述成書的奇特拉爾本地史籍，亦無近似的情節，恐亦是彼時流傳於西帕米爾與新疆地區的歷史記憶之一。事實上，此種歷史糾葛的事實如何、孰是孰非，對於葉爾羌邊臣而言並不重要。在奇特拉爾爭端中，歷史糾葛並未影響到清朝的決策。新柱致蘇勒坦沙之劄付云：

tere anggala. gūlmahūn aniya. hoise-i dorgi tulergi ele nukte aiman be necihiyeme tok-
tobuha fonde. be. uthai citrar-i ba. bolor-i harangga. šahūšamet-i juse deote tehe be sahabi.
ere fuhali sini nukte waka sere anggala. uthai onggolo yargiyan-i sini nukte okini. te gubci
ba na gemu (++)amba ejen-i ba na ohobi. si inu saligan-i gaici ojorakū. jai onggolo suweni

① 《乾隆二十六年十二月二十六日新柱、額敏和卓摺》，《清代新疆滿文檔案彙編》第 54 冊，第 195—196 頁。
② 《乾隆二十五年十一月十六日明仁、額爾登額摺》，《清代新疆滿文檔案彙編》第 49 冊，第 132 頁。
③ 《乾隆二十七年十二月初三日新柱、額敏和卓摺》，《清代新疆滿文檔案彙編》第 59 冊，第 434 頁。
④ 《乾隆二十六年十一月新柱致蘇勒坦沙函》，《清代新疆滿文檔案彙編》第 54 冊，第 39—40 頁。時間應為乾隆二十七年。
⑤ 《乾隆二十六年十一月額敏和卓致蘇勒坦沙函》，《清代新疆滿文檔案彙編》第 54 冊，第 42 頁。時間應為乾隆二十七年。
⑥ 《乾隆二十八年三月新柱致蘇勒坦沙劄付》，《清代新疆滿文檔案彙編》第 62 冊，第 12 頁。

geren hoise sei dolo ishunde kimutulere eherere. cooha dain-i baita. inu gemu bisirengge. amcame debkeme icihiyaci ojorakū ofi. (++)amba ejen-i hese. hoise se aika dahame dosika ci ebsi baita be habšanjici. tondoi lashala. onggolo baita be ume dara seme (++)tacibume wasimbuha babi. si te onggolo baita be kanagan arame balai eljeme gisureci. be inu ainaha seme darkū.

　　況卯年平定回部一切部落時，即知奇特拉爾為博洛爾屬地，沙呼沙默特之子弟居之，全非爾之遊牧。即此先果為爾遊牧，今一切土地皆為主上所有，爾亦不可擅取。再，此先爾等回人中，互為讎仇，每有戰事，不可追論舊事。故聖諭有回眾歸順後之事，若申訴即裁斷，此先之事皆不理之言。爾今若藉口舊事，妄行抗拒，我斷不為理，惟照所命汝者而辦理。①

　　新柱所稱引的聖諭文字，不見於清朝向西帕米爾諸部所頒敕書，亦不詳其年月，不過可知高宗對此確曾有公開表態。清朝方面的態度在此表露無遺，即由清朝主導的中亞秩序以乾隆二十四年平定西域後的地緣政治格局為基礎，諸部在此以前形成的糾葛、積怨一概不問；西征以後，諸部既皆歸附清朝，同為清帝之臣僕，歷史問題亦不可成為諸部之間再生釁端的藉口，至於諸部間新產生的糾紛，則必須在清朝邊疆行政體制之下解決。易言之，清朝試圖以西征為界，劃分西帕米爾地區的歷史與現實，以期減少歷史問題為清朝邊疆行政造成的負擔。

　　與此種中亞秩序同時確立的，是清朝作為權威調解者與裁斷者的角色。奇特拉爾爭端的收場並非巴達克山撤兵、與博洛爾重修舊好，此種修好的結果必須得到清朝的確認。二十八年三月初四日，薩里使團經過三十二日的跋涉抵達巴達克山，隨即與蘇勒坦沙展開交涉，蘇勒坦沙即允諾退兵，遣其心腹米爾扎·色第克前往奇特拉爾傳命。薩里使團在巴達克山停留四十日，期間蘇勒坦沙將自奇特拉爾所掠的 445 人及牛 205 頭、羊 432 隻、鳥槍 74 枝，乃至長袍、靴子等細碎物件，俱清點交予使臣，並立誓稱毫無隱匿。②四月十四日，薩里使團率被擄人口前往奇特拉爾，蘇勒坦沙派出"近身行走"之海蘭達爾（hailandar）伯克與派蘇努拉（paisunula）伯克陪同。③由於檔案闕略，使團在博洛爾的具體活動不甚清楚，根據薩里返回後的報告來看，巴達克山的海蘭達爾與博洛爾方面的使者在此完成了對奇特拉爾土地及被掠人口、牲畜、物資的交接。五月初三日，巴達克山、博洛爾於奇特拉爾立誓修好，蘇勒

① 《乾隆二十八年三月新柱致蘇勒坦沙劄付》，《清代新疆滿文檔案彙編》第 62 冊，第 13 頁。
② 《乾隆二十八年五月初八日新柱、額敏和卓摺》（附薩里呈文），《清代新疆滿文檔案彙編》第 62 冊，第 247—248 頁。
③ 《乾隆二十八年七月蘇勒坦沙呈文》，《清代新疆滿文檔案彙編》第 64 冊，第 84 頁。按，原件無年代，出自該月月摺包。核其文義，當係是年四月蘇勒坦沙交由薩里帶回之文，由葉爾羌邊臣具奏至京，恐已至七月。

坦沙先期手書"此後我蘇勒坦沙不再侵犯汝之奇特拉爾、博洛爾"①，並鈐印為記，博洛爾伯克沙呼沙默特亦致書蘇勒坦沙，手書鈐印，云"是後不復言及此事，和睦而生"②。薩里亦指定 tabang、guba 兩村落為博洛爾、奇特拉爾之邊界。五月三十日，薩里與派蘇努拉、博洛爾使者呼達達特（hūdadat）、博洛爾使者呼匝爾伯克（hūdzarbek）抵達葉爾羌，博洛爾、奇特拉爾使者各呈文稱謝。六月初五日，奇特拉爾使者返回，新柱、額敏和卓致書其首領，再次確認薩里所劃定之邊界，並誡之云"爾與博洛爾以一家之禮互助，勿恃天朝而失和於鄰部"，同時行文博洛爾首領沙呼沙默特云"是後若有事，當與奇特拉爾互助，遵照所指邊界長久安守，奇特拉爾雖為爾所屬，一旦內附，即為聖主之土地、臣僕矣，非爾所屬"，囑其"不得妄自欺凌奇特拉爾"③。值得注意的是，巴達克山與博洛爾的首領盟誓、土地人畜的退還，都有清朝使者在場，邊界亦由清朝使者劃定，且需要經過葉爾羌邊臣之最終確認。如此安排顯示出清朝試圖成為西帕米爾地區政治秩序與權力關係的主導者與裁斷者，而此種秩序正是基於乾隆二十四年高宗君臣所面對的中亞政治格局。

## 五　餘論

清朝取代準噶爾汗國成為西帕米爾地區的西北強鄰，為當地政治格局帶來了重組與變易的可能，亦為地方政權的擴張、區域霸權的競逐提供了機會，西帕米爾諸部與清朝間因之形成了攀附與羈縻的張力。西帕米爾諸部試圖藉重清朝權威，而清朝則努力將雙方關係限制在羈縻的範疇內，避免過度介入中亞事務，以增加西陲邊疆治理體系的負擔。

奇特拉爾爭端的發生正由於此兩種因素的交織。清朝對這場爭端最初並未投入太多的行政資源，情報收集亦稍顯被動滯後，仍視之為藩屬間的日常糾紛。促使高宗君臣意識到問題嚴重性、決定採用強硬立場的，是蘇勒坦沙藉歷史問題之名以行擴張之實，進而危及清朝主導的中亞秩序的穩定性。如何在西帕米爾地區劃定羈縻的邊界與限度，是清朝處理此爭端時必須回應的問題。大體而言，清朝的因應之道首先是禁止"追論舊事"，即以乾隆二十四年為界，此前的歷史問題不復具有合法性，歷史糾葛亦不得成為再生釁端的理由；而對西帕米爾諸部但論是否歸附，而不論功績之大小、力量之強弱，凡於西征之役中歸附清朝的部族，其地位皆一視同仁，清朝的中亞秩序即是基於此展開。這一摒棄歷史負擔的新秩序並不允許地域性強權的興起，諸部間的權力關係須保持相對平衡，擾動平衡的不穩定因素則應在清朝邊疆行政的框架下解決，而無害於此的日常糾紛並不在清朝主動介入的範圍內。奇特拉爾爭端的解決，意味著西帕米爾部族攀附清朝權威的失敗，有限度羈縻以維持西陲藩屬的穩定已成為清朝邊疆行政的首要目標。

---

① 《乾隆二十八年七月蘇勒坦沙呈文》，《清代新疆滿文檔案彙編》第 64 冊，第 89 頁。
② 《乾隆二十八年七月沙呼沙默特呈文》，《清代新疆滿文檔案彙編》第 64 冊，第 90 頁。
③ 《乾隆二十八年六月十七日新柱、額敏和卓摺》，《清代新疆滿文檔案彙編》第 63 冊，第 106—107 頁。

# Cherishing versus Social Climbing: The Dispute on Chitral and Qing's Response in 1762

## MA Zimu

The political situation of Western Pamir area remained fluctuant since the Qing Dynasty's power and intelligence network was preliminary built up there in 1759. After the destrution of the Dzungar Khanate, the Qing became the most powerful player in eastern Central Asia. Thus vassals and tribes in Western Pamir sought connections with Qing's authority to find out a solution to historical dispute with their rivals. However, the Qing emperor did not want to get deeply involved in Central Asian local disturbance, as it would be of no help to the stable control of western frontier. For Qianlong emperor, cherishing men from afar was always the first principle. The case of Chitral indicated this tension clearly. Badakshan and Bolor, two "servent vassals" (Manchu *albatu*) of the Qing, both claimed a terrtorial ownership of Chitral, and both turned to the Qing court for resolution. Based on Manchu archives, this essay elaborates on the origin of this dispute and claims of both sides, most of which have never been discussed before. Furthermore, it is also important to demontrate the way the Qing responded. Qianlong emperor had to maintain those vassals' loyalty, when at the same time to get rid of forgein disturbance.

# 清代漢文史籍所載布魯特

陳　柱

　　“布魯特”，滿文為 burut，清代漢文文獻中又寫為“布嚕特”。“布魯特”一名是衛拉特蒙古人對生活在西天山地區的吉爾吉斯人的稱呼，清朝一直沿用這一名稱。關於“布魯特”一詞的語源和含義，學界尚未研究清楚，或認為係“高山居民”之意。[①]“吉爾吉斯”與“柯爾克孜”是同名異寫，維吾爾文寫為قرغز，柯爾克孜文寫為كرگز，俄文寫為 Киргиз，英文寫為 Kirghiz 或 Kyrgyz。吉爾吉斯是亞洲內陸一個非常古老的部族，其先民發源於葉尼塞河上遊地區，並長期聚居於此。學界常將生活至這一地區的吉爾吉斯人稱為“葉尼塞吉爾吉斯人”。後來，部分葉尼塞吉爾吉斯人逐漸遷徙至西天山地區，定居於此，並逐漸伊斯蘭化。[②]學界常將生活在西天山地區的信奉伊斯蘭教的吉爾吉斯人稱為“天山吉爾吉斯人”。

　　布魯特部落衆多，散居各處，各部與清朝發生接觸和建立關係先後不一。清代漢文史籍留下大量有關布魯特的記載，對此進行梳理，一來便於初步瞭解布魯特的部落名稱、分布、分類和社會政治狀況，二來可藉以探究布魯特與清朝關係的性質。涉及布魯特的清代漢文史籍非常繁雜，這些漢文史籍的有關記載，文字多寡、學術價值參差有別，不能一一引介。本文擬以成書先後為序，從清代政書和新疆方志中挑選價值較高、有代表性的幾種進行梳理。《清史稿》一書雖編成於民國初年，但參與編纂者多係清朝耆舊遺臣，且書中立場明顯偏向於清朝，所以權將此書視為清代漢文史籍，納入審視的範圍。另外，《清實錄》《平定準噶爾方略》《平定回疆剿擒逆裔方略》三種官書保留了大量關於布魯特的記載，史料價值很高，但因三書屬於編年體史料彙編性質，有關記載過於零散龐雜，本文限於篇幅，不能予以分析，祇能留待日後再做進一步考察。

---

①　阿地里·居瑪吐爾地、曼拜特·吐爾地、古麗巴哈爾·胡吉西：《柯爾克孜族民間信仰與社會》，民族出版社，2009，第 2 頁。

②　關於葉尼塞吉爾吉斯人遷徙到西天山地區的時間和過程，學界尚無定論，可參見馬曼麗《葉尼塞吉爾吉斯人的西遷與中亞吉爾吉斯民族的形成》(《西北史地》1984 年第 4 期)、胡延新《十七世紀的葉尼塞吉爾吉斯及其西遷》(《甘肅民族研究》1986 年第 4 期)、巴哈提·依加漢《9 世紀中葉以後黠戛斯的南下活動》(《西域研究》1991 年第 3 期)、華濤《回鶻西遷前後西部天山地區的突厥語諸部》(《民族研究》1991 年第 5 期)、高源《柯爾克孜族西遷過程簡析》(《喀什師範學院學報》2005 年第 4 期)等文，以及華濤《突厥語諸部在天山地區的活動及其伊斯蘭化的進程》(博士學位論文，南京大學，1989)、華濤《西域歷史研究（八至十世紀）》(上海古籍出版社，2000)、王潔《黠戛斯歷史研究》(博士學位論文，內蒙古大學，2009)有關章節。

# 一　布魯特的族稱

在對清代漢文史籍有關布魯特的記載進行考察之前，有必要先對布魯特的族稱做一簡要梳理。漢文史籍對布魯特（吉爾吉斯）先民的歷史有豐富的記載。漢魏時期漢文文獻將其稱為"鬲昆"①"隔昆""堅昆"②，南北朝至隋代將其稱為"紇骨"③"護骨"④"契骨"⑤。唐代仍然使用"堅昆""契骨"，並出現"結骨"⑥一稱。唐德宗貞元十七年（801），賈耽上《古今郡國縣道四夷述》，根據回鶻人所告，開始將該部名稱譯寫為"黠戛斯"。唐武宗時期宰相李德裕會昌二年（842）《代劉沔與回鶻宰相頡于伽思書》《代劉沔與回鶻宰相書白》和會昌三年二月奉旨所擬致黠戛斯可汗國書《與紇扢斯可汗書》稱該部為"紇扢斯"。⑦後來，李德裕奏請在冊命公文中依據賈耽《古今郡國縣道四夷述》將其名定為"黠戛斯"。⑧自此，黠戛斯一名成為唐朝對該部的通稱。⑨遼宋金時期將其譯寫為"轄戛斯"⑩"黠戛司"⑪"紇里迄斯"⑫等，元代至明代則一般稱之

---

① 《史記》卷一一〇《匈奴列傳》。

② 《漢書》卷九四《匈奴傳》。

③ 《魏書》卷一一三《官氏志》；《隋書》卷八四《鐵勒傳》。

④ 《魏書》卷一〇三《高車傳》。

⑤ 《周書》卷五〇《突厥傳》；《北史》卷九九《突厥傳》。

⑥ 杜佑：《通典》卷二〇〇，"結骨"；王溥：《唐會要》卷一〇〇，"結骨"國；《舊唐書》卷一九四《突厥傳附西厥傳》。

⑦ 李德裕：《李德裕文集校箋》，傅璇琮、周建國校箋，河北教育出版社，2000，第79—81、138—139、143—144頁。

⑧ 李德裕：《李德裕文集校箋》，第79頁；王潔：《漢譯黠戛斯族名考釋》，《古代文明》2013年第3期，第79頁。

⑨ 關於黠戛斯歷史以及唐朝與黠戛斯關係的漢文史料，可參見《舊唐書》卷一九四《突厥傳附西厥傳》；《新唐書》卷二一七下《回鶻傳附黠戛斯傳》；樂史《太平寰宇記》卷一九九《黠戛斯》；《李德裕文集校箋》所收李德裕所撰有關公文；等等。有關黠戛斯的突厥文碑銘記載，可參見 С. Г. 克利亞什托爾內《古代突厥魯尼文碑銘——中亞細亞史原始文獻》（李佩娟譯，黑龍江教育出版社，1991），耿世民《古代突厥文碑銘研究》（中央民族大學出版社，2005）所收《暾欲谷碑》《闕特勤碑》《毗伽可汗碑》等。關於黠戛斯歷史以及唐朝與黠戛斯關係的研究，可參見《南西伯利亞古代史》（上下冊，吉謝列夫著，新疆社會科學院民族研究所譯，1981、1985）、《6至8世紀鄂爾渾葉尼塞突厥社會經濟制度（東突厥汗國和黠戛斯）》（A. 伯恩什達姆著，楊訥譯，郝鎮華校，新疆人民出版社，1997）、《柯爾克孜族：歷史與現狀》（萬雪玉、阿斯卡爾·居努斯著，新疆大學出版社，2005）、《柯爾克孜族簡史》（《柯爾克孜族簡史》編寫組、《柯爾克孜族簡史》修訂本編寫組，民族出版社，2008）、王潔《黠戛斯歷史研究》有關章節，以及郭平梁《從堅昆都督府到黠戛斯汗國》（《西北史論叢》第2輯，新疆人民出版社，1985）、薛宗正《黠戛斯的崛興》（《民族研究》1996年第1期）、王潔《黠戛斯族名、族源及地理位置探討》（《內蒙古社會科學》2008年第1期）、王潔《黠戛斯汗國所屬諸部考辨》（《內蒙古師範大學學報》2011年第3期）、王潔《漢譯黠戛斯族名考釋》、王潔《黠戛斯汗國形成時間考辨》（《內蒙古社會科學》2013年第3期）、德羅姆普（Michael R. Drompp）《鄂爾渾傳統的中斷——840年後黠戛斯回歸葉尼塞說》（楊富學、韓曉雪譯，《中國邊疆民族研究》第7輯，2013年。或譯為《打破鄂爾渾河傳統：論公元840年以後黠戛斯對葉尼塞河流域的堅守》，高菲池譯，《內蒙古師範大學學報》2014年第5期）等文。

⑩ 《遼史》卷四六《北面屬國官》；卷七〇《屬國表》。

⑪ 《宋史》卷四九〇《高昌傳》。

⑫ 劉祁：《歸潛志》卷一三《北使記》，中華書局，1983，第167頁。該書斷句有誤，將"紇里迄斯乃蠻"兩部誤斷為"紇里、迄斯乃蠻"。

為"吉利吉思""乞兒吉思"①。衛拉特蒙古人將生活在西天山地區、信奉伊斯蘭教的吉爾吉斯人稱為"布魯特",將仍然生活在葉尼塞河上遊以及遷入準噶爾汗國境內、保持原有信仰的吉爾吉斯人稱為"奇爾吉斯"②。清朝繼承了衛拉特人的"布魯特"和"奇爾吉斯"這一用法。

"布魯特"這一稱法民國時期仍在沿用。民國二十四年(1935),經新疆省政府決定和第二次新疆省民眾代表大會通過,以"柯爾克孜"作為該族的正式漢文譯名,取代沿用數百年的"布魯特"一名。③近代以來,俄國在亞洲內陸侵略擴張,逐漸與天山吉爾吉斯人發生接觸。俄國人起初將天山吉爾吉斯人與哈薩克人混稱為"吉爾吉斯(Киргиз)",而將真正的天山吉爾吉斯人稱為"卡拉吉爾吉斯"。1925年蘇聯政府在中亞地區劃分民族國家以後纔對此予以糾正,將哈薩克人從"吉爾吉斯"一名中劃出,用"吉爾吉斯"單指天山吉爾吉斯人,這一稱法在中亞和俄羅斯一直使用至今。④中華人民共和國成立後,將境內的吉爾吉斯人稱為"柯爾克孜",將境外的吉爾吉斯人仍稱為"吉爾吉斯"。

唐朝人就已知曉,"黠戛斯國號皆依蕃書,譯字所以不同"。⑤當代學者認為,"對同一族稱的不同漢字譯寫,是不同時期的中原史家,依據當時的發音進行同名異譯的結果"。⑥古代漢文史籍對布魯特(吉爾吉斯)先民族稱的譯寫之所以如此繁雜,是不同時代之人依據自身發音對接觸到的邊疆民族語言"吉爾吉斯"一稱進行音寫的結果。"鬲昆""隔昆""堅昆""結骨""契骨""紇骨""護骨"等譯名是中原王朝轉譯自原蒙古語對布魯特(吉爾吉斯)先民的稱呼"qirghun";"紇扢斯""黠戛斯""轄戛斯""黠夏司"是中唐以來至宋遼時代直接音譯自突厥語"qïrqïz"。"紇里迄斯""吉利吉思""乞兒吉思"則是金、元、明代直接譯自突厥語"qïrqïz",並且更接近原音。⑦本文採用衛拉特人和清朝的用法,將清代天山吉爾吉斯人稱為"布魯特"。

## 二　布魯特部落名稱、分布和分類

乾隆十六年(1751)開始編繪、二十二年完稿、二十六年刊行的《皇清職貢圖》一書

---

① 《元史》卷六三《地理六》;《明宣宗實錄》卷六六,宣德五年五月乙卯。關於元代和明代"吉利吉思""乞兒吉思"的研究,可參見周清澍《元朝對唐努烏梁海及其周圍地區的統治》(《社會科學戰線》1978年第3期)、烏蘭《蒙古征服乞兒吉思史實的幾個問題》(《內蒙古大學學報》1979年第z2期)、韓儒林《元代的吉利吉思及其鄰近諸部》(氏著《穹廬集》,上海人民出版社,1982)、馬曼麗《明代瓦剌與西域》(《中國蒙古史學會論文選集》,1983)、劉正寅《〈史集·部族志·乞兒吉思部〉研究》(《中國邊疆史地研究》2013年第1期)等。

② 準噶爾汗國首領直屬的二十四鄂托克中,有奇爾吉斯鄂托克,參見《清高宗實錄》卷六九五《御製準噶爾全部紀略》,乾隆二十八年九月壬午。鄂托克是準噶爾汗國的社會和軍事組織單位,相當於元代的"千戶",一鄂托克包括數百戶到數千戶不等。

③ 包爾漢:《新疆五十年——包爾漢回憶錄》,中國文史出版社,1994,第244頁。

④ 萬雪玉、阿斯卡爾·居努斯:《柯爾克孜族:歷史與現狀》,第23—24頁。

⑤ 李德裕:《李德裕文集校箋》,第79頁。

⑥ 王潔:《黠戛斯族名、族源及地理位置探討》,《內蒙古社會科學》2008年第1期,第62頁。

⑦ 王潔:《漢譯黠戛斯族名考釋》,《古代文明》2013年第3期,第80、82頁。

稱布魯特在準噶爾西南，分為左右兩部。① 乾隆二十一年劉統勳等奉旨始纂、二十七年傅恒等人主持初步編成、四十二年英廉等奉旨增纂、四十七年最終定稿的清代官修第一部新疆通志《欽定皇輿西域圖志》稱，布魯特分為東西兩部分，東布魯特在“準噶爾部西南、回部西北，天山北麓，近蔥嶺”，東北距伊犁一千四百里，東南距阿克蘇七百九十里。東布魯特有五部，其中最著名的有三部，即薩雅克部、薩拉巴哈什部及舊居塔拉斯的一部。不過，《欽定皇輿西域圖志》沒有指明舊居塔拉斯地方的這一布魯特部落的名稱。《欽定皇輿西域圖志》稱，東布魯特舊遊牧在格根喀爾奇拉②、特木爾圖③，為準噶爾所侵，西遷寓居安集延④。清朝平定準噶爾後，東布魯特又返回故地。西布魯特在喀什噶爾西北三百里外，取道鄂什翻越蔥嶺即到。⑤ 西布魯特有十五部，最著名的有額德格訥部、蒙科爾多爾部、齊里克部、巴斯子部，“部落雖分，而駐牧同地，東南扼蔥嶺，西迄於布哈爾”。⑥《欽定皇輿西域圖志》沒有交待東西布魯特其他部落的名稱。完稿於民國十六年的《清史稿》一書對布魯特部落的記載與《欽定皇輿西域圖志》所述基本相同，顯然照搬了此書，但誤將《欽定皇輿西域圖志》所稱舊居塔拉斯一部稱為“塔拉斯鄂托克”即塔拉斯部。⑦

　　成書於乾隆五十二年的《清朝文獻通考》將布魯特劃分為東西兩部分，稱東布魯特在天山北麓、準噶爾部西南，鄰近蔥嶺，東北距離伊犁一千四百里。東布魯特共有五部，分別為薩雅克部、薩拉巴噶什部、霍索楚部、啓臺部和薩婁部。其中霍索楚、啓臺兩部分居於塔拉斯地方，與薩雅克、薩拉巴噶什部相距六日程。《清朝文獻通考》也稱東布魯特舊居特穆爾

---

① 傅恒、永璇監修，董誥等撰《皇清職貢圖》卷二，乾隆二十六年刊本，王有立主編《中華文史叢書》第11種，臺北：臺灣華文書局，1968—1969，第245頁。該版本將此書編纂者列為永璇監修、董誥撰，未署傅恒之名，不妥。

② “格根喀爾奇拉”，滿文作 gegenharkira 或 gegenkarkira，指格根河及其支流哈爾齊喇河流域。格根河是伊犁河中遊南岸支流察林河上遊河段的名稱。根據《西域水道記》載，鹽池口水發源於達布遜淖爾東北珠爾根察奇爾，西流數十里，與發源於沙喇雅斯嶺的沙喇雅斯水匯合；再西流四五十里，經格根卡倫之北，即為格根河。格根河西流四十餘里，哈爾齊喇水來匯。哈爾齊喇水發源於鄂爾郭珠勒山南，向西北流經哈爾齊喇卡倫之北再西北流，尼楚袞哈爾齊喇水自南來匯，折而北流，經齊罕圖小卡倫之東，匯入格根河。“格根及哈爾奇喇水側向為東布魯特牧地，準噶爾侵軼，故西遷矣。”見徐松《西域水道記》，朱玉琪整理，中華書局，2005，第261—262頁。

③ 即特穆爾圖淖爾，今吉爾吉斯斯坦伊塞克湖。“特穆爾圖”，蒙古語，“特穆爾”意為“鐵”，“圖”為形容詞後綴，合起來即“有鐵的”。因該地產鐵，故名。

④ 安集延，位於費爾幹納盆地，在今烏茲別克斯坦境內。

⑤ 鄂什，當指今吉爾吉斯斯坦南部奧什州首府奧什（Osh）城，地處費爾幹納盆地東部。蔥嶺通常指帕米爾高原，此處當指西天山支脈阿賴山，從喀什噶爾向西翻越阿賴山即到奧什地區。因阿賴山與帕米爾高原相鄰，或許清人將其視為帕米爾高原的一部分。

⑥《欽定皇輿西域圖志》卷四五《藩屬二·東布魯特、西布魯特》，中國西北文獻叢書編委會編《中國西北文獻叢書》第1輯、《西北稀見方志文獻》第58卷，蘭州古籍書店，1990。關於布魯特的“部”，該書原文稱為“鄂托克”。清朝最初以“鄂托克”為單位稱呼布魯特部落，顯然是受了準噶爾汗國的影響。凡文獻中將布魯特部落稱為“鄂托克”的，本文一律改稱“部”。“布哈爾”即布哈拉。嘉慶朝《大清一統志》新疆部分以此書為基礎撰成，故本文未予介紹。

⑦《清史稿》卷五二九《列傳三百十六·屬國四·布魯特》。

圖淖爾左右，後為準噶爾所侵，西遷安集延，清朝平定準噶爾後返回故地。至於西布魯特，與東布魯特相接，在喀什噶爾城西北三百里外，取道鄂什，翻越蔥嶺可到。西布魯特共有十五部，最著名的四部為額德格訥部、蒙科爾多爾部、齊里克部和巴斯子部。① 同一時期成書的《清朝通典》所載布魯特部落情況與《清朝文獻通考》相同。② 成書於乾隆五十二年、同一性質的文獻《清朝通志》祇簡單提到"布魯特東西部"的劃分，未對布魯特的情況做更多介紹。③

嘉慶九年（1804）成書的《回疆通志》載，喀什噶爾邊外的布魯特部落有十五部，其名稱和大致方位為沖巴噶什部，在喀浪圭卡倫外；胡什齊部，在烏什邊界居住，近巴爾昌卡倫；齊里克部，在伊斯里克卡倫外；蒙古爾多爾部，在伊蘭烏瓦特卡倫外；薩爾巴噶什部，在伊斯里克卡倫外；薩雅克部，在圖舒克塔什卡倫外；察哈爾薩雅克部，在圖舒克塔什卡倫外；瓦岳什部，在喀浪圭卡倫外；提依特部，在烏帕喇特卡倫外；喀爾提金部，在烏帕喇特卡倫外；奈曼部，在伊勒古楚卡倫外；希布察克部，在伊勒古楚卡倫外；希布察克部所屬薩爾特部，在伊勒古楚卡倫外；希布察克所屬圖爾愛格部，在烏帕喇特卡倫外；色哷庫勒部，在葉爾羌邊界，與烏魯克卡倫相通。與烏什相鄰的布魯特部落有固爾扎巴什部，在巴什雅哈卡倫外；布庫部，在烏什西北巴克塔山口外；蒙古多爾部，烏什以西，隔貢古魯克山相通；沖巴噶什部，在烏什城西南巴什雅哈瑪山內；胡什奇部，在烏什城西畢底里卡倫外；以及奇里克部。阿克蘇地方有布魯特諾依古特部。④ 烏什附近的布魯特部落，蒙古多爾部當即蒙古爾多爾部；除了固爾扎巴什部、布庫部外，其他各部與喀什噶爾邊外的布魯特部落名稱重復。不過，《回疆通志》一書未對布魯特部落進行分類，未指出東西布魯特如何劃分。

成書於嘉慶十三年的《西陲總統事略》一書將布魯特劃分為東西兩部分，指出遊牧於阿克蘇、烏什西北以及伊犁西南的布魯特部落為東布魯特，遊牧於喀什噶爾之北與西、葉爾羌西南的布魯特部落為西布魯特。布魯特環繞新疆近邊之地逐水草遊牧居住，與安集延、霍罕（即浩罕）接壤。關於布魯特的名稱，《西陲總統事略》載有齊里克部、西布查克部、西布查克所屬圖爾厄依格爾部、西布查克所屬薩爾特部、崇巴噶什部、蒙古勒多爾部、巴斯奇斯部、厄德格訥部、薩爾巴噶什部、蘇勒圖部、查喀爾薩雅克部、薩雅克部、胡什齊部、岳瓦什部、奈滿部、提伊特部和喀爾提金部，沿邊散處，共有十七部。不過，該書未指出這些布魯特部落哪些屬於東布魯特，哪些屬於西布魯特。⑤

始纂於嘉慶六年、成書於二十三年的嘉慶朝《大清會典》介紹了當時布魯特的概況，稱

① 《清朝文獻通考》卷二九九《四裔考七·東布魯特、西布魯特》。

② 《清朝通典》卷九九《邊防三·東布魯特、西布魯特》。

③ 《清朝通志》卷四六《禮略》。

④ 和寧編纂《回疆通志》卷七《喀什噶爾》、卷九《烏什、阿克蘇》，張羽新、趙曙青主編《清朝治理新疆方略彙編》第 22 冊，學苑出版社，2006，第 59—60、71、74、78 頁。

⑤ 汪廷鍇、祁韻士編纂《西陲總統事略》卷一一《布魯特源流》，張羽新、趙曙青主編《清朝治理新疆方略彙編》第 23 冊，第 187—190 頁。

布魯特附牧於烏什、喀什噶爾、英吉沙爾卡倫外，有二十餘部落。對於内附清朝的布魯特人，清廷不論其是否部落首領，祇看其效力情況，分別給以品級和頂翎。該書詳細記載了喀什噶爾、烏什兩城所屬布魯特名稱和賞給"銜頂"的情況，並交代了内附布魯特部落遣使進貢馬匹的情況。根據該書記載，喀什噶爾所屬布魯特部落有沖巴噶什部、胡什齊部、奇里克部、薩爾巴噶什部、薩雅克部、察哈爾薩雅克部、岳瓦什部、提依特部、喀爾提金部、奈曼部、希布察克部、薩爾特額托克部、圖爾愛格部、巴斯奇斯部、額德格訥部、素勒團部、色呼庫勒部。烏什所屬布魯特有胡什齊部、奇里克部。①書中所稱"薩爾特額托克"當即"薩爾特鄂托克"，亦即"薩爾特部"。該書未提及東西布魯特的劃分。

在《西陲總統事略》一書基礎上增補修訂而成、刊印於道光初年的《欽定新疆識略》列有《布魯特頭人表》，詳細介紹了布魯特部落的名稱、方位及被清廷賞戴頂翎的各部頭目姓名、世系，是研究乾嘉時期布魯特史的珍貴史料。現將該表所列布魯特部落名稱及方位摘出如下：沖巴噶什部，在喀什噶爾城東北巴爾昌卡倫至西北喀浪圭卡倫之外一帶遊牧，通霍罕；希布察克部，在英吉沙爾城東南鐵列克卡倫至西北圖木舒克卡倫以外，及喀什噶爾西南伊勒古楚卡倫内一帶遊牧，通拔達克山（即巴達克山）、布哈爾等地；希布察克所屬薩爾特部，在喀什噶爾西南伊勒古楚卡倫外遊牧；奈曼部，在喀什噶爾城西南伊勒古楚卡倫外遊牧，通拔達克山、霍罕、布哈爾等地；喀爾提錦部，在喀什噶爾城西南玉都巴什卡倫外遊牧，通霍罕、達爾瓦斯、霍占（即苦盞）等地；提依特部，在喀什噶爾城東北伊蘭烏瓦斯卡倫外遊牧，通奇里克、布庫部；圖爾額依格爾部，在喀什噶爾城西烏帕喇特卡倫外遊牧，與提依特部相鄰；蘇勒圖部，在喀什噶爾城西烏帕喇特卡倫外遊牧；岳瓦什部，在喀什噶爾城西北喀浪圭卡倫外遊牧，通瑪爾噶浪（即瑪爾噶朗）、霍罕等地；額德格訥部，與岳瓦什部同在喀浪圭卡倫外，兩部落相去八站；察哈爾薩雅克部，在喀什噶爾城西北圖舒克塔什卡倫外遊牧，與薩雅克部相連；薩雅克部，與察哈爾薩雅克部同在圖舒克塔什卡倫外遊牧，通哈薩克地方；巴斯奇斯部，在喀什噶爾城西北圖舒克卡倫外遊牧；蒙額勒多爾部，在喀什噶爾城東北伊蘭烏瓦斯卡倫外遊牧，連奇里克、布庫部；色勒庫爾部，在葉爾羌城西南亮噶爾卡倫外，通英吉沙爾城南烏魯克卡倫；奇里克部，在烏什城東南沙圖卡倫外鄂斯塔勒地方遊牧，通伊犁；胡什齊部，在烏什城東巴什雅哈瑪卡倫外喀克沙勒地方遊牧，通喀什噶爾；薩爾巴噶什部，亦名布庫部落，在伊犁西南鄂爾果珠勒卡倫外特穆爾圖淖爾南岸遊牧；諾依古特部，在阿克蘇城東木雜喇特河東岸遊牧。②該《布魯特頭人表》共收有十九個布魯特部落的名稱，指出布庫部即薩爾巴噶什部。但是該書未提到"東西布魯特"的劃分。

宣統三年（1911）成書的《新疆圖志》將布魯特劃分為東西兩部，稱布魯特共有十九

①　托津、曹振鏞監修《欽定大清會典》卷五三《理藩院・徠遠清吏司》，清文淵閣《四庫全書》本。

②　松筠纂《欽定新疆識略》卷一二《外裔・布魯特・布魯特頭人表》，中國西北文獻叢書編委會編《中國西北文獻叢書續編》，《西北稀見方志文獻卷》第 1 冊，甘肅文化出版社，1999，第 328—341 頁。

部，遊牧於阿克蘇、烏什西北者有奇里克、胡什齊、諾依古特、薩爾巴噶什四部；遊牧於喀什噶爾之北與西以及葉爾羌西南者有沖巴噶什、希布察克、薩爾特、奈曼、喀爾提錦、提依特、圖爾格依格爾、蘇勒圖、岳瓦什、額德格訥、察哈爾雅薩克、雅薩克、巴奇斯、蒙額勒多爾、色勒庫爾共十五部。不過，該書未指明這些布魯特部落具體如何劃分為東西兩部。[①]

需要指出，上引各書所載布魯特部落和分布方位的情況，反映的是該書編纂時期的情況。不同時期，布魯特部落存在分合，遊牧居住地也發生遷徙。這是造成不同時期漢文史籍所載布魯特部落名稱、數目和分布存在差異的原因。應該以動態的眼光來看待布魯特的部落和分布，而不應單純依據某一文獻來推斷整個清代布魯特或者特定時期布魯特的情況。從上述漢文史籍所載布魯特部落名稱來看，同一布魯特部落的漢文譯名存在不同寫法。現綜合上述漢文史籍所載，製作布魯特部落名稱對照表（見表 1）於後。

表 1　布魯特部落名稱對照

| 《欽定皇輿西域圖志》《清史稿》 | 《清朝文獻通考》《清朝通典》 | 《回疆通志》 | 《西陲總統事略》 | 嘉慶朝《大清會典》 | 《欽定新疆識略》 | 《新疆圖志》 |
|---|---|---|---|---|---|---|
| 薩雅克 | 薩雅克 | 薩雅克 | 薩雅克 | 薩雅克 | 薩雅克 | 雅薩克 |
| | | 察哈爾薩雅克 | 查喀爾薩雅克 | 察哈爾薩雅克 | 察哈爾薩雅克 | 察哈爾雅薩克 |
| 薩拉巴哈什 | 薩拉巴噶什 | 薩爾巴噶什 | 薩爾巴噶什 | 薩爾巴噶什 | 薩爾巴噶什（布庫） | 薩爾巴噶什 |
| | | 布庫 | | | | |
| | | | 蘇勒圖 | 素勒團 | 蘇勒圖 | 蘇勒圖 |
| 舊居塔拉斯一部 | 霍索楚 | | | | | |
| | 啓臺 | | | | | |
| | 薩婁 | | | | | |
| 額德格訥 | 額德格訥 | 額德格訥 | 厄德格訥 | 額德格訥 | 額德格訥 | 額德格訥 |
| 蒙科爾多爾 | 蒙科爾多爾 | 蒙古爾多爾（蒙古多爾） | 蒙古勒多爾 | | 蒙額勒多爾 | 蒙額勒多爾 |
| 齊里克 | 齊里克 | 齊里克（奇里克） | 齊里克 | 奇里克 | 奇里克 | 奇里克 |
| 巴斯子 | 巴斯子 | | 巴斯奇斯 | 巴斯奇斯 | 巴斯奇斯 | 巴奇斯 |
| | | 沖巴噶什 | 崇巴噶什 | 沖巴噶什 | 沖巴噶什 | 沖巴噶什 |
| | | 胡什齊（胡什奇） | 胡什齊 | 胡什齊 | 胡什齊 | 胡什齊 |
| | | 瓦岳什 | 岳瓦什 | 岳瓦什 | 岳瓦什 | 岳瓦什 |
| | | 提依特 | 提伊特 | 提依特 | 提依特 | 提依特 |

①　袁大化修，王樹柟、王學曾纂《新疆圖志》卷一六《藩部一·東西布魯特部》，續修四庫全書編纂委員會編《續修四庫全書》史部地理類第 649 冊，上海古籍出版社，2013，第 415—416 頁。

續表

| 《欽定皇輿西域圖志》《清史稿》 | 《清朝文獻通考》《清朝通典》 | 《回疆通志》 | 《西陲總統事略》 | 嘉慶朝《大清會典》 | 《欽定新疆識略》 | 《新疆圖志》 |
|---|---|---|---|---|---|---|
| | | 喀爾提金 | 喀爾提金 | 喀爾提金 | 喀爾提錦 | 喀爾提錦 |
| | | 奈曼 | 奈滿 | 奈曼 | 奈曼 | 奈曼 |
| | | 希布察克 | 西布查克 | 希布察克 | 希布察克 | 希布察克 |
| | | 薩爾特 | 薩爾特 | 薩爾特額托克 | 薩爾特 | 薩爾特 |
| | | 圖爾愛格 | 圖爾厄依格爾 | 圖爾愛格 | 圖爾額依格爾 | 圖爾格依格爾 |
| | | 色呼庫勒 | | 色呼庫勒 | 色勒庫爾 | 色勒庫爾 |
| | | 固爾扎巴什 | | | | |
| | | 諾依古特 | | | 諾依古特 | 諾依古特 |

　　《皇清職貢圖》所稱布魯特左右兩部的劃分，實際指的是東布魯特內部的劃分，而非指整個布魯特部落的劃分。如表1所示，薩雅克、薩拉巴哈什、舊居塔拉斯一部被《欽定皇輿西域圖志》和《清史稿》稱為“東布魯特”五部中著名的三部；《清朝文獻通考》和《清朝通典》則將薩雅克、薩拉巴噶什、霍索楚、啓臺、薩婁稱為“東布魯特”五部，並指明霍索楚、啓臺兩部居於塔拉斯地方。可見東布魯特在乾隆朝包括薩雅克、薩爾巴噶什、霍索楚、啓臺、薩婁五部。察哈爾薩雅克、蘇勒圖兩部之名在乾隆朝漢文史籍中未載，當係從東布魯特五部中分出的部落。《欽定皇輿西域圖志》《清朝文獻通考》《清朝通典》《清史稿》都稱，西布魯特有十五部，額德格訥、蒙科爾多爾、齊里克、巴斯子是其中著名的部落。結合《欽定皇輿西域圖志》《清朝文獻通考》《西陲總統事略》三書所載可知，東布魯特分布於伊犁西南、阿克蘇和烏什西北；西布魯特分布於喀什噶爾以西和西北、葉爾羌西南。

　　除《欽定皇輿西域圖志》《清朝文獻通考》《清朝通典》《清史稿》四種漢文史籍外，上述其他漢文史籍都未提及東西布魯特具體如何劃分。不過，可以發現，《欽定新疆識略》和《新疆圖志》兩書所載布魯特部落名稱，除去上述東布魯特五部及察哈爾薩雅克、蘇勒圖兩部外，正好十五部，顯即西布魯特十五部。《回疆通志》所載西布魯特部落，缺少額德格訥部、巴斯子（巴斯奇斯）部，而多出一個未見於其他漢文史籍的“固爾扎巴什”部。《西陲總統事略》缺少色勒庫爾（色呼庫勒）部和諾依古特部。嘉慶朝《大清會典》缺少蒙古勒多爾、諾依古特兩部。據漢文史籍可知，西布魯特十五部中，薩爾特、圖爾額依格爾（圖爾格依格爾）兩部實際上是希布察克部所屬分支部落。

　　俄國人將布魯特分為南北兩部。19世紀中葉俄國人來到中亞時，首先接觸到的是伊塞克湖、納林河、楚河和塔拉斯河流域的布魯特部落。俄國人將這些布魯特部落稱為“北吉爾吉斯人”。19世紀後期，俄國人進入費爾幹納盆地、阿賴山區和喀什噶爾附近山地後，接觸到當地的布魯特部落。俄國人將這部分布魯特部落稱為“南吉爾吉斯人”。根據俄文文獻記載，北吉爾吉斯人包括薩雅克（Саяк）、薩爾巴噶什（Сарбагыш）、布庫（Бугу）、霍索楚（Кушчу）、啓臺（Кытай）、薩婁（Саруу）、蘇勒圖（Солто）、奇里克（Черик）、蒙古什（Монгуш）、巴斯子（Басыз）等部；南吉爾吉斯人包括額德格訥（Адыгене）、蒙杜斯（Мундуз）、開塞克（Кесек）、提依特（Теит）、諾依古特（Нойгут）、沖巴噶什（Чонбагыш）、胡什齊（Кутчу）、岳瓦什（Дёёлёс）、奈曼（Найман）、希布察克（Кыпчак）等部。① 俄國劃分的"北吉爾吉斯人"除奇里克、蒙古什、巴斯子等部外，都屬於清朝劃分的"東布魯特"，"南吉爾吉斯人"各部都屬於"西布魯特"。清朝與俄國對布魯特部落的劃分都是以分布地域爲依據的。

布魯特人自身對布魯特部落有兩種不同的劃分方法，一種是分爲左右兩翼，一種是分爲三十姓部（Отуз-уул，奧圖孜吾渥勒）、内姓部（Ичкилик，伊什齊里克，簡稱"内部"）、外姓部（Сырттык，賽爾特克，簡稱"外部"）。左右兩翼的劃分是亞洲内陸遊牧部族古老的傳統，並非布魯特獨有。學界對上述兩種劃分方法存在兩種不同觀點。一種觀點認爲，外姓部與内姓部分別表示"真正的吉爾吉斯人"和"非真正的吉爾吉斯人"，三十姓部包含於外姓部之中。屬於内姓部的部落雖然自認爲是吉爾吉斯人，但不被"真正的吉爾吉斯人"所承認，受到他們的歧視。三十姓部、外姓部和内姓部各自又分爲左右兩翼。左右翼和内外部的劃分，反映了布魯特各部落之間的親緣關係。潘志平先生是國内持這一觀點的代表，他結合清代漢文史籍、俄文文獻和中華人民共和國建立初期對新疆柯爾克孜族的社會歷史調查，認爲希布察克、奈曼、岳瓦什、提依特、開塞克和諾依古特六部屬於内姓部，其他部落屬於外姓部，外姓部中的額德格訥、胡什齊、蒙杜斯、蒙古什等部屬於三十姓部。他又結合清朝漢文史籍和蘇聯學者的研究，將布魯特左右翼歸納爲霍索楚、啓臺、薩婁、胡什齊、希布察克、奈曼、提依特、岳瓦什等部屬於左翼；薩雅克、薩爾巴噶什、蘇勒圖、奇里克、沖巴噶什、巴斯子、額德格訥、提依特、諾依古特等部屬於右翼。②

另一種觀點認爲，三十姓部、内姓部和外姓部是三種不同的部落，祇有三十姓分爲左右兩翼。其中，右翼包括塔蓋依（Тагай）、額德格訥、蒙古什三大部，塔蓋依由薩爾巴噶什、布庫、蘇勒圖、薩雅克、察哈爾薩雅克、奇里克、巴噶什、蒙古勒多爾等部組成，額德格訥包含薩爾特、喀拉巴噶什等部；左翼包括霍索楚（胡什齊）、薩婁、蒙杜斯、啓臺、巴斯子、沖巴噶什等部。内姓部包括希布察克、奈曼、提依特、開塞克、博斯屯、諾依古特等部。外姓部是融合於布魯特中的外族，並非真正的吉爾吉斯人，主要由衛拉特人和哈薩克人組成。③

---

① 潘志平：《布魯特各部落及其親緣關係》，《新疆社會科學》1990 年第 2 期，第 99—100 頁。

② 潘志平：《布魯特各部落及其親緣關係》，《新疆社會科學》1990 年第 2 期，第 100—104 頁。潘先生將"伊什齊里克"譯寫爲"伊什克里克"，將"蒙杜斯"譯寫爲"蒙杜孜"。"伊什齊里克"，滿文作 isikilik，俄文作 Ичкилик；"蒙杜斯"，滿文作 mondos 或 mendus，俄文作 Мундуз，似譯寫爲"伊什齊里克""蒙杜斯"更爲貼切。

③ 何星亮：《柯爾克孜族的制度文化述論》，《西北民族學院學報》1995 年第 2 期，第 64 頁；萬雪玉、阿斯卡爾・居努斯：《柯爾克孜族：歷史與現狀》，第 88 頁。

這兩種觀點對於内姓部所屬部落和三十姓部所屬部落的看法基本一致，主要差異在於左右翼如何劃分、三十姓部與外姓部關係如何，以及内姓部和外姓部何者屬於"非真正的吉爾吉斯人"。

## 三 布魯特的社會政治狀況

《皇清職貢圖》載，布魯特人以耕牧為生，男子頭戴長頂高沿帽，身著錦衣，婦人衣冠與男子相同。[1]《欽定皇輿西域圖志》稱，東布魯特中，薩雅克部有多位頭目（"頭目不一"），以圖魯起比為首，共有一千餘戶；薩拉巴哈什部也有多位頭目，以車里克齊為首，也有一千餘戶；舊居塔拉斯的布魯特部落以邁塔克為首，共有四千餘戶。東布魯特各部頭目不相統屬，各自為政，唯推舉一名年長者，有事則告知為長者。當時，東布魯特衆頭目為長者名叫瑪木克呼里，瑪木克呼里兼管東布魯特各部。關於東布魯特的社會風俗，《欽定皇輿西域圖志》稱，"其俗好利、喜爭，尚畜牧，事耕種，頗畏法度"，可見東布魯特喜好爭鬥，既從事畜牧，也兼營種植。西布魯特額德格訥部和蒙科爾多爾部由頭目阿濟比兼轄，有七百餘戶；齊里克部頭目為由瑪特，有兩百餘戶；巴斯子部頭目為噶爾住，有一千三百餘戶。西布魯特共有二十萬人，"逐水草，事遊牧"。[2]

成書於乾隆四十二年的《西域聞見錄》稱，布魯特部落地處安集延、喀什噶爾之間，地廣人衆，稱其君長為"比"，有管領一二十部落（"愛曼"）者，有管領二三十部落者。各部落"比"不一，"各君其地，各子其民，力敵勢均，不相統轄"，部落首領"比"死則選立子弟繼任，他人不能擔任。布魯特人衆"貧而性悍，輕生重利，好殺掠、劫奪，勇於戰鬥"。[3]

《清朝文獻通考》載，東布魯特五部共有二千餘戶，薩雅克部由圖魯齊拜主事，薩拉巴噶什由車里克齊主事。圖魯齊拜、車里克齊互不統屬，另推選一位年長者瑪木克呼里兼管。霍索楚部由邁他克主事，啓臺部由喀喇博托主事，薩婁部由阿克拜主事。布魯特酋長頭戴氈帽，如同佛家毗盧，帽頂尖銳，穿著錦衣。《清朝文獻通考》對西布魯特額德格訥、蒙科爾多爾、齊里克、巴斯子四部首領和人口的介紹與《欽定皇輿西域圖志》相同，顯係照搬《欽定皇輿西域圖志》的内容，並稱西布魯特風俗衣冠與東布魯特略同。[4]《清朝通典》所載與《清朝文獻通考》基本相同，唯稱東布魯特薩雅克、薩拉巴噶什兩部各有一千餘戶。[5]

《西陲總統事略》稱，布魯特俗重牲畜，與哈薩克略同，其部落大首領稱為"比"，如同

---

① 傅恒、永瓈監修，董誥等撰《皇清職貢圖》卷二，第 245 頁。

② 《欽定皇輿西域圖志》卷四五《藩屬二·東布魯特、西布魯特》，第 691、695 頁。

③ 椿園七十一：《西域聞見錄》卷三上《外藩列傳上》，中國西北文獻叢書編委會編《中國西北文獻叢書》第 4 輯，《西北民俗文獻》第 117 卷，蘭州古籍書店，1990。

④ 《清朝文獻通考》卷二九九《四裔考七·東布魯特、西布魯特》。

⑤ 《清朝通典》卷九九《邊防三·東布魯特、西布魯特》。

回部的阿奇木伯克。"比"之下有阿哈拉克齊等大小頭目，由清朝所駐喀什噶爾參贊大臣奏請補放，分別賞賜二品至七品頂翎。①嘉慶朝《大清會典》稱，布魯特有二十多個部落，各部"不相統屬，每部有長曰比，理其部之事者曰阿哈拉克齊"。②《欽定新疆識略》則稱："布魯特分東西二部，其首領謂之比，次者為阿哈拉克齊。每部落之首領無額數，以曾經出力者為之，亦父子相繼，有罪則除……大小頭目皆由喀什噶爾、伊犁將軍、大臣奏放，給以翎頂二品至七品有差。"③《新疆圖志》載，東布魯特酋長有圖魯起比等，西布魯特以額德格訥為首。關於風俗民情，《新疆圖志》也稱布魯特"人貧而悍，善擄掠，雖厄魯特強盛時，亦不能禁"。關於布魯特首領稱謂、等級、出任情況，《新疆圖志》所載與《西陲總統事略》《欽定新疆識略》同。④

《清史稿》所載東西布魯特酋長衣冠服飾與《清朝文獻通考》相同，關於布魯特部落首領、人口，祇提及薩雅克、薩拉巴噶什兩部推舉年長者瑪木克呼里主事；薩婁部首領為阿克拜，人口有五千戶；額德格訥部首領為阿濟比。不過，《清史稿》交代，布魯特大首領稱為比，猶如回部阿奇木伯克⑤，比以下有阿哈拉克齊等大小頭目。《清史稿》還指出，布魯特部落之人貧困兇悍，輕生重利，喜好虜掠，自乾隆以後，清朝新疆邊吏多庸才，撫馭失宜，致使布魯特部落往往生變。⑥

布魯特部落首領"比"，滿文寫為 bii 或者 bai。根據上述清代漢文史籍所載，"比"相當於回部的阿奇木伯克（beg，滿文 bek）。布魯特部落首領稱為"比"有著非常久遠的歷史淵源。唐貞觀初年，鐵勒部之一的薛延陀部建立薛延陀汗國，國勢強盛，布魯特的先民黠戛斯人成為薛延陀屬部。薛延陀汗廷在黠戛斯任命官員進行監管，據《舊唐書》記載："薛延陀常令頡利發一人監統其國，而其渠帥曰紇悉輩，次曰居沙陂輩，次曰阿米輩，三人共理其國政。"⑦可見，當時黠戛斯首領被稱為"輩"，並且自上而下有三個不同級別的"輩"。薛宗正先生推測，"輩"是"匐（beg）"的異譯，是對貴族領主的一種稱呼，常見於突厥如尼文碑銘。⑧韓儒林先生認為，"匐（beg）"元代音譯為"別"、"伯"、"卑"或"畢"，後世又譯為"伯克"。⑨清代布魯特部落首領"比"的情況與黠戛斯首領"輩"的情況非常相似。有學者認為，

---

① 汪廷鍇、祁韻士纂《西陲總統事略》卷一一《布魯特源流》，第 188 頁。
② 托津、曹振鏞監修《大清會典》卷五三《理藩院·徠遠清吏司》。
③ 松筠纂《欽定新疆識略》卷一二《外裔·布魯特·布魯特頭人表》，第 310、328 頁。
④ 袁大化修，王樹枏、王學曾纂《新疆圖志》卷一六《藩部一·東西布魯特部》，第 416 頁。
⑤ 天山南路回部實行伯克制度，伯克既是部落或家族頭人，又是地方官吏。根據地位高低和職務不同，伯克分為不同名號。阿奇木伯克地位最高，是回部各城村長官、為首之人；其次是伊什罕伯克，伊什罕伯克之下還有眾多其他伯克。
⑥ 《清史稿》卷五二九《列傳三百十六·屬國四·布魯特》。
⑦ 《舊唐書》卷一九四《突厥傳附西突厥傳》。
⑧ 薛宗正：《黠戛斯的崛興》，《民族研究》1996 年第 1 期，第 86 頁。
⑨ 韓儒林：《突厥官號考釋》，《穹廬集》，第 374—375 頁。不過，韓先生不認可將"輩"比定為"匐"。

布魯特部落首領"比"一稱，當係黠戛斯首領"輩"的同音異譯。[1]

綜上所述，關於布魯特社會政治狀況、風俗民情，《西域圖志》《清朝文獻通考》《清朝通典》所反映的實際上是清朝平定準噶爾和大小和卓前後的情況；漢文史籍所稱清朝任命布魯特頭目、賞賜頂翎，無疑是布魯特歸附清朝以後的情況。《新疆圖志》和《清史稿》所述顯然沿襲和綜合了此前漢文史籍的記載。總而言之，布魯特部落大首領稱為"比"，"比"相當於天山南路回部的阿奇木伯克，其下有阿哈拉克齊等大小頭目。每一布魯特部落之內，"比"的數目不一。無論同一部落內部還是不同部落的"比"，彼此互不統轄，分別管領屬民，各自為政。雖如此，東布魯特有多個部落共同推舉一名年長者（"長老"）議事和形式上總領各部事務的習俗，有事則告知該年長者商辦。此外，布魯特人多貧困，性情彪悍，重利輕生，習尚擄掠。

學界研究認為，清代布魯特完好保存了氏族部落制度。布魯特的部落組織分為三個不同層次，一個部落之下有若干分支，被稱為"氏族"或者"愛曼"，氏族成員一般出自共同的祖先，具有血緣關係；氏族之下又有分支，被稱為"亞氏族"或者"阿寅勒"；阿寅勒是布魯特的基層社會組織單位，由同一氏族若干血緣關係較近的牧戶組成。

布魯特每個部落、氏族和阿寅勒都有各自的名稱。布魯特部落名稱或者源於亞洲內陸古老的部族名稱，例如希布察克即欽察，奈曼即乃蠻，岳瓦什（Дёёлёс）即脫額列思（Töles），啓臺即契丹，蒙古勒多爾即蒙古等；或者使用動物名稱，保留著圖騰崇拜的殘餘，例如"巴噶什"意為駝鹿，"薩爾巴噶什"意為黃駝鹿，"沖巴噶什"意為大駝鹿，"喀拉巴噶什"意為黑駝鹿，"布庫"意為鹿，"圖爾額依格爾"意為棗紅色牡馬等。氏族名稱一般為該氏族祖先的名稱，也使用動植物名稱。阿寅勒的名稱多取自氏族之名、長老之名或者地名。

布魯特的部落、氏族和阿寅勒都有各自的首領。清代漢文史籍稱布魯特部落首領為"比"，一個部落比的數目不一，比之下有阿哈拉克齊。實際上，布魯特的"比"根據身份和地位高低分為三種，即喬次比、烏魯克比和阿哈拉克齊比。布魯特左右兩翼每年都選舉一名年長者出任"喬次比"，管理和協調每翼內部公共事務。喬次比相當於部落長老、部落聯盟長。喬次比對布魯特部落沒有統轄和支配權，衹是在重大事務上和特殊情況下協調每翼各部落的行動。烏魯克比相當於文獻中一般所稱的"比"，是每個部落實際的首領和統治者。阿哈拉克齊比即文獻中一般所稱的"阿哈拉克齊"，是部落之下每個氏族的首領和統治者，地位次於烏魯克比。布魯特部落和氏族都實行集體議事的政治傳統，部落有"部落議事會（額勒凱額什）"，氏族有"氏族議事會（烏魯凱額什）"，凡遇部落或氏族重大事務，都由議事會

---

① 何星亮：《柯爾克孜族的制度文化述論》，《西北民族學院學報》1995 年第 2 期，第 66 頁。

商議和裁決。①

可見，漢文史籍所稱布魯特部落"頭目不一"反映的是布魯特每個部落各有一位彼此互不統屬的部落首領"烏魯克比"也即"為首比"，以及一個部落之下有多名氏族首領也即"阿哈拉克齊比"的情況。而結成部落聯盟的布魯特多個部落共同推舉"年長者（長老）"即"喬次比"作為聯盟長，管理和協調公共事務。

## 四　清朝對於布魯特與自身關係的認知

為了確認清朝與布魯特關係的性質，有必要考察清朝是如何看待布魯特與自身的關係、布魯特在清朝國家架構中處於怎樣的地位。《皇清職貢圖》稱，左右布魯特兩部首領"先後歸誠，各遣使進京瞻仰，遂隸版圖"。②布魯特部落是否真如《皇清職貢圖》所稱，被納入清朝版圖、視為清朝一部分呢？這需要參照清代其他史籍的敘述進行分析。

《欽定皇輿西域圖志》卷一七《疆域十》在敘述烏什所屬地名時，稱沙圖地方"在烏什城西北，踰敖爾他克齊諤斯騰至其地，西北由必達爾，通藩屬布魯特界"，又稱喀什噶爾所屬地方"東至阿喇古，接烏什界；東南至赫色勒布伊，接葉爾羌界；西北俱接蔥嶺，通藩屬布魯特、安集延界"。③必達爾即今別迭里山口，阿喇古又寫作阿爾瑚，是位於喀什噶爾北部的村莊，赫色勒布伊是位於喀什噶爾西南的城鎮。《欽定皇輿西域圖志》將布魯特與哈薩克、霍罕、安集延等同列在"藩屬"一節。《欽定皇輿西域圖志》是清朝中央政府主持編修的首部新疆方志，先後由劉統勳、傅恒、英廉等人主事，在軍機處方略館編纂，編成後經乾隆帝欽定。可見，無論該書實際編撰者、主事官員還是乾隆帝，都將布魯特視為清朝藩屬。

衛拉特蒙古土爾扈特部從伏爾加河流域回歸新疆後，乾隆帝曾作《御製土爾扈特全部歸順記》，內稱：

> 西域既定，興屯種於伊犁，薄賦稅於回部，若哈薩克，若布魯特，俾為外圉而羈縻之。若安集延，若拔達克山，益稱遠徼而概置之。知足不辱，知止不殆，朕意亦如是而已矣。豈其盡天所覆，至於海隅，必欲悉主悉臣，為我僕屬哉。④

---

① 以上關於學界對布魯特氏族部落制度的論述，參見潘志平《布魯特各部落及其親緣關係》，《新疆社會科學》1990 年第 2 期，第 104 頁；馬文華《18—19 世紀布魯特人的社會經濟概況》，《新疆大學學報》1990 年第 3 期，第 53—58 頁；潘志平《清季布魯特（柯爾克孜）諸部的分布》，《西域研究》1992 年第 3 期，第 51—53 頁；何星亮《柯爾克孜族的制度文化述論》，《西北民族學院學報》1995 年第 2 期，第 61—67 頁；萬雪玉、阿斯卡爾·居努斯《柯爾克孜族：歷史與現狀》，第 84—96 頁。

② 傅恒、永璇監修，董誥等撰《皇清職貢圖》卷二，第 245 頁。

③ 《欽定皇輿西域圖志》卷一七《疆域十》，第 301、303 頁。

④ 《欽定皇輿西域圖志》卷三七《封爵一》，第 588 頁。

這一論述直接道出了乾隆帝對於新疆內外不同地區、不同部族的三種不同認知和政策。天山北路的伊犁和天山南路的回部，都已納入清朝版圖，清朝對其實施直接統治，或者開墾屯種，或者徵收賦稅。"圉"，意為"邊陲""邊境"。"外圉"意即"外邊"、外部邊陲，當與"內邊""內部邊陲"相對，是指清朝實際邊陲之外的一層邊陲，簡言之即"邊外之邊"。可見，乾隆帝將哈薩克和布魯特視為邊外之地，不對其實施統治，祇是進行"羈縻"。"羈"是用軍事和政治力量加以控制，"縻"是以經濟和物質等利益進行撫慰和籠絡。"徼"是"邊界"之意，"遠徼"即"遠邊"，亦即遠離邊界之地。安集延、巴達克山等地，地方遙遠，清朝可以一概置之不理。這段論述鮮明地體現出乾隆帝對於新疆內外地區和部族區別對待的現實主義態度，表明乾隆帝以及清朝對於新疆邊外之地並無征服的野心和欲求。

《回疆通志》將布魯特稱為"外番部落""外番"，[①] "外番"即"外藩"。《欽定新疆識略》將布魯特視為"境外"，稱"至於境外，自北而西則有哈薩克，自西而南則有布魯特，壤界毗連。其禁在於盜竊，故設卡置官，派兵巡守"。[②]《欽定新疆識略》將布魯特列於"外裔"卷。"裔"本意為衣服的邊緣，引申為"邊""邊遠地區"之意。"外裔"意即"外邊"、外部邊遠地區，等同於"外圉"。這意味著布魯特被清朝視作境外、邊外之地和部族。對於布魯特在清朝國家架構中的地位，《欽定新疆識略》在"外裔"卷開篇有一段精闢的論述：

> 新疆之境，眾部環居。其中如南路之回子、北路之厄魯特，類皆服役，等於編氓，固不得謂之外夷也。即土爾扈特、和碩特，居於內地，踐土食毛，亦非可以外夷目也。至於邊外諸部如瓦罕、沙克拉、什克南、達爾瓦斯、綽禪、羅善、差呀普、塔爾罕、渾堵斯、噶斯呢、寓什、安集延、嗎爾噶浪、霍罕、納木幹、塔什罕、霍占、柯拉普、鄂勒推帕、濟雜克、拜爾哈、布哈爾、黑斯圖濟、乾竺特、博洛爾、拔達克山、依色克、愛烏罕、坎達哈爾、巴爾替、哈普隆、圖伯特、克什米爾、拉虎爾、痕都斯坦，雖貿易時通，而荒遠僻陋，又非邊防所急。其與葉爾羌、喀什噶爾、伊犁、塔爾巴哈臺諸城毗鄰，為我屏藩者，惟哈薩克、布魯特二部落而已。[③]

《欽定新疆識略》此段論述，與前引乾隆帝在《御製土爾扈特全部歸順記》中對新疆內外不同地區和部族的定位頗為類似。《欽定新疆識略》雖出自私人之手，但經松筠呈奏道光帝，經道光帝欽定和題字。可見，此書代表了道光帝、清朝臣工及該書實際編纂者對新疆內外地區和部族的態度和認知。

據這段文字所論述，天山南路的回人和天山北路的厄魯特人，為國家服役，是編戶齊民，不得視為"外夷"即外國人。土爾扈特、和碩特等部眾，居住於清朝境內，"踐土食

---

① 和寧編纂《回疆通志》卷七《喀什噶爾》，第 59 頁；卷九《烏什》，第 73 頁。
② 松筠纂《欽定新疆識略》卷一一《邊衛》，第 292 頁。
③ 松筠纂《欽定新疆識略》卷一二《外裔》，第 310 頁。

毛"，起居生活，蒙受君恩，也不可視為"外夷"。至於邊外的瓦罕等衆多政權和地區，雖然與清朝互通貿易，但地方偏遠，非邊防所急，故而屬於"外夷"，可以一概置之不理。但是，布魯特和哈薩克兩部雖然也屬於"外夷"，卻與其他"外夷"有別，不能等同看待。布魯特和哈薩克兩部分別與葉爾羌、喀什噶爾、伊犁、塔爾巴哈臺等城交界，是清朝"屏藩"，即真正意義上的"藩屬"。新疆邊外其他"外夷"不過是象徵性的"藩屬"，有名無實，布魯特和哈薩克纔是名副其實拱衛清朝西北邊圍的"藩籬"。可見清朝是將布魯特與哈薩克一同視為西北邊疆"屏藩""藩籬"的，這是清朝不可將其置之不理、需要對其進行"羈縻"的原因所在。如此而言，布魯特既被清朝視為"境外""邊外"之地和部族，又被清朝當作西北邊疆"屏藩""藩籬"，需要"羈縻"，地位特殊。

《清朝通志》將東西布魯特稱為"西域之外藩"。[①]《清朝文獻通考》抄錄乾隆帝《御製土爾扈特全部歸順記》，既將東西布魯特列入"四裔"也即"外裔"，又稱布魯特與哈薩克為清朝西北"屏翰"亦即"屏藩"。[②]《清史稿》則將布魯特與朝鮮、琉球、安南、哈薩克、浩罕等同列為屬國，以區別於清朝實施統治、列為藩部的蒙古各部、烏梁海、回部和西藏。[③]

綜上所述，清朝一方面將布魯特視為"外圍""外裔""外夷""外藩"，即邊外（境外）之地和部族，而非清朝版圖的一部分，不對其進行統治；另一方面又將布魯特作為"藩屬""屬國"，當作西北"屏藩""屏翰""藩籬"，對其事務並非完全置之不理，而是實施"羈縻"，以維護西北邊疆的安全、安定。

藩屬制度是清朝處理邊疆民族事務以及與周邊部族和政權關係的基本政治制度。藩屬制度在中國有著悠久深厚的歷史，清朝的藩屬制度是對中國古代藩屬制度的繼承和發展，具有自身的特點。清代藩屬由藩部和屬國（部）兩部分組成。藩部包括蒙古各部、西藏和新疆回部等邊疆民族地區，清朝中央政府對其事務進行直接管轄。屬國（部）是臣服於清朝的周邊部族和政權，可分為朝鮮、安南、琉球等沿海"屬國"和哈薩克、布魯特、浩罕、巴達克山等內陸"屬部"。清朝通常將亞洲內陸周邊的部族和政權稱為"部"（滿文 gurun 或 aiman），故而其中臣服於清朝的部族和政權屬於清朝的"屬部"。

清朝與屬國（部）有著明確疆界，對屬國（部）不實施統治，一般不干涉其內部事務和對外活動，但彼此間存在一定的權利和義務關係。清朝一般對屬國（部）首領進行敕封，擁有對屬國（部）內部事務和對外活動進行干預的權利。屬國（部）政治上臣服於清朝，定期納貢，清朝對各屬國（部）的貢使、貢物、貢期和貢道有著不同的具體要求，並給予其豐厚賞賜。屬國（部）有義務維護清朝邊界和各自轄境的和平安定，與周邊部族和政權和睦相處。清朝與屬國（部）的這種關係被現代中國學界稱為宗藩關係。"宗"即宗主，可與滿文 ejen（意為"主子"）對應；"藩"即藩屬，實際上偏指其中的"屬"，也即"屬國（部）"。這

---

① 《清朝通志》卷四六《禮略·賓禮》。

② 《清朝文獻通考》卷二八四《輿地考》；卷二九九《四裔考七》。

③ 《清史稿》卷五二九《列傳三百十六·屬國四·布魯特》。

種宗藩關係既有別於中國古代分封皇室宗族和功臣的“宗藩”制度，也不同於世界近代史上宗主國與殖民地的關係。對清朝而言，與周邊部族和政權建立宗藩關係，主要目的在於維護邊疆地區的安全和安定。毫無疑問，清朝與布魯特的關係是典型的“宗藩關係”。清朝或者更貼切地說清朝皇帝是宗主，布魯特是藩屬，屬於清朝藩屬中的“屬部”。

# 結　語

　　本文通過梳理清代漢文史籍所載，結合學界有關研究成果，對清代布魯特即天山吉爾吉斯人的部落名稱、分布、分類、社會政治狀況，以及清朝與布魯特關係的性質進行了考察，簡要地勾勒出清代布魯特的基本情況。布魯特部落衆多，各有名稱，居住分散，互不統屬，無統一政權。清朝將其分為東西布魯特，俄國將其分為南北吉爾吉斯人，其自身又有左右翼以及三十姓部、外姓部、内姓部的劃分。東布魯特分布於伊犁西南、阿克蘇和烏什西北，西布魯特分布於喀什噶爾以西和西北、葉爾羌西南。布魯特首領稱為“比”，分為三個層次，若干部落結成部落聯盟，推舉年長者為聯盟長，管理和協調公共事務，即“喬次比”；各個部落均有首領，即“為首比”或“烏魯克比”；每個部落由若干氏族組成，各氏族均有首領，即“阿哈拉克齊比”。清朝與布魯特的關係屬於“宗藩關係”，清朝皇帝是宗主，布魯特是藩屬，屬於藩屬中的“屬部”。清朝一方面將布魯特視為邊外地區和部族，不進行統治；另一方面又將其當作西北“屏藩”，實施“羈縻”政策，以維護西北邊疆的安全、安定。

　　關於布魯特的文獻資料浩如煙海，紛繁雜亂，涉及多種語言文字。除了上述漢文史籍外，清代滿漢文檔案、《清實錄》、《平定準噶爾方略》、《平定回疆剿擒逆裔方略》以及察合臺文、俄文文獻中均包含大量關於布魯特的史料。選擇從清代漢文史籍入手進行研究，可以較快、較容易地獲得關於清代布魯特的初步整體情況，便於進一步深入展開研究。對於清代布魯特研究而言，這祇是一個起步，仍需在此基礎上充分利用清代滿漢文檔案等原始資料以及察合臺文、俄文文獻，結合《清實錄》《平定準噶爾方略》《平定回疆剿擒逆裔方略》等史籍的記載，纔能獲得關於清代布魯特全面詳細的歷史。

# Overview of Burut Based on Han–Chinese Historical Books of Qing Dynasty

CHEN Zhu

The article investigates the records of Han–Chinese historical books in the Qing Dynasty and studies the general situation of Burut or the Tianshan Kirghiz in the period, including its tribal names, living areas, classification, social and political systems, and relationship with Qing. Burut consisted of many tribes which had their respective names, lived dispersedly without a unitary regime and not subordinate to each other. Burut tribes are classified into east and west Burut by Qing, south and north Kirghiz by Russia, and into left and right wings by themselves. The East Burut lived to southwest of Yili and northwest of Aqsu and Uch, while the West Burut living to west and northwest of Kashgar and southwest of Yarkand. Burut chiefs were called *Bii* which can be divided into three different ranks. Several tribes formed a tribal alliance and elected an elder as the alliance head who was in charge of coordinating public affairs. Each tribe hadits own chieftain and consisted of several clans. Each clan had its respective chief as well. The relation between Qing and Burut is suzerain–vassal relationship in which Burut is a vassal tribe of Qing. Qing on the one hand regarded Burut as an outside region and tribe which Qing did not govern, and on the other hand treated Burut as a fence and implemented the policy of *Jimi* in order to maintain the safety and peace of Qing northwest borderland.

# 桑齋多爾濟遣使赴藏熬茶考述 *

烏蘭巴根

桑齋多爾濟是 18 世紀中葉蒙古喀爾喀部的重要政治人物，他駐紮庫倫，執掌所部軍事及商民事務，先後達 15 年之久，曾對清廷統治喀爾喀產生了重要影響；同時由於負責管理涉俄事務，為清朝抵制沙俄發揮了關鍵作用。另外，就在他駐庫倫辦事期間，清廷派駐了庫倫辦事大臣。所以，深入研究桑齋多爾濟的生平事跡，對全面瞭解當時的喀爾喀政教局勢很有裨益。

有關桑齋多爾濟的研究，學界已經有了不少成果。日本學者岡洋樹曾撰文，從清朝統治政策的角度談論桑齋多爾濟的史事，具體涉及官職、庫倫辦事、犯罪削爵等問題，成就令人敬贊。① 杜家驥先生考述了桑齋多爾濟家族與清朝皇室的聯姻，談到桑齋多爾濟父母的生卒年、本人生年、家族墓地以及子孫後代，為我們提供了不少歷史信息。② 筆者學習上述兩位學者的研究成果，同時利用相關滿文檔案，做了一些考證工作，內容包括桑齋多爾濟的家世、妻室和初到庫倫辦事的時間等。③

近些年來，筆者整理蒙古國國家檔案館的庫倫辦事大臣衙門檔案，④ 同時檢索中國第一歷史檔案館的滿文檔案，發現了一些有關桑齋多爾濟的檔案史料。除此之外，在西藏自治區檔案館發現了一份桑齋多爾濟為獻禮祈願事寫給達賴喇嘛的信函。新發現的這些史料不僅反映了桑齋多爾濟政治活動的細節，還透露了有關他家庭成員的情況和宗教生活的情況。

鑒於此，筆者利用上述檔案史料，考述桑齋多爾濟遣使赴藏熬茶的史事，藉以揭示其宗教生活方面的情況。在文章的構思方面，首先以現有學術成果為基礎簡單介紹桑齋多爾濟一家三代人的生平事跡，然後考述桑齋多爾濟先後兩次遣使赴藏熬茶的史事。前者是對後者的

* 本文係國家社科基金一般項目 "西藏檔案館藏蒙古文檔案研究"（16BMZ018）的階段性成果。

① 參見岡洋樹《清朝對喀爾喀統治的強化與桑齋多爾濟》，張永江譯，《蒙古學信息》1993 年第 4 期，第 2—9 頁；《哲布尊丹巴呼圖克圖三世的轉世及乾隆對喀爾喀的政策》，蔡鳳林譯，《民族譯叢》1993 年第 5 期，第 58—63 頁；《關於 "庫倫辦事大臣" 的查考》，烏雲格日勒、佟雙喜譯，《蒙古學信息》1997 年第 2 期，第 29—36 頁。

② 杜家驥：《清朝滿蒙聯姻研究》，人民出版社，2003，第 139—144 頁。

③ 烏蘭巴根：《駐庫倫辦事喀爾喀副將軍桑齋多爾濟考論》，《滿語研究》2016 年第 1 期，第 123—130 頁；《〈蒙古回部王公表傳·西第什哩貝勒列傳〉正誤》，邢廣程主編《中國邊疆學》第 6 輯，社會科學文獻出版社，2016，第 278—288 頁。

④ 厲聲、楚侖等編《清代欽差駐庫倫辦事大臣衙門檔案檔冊彙編》，廣西師範大學出版社，2017。

知識鋪墊，所以從簡為務，省略了煩瑣的檔案引述；後者是文章的重點，所以出於介紹史料的目的，並舉史料譯述與史料摘錄，在正文裏譯引史料內容，在注釋裏轉錄史料原文，另外加入一些有必要的史實考訂。

## 一　桑齋多爾濟的家世、父母及妻兒

桑齋多爾濟是成吉思汗後裔喀爾喀土謝圖汗袞布多爾濟的幼子西第什哩臺吉的玄孫，也是雍正皇帝養女和碩和惠公主的獨生子，天潢貴冑，榮寵顯赫。

起初，土謝圖汗袞布多爾濟育有三個兒子：長子察琿多爾濟，繼承汗位；次子嘉納巴匝爾出家為僧，是為一世哲布尊丹巴呼圖克圖；第三子西第什哩，號巴圖爾臺吉，是為桑齋多爾濟的曾祖父。

西第什哩巴圖爾臺吉在康熙三十年（1691）的多倫諾爾會盟上受封扎薩克多羅貝勒，康熙四十五年去世。西第什哩有子二人：長子辰丕勒多爾濟，次子丹津多爾濟，後者就是桑齋多爾濟的祖父。

丹津多爾濟在康熙四十五年承襲父爵，成為扎薩克多羅貝勒。從康熙五十六年開始，出任喀爾喀左翼副將軍，參與防範、迎擊準噶爾的軍務。雍正元年（1723），晉封多羅郡王；[①]雍正八年晉封和碩親王；[②]九年十月抗擊準噶爾，論功，賞銀一萬兩。[③]雍正十年六月，丹津多爾濟在額爾德尼召阻擊準噶爾，報功，加號墨爾根巴圖爾，賜黃帶，封其長子色布騰多爾濟為世子。[④]雍正十一年以捏奏冒功罪，去號削爵，撤回黃帶，革退其長子的世子爵秩。[⑤]乾隆元年（1736）正月，復封親王。[⑥]乾隆三年薨。[⑦]

丹津多爾濟妻子的本名有待考證，法名齊旺多勒加卜。丹津多爾濟死後，齊旺多勒加卜寡居多年，乾隆三十六年去世，享年77歲（詳見後文）。

---

① 《清世宗憲皇帝實錄》卷四，雍正元年二月戊寅條，"晉封喀爾喀多羅郡王額駙敦多卜多爾濟為和碩親王；和碩額駙臺吉策凌、貝勒丹津多爾濟，俱為多羅郡王；輔國公博貝為多羅貝勒"。《清實錄》第 7 冊，中華書局，1986，第 111 頁。

② 《清世宗憲皇帝實錄》卷一〇〇，雍正八年十一月丁亥條，"晉封喀爾喀扎薩克郡王丹津多爾濟為扎薩克和碩親王"。《清實錄》第 8 冊，第 333 頁。

③ 《蒙古回部王公表傳》卷四九《扎薩克多羅貝勒西第什哩列傳》，包文漢、奇·朝克圖整理，內蒙古大學出版社，1998，第 354 頁。

④ 《清世宗憲皇帝實錄》卷一二四，雍正十年冬十月癸亥條，《清實錄》第 8 冊，第 628 頁。丹津多爾濟的封號，《清世宗憲皇帝實錄》作墨爾根巴圖魯，滿語為 Mergen baturu，《蒙古回部王公表傳》譯作智勇。

⑤ 《清世宗憲皇帝實錄》卷一三三，雍正十一年秋七月庚寅條，《清實錄》第 8 冊，第 719 頁。

⑥ 《清高宗純皇帝實錄》卷一一，乾隆元年正月癸丑條，"又諭：喀爾喀副將軍郡王丹津多爾濟，自出兵以來，辦理馬匹等項，甚屬出力。屢經皇考施恩，多方眷注。後因軍營獲罪，革去親王，降為郡王。現在丹津多爾濟又在軍營效力膽前，甚屬奮勉。朕仰體皇考慈懷，著將丹津多爾濟仍封為親王"。《清實錄》第 9 冊，第 348 頁。

⑦ 《清高宗純皇帝實錄》卷六六，乾隆三年四月壬辰條，"予故喀爾喀扎薩克親王副將軍丹津多爾濟、素尼特輔國公噶爾瑪遜多布祭葬如例"。《清實錄》第 10 冊，第 71 頁。

　　丹津多爾濟育有四個兒子，長子色布騰多爾濟，次子喇木丕勒多爾濟，三子三達克多爾濟，幼子党蘇龍多爾濟，其中前三人見於《蒙古回部王公表傳》，[①] 幼子由於出家為僧未見著錄。[②] 色布騰多爾濟便是桑齋多爾濟之父。

　　色布騰多爾濟的妻子是雍正皇帝養女、和碩怡親王允祥之女和碩和惠公主，二人於雍正七年十二月二十七日（1730 年 2 月 14 日）結婚。[③] 色布騰多爾濟原封貝子，因尚和碩公主，封和碩額駙。雍正十年十月，因為其父丹津多爾濟立有軍功，特封世子，一時榮顯之極，後因其父坐冒功罪被削去世子爵秩。色布騰多爾濟夫婦二人都英年早逝，據《玉牒》載，和碩和惠公主於雍正九年十月初三日（1731 年 11 月 2 日）去世，年僅十八歲；色布騰多爾濟於雍正十三年二月去世。[④]

　　桑齋多爾濟曾自敘其母在生他的月子內身故。[⑤] 從其母在雍正九年十月初三日去世的事實看，桑齋多爾濟必然在雍正九年十月初三日前不久出生，其母的死亡應該是產後虛羸或產後感染所致。桑齋多爾濟幼失雙親，寄養舅家，據其表稱，當時主要依靠其外祖母長大。[⑥] 乾隆三年，桑齋多爾濟 8 歲，由於他的祖父丹津多爾濟去世，他以嫡孫襲扎薩克多羅郡王。[⑦] 乾隆九年，桑齋多爾濟 14 歲，與慎郡王允禧之女成婚。[⑧] 乾隆十三年，桑齋多爾濟 18 歲，返回遊牧親理旗務。桑齋多爾濟除了在京城娶滿洲格格為妻之外，在回到喀爾喀之後又娶了一位蒙古夫人。據諾爾布扎布和三都布多爾濟等人稱，這位蒙古夫人是堪

① 《蒙古回部王公表傳》卷四九《扎薩克多羅貝勒西第什哩列傳》，第 355 頁。

② 烏蘭巴根：《〈蒙古回部王公表傳·西第什哩貝勒列傳〉正誤》，邢廣程主編《中國邊疆學》第 6 輯，第 278—288 頁。

③ 關於色布騰多爾濟與和碩和惠公主的結婚日期，《丹津多爾濟奏謝降旨為子完婚摺》（雍正八年二月初六日）和《玉牒》都有記載，丹津多爾濟的奏文見中國第一歷史檔案館編譯《雍正朝滿文硃批奏摺全譯》下冊，黃山書社，1998，第 1931 頁；《玉牒》的記載見《愛新覺羅宗譜·星源吉慶》，學苑出版社，1998，第 64 頁。另外，《清世宗憲皇帝實錄》卷八九，雍正七年十二月丁卯條也有同樣的記載。

④ 《愛新覺羅宗譜·星源吉慶》，第 64 頁。

⑤ 乾隆十六年九月初，桑齋多爾濟呈請時任喀爾喀左翼副將軍的和碩親王額林沁多爾濟轉請定邊左副將軍成袞扎布，為自己欲入乾清門年班一事代奏請旨。桑齋多爾濟在呈請時歷數自己父母早亡的情形。九月初九日（1751 年 10 月 27 日），成袞扎布代奏請旨。成袞扎布奏摺的原件和錄副現均藏在中國第一歷史檔案館，原件檔案號：04-02-002-000351-0005；錄副檔案：03-0174-1290-014。原軍機處擬的滿漢混寫題由《Cenggunjab se 代三齋多爾吉奏請入乾清門年班由》，今檔案館擬的漢文題由《定邊左副將軍成袞扎布奏扎薩克多羅郡王桑齋多爾濟自請調入乾清門年班摺》。原軍機處題由中的"三齋多爾吉"是桑齋多爾濟名字的異譯。

⑥ 《喀爾喀土謝圖汗部郡王桑齋多爾濟為請為外祖母戴孝事呈文》，中國第一歷史檔案館藏檔案，檔案號：03-0182-2177-027.

⑦ 《清高宗純皇帝實錄》卷八一，乾隆三年十一月甲子條，《清實錄》第 10 冊，第 268 頁。

⑧ 杜家驥：《清朝滿蒙聯姻研究》，第 142 頁。

布諾門汗扎木巴勒多爾濟和副住持喇嘛沙克杜爾的俗家外甥女。① 扎木巴勒多爾濟和沙克杜爾二人都是土謝圖汗部和碩親王齊巴克雅剌木丕勒的弟弟。② 因此可以說，桑齋多爾濟通過這門婚事，跟一個政教勢力非常雄厚的家族聯在了一起。據桑齋多爾濟乾隆四十年寫給達賴喇嘛的信，他的蒙古夫人的本名為央金加卜，封號達賴達吉尼（詳見後文）。雲丹多爾濟在嘉慶八年（1803）請封其母的奏摺裏，③ 將其母親的姓氏用滿文拼寫為 EO（音U），可知央金加卜的姓氏以蒙古文的 U 或 Ü 字開頭。《仁宗睿皇帝實錄》卷二五五譯作伍氏，④《蒙古遊牧記》卷七譯作吳氏。⑤ 雲丹多爾濟在奏摺裏還說，其母當年已經 67 歲，可知央金加卜在乾隆二年出生。央金加卜和桑齋多爾濟至少生了兩個兒子。據庫倫辦事大臣福德乾隆二十八年七月十七日（1763 年 8 月 25 日）寫給桑齋多爾濟的一封信透露，⑥ 當時桑齋多爾濟的蒙古夫人生了一個兒子，為此福德致函慶賀。這個兒子應該就是桑齋多爾濟

---

① 乾隆三十年四月初三日（1775 年 5 月 22 日）和五月二十五日（7 月 12 日），定邊左副將軍成袞扎布奏報桑齋多爾濟與俄羅斯貿易，乾隆皇帝欽派協辦軍機大臣阿里袞和理藩院額外侍郎瑚圖靈阿赴庫倫查辦。六月初三日（7 月 20 日），成袞扎布告發桑齋多爾濟的叔叔喇嘛党蘇龍（即党蘇龍多爾濟）虐打幼小的三世哲布尊丹巴呼圖克圖，乾隆皇帝寄諭阿里袞等人一同審問。阿里袞等人審問呼圖克圖本人、党蘇龍、桑齋多爾濟、堪布諾門汗扎木巴勒多爾濟、原商卓特巴遜都布多爾濟、賽音諾顏親王諾爾布扎布、土謝圖汗車登多爾濟、堪布沙克杜爾等人。根據阿里袞等人七月二十九日（9 月 13 日）的奏報，在審問當中，諾爾布扎布供稱"堪布諾門汗之外甥女，桑齋多爾濟娶為妻室"。阿里袞等人奏摺的原件和錄副現均藏在中國第一歷史檔案館，原件檔案號：04-02-002-000520-052；錄副檔案號：03-0181-2152-030，原軍機處擬的滿文題由：A se Dangsurung se umai ajige Hūtuktu be tantaha baita akū babe beidefi wesimbuhe bukdari（阿等奏報經審党蘇龍等並無虐打小呼圖克圖事摺），今檔案館擬的漢文題由：《軍機大臣阿里袞奏報審明堪布諾門汗當蘇龍並未殺害小呼圖克圖摺》。原軍機處擬的題由準確地反映了奏摺內容，今檔案館擬的漢文題由誤差很大。乾隆三十年十月二十二日（1775 年 12 月 4 日），接替桑齋多爾濟駐庫倫辦事的瑚圖靈阿奏報，三都布多爾濟等人呈控沙克杜爾為人傲慢，宜令離開庫倫，其中提到"桑齋多爾濟因沙克杜爾係伊之內舅，又懂藏語，所以將其由伊埵寺召來，派赴西藏送福，尋問呼圖克圖何時轉世"。瑚圖靈阿奏摺的原件和錄副現均藏在中國第一歷史檔案館，原件檔案號：04-02-002-000523-0041；錄副檔案號：03-0181-2165-017，原軍機處擬的滿文題由：Hūturingga se lama Šakdur yabun derakū fusihūn imbe Kalkai ba ci aljabufi Siretu Kuren i juktehen de benebufi tebubure jergi babe wesimbuhe bukdari，今檔案館擬的漢文題由：《欽差駐庫倫辦事侍郎瑚圖靈阿奏將私與俄羅斯貿易之喇嘛沙克杜爾執送錫呼圖庫倫廟嚴管摺》。

② 關於齊巴克雅剌木丕勒、沙克杜爾和扎木巴勒多爾濟三人的兄弟關係，筆者準備另作專論，這裏不再贅述。

③ 雲丹多爾濟奏摺的原件和錄副現均藏在中國第一歷史檔案館，原件檔案號：04-02-002-000956-0010，嘉慶九年八月十三日奏；錄副檔案號：03-0197-3672-032，原軍機處擬的滿文題由：Yundondorji fusihūn unenggi be tucibume ini banjiha eniye de fungnehen bahabure jalin abkai kesi be baime wesimbuhe bukdari，今檔案館擬的漢文題由：《庫倫辦事大臣蘊端多爾濟奏為生母請封摺》。蘊端多爾濟是雲丹多爾濟的異譯。

④《清實錄》第 31 冊，第 450 頁。

⑤ 張穆：《蒙古遊牧記》卷七，臺北：南天書局，1982，第 141—142 頁。

⑥ 福德寫的信件當時為庫倫辦事大臣衙門檔冊所錄，見於蒙古國國家檔案館，檔冊 М-1.Д-1.Хн-214，第 74a—76b 頁。該文本已有影印件，即《駐庫倫辦事署侍郎副都統福德為賀桑齋多爾濟福晉生男致桑齋多爾濟文》，見厲聲、楚命等編《清代欽差駐庫倫辦事大臣衙門檔案檔冊彙編》第 16 冊，第 134—139 頁。

在給達賴喇嘛的信裏提到的額爾德尼達爾罕諾顏拉穆濟特。另據杜家驥先生的引述，乾隆三十一年十月二十一日（1766 年 11 月 22 日），桑齋多爾濟的另一個兒子雲丹多爾濟出生。[①] 若以上述生年為基礎推算，到乾隆四十三年的時候，拉穆濟特應有 16 歲，雲丹多爾濟應有 13 歲。然而，乾隆四十三年十一月十二日（1778 年 12 月 30 日）桑齋多爾濟死後，庫倫辦事大臣博清額在給乾隆皇帝的奏摺裏祇提到桑齋多爾濟的兒子雲丹多爾濟年僅 13 歲（虛歲），卻絲毫沒有提到有關拉穆濟特的情況。很有可能的一種情況是，當時拉穆濟特已經不在了。

桑齋多爾濟一家四代有祖父丹津多爾濟、祖母齊旺多勒加卜、父親色布騰多爾濟、母親和碩和惠公主、正室格格、蒙古夫人央金加卜、長子拉穆濟特、次子雲丹多爾濟，另外還有叔輩喇木丕勒多爾濟、三達克多爾濟、党蘇龍多爾濟等人。

桑齋多爾濟先後兩度出任欽差駐庫倫辦事大臣，第一次是乾隆二十一年閏九月十八日（1756 年 11 月 10 日）任命，次年二月初八日（1757 年 3 月 27 日）到任，乾隆三十年坐罪罷免；第二次是乾隆三十六年七月二十六日（1771 年 9 月 4 日）任命，八月十七日（9 月 25 日）到任，直到乾隆四十三年十一月十二日（1778 年 12 月 30 日）病故為止。在兩次出任庫倫辦事大臣期間，桑齋多爾濟見證了兩世哲布尊丹巴呼圖克圖的圓寂，兩次經手辦理為哲布尊丹巴赴藏熬茶及尋認新世呼圖克圖的事情，並且在為哲布尊丹巴呼圖克圖熬茶之際，自己也籌措銀兩，遣使隨團赴藏，為先人熬茶祈願。

遣使赴藏熬茶是桑齋多爾濟宗教活動的重要內容，理應詳加考述。這對全面瞭解桑齋多爾濟的政教活動很有意義。

## 二　桑齋多爾濟第一次遣使赴藏熬茶

桑齋多爾濟第一次遣使赴藏熬茶，是為了給他的祖父丹津多爾濟、母親和碩和惠公主和父親貝子色布騰多爾濟祈願超度，而其遣使赴藏是以二世哲布尊丹巴呼圖克圖的圓寂為緣起，並且向乾隆皇帝以年俸為質借出銀兩作為赴藏熬茶的費用。

桑齋多爾濟於乾隆二十一年閏九月十八日奉旨受任喀爾喀左翼副將軍（土謝圖汗部副將軍），次年二月初八日到庫倫正式就職，這是他第一次駐庫倫辦事的開始。

乾隆二十二年十二月二十七日（1758 年 2 月 5 日），二世哲布尊丹巴呼圖克圖圓寂。圓寂當日，桑齋多爾濟具摺奏報乾隆皇帝，奏文譯錄如下：

> 奴才桑齋多爾濟、琳丕勒多爾濟謹奏。為報哲布尊丹巴呼圖克圖圓寂事。接哲布尊丹巴呼圖克圖之商卓特巴遜都布多爾濟等人呈：乾隆二十二年十二月二十六日夜

---

① 杜家驥：《清朝滿蒙聯姻研究》，第 142 頁注 6。

裏，呼圖克圖病情突然加重，於二十七日卯時示寂。呼圖克圖臨終留言：我受世宗皇帝之旨，自酉歲始，躬承皇帝鴻恩，繼坐先世喇嘛之位，已有二十九年。今我全無造化，忽染重疾，時日已至，故將黃色哈達一條、馬九匹獻於聖主之外，我乃一僧人，本欲多留數年，為聖主萬壽誦經，不料今將半途而夭。我向三寶祈福，復來躬受聖主之恩。其如何佑愛先世喇嘛為聖主萬壽所立之佛法、寺廟及徒眾之事，仍祈聖主明鑒區處。如是上奏。等語。茲祈將軍王爺等處轉奏呼圖克圖遺表一封、所獻黃色哈達一條及馬九匹。等因。呈來。故此，奴才桑齋多爾濟等，因呼圖克圖所獻馬匹現時不便解送，日後送交該管部院之外，今將呼圖克圖圓寂一事及所獻哈達一條、商卓特巴遜都布多爾濟所呈呼圖克圖遺表一封，一並奏報。（乾隆二十二年）十二月二十七日。乾隆二十三年正月初七日奉硃批：已下諭。欽此。①

乾隆二十三年正月初二日（1758 年 2 月 9 日），桑齋多爾濟奏請讓扎木巴勒多爾濟接掌庫倫堪布諾門汗印信，管領庫倫宗教事務，並令沙克杜爾協助。十一日（2 月 18 日）奉硃批

---

① 桑齋多爾濟奏摺的原件和錄副現均藏在中國第一歷史檔案館，原件檔案號：04-02-001-000223-0066；錄副檔案號：03-0177-1674-002，原軍機處擬的滿文題由：Sangjaidorji se Jebzundamba Hūtuktu jangca halaha babe wesimbuhe bukdari，今檔案館擬的漢文題由：《駐庫倫喀爾喀副將軍桑齋多爾濟奏報哲布尊丹巴呼圖克圖圓寂摺》。現據錄副，轉錄奏文：

wesimburengge. aha sangjaidorji, limpildorji gingguleme wesimburengge. jebzundamba hūtuktu i jangca halaha babe donjibume wesimbure jalin. jebzundamba hūtuktu i šangjotba sundubdorji sei alibuha bade, abkai wehiyehe i orin juweci aniya jorgon biyai orin ninggun i dobori hūtuktu i nikeku gaitai ujelefi orin nadan i gūlmahūn erinde jangca halahabi. hūtuktu i delhentume wesimbure gisun de, jebzundamba lama bi šizung ejen i hese be alifi coko aniya ci ebsi orin uyun aniya otolo juwe jalan i ejen i ujen kesi be alifi nenehe lama i besergen de tehe. te kesi akū ofi, gaitai ujen nimeku de teisulefi, mini erin ton oho be dahame, enduringge ejen de suwayan šufa emke, morin uyun be jafaraci tulgiyen, damu jebzundamba bi lama niyalma ofi, enduringge ejen i tumen jalafun enteheme ojoro jalin fulu udu aniya nomon hūlame biki seme gūniha bihe. gūnihakū de aldasi uttu ohobi. jebzundamba bi uthai dahūme jifi enduringge ejen i kesi be alire hūturi be ilan boobai de jalbariki. enduringge ejen i tumen jalafun i jalin nenehe lama i ilibuha šasjin dacang šabisa be adarame jilame wehiyere babe bairengge enduringge ejen genggiyen i bulekušereo seme bithe arafi wesimbu sefi jangca halahabi. bairengge hūtuktu i delhentume wesimbure bithe emke jafara suwayan šufa emke, morin uyun be jiyanggiyūn wang sai baci ulame wesimbureo sehebi. uttu ofi, aha sangjaidorji be jebzundamba hūtuktu i jafara uyun morin be nergin de isibume muterakū ofi, amala harangga jurgan de benebufi jafabureci tulgiyen, hūtuktu i beye jangca halaha. jai jafara šufa emke, šangjotba sundubdorji sei alibuha hūtuktu i delhentume wesimbure bithe be suwaliyame gingguleme donjibume wesimbuhe. jorgon biyai orin nadan. abkai wehiyehe i orin ilaci aniya aniya biyai ice nadan de fulgiyan fi i pilehe hese: hese wasimbuha sehe.

允准。①

　　齊巴克雅剌木丕勒、沙克杜爾和扎木巴勒多爾濟是一家兄弟，都是喀爾喀土謝圖汗部扎薩克頭等臺吉車木楚克納木扎勒長子多羅貝勒（後陞多羅郡王）成袞扎布之子。齊巴克雅剌木丕勒作為長子繼承父爵，後因軍功加封和碩親王；沙克杜爾自幼出家為僧，乾隆二年到西藏學經，乾隆十八年由西藏返回喀爾喀。二世哲布尊丹巴在世的時候，以沙克杜爾為副住持喇嘛，派往慶寧寺居住。扎木巴勒多爾濟被確認為庫倫高僧寧布多爾濟的轉世，自幼加入庫倫學經。由於桑齋多爾濟娶了齊巴克雅剌木丕勒家的外甥女，齊巴克雅剌木丕勒兄弟三人成了桑齋多爾濟的妻家舅舅。正是由於有了這層姻親關係，桑齋多爾濟纔以呼圖克圖圓寂為契機，起用了扎木巴勒多爾濟和沙克杜爾二人。這完全是一種培植親信的行為，目的是削弱商卓特巴遜都布多爾濟的權力，以便直接掌控庫倫宗教事務。

　　乾隆二十三年六月，喀爾喀四部王公在庫倫聚集，商議為已故呼圖克圖赴藏熬茶的有關事宜。會議決定，由四部王公各捐一年的俸銀，共籌六萬兩銀，派團赴藏熬茶，並將會議決定奏報乾隆皇帝：

　　　　奴才嘛呢巴達喇、德沁扎布、達什丕勒、桑齋多爾濟、齊巴克雅剌木丕勒謹奏，為請旨事。查奴才桑齋多爾濟先曾奏言，將為哲布尊丹巴呼圖克圖圓寂赴西藏施善熬茶等事，另作安排，呈報該管部院。等語。奴才等欽惟哲布尊丹巴呼圖克圖乃聖主特意加恩，令我等喀爾喀供奉之為首大喇嘛。因圓寂故，為議赴藏施善熬茶事宜，由奴才等四部之內汗嘛呢巴達喇、王爵德沁扎布、達什丕勒、桑齋多爾濟、齊巴克雅剌木丕勒等聚於呼圖克圖庫倫，同堪布諾門汗扎木巴勒多爾濟、商卓特巴遜都布多爾濟會議。……今眾喀爾喀生業比之早先稍有困乏，力難仍前度支，故奴才等停止攤派旗佐，唯由四部汗、王、貝勒、貝子、公、扎薩克等各捐一年俸銀，另加呼圖克圖商上所儲銀兩及各家廟屬徒眾所出銀兩，共籌六萬兩銀，來年攜至西藏，施善熬茶。……宜否，仰祈聖主明鑒，俟聖旨降示，由奴才等處呈報該管部院，出具路票。為此謹奏祈旨。乾隆二十三年六月初七日奏。十六日奉硃批：已下諭。欽此。當月二十三日遞回原摺。

───────────

①　桑齋多爾濟奏摺的原件和錄副現均藏在中國第一歷史檔案館，原件檔案號：04-02-001-000224-0002，錄副檔案號：03-0177-1676-003。錄副現已浸蝕脫字，滿文題由無從查考，今檔案館擬的漢文題由：《桑齋多爾濟奏請照商卓特巴孫杜卜多爾濟所請揀派堪布管理庫倫僧眾摺》。桑齋多爾濟同時密奏一摺，是分析庫倫廟屬眾徒的情勢，建議要麼以扎木巴勒多爾濟為堪布諾門汗，要麼從北京派大喇嘛管領庫倫僧眾。密摺的原件和錄副現均藏在中國第一歷史檔案館，原件檔案號：04-02-001-000224-0001。根據內容看，這道密摺是第一個奏摺的附件，然而檔案館卻把它排在第一件的前面，顛倒了文件的正附關係。密摺錄副的檔案號：03-0177-1674-022，原軍機處擬的滿文題由：Sangjaidorji dorgici ambakan lama unggifi tebure be wesimbuhe bukdari，今檔案館擬的漢文題由：《駐庫倫喀爾喀副將軍桑齋多爾濟奏哲布尊丹巴呼圖克圖之呼畢勒罕轉世前請派大喇嘛到庫倫暫住摺》。密摺錄副有所浸蝕脫字。密摺為庫倫辦事大臣衙門檔冊所錄，現藏在蒙古國國家檔案館，檔冊 M-1.Д-1.Хн-159，第 3a—4a 頁。蒙古國藏檔冊所錄文本已有影印，參見厲聲、楚命等編《清代欽差駐庫倫辦事大臣衙門檔案檔冊彙編》第 4 冊，第 146—148 頁。

附件：

　　此次派為呼圖克圖圓寂施善人員，如蒙俞允，仍照舊例，派出土謝圖汗部之貝子品級三達克多爾濟、車臣汗部之公爵貢楚克多爾濟、扎薩克圖汗部之協理臺吉旺楚克、賽音諾顏部之脫音卻結三都布、廟屬徒衆之卻結喇嘛一人、副住持喇嘛一人。祈請主上加恩。乾隆二十三年六月十六日奉硃批：知道了。欽此。①

　　可以想見，在此次喀爾喀四部選定的使團領隊人物中，至少有兩位跟桑齋多爾濟有關，貝子品級三達克多爾濟是桑齋多爾濟的三叔輔國公三達克多爾濟，廟屬徒衆的副住持喇嘛指的是桑齋多爾濟的妻舅沙克杜爾。這表明桑齋多爾濟正在通過指派自己親信的方式直接插手庫倫宗教事務的管理。

　　在喀爾喀四部議定派團赴藏熬茶一事之際，桑齋多爾濟也開始實施自己乘便遣使赴藏熬茶的計劃。乾隆二十三年七月十三日（1758 年 8 月 16 日），桑齋多爾濟上奏乾隆皇帝，請求預支五年俸銀作為自己遣使赴藏熬茶的費用。

---

① 這份奏摺有正附兩件，兩件的原件和錄副現均藏在中國第一歷史檔案館。正件原件檔案號：04-02-001-000224-0030，附件原件檔案號：04-02-001-000224-0028；正件錄副檔案號：03-0177-1696-035，原軍機處擬的滿文題由：Manibadara se duin aiman i wang gung beile beise sei emte aniyai fulun i menggun tucibufi ishun aniya Wargi Zang de gamabufi manja fuifubume buyan weilebuki sere baita，今檔案館擬的漢文題由：《瑪尼巴達拉奏報哲布尊丹巴呼圖克圖圓寂喀爾喀王公等願出俸銀派人赴藏熬茶摺》；附件錄副檔案號：03-0177-1696-034.2，原無滿文題由，今檔案館擬的漢文題由：《駐庫倫喀爾喀副將軍桑齋多爾濟奏報哲布尊丹巴呼圖克圖圓寂喀爾喀四部派人赴藏送布彥片》。檔案館誤將附件的錄副附在桑齋多爾濟另一份奏摺錄副之後。據今蒙古國國家檔案館的《滿洲統治時期檔案卷宗》，庫倫辦事大臣衙門至少三次抄錄該摺正附二件：（1）檔冊 М-1.Д-1.Хн-143 的第 22a—25b 頁；（2）檔冊 М-1.Д-1.Хн-144 的第 31a—33a 頁；（3）檔冊 М-1. Д-1. Хн-159 的第 69b—71b 頁。蒙古國國家檔案館的三份抄件均得影印，參見屬聲、楚侖等編《清代欽差駐庫倫辦事大臣衙門檔案檔冊彙編》第 1 冊，第 359—366 頁；第 2 冊，第 39—43 頁；第 4 冊，第 231—235 頁。蒙古國國家檔案館的抄件開載具奏日期和奏摺返回日期，中國第一歷史檔案館的錄副開載具奏日期和硃批日期。這裏兩相對補，摘錄譯引如下：

aha manibadara, decinjab, dasipil, sangjaidorji, cibakyarimpil gingguleme wesimburengge, hese be baire jalin. baicaci, neneme aha sangjaidorji i baci jebzundamba hūtuktu i beye jangca halaha turgunde wargi zang de buyan weilere manja fuifure jergi baita be encu icihiyafi harangga jurgan de boolaki seme wesimbuhe bihe. aha be hujufi gūnici, jebzundamba hūtuktu serengge, enduringge ejen cohotoi kesi isibufi meni kalkasa de dalabufi juktembuhe amba lama. jangca halaha turgunde wargi zang de buyan weilere manja fuifure baita be hebešeme gisurere jalin, aha meni duin aiman i dorgi han manibadara, wang decinjab, dasipil, sangjaidorji, cibakyarimpil se hūtuktu i kuren de isafi k’ambu nomon han jambaldorji, šangjotba sundubdorji i emgi acafi uhei hebešeme,…… te kalkasa banjirengge neneheci majige eberehede, kemuni fe songkoi tucibume muterakū of, aha be gūsa nirui dorgici šufara be nakafi, damu duin aiman i han, wang, beile, beise, gung, jasak se meni meni emte aniyai fulun i menggun be tucibufi jai hūtuktu i šang de bisire menggun, geren šabisai tucibure menggun be dabume uheri ninggun tumen yan be acabufi, ishun aniya wargi zang de gamabufi manju fuifubume buyan weilebuki.……. acanara acanarakū babe bairengge endurngge ejen genggiyen i bulekušereo. hese wasinjiha erinde, ahasi i baci wargi zang de unggire urse de bahabure jugūn yabure temgetu bithe be harangga jurgan de boolafi bahabuki sembi. erei jalin gingguleme wesimbuhe，（轉下頁注）

　　奴才桑齋多爾濟謹奏，為仰祈天恩事。奴才桑齋多爾濟幼嫩之時額娘公主、家父均薨逝。（奴才）仰蒙聖主撫育洪恩，稍得成長。（後）因奴才之祖父丹津多爾濟薨逝，聖主特加格外厚恩，使奴才承襲王爵。聖主慈悲，不時加恩，親寵厚隆，奴才唯克盡愚忠，恭勉效力，別無報效之法。祇因奴才之額娘、祖、父離世之時，奴才尚年幼，不諳事理。今蒙聖主撫育厚恩，長大成人，欲盡為人子孫之孝，在西藏為我額娘公主、祖、父熬茶。然因地甚遙遠，未能遂願。今將遣人為哲布尊丹巴呼圖克圖熬茶施善，奴才欲克盡為人子孫者之意，乘此便利，為我公主額娘、祖、父稍施熬茶。叩請聖主格外開恩，可否預先支給奴才五年俸銀。如蒙聖主憐憫，垂施浩蕩之恩，則奴才得以完成為額娘、祖、父熬茶及為呼圖克圖熬茶奉獻等項銀兩，不特奴才萬世感戴不已，即我公主額娘、祖、父之靈亦在九泉之下感戴不已。奴才桑齋多爾濟無奈，冒昧奏請。若蒙聖主開恩預先支賞，請將此借五年俸銀，每年由奴才俸銀扣解一半，共扣十年償結。為此跪拜謹奏，仰祈天恩。乾隆二十三年七月十三日奏。二十一日奉硃批：若是他人，實不行。念汝效力，准所請。二十九日遞回。①

---

（接上頁注）hese be baimbi. abkai weshiyehe i orin ilaci aniya ninggun biyai ice nadan de wesimbuhe. juwan ninggun de fulgiyan fi i pilehe hese: hese wasimbuha sehe. orin ilan de bukdari isinjiha. 附件：ere mudan hūtuktu i buyan benebure jalin wargi zang de unggire urse be, bahaci, kemuni fe songkoi tusiyetu han aiman i beisei jergi sandakdorji, cecen han aiman i gung guncukdorji, jasaktu han aiman i aisilara taiji wangcuk, sain noyan aiman i toin corji sandub, šabinar i corji lama emke, ilhi lama emke be tucibufi unggiki sembi. bairengge, kesi ejen ci tucireo. abkai wehiyehe i orin ilaci aniya ninggun biyai juwan ninggun de fulgiyan fi i pilehe hese: saha sehe.

① 桑齋多爾濟奏摺的原件和錄副現均藏在中國第一歷史檔案館，原件檔案號：04-02-001-000224-0033，錄副檔案號：03-0177-1704-003，原軍機處擬的滿文題由：Sangjaidorji sunja aniyai fulun juwen gaire jalin baime wesimbuhe bukdari，今檔案館擬的漢文題由：《駐庫倫喀爾喀副將軍桑齋多爾濟奏請預借五年俸祿摺》。據今蒙古國國家檔案館的《滿洲統治時期檔案卷宗》，當時庫倫辦事大臣衙門至少三次抄錄了該奏摺文本：（1）檔冊M-1.Д-1.Xн-143 的第31b—34a 頁；（2）檔冊M-1.Д-1.Xн-144 的第37b—38b 頁；（3）檔冊M-1. Д-1. Xн-159 的第77a—78b 頁。蒙古國國家檔案館的三份抄件均得影印，參見厲聲、楚命等編《清代欽差駐庫倫辦事大臣衙門檔案檔冊彙編》第1 冊，第378—383 頁；第2 冊，第52—54 頁；第4 冊，第247—250 頁。蒙古國藏的檔冊所錄文本載錄具奏日期和遞回日期，中國藏的錄副載錄具奏日期和硃批日期。這裏兩相對補，摘錄譯引如下：

aha sangjaidorji gingguleme wesimburengge, abkai kesi isibure ba baire jalin. aha sangjaidorji bi huhuri ajigen de mini gungju eniye, ama gemu akū oho. enduringge ejen i hūwašabume ujiha desereke kesi de majige mudufi, aha i mafa danjindorji akū oho manggi, enduringge ejen teisu ci tulgiyen, dabali kesi isibume, wang ni jergi be aha de sirabuha. ejen bilume gosime siran siran i isibuha doshon derengge kesi umesi jiramin, aha bi damu mini mentuhun gūnin be akūmbume gingguleme olhošome kiceme faššaraci tulgiyen, umai encu karularangge akū. damu aha mini gungju eniye, mafa, ama akū oho fonde, aha bi ajigen, eiten be sarkū bihe. te enduringge ejen i hūwašabume gosiha jiramin ujen kesi de hahardafi, jui, omolo oho doro be akūmbume, mini gungju eniye, mafa, ama i jalin wargi zang de manja fuifuki seci, ba jaci goro, icihiyame mutehekū. ne jebzundamba hūtuktu i jalin manja fuifume buyan weilebume onggime ofi aha bi jui, omolo oho niyalmai gūnin be akūmbume beleni ere ildun de aha bi mini gungju eniye, mafa, ama i jalin majige manja fuifubuki sembi. hengkišeme bairengge, enduringge ejen teisu ci tulgiyen dabali desereke kesi isibume aha i fulun i menggun be sunja aniyaingge juwen bume šangnaci ojoroo. ejen jilame gosime jecen dalin akū kesi isibuci, aha bi bahafi mini eniye, mafa, ama i jalin manja fuifure, hūtuktu i jalin manja fuifure hacin de nonggire baita be šanggabume mutebure oci, aha bi tumen jalan de isitala hukšehe seme wajirakū sere anggala, uthai aha mini gungju eniye, mafa, eme i fayangga uyun šeri fejile inu hukšeme wajirakū.（轉下頁注）

從上引奏摺看，桑齋多爾濟此次遣使赴藏熬茶，是為了給他的亡祖、亡父和亡母熬茶祈願。桑齋多爾濟預支俸銀的請求得到了皇帝的允准。乾隆皇帝批諭戶部和理藩院，如數支給所祈銀兩。乾隆二十三年七月二十一日（1758 年 8 月 24 日）乾隆皇帝下諭：

> 桑齋多爾濟具奏祈恩，預借五年俸銀，乘為哲布尊丹巴呼圖克圖赴藏熬茶之際，為其公主額娘、祖父、父熬茶，將分十年償結，等語。桑齋多爾濟既為其先人施善，伊近幾年為軍事多所效勞，著加恩支給五年俸銀，即照所請，十年扣結。著將此交付戶部、理藩院。欽此。①

當時，桑齋多爾濟是和碩親王，一年俸銀二千兩，預支五年俸銀，總計一萬兩。這一萬兩銀子，若按每年扣解俸銀之一半（即一千兩）計算，連續扣除十年方能完結。此次預支的一萬兩銀子，其中的二千兩首先捐給了四部公中，因為按照四部會議決定，王公各捐一年的俸銀作為遣使赴藏熬茶的費用。其餘八千兩則由桑齋多爾濟自主使用。

關於桑齋多爾濟派遣何人隨團赴藏熬茶，目前尚無相關史料資以考論。

乾隆二十四年七月，喀爾喀使團起程赴藏，一年半之後即乾隆二十六年正月十六日（1761 年 2 月 20 日）返回庫倫。桑齋多爾濟的奏摺說明了這一情況，現節譯如下：

> 奴才桑齋多爾濟、三都布多爾濟謹奏，為奏報事。因哲布尊丹巴呼圖克圖圓寂，為去西藏施善、熬茶等事，經由臣處奏准，指派呼圖克圖之副住持喇嘛班第達堪布沙克杜爾、貝子品級三達克多爾濟等僧俗眾人前年七月出發。現在，今年正月十六日返回庫倫。今接堪布諾門汗、商卓特巴等人呈請：……為先世呼圖克圖送善人員返回之後，有請聖安之例。今欲將此次前去西藏送善返回之副住持喇嘛班第達堪布沙克杜爾派去朝覲聖顏請安，可否之事，請將軍王爺定奪。等因。呈來。今臣竊查……該喇嘛班第達堪

---

（接上頁注）damu aha sangjaidorji bi umainaci ojorakū ofi balai felehudeme wesimbuhe. bairengge, ejen kesi isibume juwen bume šangnaci, ere sunja aniya i fulun i menggun be aniyadari aha i fulun i menggun i dorgici hontoholome tebubume juwan aniya obume wacihiyabuki sembi. erei jalin gingguleme niyakūrafi hengkišeme abkai kesi be baime wesimbuhe. abkai wehiyehe i orin ilaci aniya nadan biyai juwan ilan de wesimbuhe. orin emu de fulgiyan fi i pilehe hese: gūwa niyalma oci yargiyan i ojorakū. sini faššaha be tuwame baiha songkoi obuha sehe. ineku nandan biyai orin uyun de bukdari isinjiha.

① 《為桑寨多爾濟奏請支借五年俸銀為伊之先人赴藏熬茶分十年坐打著准所請事》，中國第一歷史檔案館藏檔案，檔案號：03-18-009-000024-0002。桑寨多爾濟是桑齋多爾濟的異譯。滿文轉錄：

abkai wehiyehe i orin ilaci aniya nadan biyai orin emu de hese wasimbuhangge: sangjaidorji ini fulun i menggun be sunja aniyaingge juwen gaifi jebzundamba hūtuktu i jalin zang de manja fuifume genere ildun de, ini gungju eniye, mafa, ama i jalin manja fuifuki, juwan aniya obufi tebume wacihiyabuki seme kesi be baime wesimbuhebi. sangjaidorji ini nenehe niyalmai jalin sain baita weilembime, i ere udu aniya coohai bade inu labdu faššame yabuha be dahame, kesi isibume sunja aniyai fulun juwen bukini. baiha songkoi juwan aniya obufi tebume wacihiyakini sehe. erebe boigon i jurgan, monggo jurgan de afabu. seme dorgi bithesi de afabuha. ioišan araha. tacihiyangga acabuha.

布沙克杜爾誠心祈望朝覲聖顏請安。……正月二十二日。乾隆二十六年正月三十日奉硃批：伊旣願來，著來。①

　　從乾隆二十四年七月出發開始計算，使團此行共經歷了一年半的時間。按喀爾喀到西藏的里程推算，使團在西藏的宗教活動應該都在乾隆二十五年上半年舉行。可以肯定，桑齋多爾濟為其祖、父、母熬茶祈願也應該在同一年進行。這是桑齋多爾濟第一次遣使進藏熬茶。

## 三　桑齋多爾濟第二次遣使赴藏熬茶

　　桑齋多爾濟第二次遣使赴藏熬茶也和哲布尊丹巴呼圖克圖的圓寂聯在一起，目的是給他的已故祖母齊旺多勒加卜祈願超度，而且也是從乾隆皇帝那兒以年俸為質預支的銀兩。

　　乾隆三十六年七月二十六日（1771年9月4日），乾隆皇帝任命桑齋多爾濟為庫倫辦事大臣。② 八月十七日（9月25日），桑齋多爾濟到庫倫接掌辦事大臣關防。③ 這是桑齋多爾濟第二次駐庫倫辦事的開始。就在同一年，桑齋多爾濟的祖母齊旺多勒加卜去世。

　　乾隆三十七年七月十五日（1772年8月13日），桑齋多爾濟轉奏庫倫蒙古堪布諾門汗扎木巴勒多爾濟來年（1774）赴藏聽經的請求，得到乾隆皇帝的嘉允。④

---

① 桑齋多爾濟奏摺的原件和錄副現均藏在中國第一歷史檔案館，原件檔案號：04-02-002-000461-0025；錄副檔案號：03-0179-1861-025，原軍機處擬的滿文題由：Sangjaidorji k'ambu nomon han Jambaldorji sa ere mudan Zang de buyan benebume unggihe k'ambu Šakdur be ejen i elhe be baime unggiki seme alibuha babe wesimbuhe bukdari，今檔案館擬的漢文題由：《駐庫倫喀爾喀副將軍桑齋多爾濟奏堪布喇嘛沙克杜爾進藏送布彥返回可否准其進京陛見摺》。奏文轉錄：
aha sangjaidorji, sandubdorji gingguleme wesimburengge. donjibume wesimbure jalin. jebzundamba hūtuktu i jangca halaha turgunde wargi zang de buyan benere, manja fuifure de, aha meni baci wesimbufi hūtuktu i ilhi besergen i lama bandida kambu šakdur, beise i jergi sandakdorji i jergi lama kara sebe cara aniya nadan biyade jurambume unggihe bihe. te ere aniya aniya biyai juwan ninggun de gemu amasi kuren i bade isinjihabi. ede kambu nomon han jambaldorji, erdeni šangjotba sundubdorji sei alibuha bade, …… . jai nenehe jalan i hūtuktu i jalin buyan benebuhe lamasa amasi isinjifi, ejen i elhe be baimbihe. te meni ere wargi zang de buyan benebufi amasi isinjiha besergen i lama bandida kambu šakdur be ejen i genggiyen de hargašame elhe be baime unggici ojoro ojorakū babe, jiyanggiyūn wang ni baci toktobureo seme alibuhabi. baicaci, …… . ere lama bandida kambu šakdur ejen i genggiyen de hargašame elhe be baiki sere gūnin umesi hing unenggi bicibe, …… . aniya biyai orin juwe. abkai wehiyehe i orin ningguci aniya aniya biyai gūsin de fulgiyan fi i pilehe hese, i jidere de cihangga be dahame, jikini sehe.

② 《清高宗純皇帝實錄》卷八八九，乾隆三十六年秋七月甲子條，《清實錄》第19冊，第921頁。

③ 柏琨奏摺的原件和錄副現均藏在中國第一歷史檔案館，原件檔案號：04-02-0001-000202-0065，具奏日期為乾隆三十六年八月十七日；錄副檔案號：03-0184-2422-003，原軍機處擬的滿文題由：Bekun doron be Sangjaidorji de afabuha babe wesimbuhe bukdari，今檔案館擬的漢文題由：《庫倫辦事大臣柏琨奏報將印信移交桑齋多爾濟摺》。

④ 桑齋多爾濟奏摺的原件和錄副現均藏在中國第一歷史檔案館，原件檔案號：04-02-001-000228-0056；錄副檔案號：03-0185-2462-022，原軍機處擬的滿文題由：Sangjaidorji se nomon han Jambaldorji cihangga Zang de genefi Dalai Lama de hengkileme genere be baime wesimbuhe bukdari，今檔案館擬的漢文題由：《庫倫辦事大臣桑齋多爾濟奏諾門汗扎木巴勒多爾濟願往西藏謁見八世達賴喇嘛並習經摺》。

由於自己的祖母在乾隆三十六年去世，桑齋多爾濟想遣使赴藏熬茶，祈願超度祖母的亡靈。於是，乾隆三十八年四月初三日（1773 年 5 月 23 日），桑齋多爾濟再一次奏祈預支俸銀。

奴才桑齋多爾濟謹奏，為祈天恩事。欽惟奴才桑齋多爾濟蒙聖主厚恩，數不勝數，無人出右，實屬高厚。所受聖主再生鴻恩，奴才雖克盡愚忠，敬謹效力，亦不能報答聖恩之萬一。末臣桑齋多爾濟實在不能為一己之小事，冒昧煩擾聖聽，祈求聖恩，羞恐之極。祇因前年奴才桑齋多爾濟之祖父丹津多爾濟之妻祖母物故。此處之諾門汗扎木巴勒多爾濟正好明年要去西藏，奴才乘此欲盡為人孫子之義，向達賴喇嘛、班禪額爾德尼稍獻銀兩，當作善業之資，為奴才之祖母熬茶祈願，庶幾合乎奴才之蒙古禮俗。然而奴才財力實難度支。先前奉恩所預支之一萬兩銀，去年方由俸銀扣完。奴才在京城並無產業，亦別無籌借之方。奴才實屬無奈，冒昧具奏叩祈，聖主格外垂施高厚之恩，賞支奴才俸銀五千兩，每年由奴才俸銀扣除五百兩，分十年償結。倘蒙聖主慈施浩蕩之恩，則奴才為祖母熬茶，克盡為人孫子之義，不特奴才萬世感戴不已，即我祖母之靈在九泉之下亦感戴不已。用度之餘，償還奴才所欠債務，於今生計亦大有裨益。為此跪拜，誠惶誠恐，敬謹啓奏祈恩。乾隆三十八年四月初三日。乾隆三十八年四月初十奉硃批：已下諭。欽此。①

四月初十日（5 月 30 日），乾隆皇帝接覽桑齋多爾濟的奏摺，除了在原摺上做出批示之外，還專門下了兩道諭旨，一是批諭該管部院，給銀三千兩；二是斥責桑齋多爾濟，以後不許再借銀兩。批諭該管部院：

---

① 桑齋多爾濟奏摺的原件和錄副現均藏在中國第一歷史檔案館，原件檔案號：04-02-001-000227-0009；錄副檔案號：03-0185-2518-035，原軍機處擬的滿文題由：Sangjaidorji ini fulun i menggun ba sunja minggan yan juwen bume šangnafi aniyadari sunja tanggū yan tebubume juwan aniya wacihiyabure babe baime wesimbuhe bukdari（桑齋多爾濟奏請預支俸銀五千兩每年扣五百兩分十年償結一事摺），今檔案館擬的漢文題由：《庫倫辦事大臣桑齋多爾濟奏為已故母親辦理喪事請賞銀兩摺》。桑齋多爾濟這次借銀，並非為了他的已故母親辦理喪事，而是為了給他的已故祖母熬茶祈願。其時，桑齋多爾濟的母親離世已有 43 年之久，並不存在為母親辦理喪事一節。檔案館擬的漢文題由有所偏失。現據錄副轉錄奏摺文字：
aha sangjaidorji ginguleme wesimburengge, abkai kesi be baire jalin. hujufi fuhašame gūnici, aha sangjaidorji enduringge ejen i desereke kesi be alihangge yargiyan i umesi ujen jiramin, yaya weci encu. enduringge ejen i dahūme banjibuha ferguwecuke kesi be alifi, aha mentuhun unenggi be akūmbume gingguleme olhošome kiceme faššame enduringge ejen i ujen kesi de tumen de emgeri karulame muterakū bade, buya aha sangjaidorji, ser sere cisui baitai jalin felehudeme enduringge ejen i šan be wenjebume kesi be gaire jalin, yargiyan i umesi sorocome gelembi. damu cara aniya aha sangjaidorji mini mafa dangjindorji i sargan aha i mama akū oho. ubai nomon han jambaldorji ishun aniya beleni wargi zang de genembi. ere ildun de aha omolo niyalmai ser sere gūnin be akūmbume, dalai lama bancan erdeni de fulehun obume majige menggun alibume, aha i mama i jalin mangja fuifume irul baici, ahasi i monggo doro de teni akūmbumbi. damu ne ahan i encehen yargiyan i muterakū. onggolo ejen i kesi be baime juwen gaiha emu tumen yan menggun be duleke aniya teni fulun de toodame wajiha. gemun hecen de aha umai hethe akū.（轉下頁注）

四月初十日，奉諭：著照桑齋多爾濟所請，給銀三千兩，由其俸銀內分六年扣結。
欽此。①

另一份斥責桑齋多爾濟的諭旨由軍機處繕字寄給桑齋多爾濟。現譯引字寄：

乾隆三十八年四月十一日。領侍衛內大臣、尚書、忠勇公（福隆安）字，寄駐庫倫辦
事喀爾喀郡王。乾隆三十八年四月初十日奉上諭：據桑齋多爾濟奏，為其祖母事，乘諾們
罕扎木巴爾多爾濟來年赴藏之便，為熬茶求福事，指俸祿請借給銀五千兩，十年完結。等
語。桑齋多爾濟甚不知恥。伊前借俸纔扣完，今因何又言借耶？惟伊既為其祖母事赴藏熬
茶求福，則借給伊尚可，然而為何用銀五千兩？著即借給銀三千兩，從其俸祿內扣完。
仍寄信桑齋多爾濟，此次借債後，再次奏請借債，斷然不可。欽此。②

可以看出，乾隆皇帝對桑齋多爾濟的借銀請求有所惱怒，衹是因為桑齋多爾濟是他的外
侄子，此次借銀又是為了給已故先人熬茶祈願，所以勉強恩准，然而把預支額度限為三千兩。

---

（接上頁注）geli encu juwen gaire ba akū. aha bi umainaci ojorakū ofi, felehudeme wesimbufi hengkišeme baireng-
ge, enduringge ejen kooli ci tulgiyen den jiramin kesi isibume, aha i fulun i menggun be sunja minggan yan juwen
bume šangnafi, aniyadari aha i fulun i dorgici sunja tanggū yan tebubume, juwan aniya wacihiyabureo. ejen jiramin
gosime jecen dalin akū kesi isibuci, aha bi bahafi aha i mama i jalin ajige mangja fuifume, omolo niyalmai ser sere
gūnin akūmbufi, aha bi tumen jalan de hukšeme wajirakū sere anggala, aha i mafa mama i fayangga uyun šeri fejile
inu ejen i kesi be hukšeme wajirakū. ede baitalafi funcehengge be aha i edelehe bekdun be toodafi, ne banjire de
inu umesi sulfa tusa bahambi. erei jalin gingguleme niyakūrafi geleme olhome hengkišeme abkai kesi be baime
wesimbuhe. abkai wehiyehe i gūsin jakūci aniya duin biyai juwan de fulgiyan fi i pilehe hese hese wasimbuha ehe.
duin biyai ice ilan.

① 《為著照桑齋多爾濟所請借給三千兩銀由其俸祿內六年坐扣完事》，乾隆三十八年四月初十日，中國第一歷史檔
案館藏檔案，檔案號：03-18-009-000039-0001。原文：
duin biyai juwan de, hese wasimbuhangge, sangjaidorji i baime wesimbuhe songkoi ilan minggan menggu juwen
bufi, ini fulun i dorgici ninggun aniya obume tebume wacihiyakini sehe.

② 軍機處的字寄錄副現藏在中國第一歷史檔案館，其影印件見該館編《乾隆朝滿文寄信檔譯編》第10冊，岳麓
書社，2011，滿文見第317—318頁，漢譯見第621頁。另外，從桑齋多爾濟的謝恩摺看，該字寄是以軍機大
臣福隆安的名義發的。現據影印本，轉錄滿文：
duin biyai juwan emu. hiya kadalara dorgi amban aliha amban tondo baturu gung (fulungga) i bithe, kuren de tefi
baita icihiyara kalkai giyūn wang (sangjaidorji) de jasiha. abkai wehiyehe i gūsin jakūci aniya duin biyai juwan de
hese wasimbuhangge, sangjaidorji ini mama i baita de nomon han jambaldorji ishun aniya zang de genere ildun
de manja fuifume irul baire jalin fulun be jorime sunja minggan yan menggun juwen bufi juwan aniya obume
wacihiyabureo seme hese be baime wesimbuhebi. sangjaidorji jaci girure be sarkū. i neneme fulun juwen gaifi teni
tebume wacihiyaha kai. te ainu geli juwen gaiki sembini. damu i ini mama i baita de zang de manja fuifume irul
baire jalin be dahame, inde juwen buci hono ombi. tuttu seme aide sunja minggan yan menggun baitalambini. uthai
ilan minggan yan menggun juwen bufi ini fulun i dorgici tebume wacihiyakini. kemuni sangjaidorji de ulhibume
jasifi ere mudan juwen gaiha amala jai uttu fulun juwen gaire be baime wesimbuci ainaha seme ojorakū sehebe
gingguleme dahafi erei jalin jasiha.

　　乾隆三十八年四月十九日（1773 年 6 月 8 日），桑齋多爾濟接到軍機處的字寄，二十八日（6 月 17 日）繕摺謝恩。① 桑齋多爾濟此次預支的三千兩銀，若按每年從其俸銀扣除五百兩計算，共扣六年方能完結。

　　乾隆三十八年九月二十一日（11 月 5 日），三世哲布尊丹巴呼圖克圖圓寂，桑齋多爾濟當即繕摺奏報。② 二十五日（11 月 9 日），堪布諾門汗和商卓特巴等人呈請桑齋多爾濟，為遣使赴藏報喪一事轉奏請旨給驛。③ 經桑齋多爾濟奏准，庫倫報喪使者乘驛赴藏。呼圖克圖的圓寂導致原本計劃乾隆三十九年（1774）去西藏的扎木巴勒多爾濟未能成行。三十九年初，喀爾喀四部王公會議決定，由四部王公各捐一年的俸銀，共籌七萬兩銀，乾隆四十年七月十五日（1775 年 8 月 10 日）以扎木巴勒多爾濟為首，派團赴藏，為已故呼圖克圖熬茶祈願。④ 此次四部王公選定的使團領隊除了扎木巴勒多爾濟之外，還有賽音諾顏部貝子敦多布多爾濟、頭等臺吉三丕勒多爾濟、土謝圖汗部輔國公車登三丕勒、扎薩克圖汗部扎薩克頭等臺吉三都布多爾濟、車臣汗部扎薩克頭等臺吉索諾木敦多布等人，其中頭等臺吉三丕勒多爾濟是賽音諾顏部和碩親王車布登扎布的長子。如此一來，扎木巴勒多爾濟赴藏聽經的計劃變成了率團赴藏熬茶，桑齋多爾濟遣使赴藏熬茶的事也隨之推遲了一年。另外，按照四部王公會議的決定，桑齋多爾濟捐出一年的俸銀作為為呼圖克圖赴藏熬茶的費用。桑齋多爾濟當時是多羅郡王，一年俸銀一千五百兩銀，所以從所借三千兩裏捐出一年俸銀後，實際留在他手裏的衹有一千五百兩。

　　乾隆四十年七月十五日，以扎木巴勒多爾濟為首的喀爾喀熬茶使團由庫倫起程。桑齋多爾濟的熬茶使者也一同隨團出發。西藏自治區檔案館藏有桑齋多爾濟寫給達賴喇嘛的以使團

---

① 桑齋多爾濟奏摺的原件和錄副現均藏在中國第一歷史檔案館，原件檔案號：04-02-001-000227-0012；錄副檔案號：03-0185-2522-20，原軍機處擬的滿文題由：Sangjaidorji ilan minggan yan menggun juwen buhe jai wakašaha hese be alime gaifi kesi de hengkileme wesimbuhe bukdari，今檔案館擬的漢文題由：《庫倫辦事大臣桑齋多爾濟奏賞借銀兩謝恩摺》。

② 桑齋多爾濟的奏摺原件和錄副現均藏在中國第一歷史檔案館，原件檔案號：04-02-001-000227-0019；錄副檔案號：03-0185-2543-037，原軍機處擬的滿文題由：Sangjaidorji Jebzundamba Hūtuktu uyun biyai orin emu de jangca halaha babe wesimbuhe bukdari，今檔案館擬的漢文題由：《庫倫辦事大臣桑齋多爾濟奏哲布尊丹巴呼圖克圖圓寂摺》。

③ 桑齋多爾濟奏摺的原件和錄副現均藏在中國第一歷史檔案館，原件檔案號：04-02-001-000227-0021；錄副檔案號：03-0186-2545-015，原軍機處擬的滿文題由：Šangjotba se elcin be Wargi Zang de unggifi Jebzundamba Hūtuktu i hūbilgan be baime genere de giyamun šangnabure babe baime wesimbuhe bukdari，今檔案館擬的漢文題由：《庫倫辦事大臣桑齋多爾濟奏諾門汗等呈請遣人赴藏尋找哲布尊丹巴呼圖克圖之呼畢勒罕並賞驛摺》。

④ 庫倫辦事大臣柏琨在乾隆三十九年二月初七日（1774 年 3 月 18 日）奏報四部王公會議的決定。柏琨奏摺的原件和錄副現均藏在中國第一歷史檔案館，原件檔案號：04-02-001-000202-0069；錄副檔案號：03-0186-2575-013，原軍機處擬的滿文題由：Bekun Kalkai duin aiman i culgan da se cihanggai Jebzundamba Hūtuktu i hūbilgan be baime buyan benere de nadan tumen yan menggun tucibufi nomon han Jambaldorji be dalabume Zang de unggire babe hese be baime wesimbuhe bukdari，今檔案館擬的漢文題由：《庫倫辦事大臣柏琨奏喀爾喀四部為尋找哲布尊丹巴呼圖克圖轉世靈童赴藏熬茶送銀摺》。

出發日為落款的獻禮祈願信函。這封信透露了有關此次熬茶的細節。

　　　　徑啓者。奉旨辦理庫倫及邊務喀爾喀大臣王爵多羅額駙桑齋多爾濟虔信祈禱，在一切佛陀之尊慈視眾生無所遺漏實致菩提之道觀世音菩薩之化身瓦赤剌達喇達賴喇嘛無垢蓮花前，末小桑齋多爾濟、達賴達吉尼央金加卜、兒輩額爾德尼達爾罕諾顏拉穆濟特、額爾德尼默爾根琿臺吉雲丹多爾濟等，以三門虔誠，合掌稟告：我等之祖母，法名齊旺多勒加卜，屬鷄，七十七歲那年仙逝。我等後世子孫，謹為稍報父母大恩，仰祈發願，保佑祖母不論轉生何地，即由彼處證得菩提之道，直至成佛。恭獻薄禮金剛花紋綢緞一疋、金線緞二疋、補緞八疋、小綾子二百方、福祉哈達二十方、龍緞八疋、內庫哈達二疋、大綾子二方、吉祥哈達七方、銀一百五十兩等之外，去年令箭使者送來貴處所垂愛賜寄之佛像、加持神主、諭示、儀軌（列單）等件，業已頂上祈禱拜受。我等仰賴前世善福蔭護，生此難得福光佛界，盡享法語甘露。為了逾此更進，得入菩提之道以致成佛，還祈保佑，賜給先世起緣大善佛像、所依神主、日常口禪；並祈發慈，將今生障魔寂息、一切事業和興、富祿人旺福壽自彰之福加於我等頂上。祈願之禮綢緞、曼遮、哈達等物，托付家叔額爾德尼托音當蘇龍多爾濟及差使管旗章京達爾罕臺吉章楚卜、近侍囊蘇巴勒珠爾，以呈。乾隆四十年秋七月十五日。[①]

　　可知，桑齋多爾濟此次遣使熬茶，是以自己在喀爾喀的家庭為名義，為其祖母齊旺多勒加卜祈願，同時祈禱自己全家安樂福祿。信中所說的"令箭"應該是火牌的蒙古語說法，"令

---

① Ergükü anu, Ĵarliɣ-iyar Küriy-e ba Ĵaq-a kiĵaɣar-un kereg sidkekü Qalq-a-yin amban wang törö-yin efu Sangĵaidorĵi čing bisirel-iyer ĵalbarin Qotala ilaɣoɣsan-u erketü, qočorli ügei qamuɣ amitan-i nidü-ber üĵeĵü Qaɣurmaɣ ügei degedü qutuɣ-tur ĵokiɣaɣci, Qongsim bodisatu-yin qubilɣan-u bey-e-tü wčir dar-a boɣda Dalai bLam-a-yin gegen-ü kkir ügei ülmei Lingqu-a-yin door-a üčüken Sangĵaidorĵi, dalai dagin-a Yangĵinĵab, köbegün erdeni darqan noyan Lhamuĵid, erdeni mergen qongtaiĵi Yundundorĵi nar ɣurban egüden-ü yeke bisireküi-ber alaɣ-a ban qamtudqaĵu ayiladqaqu inu, edüge man-u emege eke sakil-un nere Čiwangdolĵab, takiy-a ĵil-tai, dalan dolo[ɣa]n nasun deger-e ügei bolba. Qoyituači ür-e bida ečige eke-yin ɣayiqamsiɣači-yi üčüken qariɣulqu-yin tula qamiɣ-a töröbesü tegün-eče ulam degegsi boti qutuɣ-tur kürčü burqan bolqu-yin irügel abural ayiladqaqu-yin üčüken tedüi beleg-tü wčir salman torɣ-a nige, altan torɣ-a qoyar, ĵüi torɣ-a naima, baɣ-a kkib qoyar ĵaɣu, sonom qadaɣ qori, loodang torɣ-a naima, nanĵad qadaɣ qoyar, kögsin kkib qoyar, dasi qadaɣ doloɣ-a, mönggü nige ĵaɣun tabin lang selte-yi ergügsen-eče ɣadan-a, nidonon sumun elči-ber endeče örösiyeĵü qayiralaĵu ilegegsen burqan sakiɣulsun adis, baɣulɣaɣsan lungtang gurim-i oroi-dur süsülün ĵalbariĵu üiledügsen-eče öber-e, bida erten-ü sayin buyan irügel-ün küčün-ber učiraqui-a berke adistid-tu burqan-u oron-dur töröĵü nom-un arsiyan-i amsabai. Egünče ulam degegsi burqan-u boti qutuɣ-i olqu-yin abural ayiladqaqu anu, bidan-u urida töröl-dür sayin abiyas talbiɣsan ülemĵi-yin burqan ba, sitükü nom-un sakiɣusun, ürkülĵi-yin aman-u ungsilɣ-a ba, ĵiči ene nasun-dur barčid tüidker ariɣluĵu aliba kereg üiles delgeren ĵokilduĵu bayan ürgen ür-e sadun delgerekü ölĵei qutuɣ nasu buyan öbesüben delgereküi-yin abural-i yeke nigüleskü i-ber oroi uruɣu man-u baɣulɣan adistidlan soyurq-a. Abural ayiladqaqu-yin beleg-tü, torɣ-a, mandal, qadaɣ selte-yi minu abaɣ-a aq-a erdeni toyin Dangsurundorĵi, ĵaruɣsan elči qosiɣu-u ĵakiruɣči darqan taiĵi Ĵangčub, sidar nangsu Balĵur-iyar ergübei. Tngri-yin tedkügsen-ü döčidüger on namur-un terigün sar-a-yin arban tabun-a.

箭使者"指的是手持乘驛火牌的使者。根據信中所稱"去年令箭使者送來"等語可知,乾隆三十八年庫倫方面遣使乘驛赴藏報喪的時候,桑齋多爾濟給達賴喇嘛捎寄了信禮,然後次年使者返回時給桑齋多爾濟帶來了達賴喇嘛的回禮。桑齋多爾濟的獻禮祈願信函還透露了桑齋多爾濟的蒙古夫人的名號、兩個兒子的名號以及隨團赴藏使者的名號。桑齋多爾濟的使者包括他的叔叔党蘇龍多爾濟喇嘛和管旗章京、近侍囊蘇等本旗官吏。

乾隆四十一年三月十五日(1776年5月2日),駐藏大臣恒秀等人奏報以扎木巴勒多爾濟為首的喀爾喀使團抵達拉薩的日期。恒秀的奏片說:

> 除奏報理藩院員外郎慶祿護送前來之探尋哲布尊丹巴呼圖克圖轉世靈童及喀爾喀四部施善熬茶人員堪布諾門汗扎木巴勒多爾濟、貝子敦多部多爾濟等人今年二月二十日抵達西藏一事之外,將扎木巴勒多爾濟等人以慶賀擒獲金川逆賊、平定地方之禮,請聖萬安,呈獻哈達等情一並恭奏。[①]

從上一年七月十五日出發計算,扎木巴勒多爾濟等人經過七個多月的行程纔到達拉薩。喀爾喀使團到了拉薩之後,先經過一段時間的休整,然後纔進行了施善、熬茶和朝拜。

《八世達賴喇嘛傳》陽火猴年(乾隆四十一年)三月下記述:

> 十二日,為喀爾喀哲布尊丹巴圓寂來做佛事的降白多吉、帕都爾王、公子、僧侶等以念誦真言的方式迎請佛爺到大殿杜康佛殿,請他登上寶座,廣獻大量財禮。佛爺高興地賜予摩頂。[②]

降白多吉是扎木巴勒多爾濟的藏文形式的音譯。帕都爾王是蒙古語巴圖爾王的藏文形式的音譯。據前述柏琨奏摺裏的使團領隊名單和上引恒秀奏片,使團成員裏並沒有身膺王爵的人物,最高的爵位是貝子敦多布多爾濟。所以,這裏的巴圖爾王一詞可能跟後面的公子一詞有關。如前所述,使團領隊之一是賽音諾顏部和碩親王車布登扎布的長子三丕勒多爾濟。車

---

① 恒秀奏片的原件和錄副現均藏在中國第一歷史檔案館,原件檔案號:04-02-002-000648-0010;錄副檔案號:03-0187-2681-017,今檔案館擬的錄副漢文題由:《駐藏大臣恒秀奏報喀爾喀貝子敦多布多爾濟到西藏日期片》。奏片:
tulergi golo be dasara jurgan i aisilakū hafan kinglu sei tuwašatame jihe jebzundamba hūtuktu i hūbilgan be yargi-yalara jalin kalkai duin aiman ci buyan weileme manja fuifure k'ambu nomon han jambaldorji, beise dondobdorji se ere aniya juwe biyai orin de wargi zang de isinjiha babe donjibume wesimbuhe ci tulgiyen, jambaldorji se cujin i fudaraka hūlhasa be jafaha, ba na be necihiyame toktobuha jalin urgun i doroi enduringge ejen i tumen elhe be baime alibuha šufa be suwaliyame gingguleme donjibume wesimbuhe.
恒秀的奏片上沒有具奏日期,硃批日期為四月二十四日。硃批日期跟三月十五日的奏摺相同,所以可斷定是同日所奏。

② 第穆呼圖克圖·洛桑圖丹晉麥嘉措:《八世達賴喇嘛傳》,馮智譯,中國藏學出版社,2006,第70頁。

布登扎布擁有巴圖爾稱號（滿文 colgoroko baturu；蒙文 čolɣoraɣsan baɣatur；漢文超勇），所以筆者認為原傳的本義是 "帕都爾王的公子"，指的是三丕勒多爾濟。可能原傳的相應地方缺了屬格詞綴，所以後人從中分開，當成了兩個人物。

據恒秀奏片和《八世達賴喇嘛傳》的上引記載，喀爾喀使團是在乾隆四十一年二月末到達拉薩，三月初開始進行布善布施熬茶的。那麼，桑齋多爾濟的熬茶使者也肯定在這個時候進行了熬茶祈願儀式。

至於喀爾喀使團是什麼時候返回喀爾喀的，尚待考索史料。祇是根據桑齋多爾濟的奏報看，扎木巴勒多爾濟本人在返回途中取道北京，覲見皇帝，然後在乾隆四十二年四月十二日（1777 年 5 月 18 日）回到了庫倫。

> 奴才桑齋多爾濟、索林謹奏，為奏聞事。管領庫倫僧眾堪布諾門汗扎木巴勒多爾濟呈稱：前年奏祈為我呼圖克圖送福及尋找轉世靈童去西藏，進京朝觀，奉聖主施恩准進，朝觀天顏，仰聆訓示。仰賴主上恩典，扎木巴勒多爾濟我行抵西藏，我家呼圖克圖轉世靈童已出之事報給列位駐藏大臣，業經奏聞。一切事務全部辦完，我扎木巴勒多爾濟在返回途中，先進京城，請聖萬安。本月十二日回到庫倫，接掌印信。……為此謹奏。（乾隆四十二年）四月十八日。乾隆四十二年四月二十六日奉硃批：知道了。欽此。①

這樣，桑齋多爾濟的第二次遣使赴藏熬茶，初由扎木巴勒多爾濟赴藏聽經起緣，中因哲布尊丹巴的圓寂耽擱一年，最後在為呼圖克圖熬茶祈願之際遂願成行。

## 餘　論

官修史書對政治人物的敘述多從政治生涯著眼，注重官階陞降，囿於這種情形，後人的

---

① 桑齋多爾濟奏摺的原件和錄副現均藏在中國第一歷史檔案館，原件檔案號：04-02-001-000228-0056；錄副檔案號：03-0187-2715-025，原軍機處擬的滿文題由：Sangjaidorji se k'ambu nomon han Kuren de amasi marifi doron be alime gaiha babe wesimbuhe bukdari，今檔案館擬的漢文題由：《庫倫辦事大臣桑齋多爾濟奏赴藏之堪布諾門汗扎木巴勒多爾濟經京返回庫倫摺》。奏文轉錄：
aha sangjaidorji, solin, cedendorji gingguleme wesimburengge. donjibum wesimbure jalin. kuren ni lamasa be kadalara k'ambu nomon han jambaldorji i alibuha bade, cara aniya meni hūtuktu i jalin buyan benebure hūbilgan be baire jalin, wargi zang de geneki seme gemun hecen de dosifi kesi be baime wesimbuhede, enduringge ejen kesi isibume dosimbufi abkai cira be hargašafi tacibure hese be donjiha. jambaldorji bi ejen i kesi de akdafi wargi zang de isinafi, meni hūtuktu i hūbilgan tucike babe wargi zang de tehe ambasa de donjibufi emgeri wesimbufi eiten baita yooni šanggabufi jambaldorji bi amasi jidere de neneme gemun hecen de dosifi, enduringge ejen i tumen elhe be baiha. ere biyai juwan juwe de kuren de isinjiha doron be alime gaiha. ……. erei jalin gingguleme donjibume wesimbuhe. abkai wehiyehe i dehi juweci aniya duin biya orin ninggun de fulgiyan fi i pilehe hese saha sehe. duin biyai juwan jakūn.

研究也往往傾向於政治評價。然而，政治人物並不是祇有政治生命的功能木偶，他們也像普通人一樣具有家庭生活、宗教信仰和社會交往。

桑齋多爾濟就是這樣一位政治人物。官修史書中歷數他的官宦生涯，對他的宗教信仰則隻字不提。受此影響，學界也常從清廷統御的角度立論，很少注意到他的佛徒身份和宗教生活。然而，檔案資料的陸續開放和刊布，使我們更多地瞭解到桑齋多爾濟宗教生活的情況。

不可否認，桑齋多爾濟是極力貫徹清廷統御政策的政治人物，在處理政務的過程中表現出極為親清的態度，那是因為他是清皇室的外侄兼女婿，又是在北京長大的。由於他對清廷不折不扣的忠誠，他的同族喀爾喀王公對他有所見外和避忌。面對這種微妙情境，桑齋多爾濟依仗清帝威勢，大力扶持近支王公和姻家要員，培植自己的親信勢力，藉以主導庫倫政教事務。

然而，除了身負政治使命之外，桑齋多爾濟也是一位敬重佛教的蒙古信徒，在向佛教大德布施獻禮方面表現出熱誠。他曾對乾隆皇帝說過，自己每年向哲布尊丹巴呼圖克圖獻禮布施。乾隆三十八年喀爾喀四部遣使乘驛赴藏報喪的時候，桑齋多爾濟也給八世達賴喇嘛捎寄信禮，使者返回時帶來了達賴喇嘛的回禮。桑齋多爾濟為了超度他的先人亡魂，冒著挨批的風險，兩度奏祈借銀，遣使熬茶。根據桑齋多爾濟的奏摺看，他把赴藏熬茶祈願當成了蒙古禮俗的重要內容。

總之，本文根據有關檔案資料，剖析了桑齋多爾濟宗教生活的一面。這種研究有助於我們全面理解桑齋多爾濟，從而使其免於符號化、扁平化，同時有助於為歷史研究增添新的生活氣息。此類研究也適用於其他一些蒙古王公，因此有必要為此鉤索稽考，開拓耕耘。

# A Research on Sanjaidorj's Sending Praying Envoys to Tibet

Borjigin M. Ulaanbagana

Sanjaidorj was an important political figure in Khalkha, Mongolia, in the middle of the 18th century, and played a key role in the Qing rule of Khalkha. The official history books of the Qing Dynasty, however, mainly described his official career, but did not record his religious life. In order to fully understand the political and religious activities of Sanjaidorj, the author systematically studied the relevant historical facts of Sanjaidorj's sending envoys to Tibet two times to pray for his relatives, by using the newly discovered documents written in Manchu and Mongolian. This not only deepen our understanding of Sanjaidorj, but also provide a paradigm for the study of other Mongolian princes.

# 準噶爾汗國藏傳佛教寺院海努克廟考辨

納森巴雅爾

藏傳佛教格魯派（即黃教）是在 17 世紀傳入準噶爾汗國的。1727 年噶爾丹策零即琿臺吉位，準噶爾汗國在其統治時期國力達到鼎盛，此時準噶爾汗國社會生產“且耕且牧，號富強”，[①] 為修建宗教寺院提供了經濟保障，而作為汗國中心的伊犁更是“人民殷庶，物產饒裕，西陲一大都會也”。[②] 格魯派也隨著準噶爾國力的強盛處於興旺階段，海努克廟和固爾扎廟正是在這種背景下修建於伊犁地區的。海努克廟和固爾扎廟是當時新疆最大的藏傳佛教格魯派寺院，彼此隔伊犁河南北相望。史載兩廟“高刹摩霄，金幡耀日，棟甍宏敞，象設莊嚴”，[③] 兩廟也是藏傳佛教在伊犁地區興盛的典型代表。雖然兩座寺廟存在時間不長，但對清代伊犁地區的藏傳佛教傳播起到了推動性的作用。另外，海努克廟和固爾扎廟也是研究 18 世紀新疆衛拉特蒙古史的重要依據之一，兩寺的興廢也是藏傳佛教在伊犁地區發展的一個縮影。

目前，學界對固爾扎廟研究較多，關於該寺的著文見解亦多有發表，而鮮見對海努克廟的研究，所見多為遊記或介紹性的文章。[④] 本文根據清代新疆滿文檔案資料、馬達漢遊記及官修志書並結合實地文物調查等，考辨伊犁海努克廟的相關歷史問題。

## 一　海努克廟的基本情況

海努克廟遺址被文物部門稱為銀頂寺廢址，位於新疆維吾爾自治區伊犁哈薩克自治州察布查爾錫伯自治縣海努克村以南 2.5 公里處，地理座標：北緯 43° 41' 52.1"，東經 81° 18' 6.1"，（寺圍牆）海拔 851.10 米。銀頂寺廢址地處烏孫山北麓山前傾斜平原中部，北望伊犁河，所在地開闊、平坦，農田成片，村莊相望。附近有麥列布拉克泉，北有察坎公路，東側有一條通往托普亞尕奇村的鄉村公路。1989 年第二次全國文物普查時調查建檔，1999 年公布為縣級文物保護單位。2008 年 10 月伊犁州直第三次全國文物普查隊復查。現將

---

① 松筠纂定，汪廷楷、祁韻士修撰《西陲總統事略》卷一《初定伊犁紀事》。
② 傅恒等主修《欽定皇輿西域圖志》卷一二《疆域》，乾隆四十七年武英殿刻本。
③ 傅恒等主修《欽定皇輿西域圖志》卷三九《風俗一·準噶爾部·事佛》。
④ 關於海努克廟的文章，新疆社會科學院的才吾加甫先生所著《清朝時期的新疆準噶爾汗國藏傳佛教》，伊犁哈薩克自治州文聯的姜付炬先生所著《固爾扎與海努克——伊犁史地論札之五》及蘭州城市學院董知珍老師的博士學位論文《7—18 世紀西域與西藏佛教交流研究》，對海努克廟都曾有述及之處。

其原始調查記錄部分摘錄如下：

> 銀頂寺廢址，當地人稱"杜格里克斯皮爾"，是圓形城牆的意思。銀頂寺的整個建
> 築物，早已被毀無存，如今祇可略窺其遺址之大概。遺址主體為一圓形建築，僅存土牆
> 垣，牆寬約 6—7 米、最高處約 2 米，直徑約 100 米，南牆有寬 6 米的缺口，疑為門道。
> 北牆外接一東西長 50 米、南北寬 25 米的半圓形土臺，上散布碎磚瓦片，明顯是建築遺
> 跡。圓形建築西北約 20 餘米的農田中還有 2 處直徑約 50 米、高約 1 米的土臺，上亦
> 散布有青藍、天藍、橙黃、杏黃等各色釉磚、瓦片。遺址內已被挖金者挖成坑坑窪狀。
> 1983 年 3 月，海努克鄉一社員在此處拾到一尊銅製駿馬，長 3 釐米，高 1.8 釐米。

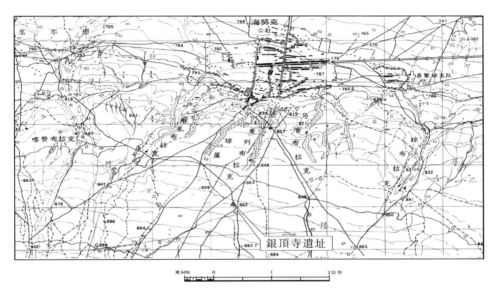

圖 1　海努克廟（銀頂寺）遺址位置

清代《西域水道記》的作者徐松在其著作中這樣描述海努克廟："余宿海努克軍臺，臺
西距巴圖孟柯軍臺九十里。搜訪遺蹤，臺南半里許，小阜隆起，殘剎數椽，頹垣斷壁，丹青
藻井黯淡猶存。"[1]1907 年芬蘭人馬達漢[2]以科學考察名義進入新疆，在其考察日記《穿越亞洲

---

① 徐松：《西域水道記》，朱玉麒整理，中華書局，2005，第 234 頁。
② 馬達漢（1867—1951），原名卡爾·古斯塔夫·艾米爾·曼納海姆，出生在沙皇俄國的藩屬芬蘭大公國，是瑞
　典裔貴族。1907 年，馬達漢以俄屬芬蘭國男爵和探險家的身份，作為法國探險家伯希和科考隊成員，從中亞
　進入新疆並單獨活動。馬達漢在考察中橫跨了中國 8 個省份，其間拍攝了 1000 多幅照片，他從喀什噶爾開始，
　走遍了南疆和北疆，對各地的險關要隘和軍事重鎮做了詳細考察並繪製了地圖。同時，他還進行了考古發
　掘。1908 年 10 月馬達漢結束考察回到聖彼得堡，1940 年出版了日記《穿越亞洲之行——從裏海到北京的旅
　行日記》（中文版書名為《馬達漢西域考察日記》）。

之行——從裏海到北京的旅行日記》（即《馬達漢西域考察日記》）中對海努克廟有詳細的介紹，他在日記裏寫道：

　　　　今天，我在迪亞科夫的陪同下……其中東面的村子是海努克村，一個擁有 250 戶人口的富有村莊。村子的南頭，聳立著一座高高的土堆，當地居民說是卡爾梅克建築物的廢墟。在往南走 3 俄里路後，看到一個四方形的建築物廢墟，其東面偏東南方向的地方有一個圓形建築物廢墟，其東南方向有城牆基，城牆開始時由西往東拐一個彎，然後轉向東北。四方形建築物廢墟中，最寬的牆基約 1.75—2 米厚。有些地方殘牆的高度達 2.5 米。牆是磚砌的。院子中間鋪有許多方磚。不少地方可以看到藍色、綠色和黃色的瓷磚碎片……廢墟的南牆外面有一座高大的周邊建築。南面土地上有一條殘存土牆，圍繞著廢墟的南端部分，看上去像是某種防禦工事。形廢墟建造得比較馬虎，牆是泥土夯實的，牆基的寬度約 1.25 米。一條殘存的土牆從中間穿過圓形建築，從土牆邊上還分出一些橫斷牆。其西北方向有兩座小小的廢墟。北面的一座小廢墟裏還有一些輔助建築，裏面是間隔成幾個小房間的殘跡。城牆殘基的走向跟殘存的防禦工事相同，它們相互並行，似乎要延續到北面約 6 俄里以遠的城市邊緣，並把城市也圍起來。西面部分的城牆比東面的城牆保存得好一些。農田一直擴展到城牆腳下，城牆的殘存部分徹底消失的時間肯定不會太久了。城牆已有多處倒塌，它是用泥土疊起來的，其根部的寬度約 1.25 米。①

　　馬氏日記對海努克廟的記載非常翔實，完全是以歷史考古學的視野作的全方位考察，也是探考海努克廟被毀後其遺址留存狀況最接近現實的記錄。

　　海努克一名由來已久，在清康熙年間就已出現於清政府的輿圖內。圖 2 為繪製於康熙朝時期的《皇輿全覽圖》局部，該圖係 1708 年康熙皇帝"諭傳教西士分赴蒙古各部、中國各省，遍覽山水城郭，用西學量法"繪製而成的。②《察布查爾錫伯自治縣地名圖志》對"海努克"一名釋注說："……據傳，於明末清初，因在海努克一帶地方，準噶爾蒙古人專牧由青海、西藏等地引進的'哈尼克牛'而得名。海努克即為準噶爾蒙古語哈尼克的異譯，譯成漢語是犏牛的意思。"③筆者為此曾請教伊犁昭蘇縣的特爾巴圖老師，得知在厄魯特托忒文書面語裏，"海努克"發音書寫和胡都木文一致，區別在厄魯特人的口語發音上。清代滿文檔案內

①　馬達漢：《馬達漢西域考察日記》，王家驥譯，中國民族攝影藝術出版社，2004，第 184—185 頁。
②　汪前進、劉若芳編《清廷三大實測全圖集》（滿漢對照），外文出版社，2007。
③　察布查爾錫伯自治縣地名委員會編《察布查爾錫伯自治縣地名圖志》（內部資料），新疆新華印刷廠印刷，1987，第 59 頁。

海努克有時用滿文寫作"hainik"海尼克（即哈尼克），[①]是當時滿洲人根據聽到的厄魯特人發音音譯的。乾隆二年（1737）編撰的《重修肅州新志》記載哈密至準噶爾路程，則寫為"海努特"，[②]而在有些英文和俄文文獻中又被寫作"凱努克""凱納克"。[③]上述"海尼克""哈尼克""海努特""凱努克""凱納克"，都是"海努克"一詞的不同音譯。《清高宗實錄》內有"甘肅所管番子地方產羊甚多，且薩爾楚克、海努克等處牛亦可應用"，[④]說明當時甘肅轄境某地因產犏牛被稱作海努克。乾隆《重修肅州新志》裏對甘肅出產犏牛亦有釋，[⑤]與伊犁"海努克"是以地產犏牛而得名相印證。海努克廟名並非寺頂以巨大的犛牛角裝飾得名，當為其修廟之地多產犏牛故名海努克，寺廟建於其地即以地名冠稱廟名，而且海努克地名由來早於建廟之時。

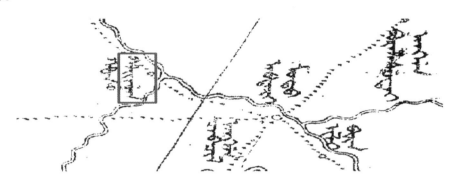

圖2　康熙朝《皇輿全覽圖》局部

說明：方框內即滿文標注"hainuk"（海努克）。

## 二　海努克廟的修建時間及銀頂梵音

海努克廟的修建時間，據《欽定皇輿西域圖志》記載："海努克在伊犁郭勒南二十五里，舊有佛廟，噶爾丹策零建，與固勒扎廟，俱為喇嘛坐床之地。"[⑥]對此，新疆社會科學院的才吾加甫先生認為，"噶爾丹策零汗時期，準噶爾汗國衛拉特蒙古諸地藏傳佛教發展進入鼎盛階段……策旺阿拉布丹琿臺吉晚期在汗國中心伊犁開始組建西域最大的兩座藏傳佛教寺院，固

① 《定北將軍班第等奏據達瓦齊部下供達瓦齊在伊犁情形請立即進兵片》（乾隆二十年四月三十日），《清代新疆滿文檔案彙編》第10冊，廣西師範大學出版社，2012，第407頁。

② 乾隆《重修肅州新志·西域路程》，《中國地方志集成·甘肅府縣志輯》（全49冊），鳳凰出版社，2008，第467頁。

③ 約·弗·巴德利：《俄國·蒙古·中國》上卷第1冊，吳持哲、吳有剛譯，商務印書館，1981，第383頁。

④ 新疆社會科學院歷史研究所編《清實錄新疆資料輯錄·雍正朝卷乾隆朝卷》（1），周軒、修仲一、高健整理訂補，新疆大學出版社，2009，第533頁。

⑤ 乾隆《重修肅州新志·物產·毛類》（《中國地方志集成·甘肅府縣志輯》，第197頁）記載"犏牛係犛牛與黃牛交而生者，行走甚便，力健可任耕載，冬月冰雪搭載（此處原文如此。——引者注）"。

⑥ 傅恒等主修《欽定皇輿西域圖志》卷一二《疆域五·天山北路二·伊犁東路》。

爾扎寺和海努克寺均在噶爾丹策零初期竣工。據衛拉特蒙古歷史研究，噶爾丹策零在位期間，憑藉著準噶爾汗國雄厚的經濟實力，全面推崇藏傳佛教……噶爾丹策零還請來許多漢族工匠，於 1732 年修建完成了著名的固爾扎寺和海努克寺工程"。①

　　準噶爾汗國是氈帳爲室、乳爲酪的遊牧行國，以其遊牧經濟是難以提供修建寺廟建築的人力及物料的。汗國在噶爾丹策零時期通過戰爭手段俘獲了大量來自農耕區的人口。這其中不僅有清軍中身懷各項技藝的漢族綠營兵，更有大量來自天山南部擅長園藝和耕作的維吾爾人。當時的維吾爾人"向於準噶爾時，派往伊犁耕種"。②據察布查爾文史資料載："1700 年阿合買提汗和卓被噶爾丹策零擄往伊犁後，即在伊犁河南岸海努克地方被禁錮，獲釋後也在海努克地方領維吾爾族苦役，替準噶爾墾地輸賦。此外，阿合買提汗和卓又參加了興建著名準噶爾銀頂寺的建築工程勞動，他帶領維吾爾族苦役揉團庫木拉西（維吾爾語指用麥草和泥巴揉團成的泥塊。——引者注），馱運庫木拉西壘築城牆，在海努克地方給準噶爾建設一座城市。"③當時還有"將近 900 名被發配的黑山人的一部分分給了各地烏依拉特（即衛拉特。——引者注）貴族，其餘的人都被分到了阿力麻里和海努克。被發配的黑山人要給準噶爾諸侯幹農活，同時還要在皮鞭下修築廟宇"④。有了會燒製磚瓦等建築材料的農耕人群，噶爾丹策零即在汗國境內，主要是伊犁地區大興土木。這一點在當時沙俄使者的出使報告中可以得到佐證。1731 年和 1732 年沙俄使者烏格里莫夫少校出使準噶爾汗國，記錄了許多見聞，其筆下有當時被冠名爲布哈拉人的維吾爾人耕作的農田，還有由維吾爾人經營的圍有磚砌圍牆的準噶爾貴族的園子："1732 年 9 月，烏格里莫夫又訪問了一個屬於噶爾丹策零本人的園子，這個園子坐落在伊犁河谷哈沙圖諾爾湖畔。園子圍有磚牆，周圍約五俄里或更多一點……其中還有不少其他磚砌的建築物和禽舍……"⑤而且烏格里莫夫還看見阿克蘇城的"居民們向準噶爾交納土產的銅作爲貢賦，銅是他們在離城不遠的地下發現的"⑥。正因爲有了農業和手工業的發展，纔能爲修建海努克廟提供必需的人力和物力。

　　世人俗稱海努克廟爲銀頂寺，在清政府官方檔案內沒有查尋到相關資料，新疆社科院的才吾加甫先生著文說，"銀頂寺其中心殿堂也是三層樓，而且此三層殿頂均是鎦銀，特別是

---

① 才吾加甫：《清朝時期的新疆準噶爾汗國藏傳佛教》，《新疆師範大學學報》（哲學社會科學版）2005 年第 3 期，第 66—73 頁。

② 《平定準噶爾方略》正編卷七一。

③ 英林：《海努克的塔合特熱萬麻扎》，《察布查爾錫伯自治縣文史資料》第 1 輯，2002 年，第 244 頁。文內阿合買提汗在《皇朝藩部要略》《外藩蒙古王公表傳》內寫作阿哈瑪特，《西域圖志》《聖武記》則寫爲瑪罕木特。

④ 伊力亞斯·塔依爾：《加尕斯檯歷史沿革》，狄力木拉提譯，《察布查爾錫伯自治縣文史資料》第 1 輯，第 65 頁。黑山人即清代所稱黑山派。察合臺後王拉什德汗（1533—1570）時，中亞和卓贊巴里系的瑪赫杜母·艾扎木由撒馬爾罕來新疆傳教，至 17 世紀新疆的和卓分爲兩派，即白山派與黑山派，在清代官方文獻內亦稱白帽回和黑帽回。

⑤ 伊·亞·茲拉特金：《準噶爾汗國史（1635—1758）》，馬曼麗譯，商務印書館，1980，第 343 頁。

⑥ 約·弗·巴德利：《俄國·蒙古·中國》上卷第 1 冊，第 340 頁。

其最頂點之小白塔是純白銀製造，為此俗稱它為銀頂寺"①，明確海努克廟是三層殿頂鎦銀。而關於固爾扎廟的金頂，在清政府官方檔案內有記載，現僅以固爾扎廟的資料來印證海努克廟的銀頂。乾隆三十二年乾隆皇帝聞悉"伊犁之固爾扎廟瓦塊，原均係鍍金銅製，準噶爾叛亂後，寺廟被毀。回子、厄魯特等將寺廟瓦塊抬走刮走鍍金"。②便降旨命時任伊犁將軍阿桂"此銅現在是否仍在？若果真在，置於何處？有幾多？"③令其查尋該項銅瓦，擬作為在伊犁開錢局鑄幣之用，阿桂將此事的調查結果上摺回奏稱：

> 固爾扎有佛塔之寺廟鍍金瓦片，經查，二十五年奴才至伊犁期間，其五間廟房悉已毀壞，僅餘牆垣而已，鍍金瓦片並無剩餘。前在軍營時，尚見厄魯特、回子（即維吾爾族。——引者注）等所用銅盤等物，成色稍異。詢據稱，乃拾取固爾扎廟之銅瓦而製成者。大致於準噶爾叛亂當時，為厄魯特等揭去。又因回疆行用普爾錢，由伊犁前往回子之大半取之攜往，亦有平叛期間，我等之官兵人等拾取之後，製成器具者。故而如今並無留存緣由，一並查明謹具奏聞。④

伊犁將軍阿桂在奏摺中明確提到了固爾扎廟有鍍金瓦片，但在之前的戰亂中被厄魯特人和回子以及清軍官兵揭去撿拾製成器具，而且他還在軍營裏見過用鍍金瓦片做的物品，並在詢問了使用者本人後，向乾隆皇帝得出了如今並無留存的結論。

乾隆二十一年七月，刑部右侍郎兆惠被任命為定邊右副將軍到達伊犁，他向乾隆皇帝奏報在伊犁的見聞內也曾提及固爾扎廟的廟頂有銅：

> 奴才兆惠謹奏：為奏聞事。奴才於七月二十二日前往伊犁固爾扎地方，看得……寺頂釘造之銅鉛，亦被取走。⑤

兆惠的這份奏摺裏提到固爾扎廟的廟頂不僅有銅，而且還有鉛，但他看到的是銅鉛被取走後的破敗景象。兆惠和阿桂的奏摺均提及固爾扎廟頂有銅瓦，固爾扎廟被稱為金頂之寺是

---

① 才吾加甫：《清朝時期的新疆準噶爾汗國藏傳佛教》，《新疆師範大學學報》（哲學社會科學版）2005 年第 3 期，第 66—73 頁。

② 《寄諭伊犁將軍阿桂等著查明伊犁固爾扎廟鍍金銅瓦目下之情》（乾隆三十二年閏七月十四日），檔案號：03-132-2-007。轉引自中國第一歷史檔案館編《乾隆朝滿文寄信檔譯編》，岳麓書社，2011。

③ 《寄諭伊犁將軍阿桂等著查明伊犁固爾扎廟鍍金銅瓦目下之情》（乾隆三十二年閏七月十四日），檔案號：03-132-2-007。轉引自中國第一歷史檔案館編《乾隆朝滿文寄信檔譯編》。

④ 《伊犁將軍阿桂奏伊犁貨幣流通情形及固勒扎廟毀於戰火鎦金銅瓦蕩然無存摺》（乾隆三十二年八月二十一日），軍機處滿文錄副奏摺，檔案號：2243-012。

⑤ 《參贊大臣兆惠奏報伊犁地方治安情形摺》（乾隆二十一年七月三十日），軍機處滿文錄副奏摺，檔案號：1606-005。

確有其事。筆者認為，既然固爾扎廟頂是鍍金銅瓦，那麼海努克廟頂也必定會是鍍銀銅瓦，然而因缺少出土文物和文獻佐證，下此論斷尚屬為時過早，還需做進一步的考證。但在藏傳佛教廟宇內，不乏以鎏金銅瓦作為主殿和佛塔殿頂的，如西藏布達拉宮達賴靈塔殿金頂、承德外八廟普陀宗乘之廟萬法歸一殿等，無不以鎏金銅瓦覆頂。在藏區甚至流傳有這樣一句諺語："一座金瓦殿就好比是一個太陽。"[①]足見金瓦殿在藏傳佛教信徒心中，代表著無上的莊嚴與崇高。而且以當時準噶爾汗國境內礦產開採冶煉規模，完全具備給海努克廟和固爾扎廟主殿頂鋪設鍍金銅瓦與鍍銀銅瓦的條件。《欽定皇輿西域圖志》中記載準噶爾汗國礦產冶煉時說："金名阿勒坦，銀名孟固，銅名化斯，鐵名特穆爾，錫名圖固勒噶，鉛名和爾郭勒津。五金之中，多銅、鐵、錫、鉛，少黃金白銀。"[②]當時伊犁地方"自惠遠城由海努克一路至和諾海山，內地名哈爾哈爾哈圖。周圍二十餘里，山崖之間有銅礦。初採礦苗其色碧綠，雜出紅色，石內若帶，盤山越嶺，而分支回繞，乃厄魯特舊日採銅之區"。[③]可知準噶爾汗國的礦產是"多銅鐵少金銀"，但"少金銀"可由虔誠的膜拜信徒"捐珍寶，施金銀"[④]來解決，況且準噶爾汗國亦有專司金銀匠作的"阿爾塔沁鄂托克"，[⑤]實現鍍金銅瓦和鍍銀銅瓦並非不能之事。據傳，"當時（1732）此兩座寺廟（即固爾扎廟和海努克廟）的擴建工程竣工後，銀頂寺的喇嘛僧人們隨時可以看到金頂寺三層大殿上的小金塔被太陽照射之光芒。而且金頂寺的喇嘛僧人同樣隨時可以瞭望到銀頂寺三層大殿頂上的小銀塔被太陽照射的光芒"。[⑥]

## 三　海努克廟的規模

準噶爾汗國於17世紀初葉接受藏傳佛教格魯派，並於1640年制定通過"察津·必扯克"，即對蒙古社會產生過巨大影響的《衛拉特法典》，以法律形式將喇嘛教定為準噶爾的正式宗教，喇嘛內的高級僧侶作為統治階層的一員，開始參與準噶爾汗國的世俗社會生活。隨著藏傳佛教在準噶爾汗國的進一步發展，準噶爾汗國出現了一種特有的遊牧組織，即專理和護持藏傳佛教寺院及僧侶的"集賽"，意為"輪值"之意，其牧地、畜群、耕地、人衆都屬於喇嘛所有。在噶爾丹和策妄阿拉布坦在位時，有阿克巴（即塔爾尼）、拉瑪里木、夏布丹（即杜爾巴）、杜桑林（即聞思洲）、伊克胡拉木（即大祈禱法會）五集賽；噶爾丹策零時期又增加了"溫都遜（密宗）、善披領（顯宗）、桑推、品陳"四個集賽。前後就有九個集賽供

---

①　李建紅：《外八廟探微》，中國戲劇出版社，2013，第194頁。

②　傅恒等主修《欽定皇輿西域圖志》卷四三《土產》。

③　格琇額纂《伊江彙覽·土產》。

④　祁韻士修撰《西陲要略》卷四《厄魯特舊俗紀聞》。

⑤　《巴裏坤幫辦大臣同德等奏自巴裏坤地方挑選金匠送往京城摺》（乾隆二十四年十二月二十二日），《清代新疆滿文檔案彙編》第43冊，第304頁。

⑥　才吾加甫：《清朝時期的新疆準噶爾汗國藏傳佛教》，《新疆師範大學學報》（哲學社會科學版）2005年第3期，第66—73頁。

養喇嘛。在準噶爾汗國統治階層的大力提倡扶植下，藏傳佛教格魯派成為維繫準噶爾政權鞏固和發展的精神支柱，在這種上層扶植全民信仰的氛圍下，"金頂寺和銀頂寺公開大會，一年有七次，農曆正月的祈禱大會，二月的祭會，三月的舞會，四月的齊會，七月的說法大會，九月的祥災教仇舞會，十月的宗喀巴大師逝世紀念大會等"。① 兩座寺廟在最盛時，固爾扎廟供養喇嘛僧人 6000 餘人，而海努克廟供養僧眾 4000 多人。每年盛夏，遠近的準噶爾汗國衛拉特蒙古人都前來頂禮膜拜，其規模之大可見一斑。前述芬蘭人馬達漢在其考察日記內曾對海努克廟的周邊遺跡有如下描述：

> 看到一個四方形的建築物廢墟，其東面偏東南方向的地方有一個圓形建築物廢墟，其東南方向有城牆基，城牆開始時由西往東拐一個彎，然後轉向東北。……城牆殘基的走向跟殘存的防禦工事相同，它們相互並行，似乎要延續到北面約 6 俄里以遠的城市邊緣，並把城市也圍起來。②

在馬達漢考察海努克廟之前，即乾隆二十五年，參贊大臣阿桂奉命於海努克地方辦理回子屯田事務，當年五月初六日他抵達海努克後，將其所見海努克廟的情形向乾隆皇帝上摺奏聞，其內容可與馬達漢日記敘述相互印證，阿桂奏道：

> 奴才抵達海努克看得，其彌勒寺廟③ 外一層牆院甚大，周近二十里，多倒塌缺損之處，以現有兵力斷難整修。此內又有一層牆院，雖有倒塌缺損之處，但加以整修仍可容近千兵丁，尚且無需另建牆院。寺廟內後牆根現有房屋，秋收後亦敷存糧。在該寺廟旁側之一座寺廟內，未供奉佛像，乃喇嘛等住房。④

馬達漢日記裏 "城牆殘基的走向跟殘存的防禦工事相同，它們相互並行，似乎要延續到北面約 6 俄里以遠的城市邊緣"（見圖 3）。而阿桂的奏摺裏是 "其彌勒寺廟外一層牆院甚大，周近二十里"。1 俄里換算約為 1.0668 千米，6 俄里大致為 6.4008 千米，20 里的周長換算為千

---

① 才吾加甫：《清朝時期的新疆準噶爾汗國藏傳佛教》，《新疆師範大學學報》（哲學社會科學版）2005 年第 3 期，第 66—73 頁。

② 馬達漢：《馬達漢西域考察日記》，第 184—185 頁。

③ 阿桂奏摺所言海努克廟供奉彌勒佛與托忒蒙古文《蒙古溯源史》記載相印證，《蒙古溯源史》內載 "唐古特（即西藏）的巴勒丹噶布楚格隆是一位托鉢僧（格隆是藏語，即比丘，指出家後受過足戒的男僧），他到噶爾丹汗（應該是指噶爾丹策零）那裏，很受器重，被稱為好喇嘛。噶爾丹對巴勒丹噶布楚說：'唐古特人不是善於察看寺塔地基嗎？那就請你給我看一下建造寺塔的地址吧。'巴勒丹噶布楚選好寺址後，向噶爾丹汗報告說：'這地方恰似犏牛犄角，是個理想的建寺之地。'於是便在那裏建立了一座寺廟（指海努克廟），寺內供奉彌勒佛像"。

④ 《參贊大臣阿桂奏修繕海努克地方寺廟內房屋以備兵丁過冬摺》（乾隆二十五年五月初六日），《清代新疆滿文檔案彙編》第 45 冊，第 287 頁。

米是每邊 2.5 千米，總面積為 625 萬平方米。如此尺寸連乾隆時新疆第一重鎮的惠遠古城也望塵莫及，惠遠古城的周長據《總統伊犁事宜》載為 "十里六分"，每面城牆為 1000 多米，約為海努克廟周長的 1/2，足見海努克廟的規模之大。

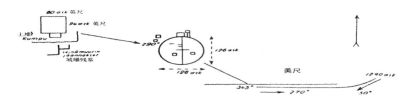

**圖 3　馬達漢日記所繪海努克廟遺址**

在阿桂到達海努克之前，副都統伊柱率屯田的維吾爾人先期抵達，籌備安置他們居住種地的事宜。他於乾隆二十五年三月二十八日到達海努克後，於其所奏辦理之事內稱："本年三月二十八日到達海努克後，看得地方情形，除舊有寺廟外，有兩側砌牆之院落一座，地方堅固且居高……隨將官兵全部駐扎於院內。奴才又親臨勘察應合設卡之處，由東北方佛塔至東南，籌算地方緊要，於離奴才軍營四五十里之伊犁河南設卡倫五座防範外……在奴才等現在駐扎院內，於準噶爾時期修建之兩座寺廟內，尚有喇嘛等居住大小房屋百餘間，雖屬殘破，但加以補修後，仍可駐兵六七百名。"[①] 由參贊大臣阿桂和副都統伊柱的奏摺內容看，海努克廟有供奉彌勒佛的大殿一間，在彌勒殿旁邊還有未供奉佛像的殿房，有百餘間海努克廟喇嘛們的住房，寺院東北方還有一座佛塔。其周長近二十里的圍牆內，又有可容近千名兵丁的一層牆院，規模遠超與之隔河相望 "三層繚垣，周一里許"[②] 的固爾扎廟。據此，筆者認為海努克廟地區應是整個準噶爾的政治中心。

1732—1733 年沙俄使者烏格里莫夫出使準噶爾，他在準噶爾汗國逗留期間，一直跟隨噶爾丹策零的牙帳遊牧，他在出使日記裏寫道："四月底，他（即噶爾丹策零。——引者注）從科奇吉爾牧地出發沿著伊犁河而下；從五月底直到八月，由特穆爾里克山牧地沿格根、哈爾齊爾及特克斯諸河來到察布查爾牧地；從九月起，度過一冬，直到第二年的三月，他都在伊犁河畔遊牧；起初順流而下，後來又逆流而上來到他所喜愛逗留的科奇吉爾牧地，停留到五月；五月，又前往特穆爾里克山的牧地，這樣，他就巡遊了一圈。"[③] 由沙俄使者烏格里莫夫的描述可知，噶爾丹策零的活動區域基本是以伊犁河南岸的烏孫山為中心，其長期駐牧之地在今察布查爾錫伯

---

① 《副都統伊柱奏率屯田回子抵達伊犁耕種地畝摺》（乾隆二十五年四月十六日），《清代新疆滿文檔案彙編》第 45 冊，第 139 頁。

② 《安遠廟瞻禮敘事碑》，王宏均、劉如仲：《準噶爾的歷史與文物》，青海人民出版社，1984，第 174 頁。

③ 約·弗·巴德利：《俄國·蒙古·中國》上卷第 1 冊，第 340 頁。文內科奇吉爾，在《新疆識略》《西域水道記》中作 "霍吉格爾"；《西陲總統事略》稱 "谿吉格爾"，亦作 "霍集根" "霍吉格爾巴克"，皆為準噶爾蒙古語禿子或禿林的音譯，清乾隆年間錫伯營鑲黃旗和正白旗定居於此，現為察布查爾錫伯自治縣愛新舍裏鎮政府駐地。

自治縣境內，而且準噶爾逃人的口供也印證“噶爾丹策零仍住於舊遊牧伊犁、特克斯等地”。[①]
即便是與準噶爾對峙的清軍前綫將領制定作戰計劃，也考慮“再乘寒冬伊犁河結冰攻入”，[②] 進攻
路綫直指伊犁河對岸的南岸地區。

前述乾隆《重修肅州新志·西域路程》亦祇有“自土魯番由阿爾渾至伊里海努特（即海努
克。——引者注）”[③] 的路程里數，並未記載到伊犁固爾扎的路程里數，說明清政府也認為伊犁
河南岸是準噶爾汗國的政治中心，這也可以解釋海努克廟的周邊規模因何遠超固爾扎廟，並且
筆者田野調查走訪的海努克當地的維吾爾老人均稱，海努克廟遺址區域為“kalmak šaar 卡爾瑪
克[④] 協海爾”即“蒙古城”。

**圖 4　噶爾丹策零巡遊路綫**

說明：根據烏格里莫夫所描述噶爾丹策零遊牧轉場路綫，以《乾隆十三排圖》繪製。

## 四　海努克廟的毀棄

海努克廟的毀棄鮮見記錄，祇有《欽定皇輿西域圖志》記載說：“海努克，在伊犁郭勒南
二十五里，舊有佛廟，噶勒丹策凌建，與固勒扎廟，俱為喇嘛坐床之地。乾隆二十七年，建
小堡一於其地”。[⑤] 由該段內容看，也祇是說建一小堡於其地，並無其他更為詳細的描述。筆

---

① 《署寧遠大將軍查郎阿奏報自準噶爾投來回子鄂羅思供詞並差員將脫回披甲一同解送京城摺》（雍正十二年五月
十七日），《清代新疆滿文檔案彙編》第 3 冊，第 307 頁。
② 《西路軍營參贊大臣欽拜密奏平定準噶爾進兵等事宜摺》（雍正十二年四月二十九日），《清代新疆滿文檔案彙
編》第 3 冊，第 256 頁。
③ 乾隆《重修肅州新志·西域路程》，《中國地方志集成·甘肅府縣志輯》，第 467 頁。
④ 衛拉特蒙古別名，又譯卡爾梅克、卡耳梅克、喀耳木克，新疆的哈薩克、維吾爾等民族也如此稱呼蒙古族。
⑤ 傅恒等主修《欽定皇輿西域圖志》卷一二《疆域五·天山北路二·伊犁東路》。

者認為該小堡即是海努克軍臺，其位置應在海努克廟遺址以北半里處，靠近麥列布拉克泉源頭處，此事仍需做進一步的論證。清政府此舉明顯是為了徹底剷除準噶爾汗國的影響，泯滅準噶爾遺民對故國家園的記憶。

作為清政府的世紀宿敵，準噶爾汗國自康熙二十九年（1690）在烏蘭布通首次與清政府爆發武裝衝突以來，到雍正十年（1732）的額爾德尼昭大戰為止的 40 餘年間，雙方的軍事衝突時斷時續，互有勝負。清政府意圖統一西北地區的目的未能完成，而準噶爾汗國企圖恢復成吉思汗蒙古帝國的願望未遂。乾隆十年準噶爾汗國琿臺吉噶爾丹策零病逝後，雙方的力量對比發生變化，清政府開始佔據優勢地位。18 世紀 50 年代對於清準雙方都是生死攸關的時代，噶爾丹策零的繼承人策妄多爾濟那木扎勒被其兄喇嘛達爾扎執殺，準噶爾汗臺吉達瓦齊在輝特部臺吉阿睦爾撒納協助下推翻喇嘛達爾扎，奪得準噶爾汗國的統治權，而此時阿睦爾撒納又與達瓦齊反目，歸順清政府後引領清軍攻入準噶爾境內。乾隆二十年五月達瓦齊兵敗格登山，隨後於烏什城就擒。就在清政府認為準噶爾大局已定，撤回大軍之際，阿睦爾撒納因未遂其"總統"四衛拉特之願，便於當年八月鼓動黨羽發動叛亂，定北將軍班第、參贊大臣鄂容安等力戰不敵自刎身亡。清政府不得不重組大軍以策楞為定西將軍兩路進擊伊犂。此時的乾隆皇帝因班第、鄂容安為國捐軀，伊犂的準噶爾喇嘛助逆作亂，盛怒之下曾命"全行剿滅喇嘛"[1]。在清政府平叛大軍的壓力下，伊犂的喇嘛也聯絡清軍欲擒獻阿睦爾撒納贖罪，乾隆皇帝的對準政策變更為"今思蒙古厄魯特俱重黃教，亦宜分別辦理"[2]的方針，開始籠絡準噶爾人以利其今後統治。乾隆二十二年九月，阿睦爾撒納病死於俄國，隨其叛亂的其他衛拉特蒙古首領也相繼被殺或死亡，歷經康、雍、乾三朝，在與準噶爾汗國將近長達 70 年的角逐，最終以清政府勝出統一準噶爾地區而告終。

乾隆二十四年平定大小和卓叛亂後，在新疆地區設官、駐軍、屯田等事被提上清政府的議事日程。前述乾隆二十五年三月二十八日，副都統伊柱護送屯田的維吾爾人到達伊犂海努克地方後，將他在辦理屯田事務的同時所見海努克廟有兩側砌牆的院落一座，東北方有佛塔，寺廟內尚有喇嘛等居住大小房屋百餘間的情景曾奏聞乾隆皇帝，隨後他又向乾隆皇帝奏聞其修整海努克廟的詳情：

> 奴才到達海努克查看寺廟內，其房院內多有散擲拆棄之經書、刻經印板，不成套章，且因風雨朽破者甚多。若人肆意踩踏行走，於心不安，故奴才親帶官兵，將內外丟棄之經書，均加以拾收悉數焚燒外。其刊印經書之印板，均收存於一間空房。再，整修寺廟之日，於院內所擲殘經內，得獲鑄於雍正四年十月之滿蒙文合璧管轄厄魯特後旗扎

---

① 《清高宗實錄》卷四九九，乾隆二十年十月乙丑，第 288 頁。

② 《清高宗實錄》卷四九九，乾隆二十年十月乙丑，第 288 頁。

薩克印一方，理應呈獻。奴才遂包裹牢固，一並恭呈具奏，伏乞聖鑒。①

在副都統伊柱奏摺的敘述中，經歷變亂後的海努克廟的場景躍然入目，寺廟的建築大體是完整的，僅房院內有許多散擲拆棄的經書、刻經印板，因風雨朽破者甚多，伊柱親自帶領官兵，將內外丟棄的經書加以拾收悉數焚燒外，把刊印經書的印板，全部收存於一間空房，並在整修寺廟之日，於院內所擲殘經內，得獲一方鑄於雍正四年十月的滿蒙文合璧管轄厄魯特後旗扎薩克印。根據伊柱的敘述可以看出，海努克廟毀壞程度不是很嚴重，沒有像固爾扎廟那樣主殿失火被焚毀，而是處於稍加修整即可使用的狀態。

在伊柱稍後，參贊大臣阿桂也於當年五月初六日抵達海努克，並奏聞他所目睹之海努克廟的情形，其內容前已引述，阿桂描述海努克廟有一間供奉彌勒佛的大殿，周邊是一層周長約有二十里的牆院，多處倒塌缺損，並且在寺廟內後牆根有房屋。在該寺廟旁側又有一座未供奉佛像的殿房，有供海努克廟喇嘛居住的住房，在周長約二十里的圍牆內，又有可容千名兵丁的一層牆院。彼時的海努克廟除了周邊院牆之外，佛殿基本都是完整的，還能分辨出供奉的佛像。

乾隆皇帝也十分留意伊犁地方準噶爾寺廟的物品，在副都統伊柱將所見海努克廟的情景奏聞後，於乾隆二十五年五月二十三日即降諭軍機處，命字寄烏魯木齊辦事大臣安泰辦理收集印經銅板和佛像的事宜，其降旨內容如下：

> 著寄信安泰，適纔由伊柱處將其到達海努克，將丟棄於寺廟殘經焚燒，將印刷經典之印板收斂，存放於一間空房等情奏入後。曾寄信令將此項破損經卷妥為收存。茲據聞從前準噶爾地方印刷經典，於成塊黃銅刻字後合一印刷。將此印經成塊黃銅，著安泰留意尋訪，酌視尋得即送來京城。無則即行停止，毋專特作為一事。再，於彼處寺廟所供銅佛，此間想必有毀壞殘缺不全者，似此者不可供奉於彼處，且白白遺棄使其自然消失，亦是不可，理應查收送來京城。為此，若以舊佛之銅回爐鑄佛，則於供奉逾為裨益。著安泰知之，將此等殘缺銅佛一並查收送來，其木質者潔淨焚燒。再，彼處寺廟所有破損經卷雖均予以收存，惟難料未收全尚有丟棄者。著安泰酌視所遇，均予以收斂妥為存儲。欽此。②

---

① 《副都統伊柱奏在海努克寺廟內搜得一枚管理厄魯特後旗扎薩克印摺》（乾隆二十五年四月十六日），《清代新疆滿文檔案彙編》第 45 冊，第 142 頁。文內所獲管轄厄魯特後旗扎薩克印，係雍正四年（1726）頒給遊牧於推河的厄魯特輔國公茂海之物。雍正九年，茂海與巴濟、車凌叛，攜部衆投準噶爾，該印被茂海挈往獻於噶爾丹策零。

② 《烏魯木齊辦事大臣安泰奏將伊犁所獲佛像玉石由驛站送往京城摺》（乾隆二十五年七月二十六日），《清代新疆滿文檔案彙編》第 46 冊，第 327—329 頁。

　　安泰接旨後，回奏稱“奴才由伊犁返回後，於七月十七日到達巴克庫蘇地方，接准由烏魯木齊永瑞等處差人送來軍機處字寄”，[①]言明其已由伊犁返回，隨後將在伊犁的見聞如實奏聞：

> 　　查奴才於四月十五日到達伊犁河……奴才即於二十日渡河到達海努克。次日前往海努克廟看得，由副都統伊柱業已差人將寺廟修繕。寺廟內所有印經之木印板，均予以拾取堆積一處存放。其毀壞殘缺不全之銅佛，亦是存放於一處。奴才安泰將於伊犁地方得獲佛像五尊、玉石一塊，交與驛站官員等恭呈御覽外。奴才現既由伊犁返回，將奉諭恭謹照抄咨送駐伊犁大臣等，由伊等處將諭內之事查看辦理。[②]

　　安泰於四月二十一日前往海努克廟看到副都統伊柱已差人將寺廟修繕，寺廟內所有的印經木印板，都已被拾取堆積一處存放，而毀壞殘缺不全的銅佛，也被存放於一處。安泰接旨後便遵照乾隆皇帝旨意，將他在伊犁佛寺尋獲的佛像、玉石交與驛站官員恭呈御覽，並將交辦的查收印經銅板及殘缺銅佛等事咨行駐伊犁大臣等辦理。由此判斷，海努克廟和固爾扎廟殘損的銅佛像事後應當被時駐伊犁的阿桂、伊柱打包送京熔鑄新佛像了，而木質的佛像也必定是遵旨被焚毀，這也是時至今日在海努克廟和固爾扎廟廢址鮮有佛像出土的緣故，但在清宮和承德外八廟珍藏的銅佛像及佛教經卷內，必有出自海努克廟和固爾扎廟者，此事仍需做進一步的探考。

　　伊柱、阿桂、安泰三人所奏滿文奏摺，是筆者查尋到的有關海努克廟的僅有的數件滿文文獻，內容比較翔實地記錄了清政府平定準噶爾之後，海努克廟在乾隆二十五年時的廟宇狀況。其中最為重要的信息是，海努克廟還有刊印經文的木印板，這說明海努克廟也是準噶爾印刷佛經的場所。

　　綜合以上幾份滿文文獻內容，海努克廟在清政府與準噶爾之間的戰亂中，所受破壞程度遠遠低於固爾扎廟的損失。固爾扎廟如何失火被毀，鍍金銅瓦被何人抬走刮走鍍金，筆者已在《準噶爾汗國時期藏傳佛教固爾扎廟芻議》[③]一文論述，茲不贅述。造成海努克廟殘破荒廢的原因主要是1755—1757年爆發的清準戰爭，此間清軍三次攻入伊犁，當時的準噶爾全境“四衛拉特二十一昂吉內，除噶勒藏多爾濟、布魯古特、胡璐木三鄂托克外，其餘亦無一完整之鄂托克。如今遭遇饑饉出痘死亡者，不僅數不勝數，而因饑荒散去流落人等，已是一半，其餘一半無籽種種田，依賴少數牲畜亦不足以度命……喇嘛等從前均依靠五濟賽回子贍

---

① 《烏魯木齊辦事大臣安泰奏將伊犁所獲佛像玉石由驛站送往京城摺》（乾隆二十五年七月二十六日），《清代新疆滿文檔案彙編》第46冊，第327—329頁。

② 《烏魯木齊辦事大臣安泰奏將伊犁所獲佛像玉石由驛站送往京城摺》（乾隆二十五年七月二十六日），《清代新疆滿文檔案彙編》第46冊，第327—329頁。

③ 請參見新疆維吾爾自治區社會科學界聯合會主辦的季刊《西部蒙古論壇》2018年第2期。

養，現今回子等已返回原籍，五濟賽亦被哈薩克擄掠，悉行散去，兵丁抵達之前，喇嘛等即已散去七八成"。[①] 天災人禍使得準噶爾汗國滿目瘡痍，除了清軍的征討打擊外，間有哈薩克、布魯特乘機侵掠，內因變亂不止，廣大牧民遇饑饉出天花死亡無數，到戰亂結束之時，準噶爾境內已是"千里無瓦剌一氈帳"。[②] 而準噶爾曾經的數千名"喇嘛散去乃同嗎哈沁"，[③] 使得海努克廟處於無人維護的境況，這更是加劇了寺廟建築被自然侵蝕破壞的程度。

當時，伊犁地區有大量準噶爾從天山南部遷來種田納糧的維吾爾人，伊犁河南北兩岸都有維吾爾人居住的村莊，海努克廟附近也有維吾爾人居住。在前述《副都統伊柱奏率屯田回子抵達伊犁耕種地畝摺》內，伊柱即奏稱在安置屯田的維吾爾人時，充分利用了海努克廟附近舊有的村莊房屋。他說"回子（即維吾爾人。——引者注）等各自所住莊屯，因均有建房之垛口牆院，故而暫令搭建窩鋪居住，並令於伊等種田之隙伐木修房居住……"[④] 本文前引察布查爾文史資料亦說："1700 年阿合買提汗和卓被噶爾丹策零擒往伊犁後，即在伊犁河南岸海努克地方被禁錮，獲釋後也在海努克地方領維吾爾族苦役，替準噶爾墾地輸賦。"據史料記載，當時伊犁地區有維吾爾人萬餘人。伊犁地區的維吾爾人在乾隆二十年清軍首入伊犁時，大和卓木波羅尼都率屬 30 餘戶來降，小和卓木霍集占隨後亦來歸順。當年 6 月，烏什城伯克霍集斯擒獻達瓦齊後，定北將軍班第遣侍衛托倫泰與霍集斯護送波羅尼都前往招服天山南部，而將小和卓木霍集占仍留於伊犁令管理維吾爾人。阿睦爾撒納叛亂初期，小和卓木霍集占支持阿睦爾撒納，雙方曾聯兵擊敗過定邊右副將軍薩喇勒和其他準噶爾臺吉。嗣後，小和卓木霍集占與阿睦爾撒納反目。1756 年 1 月 17 日，小和卓木霍集占帶兵數千名在察卜齊里嶺地方擊敗阿睦爾撒納後，於清軍進入伊犁前大概 1 月底 2 月初就已率眾潛回天山南部了。史載小和卓木霍集占所屬"萬餘名回子變亂後，又擄掠遊牧剝喇嘛之衣，將供奉之佛像扎倉悉行搗毀"，[⑤] 並"將寺廟瓦塊抬走刮走鍍金"。[⑥] 小和卓木霍集占所屬維吾爾人潛逃回天山南部時將喇嘛寺廟大肆搶掠而去，這其中即包括海努克廟在內，造成了海努克廟"其房院內

① 《定西將軍策楞等奏哈薩克錫拉等彙報準噶爾內部情形摺》（乾隆二十一年三月初五日），《清代新疆滿文檔案彙編》第 16 冊，第 218—222 頁。

② 魏源撰《聖武記》卷四《外藩》，韓錫鐸、孫文良點校，中華書局，1984，第 156 頁。

③ 《乾隆御製詩》二集卷六十四。

④ 《副都統伊柱奏率屯田回子抵達伊犁耕種地畝摺》（乾隆二十五年四月十六日），《清代新疆滿文檔案彙編》第 45 冊，第 139 頁。

⑤ 《定西將軍策楞等奏報厄魯克生計窘迫請賑濟摺》（乾隆二十一年三月十六日），《清代新疆滿文檔案彙編》第 16 冊，第 345—349 頁。此處原文轉寫："tumen funcere hoise ubašafi,geli nukte be tabcilaha,lamasa be kokolime,juktehe jacang be gemu efujehe"。這裏的滿文 "kokolime" 據成書於乾隆五十一年的辭典《清文總彙》卷四注解，有 "給人沒體面剝衣服之剝" 一種釋義。

⑥ 《寄諭伊犁將軍阿桂等著查明伊犁固爾扎廟鍍金銅瓦目下之情》（乾隆三十二年閏七月十四日），檔案號：03-132-2-007。轉引自中國第一歷史檔案館編《乾隆朝滿文寄信檔譯編》。

多有散擲拆棄之經書、刻經印板"的狼藉景象。①

　　對海努克廟和固爾扎廟的被毀，用托忒蒙古文寫成的《蒙古溯源史》亦曾記載："在達瓦齊時代，準噶爾的多羅特舍棱諾顏和綽羅斯的巴郎林沁諾顏二人率哈薩克軍隊進攻達瓦齊。哈薩克人搗毀了金寺和銀寺，還搗毀了額爾克騰鄂托克、布庫斯鄂托克、巴爾達木特鄂托克等三個鄂托克。"②該書用的是"搗毀"二字，而不是"焚毀"。時入駐伊犁的定北將軍班第的一份奏摺內有與此事件關聯的記錄，他說："去年（即1754年。——引者注），哈薩克來至，不但將所有物資全行掠去，除寺廟喇嘛供佛之物外，連喇嘛等商上牲畜亦全數掠往。"③可見哈薩克人是以搶掠為主的，並不存在縱火焚廟的舉動。經年頻繁的戰亂，交戰各方貪婪的洗劫，使得伊犁"此地之琉璃寶刹，久成瓦礫之場；昔年之古籍真經，難尋於灰燼之後；佛像少全身，僧衆投異俗"。④最終，一代名寺寶刹成為徐松筆下"殘刹數椽，頹垣斷壁，丹青藻井黯淡猶存"的廢墟。

## 五　餘論

　　準噶爾汗國時期修建於伊犁的海努克廟存世時間很短，在清政府平定新疆之後，乾隆二十七年，於其地建小堡一座作為連接天山南路的軍臺。乾隆二十八年二月十二日，乾隆皇帝先曾令伊犁將軍明瑞將固爾扎廟和海努克廟酌修一所，明瑞為此向乾隆皇帝條陳不能修復的原因時稱，"固爾扎、海努克二寺，前遇厄魯特遊牧變亂毀壞，已是殘破不堪，維修頗費工夫。而今其周皆有回子居住，厄魯特與回子風俗各異，若使喇嘛居住於彼，則彼此不得相安"。⑤清政府出於統治需要，否決修復海努克廟和固爾扎廟，這使得名寺琉璃寶刹漸成瓦礫之場。結合相關滿文檔案、馬達漢日記及其他史料，以及實地田野調查來看，準噶爾汗國時期的海努克廟是一組寺院建築群，它的東北有一座佛塔，有一座殿頂為鍍銀銅瓦，供奉彌勒佛的主殿，周邊是一層周長近二十里的牆院。在彌勒殿旁側又有一座未供奉佛像殿房，有喇嘛住所大小房屋百餘間。在周長近二十里的圍牆內，又有可容近千名兵丁的一層牆院，並且還是準噶爾印刷佛經之所。這些都是在以往闡述海努克廟的文章裏從未見到的珍貴史料，從中可深刻體會到研究海努克廟的歷史文化時藉用滿文檔案的重要性。滿文檔案作為珍貴遺留

---

①　《副都統伊柱奏在海努克寺廟內搜得一枚管理厄魯特後旗扎薩克印摺》（乾隆二十五年四月十六日），《清代新疆滿文檔案彙編》第45冊，第142頁。

②　丹碧、格·李傑編著《蒙漢對照托忒文字衛拉特蒙古歷史文獻譯編》（蒙、漢文），新疆人民出版社，2008，第265頁。

③　《定北將軍班第奏準噶爾人貧困可將達瓦齊剩餘牲畜勻給投誠窮人摺》（乾隆二十年五月初十日），《清代新疆滿文檔案彙編》第11冊，第52頁。

④　格琫額：《伊江彙覽·壇廟》，吳豐培整理，《清代新疆稀見史料彙輯》，"建興教寺碑記"，《中國邊疆史地資料叢刊·新疆卷》，全國圖書館文獻複製中心，1990。

⑤　《伊犁將軍明瑞等奏請祭祀山川並增加伊犁等地喇嘛摺》（缺文尾，乾隆二十八年二月十二日），《清代新疆滿文檔案彙編》第61冊，第41—43頁。

性史料，在一定程度上還原了海努克廟的歷史發展脈絡。最後，筆者認為，若要研究海努克廟的具體歷史細節，還需要繼續深入挖掘清代各類史料。

# A Study on the Hanouk Temple, a Tibetan Buddhist Temple in the Khanate Period of Junggar

## Nasanbayar

Hanouk Temple (Yinding Temple) is one of the two famous temples built by the HongTaiji GaldanTsereng of the Khanate of Junggar, which lied on the opposite of Yili River to Ghulja Temple (Jinding Temple). Both of them were the place of Lama's enthronement and Political and Religious center of Junggar.After the rebellion aroused by Amuersana was put down by the Qing government,in order to completely eradicate the influence of the Khanate of Junggar,in the 26th year of Qianlong period(1761 C.E.),the temple of Hanouk was demolished and a small fort was built on its site to set up a military platform.

# 清代阿拉善蒙鹽馱運人員構成反映的社會問題
## ——以清代阿拉善和碩特旗蒙古文檔案為中心

李畢力格

阿拉善和碩特旗蒙鹽馱運始於清朝初期，延續到中華人民共和國成立之後。參與馱運者有該旗王公、庶民、喇嘛、婦女，還有外旗蒙古牧民 [1] 以及沿邊各縣人 [2]。在冬、春兩季，牧民家中剩餘勞動力均參與馱運，以掙"腳價銀"補貼生計。所謂"腳價銀"是指養駝戶用駱駝載運食鹽所得之"運費"。[3] 每次馱運到達目的地後，駝戶用所得腳價銀購買日用品回旗，這是一次完整的馱運過程，長期以來形成了慣例。

關於阿拉善蒙鹽馱運人員問題，前人均未有詳細研究，唯有彩虹在她的碩士學位論文中涉及過光緒三年喇嘛馱運蒙鹽情況。[4] 本文主要根據清代阿拉善和碩特旗蒙古文檔案，以蘇木、巴格、寺廟為單位，研究集體運鹽和個人運鹽過程中馱運人員構成變化，婦女和喇嘛馱運蒙鹽逐漸增多的原因以及所反映的社會問題。

## 一　蘇木馱運人員構成

清代蒙旗以蘇木為基層單位，其大小與箭丁人數的多寡有關。蘇木箭丁，平時為牧業生產的主要勞動力，並負擔服役任務，戰時被徵調入伍，變為軍隊。

阿拉善和碩特旗設有八個蘇木，[5] 均以章京名字命名，它們分別是蘇木章京屯圖拉（Mon: tuntul）蘇木、蘇木章京查然（Mon:čaran）蘇木、蘇木章京朝克圖亦（Monl:čoγtoi）蘇木、蘇木章京布日古德（Mon:bürgüd）蘇木、蘇木章京蓮花（Mon:lingqu–a）蘇木、蘇木章京好魯巴（Mon:qolub）蘇木、蘇木章京拉巴薩拉（Mon:rabsal）蘇木、蘇木章京寶音德力格爾（Mon:buyandelger）蘇木。

檔案顯示，阿拉善和碩特旗八個蘇木的人均參與馱運食鹽。從梅林、扎蘭、章京、拔什庫（領催）、坤都到箭丁、蒙婦、喇嘛，從蘇木的管理人員到蘇木基層的組織人員，幾乎均

---

① 來自於伊克昭、烏蘭察布二盟部分蒙旗的蒙古人。

② 包括漢族和回族人，鎮番、古浪二縣人最多。

③ 梁麗霞：《阿拉善蒙古研究》，民族出版社，2009，第268頁。

④ 彩虹：《清代阿拉善和碩特旗藏傳佛教歷史研究》，碩士學位論文，內蒙古師範大學，2009。

⑤ 清朝初期設七個蘇木，乾隆三十二年（1767）又增加一個蘇木。

參加進來。檔案中除了上述人員外，還出現專衣達、綽爾濟喇嘛①、侍衛、達魯噶、阿拉特②等稱呼。

光緒三年（1877）阿拉善和碩特旗八個蘇木馱運食鹽人員情況如圖1所示，馱運食鹽最多者為侍衛，其次是坤都、箭丁、綽爾濟。因侍衛、箭丁、坤都等均需要通過扎薩克王爺獲得維持生活的牧場，所以負有兵役、勞役、力役和貢賦等義務。阿拉善和碩特旗侍衛、箭丁、坤都等除上述義務外還有馱運食鹽義務。蘇木馱運食鹽人員中，馱運最少者為尚斯特、捏日巴、郎素、專衣達和蒙婦。尚斯特（Tib: phyag mdzod pa），是管理寺廟、高僧的倉房、財產的人員。捏爾巴（Tib: gnyer pa），是寺廟的管家喇嘛。郎素（Tib: nang su），是藏語，又稱囊素，清代蒙古寺院中格根、喇嘛坦乃至王爺等會賜給自己親信的喇嘛"郎素"等稱號。郎素雖很尊榮，卻不擔任職務，並無實際權力。檔案記載，光緒三年章京丹畢蘇木的尚斯特塔塔爾馱運食鹽兩次，馱運駝三十六隻、乘騎駝四隻。③蘇木章京索德納木丕勒巴蘇木的捏日巴馱運食鹽兩次，馱運駝二十隻、乘騎駝三隻。④蘇木章京班扎爾蘇木的專衣達（Mon: juwan i da）白達拉馱運食鹽一次，馱運駝兩隻、口袋兩個。清朝一直禁止婦女馱運鹽斤，但是光緒三年蘇木章京班扎爾蘇木的蒙婦塔娃（tawa）馱運食鹽次數為三次，馱運駝五十四隻、乘騎駝六隻。蒙婦厒固（jegüü）馱運三次，馱運駝二十九隻、乘騎駝三隻。⑤婦女馱運食鹽原因詳見本文第五部分內容。

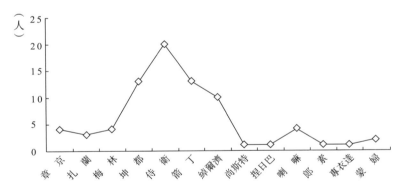

圖1　光緒三年阿拉善和碩特旗八個蘇木馱運食鹽人員構成

---

① 綽爾濟（Tib:chos rje）是藏語，蒙旗王爺給喇嘛的一種稱號，大致是法主的意思。
② 阿拉特（Mon:arad）是蒙古語，意為屬民，根據田山茂《清代蒙古社會制度》（潘世憲譯）記載，隸屬於貴族、獲得維持生活的土地而具備負擔兵役、勞役、力役和貢賦等阿勒巴義務的身份的人被稱為平民，即阿勒巴圖。
③《蘇木章京丹畢蘇木馱鹽次數與所用駝隻數目》（光緒三年），蒙古文，阿拉善左旗檔案館藏檔案，檔案號：101-08-0026-007-0024。
④《蘇木章京索德那木丕勒巴蘇木馱鹽次數清冊》（光緒三年），蒙古文，阿拉善左旗檔案館藏檔案，檔案號：101-08-0026-009-0028-01。
⑤《蘇木章京班扎爾蘇木馱鹽次數駝數》（光緒三年），蒙古文，阿拉善左旗檔案館藏檔案，檔案號：101-08-0026-005-0015。

## 二　巴格駝運人員構成

巴格（Mon:bag），是由服屬清朝前的"鄂托克組織"演變而來的，是清朝時期阿拉善和碩特的社會行政組織。隸屬於扎薩克王爺的阿勒巴圖，以及閒散王公、臺吉等構成了巴格（扎哈）的居民——阿拉特，扎薩克王爺任命達木勒（Mon: dayamal）對其進行有效的管理。[①]達木勒主要管理行政事務及民事、刑事訴訟案件等。

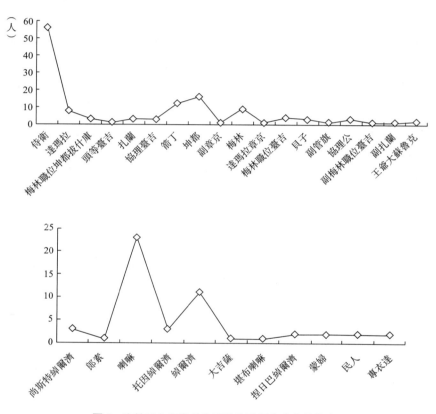

**圖2　宣統元年阿拉善和碩特旗駝運食鹽人員構成**

清代阿拉善和碩特旗共設有三十六個巴格，分別是巴倫別立、烏圖、宗別立、布古圖、科伯那木嘎、廂根達賴、毫依蘭呼都格、通湖、扎哈道蘭、圖蘭泰、額爾克哈什哈、擦汗布魯克、巴音布林都、擦汗努爾、雅布賴、巴丹吉林、艾爾布蓋、宗乃、樹桂、巴倫沙爾滋、宗沙爾滋、巴音烏拉、沙拉布林都、巴音努爾貢、庫克布林都、素木圖、吉蘭泰、科布林、圖克木、洪格日鄂博、哈魯乃、沙金套海、哈拉和尼圖、道蘭素海、磴口、拐子。宣統元年

---

① 齊光：《清朝時期蒙古阿拉善和碩特部的社會行政組織》，《歷史地理》第27輯，上海人民出版社，2013，第105頁；內蒙古自治區編輯組編《蒙古族社會歷史調查》，民族出版社，2009，第156頁；梁麗霞：《阿拉善蒙古研究》，第88頁。

（1909）巴格馱運人員包括侍衛、達瑪拉、梅林職位坤都拔什庫、頭等臺吉、扎蘭、協理臺吉、箭丁、達瑪拉侍衛、坤都、副章京（aragsan jangɣi）[1]、梅林、達瑪拉梅林、梅林職位臺吉、貝子、副管旗（aragsan jaqirugči）、協理公、副梅林職位臺吉、副扎蘭、尚斯特綽爾濟、郎素、托因（toin）綽爾濟、綽爾濟、捏日巴綽爾濟、大吉薩、堪布喇嘛、王爺、蒙婦、民人等。圖 2 所示即上述人員馱運蒙鹽情況。

巴格馱運人員中最多的同樣是侍衛。巴格馱運食鹽人員與蘇木相比不同之處為寺廟喇嘛馱運食鹽有所增多。對比圖 1 和圖 2，光緒三年蘇木喇嘛馱運者有綽爾濟、尚斯特、捏日巴、郎素等。到宣統元年時，蘇木喇嘛馱運者有尚斯特綽爾濟、托因綽爾濟、大吉薩、堪布喇嘛、捏日巴綽爾濟。與光緒三年相比，蘇木喇嘛馱運食鹽明顯增加。巴格馱運食鹽人員構成與蘇木相比另一變化是，出現蒙旗官員馱運食鹽的情況。如圖 1 和圖 2 所示，蘇木馱運食鹽的官員有章京、扎蘭、梅林、坤都、侍衛、箭丁，而巴格馱運食鹽的官員，除了上述官員外還有達瑪拉、梅林職位坤都拔什庫、頭等臺吉、協理臺吉、副章京、達瑪拉章京、梅林職位臺吉、貝子、副管旗（副管旗章京）、協理公、副梅林職位臺吉、副扎蘭、王爺大蘇魯克等。

## 三　寺廟馱運人員構成

清代阿拉善和碩特旗建造了三十七座大小寺廟，其中得到清廷匾額的有八座，也被稱為八大寺，分別是延福寺、廣宗寺、福因寺、承慶寺、昭化寺、妙華寺、方寧寺和宗乘寺。這八大寺中延福寺（buyan-i arbidɣagči süm-e）、廣宗寺（šasin-i badaraɣulugči süm-e）、福因寺（buyan-i ündüsülegči süm-e）最著名，並且每個寺均有九座所屬寺廟。[2]

清代阿拉善和碩特旗寺廟中哪些人參與了馱運蒙鹽呢？光緒三年的檔案記載，"甘珠爾巴克什的蘇魯克駱駝運鹽三次，馱運駝隻五十二、乘騎駝四隻。格根倉馱運三次，馱運駝隻四十一、乘騎駝三隻。沙爾子廟（Mon: šarča süm-e）吉薩馱運三次，馱運駝隻十五、乘騎駝三隻。諾門罕格根蘇魯克馱運四次，馱運駝隻一百四十六、載貨駝五隻、乘騎駝五隻。西寺（Mon: baraɣun kiyid）大吉薩馱運四次，馱運駝隻十、載貨駝四隻、乘騎駝四隻。農乃吉薩馱運三次，馱運駝隻六十六、載貨駝三隻、乘騎駝三隻。章嘉格根倉馱運一次，馱運駝隻二十七、乘騎駝三隻。格根及吉薩等運鹽三次，馱運駝隻三百零七、載貨駝二十三隻、乘騎駝二十三隻、口袋兩個。延福寺吉薩等運鹽五次，馱運駝隻二百二十六、載貨駝二十隻、乘騎駝二十隻。烏尼格德吉薩運鹽四次，馱運駝隻三十六、乘騎駝五隻。卻布藏活佛倉運鹽兩次，

---

[1]　Aragsan，這個詞最早應由來於滿語的 araha，具有委派的、署理的、代理的之意，因阿拉善旗兵經常與八旗兵一同參與軍事行動，故慢慢轉入阿拉善旗社會行政事務中。意思相當於正職的一種名譽職位，可以理解為一種副官。

[2]　彩虹：《清代阿拉善和碩特旗藏傳佛教歷史研究》，第 12 頁。

馱運駝隻二十七、乘騎駝三隻"[1]。

　　根據上述檔案，寺廟馱運食鹽的人員分別是甘珠爾巴克什、格根倉、諾門罕格根、章嘉格根倉、卻布藏活佛倉及各寺廟吉薩等。上述人員在寺廟體系中均屬於上層喇嘛。清朝時期甘珠爾巴克什等幾乎不參與馱運食鹽，那麼他們為什麼會出現在上面的檔案中？要想解決此問題我們首先要弄清楚以上人員的職位、清代阿拉善和碩特旗寺廟組織體系及上述喇嘛的地位。甘珠爾巴克什[2]（Mon: γanjuur bagsi）從字面意義上講可以分為兩個部分，前半部分甘珠爾是藏語，後半部分巴克什（Mon: baγsi）是蒙古語上師的意思。清代阿拉善地區寺廟中比呼圖克圖低一級的被稱為"甘珠爾巴克什"。[3]格根亦即活佛，廟的最高首腦。清朝時期格根、喇嘛坦、活佛無論大小都轉世。諾門罕格根、章嘉格根、卻布藏活佛皆為活佛的一種稱謂，在寺廟體系中屬於貴族。吉薩（Mon: jisa），藏語含意為公共處所或喇嘛倉，它是管理寺院各扎倉（學部）所屬沙畢納爾的機構，也是承擔寺院各扎倉所屬喇嘛一切經濟生活需求的機構，即寺院各學部的倉庫所在地。[4]清代內蒙古地區寺院所屬沙畢納爾一般情況下分屬寺院各吉薩之倉，被稱為"倉屬沙畢納爾"。[5]可以說，倉、吉薩是管理寺院沙畢納爾、財產和收支的機構。而清代蒙古寺院經濟中的主要勞動者為呼圖格圖、格根的沙畢納爾，他們在寺廟體系中均屬於下層人員，同時他們對所屬寺廟和呼圖克圖以及喇嘛旗扎薩克負有絕對供養義務。[6]除此之外，沙畢納爾還有放寺廟蘇魯克牲畜、進行農業生產、從事寺院日常雜務，以及為呼圖格圖、格根、吉薩馱運食鹽的義務。也就是說，檔案中所提到的甘珠爾巴克什、格根、活佛、吉薩等馱運鹽，實際都是由他們所屬的沙畢納爾完成的。沙畢納爾也從中獲得腳價銀。例如，光緒末年阿拉善和碩特旗延福寺沙畢納爾從察罕布魯克鹽湖馱運食鹽至塔爾順（中衛）、平涼等地，馱運四次獲得的腳價銀為七十一兩八錢六分。[7]

## 四　蒙旗官員（雇主）馱運人員構成

　　清代阿拉善和碩特旗不管是官員還是平民家中有駱駝者皆可以馱運食鹽。家中駱駝多者雇人，駱駝少或者沒有駱駝但是家中有剩餘勞動力的會給他人馱運。清代阿拉善和碩特旗上層官員一般會有大量的駝群，所以官員們亦必雇人。為他人馱運蒙鹽者，一類為自家駱駝少

---

①　《本旗官員寺廟馱運鹽次數與所用駝隻數目》（光緒三年），蒙古文，阿拉善左旗檔案館藏檔案，檔案號：101-08-0026-002-0002。

②　"甘珠爾巴克什"原是廣宗寺第二代格根為阿拉善王爺羅布多爾吉福晉治病被請到延福寺誦《甘珠爾》經而得名。目前，延福寺還保留有甘珠爾活佛殿。

③　彩虹：《清代阿拉善和碩特旗藏傳佛教歷史研究》，第13頁。

④　彩虹：《清代阿拉善和碩特旗藏傳佛教歷史研究》，第43頁。

⑤　胡日查：《清代蒙古寺院經濟研究》，《蒙古史研究》第9輯，內蒙古大學出版社，2007，第195頁。

⑥　胡日查：《清代蒙古寺院勞動者——沙畢納爾的生產生活狀況》，《內蒙古師範大學學報》（哲學社會科學版）2007年第4期。

⑦　參見內蒙古自治區編輯組編《蒙古族社會歷史調查》，內蒙古人民出版社，1986，第180頁。

不足佔用一個勞動力駄運食鹽，並且有餘力給別人代牽幾隻駱駝者。另一類為專門為別人牽駝子的，這類人大多數是內地民人。內地民人駄運次數、駝數與蒙古人相比也不差。例如，光緒三十四年九月"內地民人駄運駝隻一百三十隻，十月、十一月駄運駝隻兩千九百二十隻，十二月駄運駝隻一千八百五十二"①。

清代阿拉善和碩特旗官員、雇主駄運人員構成是多羅鎮國公、管旗章京、扎蘭章京、王府長史（Man：waida i da）、副王府長史、副扎蘭、蘇木章京、扎蘭職位筆帖式、梅林職位臺吉等。光緒三年的檔案記載，"多羅鎮國公沙格道日扎巴駄運兩次，駱駝二十二隻、乘騎駝兩隻。管旗章京臺吉瑪尼勞楠駄運三次，駄運駝隻一百二十、乘騎駝十六隻。副管（副管旗章京）敖金駄運三次，駄運駝隻六十八、乘騎駝九隻。扎蘭章京阿木爾寶音駄運一次，駄運駝隻六、乘騎駝一隻。扎蘭章京根墩扎布駄運蒙鹽六次，駄運駝隻二百三十、乘騎駝三十九隻。王府長史敖查拉孫駄運一次，駄運駝隻十五、乘騎駝三隻。副扎蘭格沃炅駄運六次，駄運駝隻一百二十六、乘騎駝十二隻。副扎蘭寶音德力格爾駄運三次，駄運駝隻七十一、乘騎九隻。蘇木章京畢力格圖駄運兩次，駄運駝隻三十、乘騎駝三隻。副王府長史通嘎拉嘎駄運兩次，駄運駝隻三十三、乘騎駝四隻。副扎蘭格日勒達來駄運一次，駄運駝隻十二、乘騎駝兩隻。昆都拔什戶扎木寶勒駄運兩次，駄運駝隻二十六、乘騎駝四隻。侍衛朝格圖駄運一次，駄運駝隻九、乘騎駝一隻。梅林職位臺吉張皋恩駄運三次，駄運駝隻二十六、乘騎駝五隻。梅林職位臺吉查日丹駄運四次，駄運駝隻二十四、乘騎駝五隻。侍衛郝齊霍駄運三次，駄運駝隻二十八、乘騎駝四隻。扎蘭職位筆帖式麥代日駄運三次，駄運駝隻二十六、乘騎駝三隻。扎蘭職位筆帖式浩木寶達什駄運三次，駄運駝隻四十五、乘騎駝六隻"②。

## 五　駄運蒙鹽人員構成變化及反映的社會問題

綜上所述，我們瞭解的情況是清朝初期阿拉善和碩特旗蘇木、巴格、寺廟、官員駄運中主要的駄運人員是侍衛、箭丁、坤都、牧民等旗下層人員。清朝初期阿拉善和碩特旗規定禁止婦女撈運蒙鹽，但是到清朝末年出現了女性駄運食鹽的情況。還值得注意的問題是，清朝初期寺院喇嘛很少有人駄運食鹽，到清朝末年喇嘛駄運食鹽的情況有所增加。檔案記載，咸豐七年（1857）二月初八日屬章京布日古德蘇木的"喇嘛陶悅德駄運六十隻駱駝、一百八十口袋鹽，廣宗寺格根的沙畢納爾濟塔巴彥駄運四十四隻駱駝、一百二十二口袋鹽，綽爾濟沙木巴駄運八十三隻駱駝、二百五十一口袋鹽"③。

---

① 《光緒三十四年十二月駄運駝隻統計數》（光緒三十四年），蒙古文，阿拉善左旗檔案館藏檔案，檔案號：101-08-0326-001-0002。
② 《本旗官員駄鹽次數駝數清冊》（光緒三年），蒙古文，阿拉善左旗檔案館藏檔案，檔案號：101-08-0026-002-0002。
③ 《咸豐七年二月將吉蘭泰鹽運往包頭永興店之運鹽駝隻及口袋清冊》（咸豐七年二月初八日），蒙古文，阿拉善左旗檔案館藏檔案，檔案號：101-06-0045-002-0002。

　　導致阿拉善和碩特旗婦女及喇嘛馱運蒙鹽現象出現的主要原因與同治年間的回民息息相關。回民起義在蒙古地區影響達十年之久，一方面是其滋竄蒙旗並殺人、搶物，被其傷害的蒙旗寺院喇嘛及兵丁不少。例如同治五年（1866）十月十二日阿拉善和碩特旗 “娜仁諾爾（Mon: naran noor）、查拉嘎爾（Mon：qalaγar）等地看守卡倫的所有兵丁都被殺害。同年十月十四日承慶寺（irügel-i gaγaγagči süm-e）喇嘛扎木英、蘇諾丕勒等三人被殺，所有佛經等佛教用品都被搶走。[①] 另一方面為了鎮壓回民起義阿拉善和碩特旗幾次出兵，在鎮壓的過程中蒙旗兵丁傷亡較多。例如，同治八年三月初五日 “雅布賴地方冒出幾百名回匪，扎蘭馬克蘇日迎戰，在鎮壓的過程中納魯、齊木德、楚木寶勒等十一名兵丁被殺害” [②]。

　　導致阿拉善和碩特旗婦女及喇嘛等馱運鹽逐漸增多的另外一個原因為清末清政府與西方國家簽訂一系列不平等的條約導致清政府財政處於破產邊緣。鹽稅作為充實國家財政的重要來源，清廷為了賠款，對馱運蒙鹽的管控不再那麼嚴格了。為了解決財政困難，清政府以中央與地方鹽稅收入做了至少有十種借款或賠款的擔保。[③] 同時，善後大借款簽訂後聘請英國人丁恩（Richard Dane）來管理中國的鹽務，丁恩上任後實行 “就場徵稅，自由貿易”，他主張廢除引岸專商，有效管理場產，販鹽者運鹽前納稅一次，不再限制銷區，販者自由競爭，可降低鹽價，減少私鹽，政府亦可增加鹽稅。[④] 以上種種原因導致蒙旗婦女及喇嘛等馱運蒙鹽的情況出現，並逐漸增多。

# The Social Problems Reflected in the Composition of the Alxa Mongolian Salt Transporters in the Qing Dynasty：Centering on the Mongolian Archives of the Qoxuut Banner of Alxa League in the Qing Dynasty

LI Bilig

The Qoxuut Banner of Alxa Mongolian salt transport began in the early Qing Dynasty and continued after the founding of the People's Republic of China. Those who participated in the transport included the lamas, the women and so on. In the winter and spring seasons, the surplus labor force of the herdsmen's family is involved in the salt industry, in order to earn a "foot price

---

① 《為回匪滋竄我旗承慶寺殺人搶物等事致穆圖善將軍咨文》（同治五年十月十六日），蒙古文，阿拉善左旗檔案館藏檔案，檔案號：101-07-0070-121-0460。

② 《同治八年三月初五日阿拉善旗陣亡官兵名冊》（同治八年三月初五日），蒙古文，阿拉善左旗檔案館藏檔案，檔案號：101-07-0070-121-0460。

③ 丁長青主編《民國鹽務史稿》，人民出版社，1990，第 22 頁。

④ 劉常山：《善後大借款對中國鹽務的影響（1913—1917）》，臺中《逢甲人文社會學報》第 5 期，2002 年 11 月，第 137 頁。

silver" subsidy. After each shipment arrives at the destination, the camel household uses the obtained price of silver to buy the commodity back to the League. This is a complete process of transportation and has long been a practice.

In this paper, based on the Mongolian archives of the Qoxuut Banner of Alxa League in the Qing Dynasty, the composition of the transport personnel in the process of collective salt transport and personal salt transport was studied in units of Sumu, Bagh, and temples. Explain the reasons for the increase and the social problems reflected.

# 阿拉善和碩特部的來源及其初步形成（1677—1685）

## 李　群

　　清代史籍中阿拉善和碩特部又以"阿拉善厄魯特"、"西套厄魯特"或"賀蘭山厄魯特"等名見稱。康熙十六年（1677），在衛拉特內部兼併戰爭中敗於噶爾丹的幾支和碩特人和準噶爾人逃至清朝西北邊外，輾轉遷入阿拉善周邊地區。此後，逐漸形成以和囉理為首的阿拉善和碩特部，並於康熙三十六年正式設旗編佐，成為清朝的臣屬。阿拉善和碩特部所具有的特殊地位及相關文獻記載的豐富，長期以來吸引了諸多學者關注阿拉善和碩特部的早期歷史。總體來說，先行研究澄清了一些文獻記載的舛誤，如《親征平定朔漠方略》以降一系列史書所記載的"鄂齊爾圖汗駐牧西套"這類誤傳[①]並釐清了和囉理等接觸清朝到編旗的基本過程，[②]為進一步研究奠定了基礎。近年來，大批檔案文獻的發掘為阿拉善歷史研究開闢了新境。值得注意的是齊光《大清帝國時期蒙古的政治與社會——以阿拉善和碩特部研究為中心》一書第二章運用多語種史料，揭示了內陸亞洲形勢演變視野下阿拉善和碩特部歸附清朝的複雜過程，[③]但仍有若干細節有待討論。本文利用《清內閣蒙古堂檔》滿蒙文檔案，結合《清實錄》《親征平定朔漠方略》《秦邊紀略》等傳世文獻，試圖更全面細緻地論述阿拉善和碩特部的來源及其與清朝交涉的過程。因篇幅所限，本文論述到康熙二十四年為止。

---

① 羽田明「西套エルートの起源-『朔漢方略』の誤伝について―」氏著『中央アジア史研究』臨川書店、1982、182—188頁；成崇德、趙雲田：《西套厄魯特部起源考辨》，《民族研究》1982年第4期。

② 相關論文有額爾敦巴特爾《西套阿拉善蒙古族的由來》，《內蒙古社會科學》1982年第6期；苗棣《清前期的西套難民問題和阿拉善旗的設置》，《西北史地》1983年第1期；馬汝珩《阿拉善建旗年代略考》，《清史研究通訊》1988年第4期；徐曉萍《論清初阿拉善和碩特部與清政府的關係》，《西北史地》1996年第3期；金成修《十七世紀末蒙藏政局與阿拉善和碩特》，《明清人口婚姻家族史論》，天津古籍出版社，2002，第65—82頁；黑龍《論清朝對西套蒙古問題的解決》，《滿蒙關係史論考》，民族出版社，2013，第105—115頁。此外若干書中安排專門的章節論述阿拉善的歸附與設旗問題，諸如衛拉特蒙古簡史編寫組《衛拉特蒙古簡史》第8章，新疆人民出版社，1992；烏雲畢力格《和碩特蒙古史綱要》（蒙古文）第7章，內蒙古文化出版社，1990；勃兒吉斤·道爾格《阿拉善和碩特》（蒙古文），內蒙古文化出版社，2002；馬大正、成崇德主編《衛拉特蒙古史綱》第8章，新疆人民出版社，2006；梁麗霞《阿拉善蒙古研究》第2章，民族出版社，2006/2009。此外還有達力扎布《有關阿拉善旗旗名來歷》，達力扎布主編《中國邊疆民族研究》第5輯，中央民族大學出版社，2012。該文不僅證實了亦鄰真先生關於"阿拉善"之名源於"賀蘭山"的論斷，且利用《秦邊紀略》等材料討論了東遷衛拉特諸部的遊牧分布情況。

③ 齊光：《大清帝國時期蒙古的政治與社會——以阿拉善和碩特部研究為中心》，復旦大學出版社，2013。作者單獨發表的《蒙古阿拉善和碩特部的服屬與清朝西北邊疆形勢》（《中國邊疆史地研究》2014年第1期）一文內容與專著第2章基本相同。

## 一　衛拉特諸部進入“西套”地區

　　阿拉善和碩特部是和碩特蒙古的重要分支。和碩特部形成於 15 世紀，其統治家族源於成吉思汗之弟哈布圖哈撒兒，17 世紀遊牧於天山北麓至巴爾喀什湖以東的廣闊地帶。[①] 和碩特部勢力強盛，長期以來為四衛拉特盟主。1636 年，衛拉特聯盟遠征青海，嗣後顧實汗所率和碩特人留牧青海，而其侄鄂齊爾圖等仍居於天山北麓。和碩特部南遷已經開啓了四衛拉特聯盟走向瓦解的進程。此時，鄂齊爾圖汗的勢力依然較為強大，與逐漸強盛起來的準噶爾部巴圖爾琿臺吉一並成為盟主，史稱“火牙兒臺吉”，即兩臺吉。[②] 隨著噶爾丹發動兼併戰爭，鬆散的四衛拉特聯盟終歸瓦解。到 1676 年，噶爾丹已經擊敗其叔楚琥爾烏巴什及和碩特部的鄂齊爾圖汗，[③] 致使這二者的屬衆或歸附噶爾丹或逃離故地。鄂齊爾圖汗之妻逃奔至土爾扈特。也有一部分當時可能歸附了噶爾丹，如楚琥爾烏巴什第五子羅卜藏額林臣。此人後於康熙二十八年攜千餘口投奔西套，被清廷安置與其侄憨都一同駐牧，此處不贅。

　　當時有三支衛拉特人逃至清朝西北邊外。其一，鄂齊爾圖汗屬衆中有一支在巴圖爾額爾克濟農和啰理的率領下逃至清朝邊境的“西套”地區。在清代，“西套”並非一個嚴格的地理概念，[④] 我們在這裏或許可以將其理解成包括阿拉善旗和額濟納旗在內的今阿拉善盟及周邊一帶。和啰理是顧實汗第四子巴延阿布該阿玉什第四子。其二，噶爾丹叔父楚琥爾烏巴什之孫、巴噶班第之子憨都臺吉的屬衆逃至居延海一帶。不過這時憨都年幼，由其屬人額爾德尼和碩齊攜領。其三，鄂齊爾圖汗之孫羅卜藏滾布及噶爾亶多爾濟等駐牧於嘉峪關外布隆吉爾等處。鄂齊爾圖汗屬部選擇東下逃奔的原因自然離不開與青海和碩特的親緣關係。另外，鑒於五世達賴喇嘛在當時蒙古社會中的重要影響，各部聲言投奔達賴喇嘛也在情理之中。再者，清初的西套地區雖處青海和碩特、準噶爾、喀爾喀與清朝幾大政治勢力之間的要衝，但也恰恰是無主地帶。這些衛拉特人是阿拉善和碩特部的直接來源。

　　康熙十六年冬，清廷邊境守將靖逆將軍甘肅提督侯張勇、四川陝西總督哈占、凉州提督孫思克等首次向清廷奏報巴圖爾額爾克濟農等人的蹤跡。《清聖祖實錄》康熙十六年十月甲寅記載：“厄魯特濟農等為噶爾丹所敗，逃至沿邊，違禁闖入塞內，奪番目馬匹及居民牲畜，守汛官兵驅之使出。濟農等言，我等皆鄂齊爾圖汗之子侄，窮無所歸，故至此。”[⑤] 此“厄魯特

---

① 關於和碩特部世系，梁麗霞《阿拉善蒙古研究》第 1 章進行了詳細敘述。參見氏著《阿拉善蒙古研究》，民族出版社，2009，第 23—55 頁。對於 17 世紀 30—70 年代和碩特部的遊牧地分布情況，參見烏雲畢力格《17 世紀衛拉特各部遊牧地研究》，《西域研究》2010 年第 1 期。

② 拉德那博哈得拉：《札雅班第達傳》（蒙古文），西·諾爾布校注，內蒙古人民出版社，1999，第 65 頁。

③ 拉德那博哈得拉：《札雅班第達傳》（蒙古文），第 195—217 頁。

④ 《清聖祖實錄》卷八二，康熙十八年七月甲辰（1679 年 8 月 17 日）條載，“噶爾丹將侵吐魯番，漸次内移，住居西套，前哨已至哈密”。（參見《清聖祖實錄》卷八二，中華書局，1985，第 1045—1046 頁）這裏的“西套”很可能是指吐魯番一帶。但是這種用法很少，“西套厄魯特”也並非指代此地。

⑤ 《清聖祖實錄》卷六九，康熙十六年冬十月甲寅（11 月 5 日）條，第 888 頁。

濟農”即和囉理，他率部長途遷徙，因物資匱乏而入邊劫掠，被清軍驅逐出境。早在當年五月，噶爾丹遣使向清廷朝貢，後者獲悉噶爾丹打敗鄂齊爾圖汗的消息。[①] 並且，當年達賴喇嘛致康熙皇帝的信中也提及衛拉特內亂，或有侵擾邊境的情況。[②] 因此，清朝方面對這些逃來的“鄂齊爾圖汗之子侄”侵擾邊境的情由不會陌生。奏疏中又云：“聞噶爾丹，復逞兵未已，或來追我，或趨喀爾喀俱未可知。臣等竊思噶爾丹，乃北厄魯特之酋長，兵馬眾多，如果興兵，即內地亦宜嚴飭守汛官兵防護，並驅逐濟農等出境。”清朝將領張勇長期經營西北防務，對衛拉特各部有一定的瞭解，所以對噶爾丹有所防備。

不久，張勇等有了更詳細的情報。《清聖祖實錄》康熙十六年十二月辛未（1678 年 1 月 21 日）記載：“靖逆將軍侯張勇等疏報，甘涼近南山一帶，有西海墨爾根 [③]、阿喇奈 [④]、多爾濟臺吉 [⑤] 等廬帳數千餘。肅州境內遊牧番人頭目，有濟農、布第巴圖爾 [⑥]、額爾德尼和碩齊 [⑦] 等廬帳萬餘，皆為噶爾丹所敗，自西套來奔。”[⑧] 墨爾根、阿喇奈、多爾濟均為青海和碩特部臺吉。其實，青海和碩特部居於甘涼之間的大草灘地區並非始於此時。從順治年間開始，青海和碩特部即時常出入大草灘遊牧，並與清朝多有交涉。[⑨] 和囉理等人此時在肅州境內，並未因先前驅逐而離往邊外。濟農、額爾德尼和碩齊等有廬帳萬餘，是一支不容小覷的勢力。和囉理等部的人數在《秦邊紀略》中可以得到印證。核其記載，在賀蘭山陰一帶遊牧的和囉理屬部共 7000 人左右，而在居延海一帶遊牧的厄魯特人等共 1.8 萬餘人。[⑩]

對於張勇的疏報，康熙上諭曰：“大將軍圖海身在陝西，其沿邊流番或令提督等率兵往逐，或嚴飭邊汛官兵各固守汛地，選幹練人員至番人頭目處，開誠曉諭，令彼退回。著大將軍圖海酌量指授而行，毋致生釁。”[⑪] 可以看出，此時康熙皇帝採取的應對策略較為謹慎。當時，濟農等人一直擔心噶爾丹會有追兵前來，清朝方面也在刺探消息。[⑫]《清聖祖實錄》康熙十七年五月甲子（1678 年 7 月 13 日）記載：

① 《清聖祖實錄》卷六七，康熙十六年五月甲午（1677 年 6 月 18 日）條，第 859 頁。

② 康熙十六年《達賴喇嘛奏文》，參見中國第一歷史檔案館、內蒙古大學蒙古學學院整理《清內閣蒙古堂檔》第 1 冊，內蒙古人民出版社，2005，第 465—470 頁。

③ 當為青海和碩特部左翼首領，顧實汗次子鄂木布臺吉之子。

④ 或為顧實汗第三子達蘭泰之子。

⑤ 或為顧實汗第三子達蘭泰之子。

⑥ 和囉理之弟。

⑦ 準噶爾部楚琥爾烏巴什屬人。

⑧ 《清聖祖實錄》卷七○，康熙十六年十二月辛未（1678 年 1 月 21 日）條，第 903 頁。

⑨ 參見青格力《17 世紀中後期的衛拉特與河西走廊》，《歐亞學刊》第 8 輯，中華書局，2006，第 221—224 頁；達力扎布《察哈爾林丹汗病逝之“大草灘”考》，《民族研究》2018 年第 5 期。

⑩ 梁份：《秦邊紀略》，趙盛世等校注，青海人民出版社，1987，第 404—406 頁。

⑪ 《清聖祖實錄》卷七○，康熙十六年十二月辛未（1678 年 1 月 21 日）條，第 903 頁。

⑫ 《清聖祖實錄》卷七二，康熙十七年閏三月庚申（1678 年 5 月 22 日）條，第 930 頁。

先是，厄魯特濟農遣人至靖逆將軍甘肅提督侯張勇所言，我祖顧實汗以來，職貢不絕，今為噶爾丹所敗，窮迫來此，欲赴西海，往會我叔達賴臺吉①、兄墨爾根臺吉。若由邊外繞去，則行月餘，中途數日乏水。如由內隨地行，則限於主上邊境，不敢徑度。祈准由內地過邊。張勇以由水泉②出邊，竟日可到墨爾根臺吉處，五日可到達賴臺吉處，奏請令其由水泉過邊。上允之。乃濟農逗留月餘，復北向遊牧，未由水泉過邊。至是，濟農以布隆吉爾③地方，見有火光，探聞噶爾丹追迫已近，竟由雙井④闖入內地，提督孫思克奏請率兵逐之。得旨，將軍張勇見赴甘州，即著親身驗看，驅逐濟農部落過邊，赴伊叔兄處所，加意防護，勿使擾民。尋將軍張勇疏報，驅逐濟農等出邊。⑤

和啰理告知清朝守將欲往青海投奔其叔達賴臺吉、兄墨爾根臺吉，其主要考量即與青海和碩特部一起應對噶爾丹的威脅，但青海諸臺吉能否接納難以料定。事實上，和啰理等在清廷允許其抄近路由內地過邊的情況下，並未由水泉過邊赴青海，而是戀牧大草灘，又北向遊牧。後又懼怕噶爾丹追來而闖入內地，張勇奉命仍舊將其驅逐出邊。⑥和啰理徙牧額濟納河，遣使奉表至提督孫思克營中服罪。⑦

## 二 清朝與青海和碩特及西套諸部的交涉

衛拉特部落徙牧清朝邊境後，如上文所述入內地劫掠，也東向劫掠內蒙古烏拉特地區的人畜。事件牽涉和啰理等人的歸屬問題，因此引發清朝與青海和碩特部、準噶爾部之間的複雜交涉，解決過程延宕數年。《清聖祖實錄》康熙十七年四月甲午記載：

先是吳喇忒鎮國公諾門等疏報："閏三月內，賊寇數百人闖入邊汛，劫殺本旗巴達里、察罕、吳爾圖三臺吉及巴達里臺吉之妻，並男婦子女共二十人。又搶掠男婦子女六十餘人，馬駝二千九百餘匹，並帳房盔甲等物。"上差員外郎塞冷、恩額森等馳驛往勘。至是，理藩院奏。塞冷等覆稱："厄魯特四百餘人搶掠吳喇忒等遠遁無蹤。查鄂齊爾圖汗為噶爾丹所敗，其屬下濟農四散奔竄。或係濟農等肆行劫掠，亦未可定。但未獲賊寇實

---

① 即顧實汗第六子多爾濟，號達賴巴圖爾臺吉。

② 甘肅省涼州副都統轄永昌衛下驛站（雍正二年設涼州府永昌縣）。

③ 當指布隆吉爾河附近一帶，在清甘肅安西州北。布隆吉爾河，又名疏勒河、蘇賴河等。

④ 雙井堡，位於清甘肅省肅州高臺縣。

⑤ 《清聖祖實錄》卷七三，康熙十七年五月甲子（1678 年 7 月 13 日）條，第 945—946 頁。

⑥ 對此，齊光認為是和啰理為至青海而由雙井侵入清朝邊境。參見齊光《大清帝國時期蒙古的政治與社會——以阿拉善和碩特部研究為中心》，第 69 頁。

⑦ 祁韻士撰，張穆改定《清朝藩部要略稿本》卷九《厄魯特要略一》，包文漢整理，黑龍江教育出版社，1997，第 133 頁。

情，不便懸擬。應存案，俟發覺定議。”①

　　據此可知，烏拉特鎮國公諾門向清朝奏報賊寇數百人殺掠人畜。清朝方面派員初步調查懷疑是濟農等所為，但又沒有確切的證據。康熙皇帝令附近的蒙古旗不時防備。同年，又發生巴圖爾額爾克濟農的弟弟土謝圖羅卜藏等劫掠寧夏、茂明安及鄂爾多斯諸部的事件。②康熙十八年三月，喀爾喀畢馬拉吉里第臺吉奏報額爾德尼和碩齊兩次劫掠其屬民而不還，因而遣人偽裝成逃人至額濟納河處，遇到被劫的烏拉特屬人之事。③可知額爾德尼和碩齊亦劫掠了喀爾喀屬民。

　　（一）清朝與青海和碩特部的交涉

　　和囉理等人與青海和碩特部系出同源，故清廷於四月令青海達賴巴圖爾臺吉等察詢劫掠烏拉特事。墨爾根臺吉對理藩院言：“我臺吉聞額爾德尼和碩齊等掠取吳喇忒諸臺吉妻子，因令人謂之曰：‘汝妄行搶擄臺吉妻子，以供驅使，殊為非理。’遂索取巴達里臺吉之子納木及納木之妹送至吳喇忒旗下，諾門公不敢擅受，特撥人一同送部。”④清朝從納木口中知曉劫掠烏拉特的賊人為額爾德尼和碩齊等人，和囉理並未與後者同行。⑤隨後康熙差遣理藩院郎中額爾塞、員外郎巴拉齋等往諭達賴巴圖爾臺吉、墨爾根臺吉。諭中提到“爾達賴巴圖爾臺吉、墨爾根臺吉其將汝屬下額爾德尼和碩齊等照汝例嚴加治罪，所掠人畜什物照數察還”。⑥清廷將額爾德尼和碩齊視為青海達賴巴圖爾臺吉屬下，是因為其當時對衛拉特內部的關係缺乏足夠瞭解所致。⑦康熙十八年十月，從青海歸來的郎中額爾塞等帶回達賴巴圖爾臺吉的答復稱“額爾德尼和碩齊及滾布等，原係噶爾丹之叔楚呼爾吳巴什屬下之人。今與野獸同群、遠徙遊牧，我等不便查議。毛濟喇克臺吉久居此地，巴圖爾濟農歲向曾奏請皇上，由內地來至我處，皆無劫掠吳喇忒之事”⑧。由此，青海臺吉暫時撇清與劫掠事件的關係。

　　（二）清朝與和囉理的交涉

　　清朝在訊問青海臺吉的同時，又遣官員到和囉理處訊問劫掠烏拉特者究竟是何人。《清聖祖實錄》康熙十八年五月己未（1679 年 6 月 3 日）記載：

---

①　《清聖祖實錄》卷七三，康熙十七年四月甲午（1678 年 6 月 13 日）條，第 939 頁。

②　祁韻士撰，張穆改定《清朝藩部要略稿本》卷九《厄魯特要略一》，第 134 頁。

③　溫達等：《親征平定朔漠方略》卷一，西藏社會科學院西藏學漢文文獻編輯室編輯，中國藏學出版社，1994，第 48 頁。

④　溫達等：《親征平定朔漠方略》卷一，第 49 頁。

⑤　參見《清內閣蒙古堂檔》第 2 冊，第 91 頁。

⑥　溫達等：《親征平定朔漠方略》卷一，第 49 頁。蒙古文諭旨參見《清內閣蒙古堂檔》第 2 冊，第 90—93 頁。

⑦　參見齊光《大清帝國時期蒙古的政治與社會——以阿拉善和碩特部研究為中心》，第 69 頁。

⑧　溫達等：《親征平定朔漠方略》卷一，第 52—53 頁。

涼州提督孫思克疏言，厄魯特巴圖爾濟農遣人來見臣云，我臺吉率眾部落駐肅州邊外，有表恭請聖安，懇乞代奏。臣謹以原文奏覽，部議以濟農等不往伊叔兄處，仍在近邊遊牧，殊屬不合，所奏應無庸議。得旨，拉篤祜現在甘肅地方，著率領張勇、孫思克標下賢能官員通事，親赴巴圖爾濟農所，詳細察訊，殺掠吳喇忒者實係何人，據實奏聞。其畢馬拉吉里第臺吉、墨爾根臺吉所報之文，並發拉篤祜知之。①

孫思克提到的巴圖爾濟農恭請聖安的表文收錄於《清內閣蒙古堂檔》中。②清廷仍在懷疑巴圖爾額爾克濟是否參與劫掠，並且對和啰理與額爾德尼和碩齊之間的關係缺乏瞭解。所以，將之前喀爾喀其畢馬拉吉里第臺吉、青海墨爾根臺吉所報之文發給拉篤祜，以便驗證先前所得消息的真假。兵部督捕理事官拉篤祜康熙十九年二月奏報察訊之言。巴圖爾額爾克濟農對其稱："我蒙聖恩許我由水泉過邊，往見我兄。我乃擅在大草灘遊牧，方以不免罪戾是懼，敢劫掠吳喇忒乎。前額爾德尼和碩齊與我同來，甫六日即去。聞其率兵四百往劫。今尚在土謝圖汗之地遊牧。我試遣人追其所劫人畜以報。"拉篤祜在嘉峪關待四個月後再至濟農處遣使召額爾德尼和碩齊，終於得到後者回復："我等為噶爾丹所敗，拋棄妻子，挈楚呼爾吳巴什之孫憨都臺吉來奔，饑不能自存。遊行捕獵，至吳喇忒之地，殺奪人畜是實，此事濟農等皆不知。所掠人口除送到之外，餘者已他售矣，實無力償補，因叩頭祈免死。"而濟農又向其弟查取劫掠鄂爾多斯等地的馬匹120匹交給拉篤祜一並上奏。因巴圖爾濟農並未參與行動，所以康熙皇帝並未怪罪。③清朝得到當事人的消息，所以對劫掠人畜事件的原委已經明晰。康熙二十年五月和啰理奏曰：

（滿文）Enduringge ejen i umuhun i genggiyen de wesimburengge, Boobai beye duin tib i dulimbade sumer alin i gese akdun ofi, doro šajin elhe taifin i bidere, de ūlet i bade amba efujen i erin i ojoro jakade, omihon de hamirakū jifi, banjirengge mangga oho be dahame, ejen i baru fudasihūn gūnin akū bime, emu udu ulga gamaha be aliyame toodare jalinde, encu niyalmai durifi, gamaha urat i gūsin niyalma, ning hiya hoton i emu tanggū orin morin, soko

① 《清聖祖實錄》卷八一，康熙十八年五月己未（1679 年 6 月 3 日）條，第 1036 頁。

② 節錄如下："Engke amuyulang-tu qayan-u gegen-e bičig bariba. ……tör čay samayu boluyad. Erke yeke-tu sečen qayan-u törü ebderegsen hoyina, ene bügüde aqa degügen sanayad ülesün umdayasji irebe bi. Eldeb aliba jüil-iyer yeke baya-bar qayiralaji örüsiyeküi-yi ejen boyda gegen-e degen ayiladji bolumula. Ayiladqal sabaya ügei bolbaču, ali jüb boluysan-u setün sedkiged, tegün-ü , ayiladtuyai gegen degen boyda ejen man-u egün-i, erke bayatur jinong ejen boyda-yin gegen-e bičig yabuyulbai." 譯文：呈文於康熙皇帝。……時局紊亂，權勢廣大的徹辰汗（徹辰汗，即指鄂齊爾圖汗）之政敗壞後，我念此眾兄弟，飢渴而來。奏請聖主、葛根能否以各類物資多少憐賜之，所奏無甚，思何為真確將其奏於聖主。為此巴圖爾額爾克濟農農致文聖主睿覽。《康熙十八年厄魯特巴圖爾額爾克濟農農奏本》，《清內閣蒙古堂檔》第 2 冊，第 100—102 頁。

③ 溫達等：《親征平定朔漠方略》卷二，第 55 頁。

hoton i juwan uksin be mudere teile acaburi jafaha bihe. Hese gituken i wasimbuhakū ofi, ere jalin i joboro soilara be enduringge ejen genggiyen de dosireo. Bithe wesimbure doroi juwan morin ,emu wesingge miyoocan juwe, dasahari emge. Sunja biyai sain ineggi wesimbuhe.[①]

（譯文）聖主明鑒，寶體居四洲之中如須彌山之固，仰思儀範定得休和，厄魯特時值大壞，不能存活，特來歸命，原無違悖聖主之心，祇以竊取牲畜深自悔罪，思欲賠償，因已將他人所掠烏拉特三十人、寧夏城一百二十匹馬、soko 城十個披甲竭力湊納。因未明降諭旨，將此輩之憂苦進奏聖主。奏表禮，馬十四、一柄鳥槍二支、黑鷹一隻。五月吉日奏。

這裏提到的烏拉特 30 人或為上一年額爾德尼和碩齊說的未售所掠人口；120 匹馬即之前和啰理向拉篤祜所交納的馬匹。因未降諭旨，和啰理此次又親自向康熙皇帝遣使朝貢，替其弟等人請罪。在得到上諭，與達賴巴圖爾聯繫後，和啰理於康熙二十一年再次具奏請罪：

（蒙古文）degedü boɣda ejen–ü gegen–e ergübe.……sabiya ügei kümün erdeni qosiɣuči–yin idegsen kümün ba quyaɣ terigüten–i qan ejen–i gegen–e kürgegüle barama kemen nigüleskü bolbuu geji qayiratu amin–iyan ükül–ece arɣalaqu metu abču ürgügsen bölüge. qariɣu jarliɣ todurqai ese ireged dalai küng tayiji–dü bičig kürge kemegsen–dü, tngri metu degedü ejen–i jarliɣ baɣuɣsan–i deb deger–e aqa yeke dalai küng tayiji–dü kürgelüge bide. Tere qariɣu ödter iretügeyin–i kemen sanan baitala udaji irebe. Tegün–i iremegče, degedü ejen–i gegen–e ayiladqaɣ–a ilegebe bi. Aqalaɣči dalai küng tayijiin man–du ilegegsen inu, aliya–bar yabuɣsan **bükün**[②] kiged, ordus–un aduɣu bütügekü bičig ireji kemegsen–dü, aldarsiɣsan degedü ejen–i jarliɣ–ača ɣarqu berke kemen sanaba–ču, aduɣu abuɣsan ulus–un em–e üren beye–eče übere yaɣuma ügeil tula, erten–eče beye lüge minu ilɣal ügei metu üsugsen. Ene joban mengdenikü üile–dü minu següder metu boluɣsan, ecike eke–eče inaɣsi qayiratu sayid–iyan ɣaɣča qoyar mal–ača erke ügei yadan čidan jaɣun morin bulɣan kürgebe bi. erdeni qosiɣuči luɣa qamtu yabuɣsan bükün ejen–i jarliɣ baɣuɣsan–i sonusuɣad jiliyiji odji. Erke ügei biriji ügsü geji olji yadaba bi. ejen–i jüg–tü boruɣu sanaɣsan kümün–i tula qudal ayiladqaqu minu ügei. Eneril nigülesügči degedü ejen–i gegen ayilad–un. Egünče qoyitu sayin jüb boruɣu yabudal–i mini jurɣan–i sayid ilɣaji. Ene boruɣu ene jüb kemen

---

① 《清內閣蒙古堂檔》第 2 冊，滿文，第 331—333 頁。"soko" 不知何地。按，《朔漠方略》中並沒有提到具體的數額，祇說 "將他人所掠吳喇忒人口、寧夏馬匹竭力湊納"。（見《親征平定朔漠方略》卷三，第 55—56 頁）

② 按，此處之 bükün 一詞，據文意及下一篇達賴巴圖爾臺吉奏文可知為人名，滿文本也直接將其音譯，可作旁證。齊光在書中僅引此句話而譯為 "全部"，當誤。參見其專著第 73 頁。

todurqai jarliɣ ireküle, ebderegsen törüben oluɣsan metü bayasqulang-tu bolqu bölüge bi. Degjiküi sar-a-yin boyan-tu edür ergübe.①

（譯文）厄魯特巴圖爾額爾克濟農奏文呈聖主睿鑒。……將額爾德尼和碩齊所掠無關人口及甲兵送至汗主前，或憐我單弱，故將可貴的生命脫免於死一般取之上納。諭旨未明白降至，命寄文達賴洪臺吉時，我等將齊天主上所降諭旨送至高高在上的兄長大達賴洪臺吉。思其回復迅速，不意遲來。收到回信後立即遣奏主上。居長者達賴洪臺吉傳我之言曰，妄行之布坤及償還鄂爾多斯馬匹之文已至。雖思難逃聞名的主上之諭旨，因劫掠馬匹之人除妻、子別無他物，原先與我無異一同成長，在此憂苦之際，似我之影。自父母以來之屬臣僅有的一二頭牲畜中得馬百匹竭力捐輸。與額爾德尼和碩齊同行之布坤，聞主降旨後逃走。盡力緝拿而未得。向主請罪之人，並無虛言。仁慈的聖主睿鑒，自此以後將我之好壞是非，命部院大臣處置，若為此是此非明白降旨，如得修困敗之政一般欣喜。旺月福日呈。

和囉理向清朝說明那些從事劫掠之人極度貧困、生計困厄，意在懇請清朝寬宥。和囉理竭力輸納額爾德尼和碩齊等所掠人口及其弟所掠鄂爾多斯馬匹，但未能捉拿聞旨逃脫之布坤。達賴巴圖爾臺吉此前雖然向清廷撇清關係，但其後來仍然因諭令而參與此事。康熙二十一年八月，與濟農奏文一同送至的達賴巴圖爾臺吉奏文稱：

（蒙古文）Mongɣol-un jurɣan-du ögbe. Endece qariɣu udaɣsan-i učir, qaɣtu boruɣu yabuɣsan-i tula, čaɣaji-yin yosuɣar qaɣtui-yi ügčü ilegensen bölüge. Tende kürül ügei jam-du ükügsen-i tula, odugsan elči jaɣura-ača qariju iregsen bölüge. Urida bükün-i siltaɣalaju ese öggüüsen bosu. Bükün erdeni qosiɣuči luɣa qamtu bayiɣsan, baɣatur erke jinong-du neyilegülüged bükün-i ilegeye geji baitala, baɣatur erke jinung bükün kiged ordus-ača abuɣsan aduɣun-i učir-i qaɣan-i gegen-dü jöb-iyen ayiladqani bi kemegsen-i tula, bide-ču qariɣu ese ilegegsen bölüge. Edüge ene elči-ber qaɣtu-yin köbegün kiged bükün-i, ordus-un aduɣun luɣa saltas-i čaɣaji-yin yosuɣar ögčü ilege lüge. erdeni qosiɣuči-yin otuɣ-i qoriyaju abuɣdun kemegsen-i učir, erdeni qosiɣuči biden-dü sabiya ügei kemen tan-u elči-dür učir-i ügulegsen bölüge. baɣatur erke jinong-yin nutuɣ-un učir tan-u tusimed lüge jubleldüjü,nige üye tende bayiɣsan ajuɣu. Biden-dür öbere sanaqu yabudal boi kemegci tere yambar yabudal boi kemen usun noqai jil-un dütüger sara-yin sine-dü köke

---

① 《清內閣蒙古堂檔》第 3 冊，蒙古文，第 129—132 頁；滿文，第 320—324 頁。

naγur–ača bicibei.①

（譯文）致理藩院。從該處遲復之故，因哈克圖行有過錯，依律交出哈克圖遣送。因未到彼處，（哈克圖）途中亡故，所赴之使，自途中返回。先前並非推托未交布坤，布坤與額爾德尼和碩齊曾在一處，欲歸集於巴圖爾額爾克濟農處遣送布坤時，因巴圖爾額爾克濟農云，將布坤和劫掠鄂爾多斯馬匹事奏於皇上請罪等語，故我處未復信。今已令此使者將哈克圖之子及布坤，連同鄂爾多斯馬匹一並依律遣送。因言之令收回額爾德尼和碩齊之鄂托克，告稱貴使臣額爾德尼和碩齊與我等無關。因巴圖爾額爾克濟農遊牧地事與貴屬一同於彼處商議一陣。我等另有顧慮者其係何事等語，於水狗年四月初寫於青海。

這篇奏文裏達賴巴圖爾言及，其試圖將額爾德尼和碩齊之同伴執拿遣送之經過，最終將布坤等與濟農弟所掠鄂爾多斯馬匹一並遣送。文中所言“令收回額爾德尼和碩齊之鄂托克”一語顯然是清朝使臣的話，達賴巴圖爾仍言額爾德尼和碩齊與其無關。而且這裏又提及與清官員商議和囉理的遊牧地。由此可知，這時清朝方面已經開始考慮和囉理等人的遊牧地問題。與此同時，濟農又請求在寧夏貿易，清廷以向無在寧夏貿易之例而不准。康熙鑒於和囉理“陳其苦情，諄諄奏請”，令其追償劫掠鄂爾多斯馬匹外，遣拉篤祜曉諭寬免議處，日後不得違法妄行生事。② 但是康熙的諭旨並沒有提及額爾德尼和碩齊等人之事，衹寬宥了和囉理。

（三）憨都臺吉等向清朝請罪納貢始末

或許是由於清朝寬宥了和囉理，憨都臺吉及其屬人額爾德尼和碩齊於康熙二十三年分別向清朝進貢請罪。《清內閣蒙古堂檔》第 4 冊收錄了二人呈給清朝的奏文。

1. 憨都臺吉奏文

Qandu tayijiyin ayiladqaqui bičig

Delekei dekin–i ejen degedü amuγulang qaγan–i gegen–e, čükegür ubasiyin kübegün bandi, bandi–yin kübegün qandu tayiji bičig–iyer ayiladqaba. Ayiladqaγsan–i učir, dörben oyirad čaγ–un ebderel bolqui–du, γaldan bošuγ–tu abaγ–a–ban öbegei–ki mini čükegür ubasi–yi barin, üy–e–ben ečike–yi mini bandi–yi ügei bolγaγsan qoyin–a, uriduyin irügel–ün küčün–iyer teyimi üile–dü učaral–ügei arban γurban nasutai–ki öbüge ečige qoyar–i mini sanaγsan sayid abun dutaγaji. Bide uirad ulus–un abural ene qoitu qoyar–tu, dalai blam–a–ača über–e ügei geji abči irelei. Iregsen qoin–a, degedü dalai blam–a–yin

---

① 《清內閣蒙古堂檔》第 3 冊，蒙古文，第 127—128 頁；滿文，第 325—327 頁。

② 溫達等：《親征平定朔漠方略》卷二，第 64—65 頁。

jarliγ-iyar ejin-a、taulai geγči γajar-tu, ejen qaγan-i jaq-a ulus luγa qamtu saγunai bi. Erdeni qosiγuči kejiyenei mini öbüge ečige-yin mini sayid nada-ača urid julji ireged tende baiji, mini bey-e baγa bolba-ču erten-eče mini qariy-a-tu kümün mün-i tula namayi asaran bayinai. Mini erdeni qosuči-du kelegsen üge, eyimi šoγ sirügün bayiqučin-i buruγu. či bide qoyar ireküidegen bi ečige ebüge qoyar-eče γaγčaji, či qayilaraγsan ejen-eče γaγčaji, qoljuuqai botadu qoorγulaqu metu dutaγaji ireged qamuγ-un ejen degedü qaγan-i nutuγ-un qabirγ-a-du qorγulji ülü saγunu bide. Urida kigsen üilejil-i degedü qaγan ayiladqai. Qoitu kikü boruγuban amin-daγan kürtele kejiy-e geji kelebe bi. Namayi ejen balai geji, degedü qaγan bügüde-yin tngri geji sanadaγ bolqula, qoituban kičiyen uriduban gemsikü bai-y-a geji sanaji, tegün-i üge abugad, degedü qaγan- gegen-e ayiladqaba bi. Ayiladqal qoγusun bosuyin tedüi-dü yisün mori degjiküi edür-tü ürgübe.[①]

（譯文）世界之主、康熙皇帝御前，楚琥爾烏巴什子班第、班第子憨都臺吉奏文。所奏事，四衛拉特運衰之際，噶爾丹博碩克圖拘捕其叔即我的祖父楚琥爾烏巴什，殺其同輩兄弟即我的父親班第後，因托先輩之福運未遭遇那等不幸，十三歲時，愛戴祖、父之臣攜我逃出。我們衛拉特人的護佑，今、後二時，除達賴喇嘛之外無他。遵達賴喇嘛之諭，在額濟納、託賴[②]之地，與皇上邊民同居。額爾德尼和碩齊昔我祖、父之臣，已比我先逃到那裏。我雖年幼，因其原本是我屬人，故一直照管我。我對額爾德尼和碩齊所言曰"如此妄行劫掠者，過也。我們二人來時，我與父祖二人分離，爾與護主分離，如雀逃進蓬蒿裏一般逃來[③]，於天下之主皇上邊境避居。向主上奏報爾前犯罪行，日後犯罪以命定奪"等語。思主上或覺我眼盲，皇上乃衆之天，思應日後謹慎，悔先前所行，取其悔言，奏於皇上聖明之前。未免空奏，馬九匹旺日呈貢。

### 2. 額爾德尼和碩齊奏文

Erdeni qosiγočiin ayidadqaqu bičig

Ariluγsan oγtarγuiin čimeg naran saran. Aγuu dörben tib-ün čimeg jibqulang-tu sümer aγula, amitan bükün-i asaran dedkün örüsiyegči boγda amuγualang qaγan-i gegen-e, qaraču kümün-i kübegün erdeni qosiγuči bičig-iyer ayiladqaba. Ayiladqaγsan-i učir, tngri metü degetu ejen-i gegen-e boruγu kegsen üiles-iyen ayiladqanam bi. qan ejen-i qas yehe

---

① 《康熙二十三年十月二十二日憨都臺吉奏文》，《清内閣蒙古堂檔》第 4 冊，蒙古文，第 52—56 頁；滿文，第 162—167 頁。

② 河名，又譯作滔賴、討來等，北向流與額濟納河匯流注入居延海。

③ 這一諺語有非常久遠的歷史，在《元朝秘史》等多種文獻中均出現過。參見劉迎勝《〈元朝秘史〉中兩則諺語與相關史料的可靠性問題》，《民族研究》2015 年第 5 期。

törüdü gem kikü sanaɣan mini ügei, ɣaiqamsiɣ yehe šajin-du gem kikü sanaɣan mini ügei bayitala, qara amiban ɣarɣaji üküküi-degen, eng jaq-a ügei. Ejen-i albatu-ača, ergüü ülü medeküi-degen qulaɣai kilei bi. Ečüstü boruɣu bolqu kemen sanaba-ču, erke ügei ɣarɣaji üküküi-degen öber-ün amiban qayiralaji qulaɣai kigsen učir mini eyimi balai. Mongɣaniɣsan učir mini, ɣaldan bošuɣtu abaɣa üy-e qoyar-iyan noyan-i mini nigeyin barin nigeyin-i ügei bolɣansan qoin-a, erten-eče inaɣsi törülčel-i ese bilü. ene yabuqu üiledüčel-i alaɣdaqu bariɣdaqu yamar gem kibe. Ečige ebuge-eče inaɣsi uɣ-tai said-čin-i bilei bi. Gem-ügei törül-iyen alaqu bariqu üilečel-i mini tulada bai-y-a. ejen-iyen ügei bolɣuɣad, čimayi yaɣaji taɣaji yabum bi geji sanaɣad, jaq-a nutokiyin-i dobduluɣad julji iregsen učir mini tere balai. Edüge edür süni ügei sanaba-ču bi tngri-eče qamiɣa buruɣulam. Ejen mini qandu, degedü qaɣan-i gegen-e učir-iyan ayiladqan amuɣulang erinei. Ergüü aliy-a-bar kigsen boruɣuban qamiɣ-a odči arilɣam geji ejen qaɣan- gegen-e ayuqui sedkil-iyer ayiladqaba bi. Ayiladqal qoɣusun bosuyil tedüi-dü tabun mori denjiküi edür-tü ergübe.[①]

（譯文）晴朗天空之裝飾日月也。浩渺四洲之裝飾巍峨須彌山也。護佑一切生靈之慈悲者康熙皇帝御前，白身人之子額爾德尼和碩齊奏文。所奏事，向如天一般主上悔奏所行過錯。並無壞汗主之如玉大政之心，並無為惡祥瑞大教之心，唯瀕危欲死之際，不著邊際、愚昧無知遂劫掠主之屬民。終雖思犯錯，瀕死時不由自主愛惜自己的生命，進行劫掠之事由如此也。我所慌亂者，噶爾丹博碩克圖將其叔父、其同輩之二諾顏，執拿一位、消滅一位後，自古以來非親人耶，此行之被殺被執竟做何孽。父祖以來為世臣矣，殺執無過親族之事想必因我之故吧。消滅我主，思又當如何從他，襲擊其邊境逃來之故此也。今日夜思維，無所逃於天壞。我主憨都，於主上聖明前奏事請安。將愚蠢疏狂所行之過錯去何處消除等語於皇上聖明前惶恐具奏。未免空奏，馬五匹興旺日呈貢。

憨都臺吉是準噶爾部楚琥爾烏巴什長子巴噶班第之子。康熙十五年，憨都的祖父楚琥爾烏巴什被侄子噶爾丹拘禁，其父巴噶班第被噶爾丹殺害。而憨都家族的屬人額爾德尼和碩齊襲擊噶爾丹領地的邊境，攜十三歲的憨都逃出。他們將達賴喇嘛視作依靠，又遵照達賴喇嘛的意見居於額濟納、託賴（討來河）之地。由此亦可見五世達賴喇嘛在衛拉特人中影響之大。據憨都言，額爾德尼和碩齊比他先一步逃到額濟納等地。憨都在向額爾德尼和碩齊所說的話中引用了古老的諺語，將他們二人比喻成如雀兒逃進蓬蒿裏一般避居清朝邊境。如前所述，額爾德尼和碩齊自康熙十七年先後劫掠烏拉特、喀爾喀人畜等，此後數年內清廷採取一

---

① 《康熙二十三年十月二十日額爾德尼和碩齊奏文》，《清內閣蒙古堂檔》第 4 冊，蒙古文，第 49—52 頁；滿文，第 167—172 頁。

系列措施仍未能將其執拿。直到 1684 年，額爾德尼和碩齊與其少主纏一同向清廷悔罪，並進獻 14 匹馬。清朝方面做出的反應是："巴圖爾額爾克濟農劫掠鄂爾多斯之事，已經寬免，則憨都臺吉屬下額爾德尼和碩齊亦應一體宥赦，所貢准其上納。"[①] 劫掠人畜事件至此以清朝的寬宥而結束。然而，憨都臺吉、額爾德尼和碩齊及和㖫理等人的歸屬問題仍然懸而未決。對於清朝來說，解決包括和㖫理在內的入居西套地帶的厄魯特人眾的歸屬問題是涉及邊境安全的重要問題。

### （四）羅卜藏滾布阿拉布坦與清朝的交涉

羅卜藏滾布阿拉布坦的部眾是形成阿拉善厄魯特部的另一支來源。根據《秦邊紀略》的記載，其部眾有 4700 餘人。[②] 康熙二十一年六月，厄魯特噶爾丹巴臺吉之子鄂齊爾圖汗之孫羅卜藏滾布阿拉布坦遵照達賴喇嘛意見向清朝疏稱，"自我祖輩始，即行獻物納貢，其間適逢變亂，故至達賴喇嘛處居住，已有數年未能向皇帝陛下請安進貢。茲較安定，經稟告達賴喇嘛，告稱，可率爾祖輩所部人眾在阿喇克一帶擇地而居"[③]，同時進貢 39 匹馬。清廷令拉篤祜查明龍頭山之情形，其覆奏曰：

> 蒙古稱龍頭山，謂之阿喇克鄂拉，乃甘州城北東大山之脈絡，綿衍邊境，山之觀音山口，即邊關也。距甘州城三十里，距山丹城三里。其夏口城，距山口而建。自夏口城至溝川堡，相去五里。山盡為寧遠堡，此堡在邊外龍頭山。與寧遠堡相去里許，其間有長寧湖界之，蒙古所謂鄂爾通也。寧遠堡，有內地人民種植輸賦，沿湖有兵民牧養。今諸蒙古，俱於龍頭山北遊牧。羅卜藏滾布之意，欲佔長寧湖耳。[④]

羅卜藏滾布阿拉布坦回顧了其祖輩鄂齊爾圖汗時期即對清朝獻物納貢的舊例。"其間適逢變亂"即指其祖鄂齊爾圖汗敗於噶爾丹之事，此後他率領部眾投靠達賴喇嘛。此刻，遵照達賴喇嘛之言欲至龍頭山一帶駐牧。此龍頭山即今甘肅省山丹縣境內的龍首山。"今諸蒙古，俱於龍頭山北遊牧"所指當是憨都、額爾德尼和碩齊等居於山北一帶。清廷以"邊汛要地，似不宜令不諳法紀之蒙古居住"為由拒絕了羅卜藏滾布的請求。後者一直駐牧於嘉峪關邊外

---

① 《清聖祖實錄》卷一一七，康熙二十三年十一月甲子（1684 年 12 月 8 日）條，第 227—228 頁。
② 梁份：《秦邊紀略》，第 406 頁。此處確定其屬眾，進而推算人數，參考了達力扎布教授的考證，參見達力扎布《有關阿拉善旗旗名來歷》，《中國邊疆民族研究》第 5 輯，第 127—128 頁。
③ 羅卜藏滾布奏文亦收錄於《清內閣蒙古堂檔》第 3 冊，蒙古文，第 12—13 頁；滿文，第 179—180 頁。此譯文據李鵬年、陳鏘儀主編《清初五世達賴喇嘛檔案史料選編》，中國藏學出版社，2000，第 94 頁。
④ 《清聖祖實錄》卷一○四，康熙二十一年八月乙酉（1682 年 9 月 11 日）條，第 50—51 頁。

的布隆吉爾地帶，①近於青海和碩特部左翼的勢力範圍。

　　康熙二十二年，羅卜藏滾布阿拉布坦與喀爾喀土謝圖汗聯姻，娶土謝圖汗察琿多爾濟之女。其實，喀爾喀土謝圖汗部與和碩特部淵源已久。鄂齊爾圖汗之妻多爾濟喇布坦與喀爾喀莫爾根汗額列克（即察琿多爾濟的祖父）之妻是姐妹關係。在噶爾丹攻打鄂齊爾圖汗時，土謝圖汗就試圖進行援助。②此次聯姻對清廷關於時局的判斷產生了重大影響。康熙皇帝認為從此羅卜藏滾布阿拉布坦、和囉理與喀爾喀互為掎角，噶爾丹不敢貿然侵犯。③康熙將羅卜藏滾布阿拉布坦與和囉理並舉，實則深諳此二人皆與噶爾丹為敵，同時二人又有較近的親緣關係。但是我們也要清楚，清朝此時的主要策略還是希望與準噶爾商定解決這些人的歸屬問題。清朝與準噶爾之間往來文書中，沒有具體提到羅卜藏滾布阿拉布坦之名，其原因大概是由於此人並沒有侵擾邊境的行為。但是羅卜藏滾布同樣是從天山北麓逃到布隆吉爾一帶的，如果噶爾丹將其視作屬人，進而像額爾德尼和碩齊、和囉理等一樣想要將之遣回的話，清朝似無拒絕之理。康熙二十三年羅卜藏滾布臺吉向清廷進貢請安。奏文曰：

　　（滿文）Ejen-i genggiyen de elhe be baime wesimburengge,neneme jaisang ombu be unggi-hede, dergi hesei, kesi isibume hacingga bocoi suye tofohon,duin saksu cai be suwaliyame šangnara jakade, ambula urgunjehe.te bicibe jaisang gelung be takūrafi, elhe baime wesimbuhe, belek mogai keire morin be turulafi, sunja uyun akta morin be jafaha.④

　　（譯文）向主之聖明具奏請安，先前遣寨桑歐木布時，上諭施恩一並賞賜彩色綢緞十五匹、茶四簍時，非常欣喜。今則遣寨桑格隆具奏請安，上貢禮物蛇紋棗騮馬為首之騙馬五十九匹。

　　此奏文僅言清朝回賜禮物及上貢請安之事。不過很顯然，奏文提及兩次上貢，說明羅卜藏滾布阿拉布坦對清朝之前拒絕其駐牧龍首山之事並無異言。一個重要原因大概就是與喀爾喀土謝圖汗聯姻結成同盟關係，從而緩解了噶爾丹來襲的壓力。康熙二十四年，清廷開始與

---

①　《清聖祖實錄》卷一一一，康熙二十二年七月甲申（1683年9月5日）條記載的康熙上諭說："達賴喇嘛令袞布喇卜坦（即羅卜藏滾布阿拉布坦）居住阿喇克山，自此遂居彼地。"（第130—131頁）齊光據此認為清朝因為羅卜藏滾布阿拉布坦與喀爾喀聯姻，所以容忍了其居於此地的現實（齊光前引書，第76—77頁）。實際上羅卜藏滾布阿拉布坦遵循了清朝的禁令，直到康熙二十八年去世，都並未移居到阿喇克山。參見達力扎布《有關阿拉善旗旗名來歷》，《中國邊疆民族研究》第5輯，第130頁。

②　關於土謝圖汗與阿拉善的關係，可參見金成修《十七世紀末蒙藏政局與阿拉善和碩特》，《明清人口婚姻家族史論》，第65—82頁。

③　金成修《十七世紀末蒙藏政局與阿拉善和碩特》，《明清人口婚姻家族史論》，第73—76頁；齊光前引書，第76—77頁。

④　《清內閣蒙古堂檔》第4冊，托忒文，第20頁；滿文，第123—124頁。

達賴喇嘛商議，試圖將羅卜藏滾布阿拉布坦遷至賀蘭山與和囉理同牧。

### 三　清準交涉與和囉理尋求歸附清朝

先行研究對清準雙方關於西套問題的交涉所論較多，[①] 在此筆者主要考察和囉理等人在清準交涉背景下尋求歸附清朝的過程。康熙十八年九月，噶爾丹以稱 "博碩克圖汗" 號而遣使朝貢清廷，並且得到承認。[②] 青海達賴巴圖爾臺吉回復清廷額爾德尼和碩齊等來歷的消息後，康熙皇帝立即著理藩院檄噶爾丹 "將厄爾德尼和碩齊等即行收捕，照伊例治罪，勿使妄行劫掠，並將從前所掠吳喇忒人畜察還。如不能收捕，仍在沿邊生事，當另行裁度"[③]。並將檄文發準噶爾來使，令噶爾丹速復。康熙十八年，噶爾丹正在從事征服回疆之事，無暇顧及此事。清朝也忙於平定三藩之亂，無法投入過多精力經營此事。此後數年，清朝未得到噶爾丹的回復，此事也逐漸從劫掠人畜事件演變成西套部落的歸屬問題。

平定三藩之亂後，康熙二十一年清廷對噶爾丹降諭，言準噶爾多年來誠心朝貢，因此進行賞賜，並宣揚朝廷不分內外、一體仁愛的理念。[④] 而在賞賜之外，清朝又向使臣交代與噶爾丹商議處置額爾德尼和碩齊、巴圖爾額爾克濟農的事宜。七月五日（公曆 8 月 7 日），將赴準噶爾的內大臣齊塔特等奏文請旨：

（滿文）Elhe taifin i orin emuci aniya, nadan biyai ice sunja de, dorgi amban hitat、uju jergi tabunang ocir、uju jergi hiya gioroi sunk'u、uju jergi hiya ananda、aisilakū hafan enggesen sei wesimbuhengge, erdeni hošoci,baturu erke jinong sei baita be membe gisure sehebi. Adarame gisurere babe tacibure hese be baime wesimbuhede, hese labdu gisurere ba akū. g'aldan ini harangga oci, uthai inenggi bilefi hūdun gamakini. Aikabade ceningge waka, be gamame muterakū seci, musede encu bodoro ba bi seme hendu sehe.……[⑤]

（譯文）康熙二十一年七月初五，內大臣奇塔特、頭等塔布囊鄂齊爾、頭等侍衛覺羅孫果、頭等侍衛阿南達、員外郎恩格森等奏：我等議額爾德尼和碩齊、巴圖爾額爾克濟農等之事。奏請聖訓如何商議時，奉上諭 "此無庸多議也，如係噶爾丹屬下，即限日收捕，如非彼屬下，不能收捕，我朝另有裁奪" 等語令言之。

---

①　如黑龍《論清朝對西套蒙古問題的解決》，《滿蒙關係史論考》，第 105—115 頁。

②　溫達等：《親征平定朔漠方略》，第 52 頁。

③　溫達等：《親征平定朔漠方略》，第 53 頁；《清聖祖實錄》卷八五，康熙十八年十月壬申（1679 年 11 月 13 日）條，第 1080—1081 頁。

④　《清內閣蒙古堂檔》第 3 冊，第 16—19 頁。同時賞賜的還有喀爾喀衆諾顏。

⑤　《康熙二十一年赴厄魯特噶爾丹博碩克圖汗處內大臣齊塔特等奏文》，《清內閣蒙古堂檔》第 3 冊，滿文，第 286—287 頁；蒙古文，第 111—112 頁。

同日，理藩院向這些使臣發咨文，囑托相關事宜，其文如下：

（滿文）Tulergi golo be dasara jurgan i bithe, ūlet i g'aldan bošoktu han de kesi isibume šangname genere dorgi amban hitat、tabunang ocir sede buhe. Neneme meni jurgan ci g'aldan bošoktu han de, elhe taifin i juwan jagūci aniya ci ebsi, ūlet i cūhur ubasi i harangga erdeni hošoci、baturu erke jinong sei jasei jakareme facuhūn yabuha turgun be getukeleme bithe arafi ceni harangga niyalma oci, hūtun bargiyafi gamakini, aikabade bargiyafi gamaci tuterakū ba bici, ese kemuni jase jakarame facuhūn yabure be dahame, mende encu bodoro babi seme, juwe mudan bithe unggihe bihe. Ere utala aniya, karu bithe benjihekūbi. Jugūnon goro ofi, neneme unggihe bithe isinahakū be inu boljoci ojorakū. Uttu ofi suweni genere litun de geli dasame getukeleme bithe arafi unggihe. Te bicibe baturu erke jinong se kenuni jasei jakarame nukteme yabumbi. Yargiyan i ceni harangga oci, hūdun bargiyafi gamafi, jasei jakarame irgen elheken okini. Ceninggе waka, bargiyafi gamame muterakū ba bici, turgun be tucibume getukeleme bithe arafi unggikini. Mende encu bodoro babi. Neneme g'aldan bošoktu han i elcin jici, bošoktu han i temgetu bici, jase kuka dosimbumbi. temgetu akū oci, jase tuka dosimburakū seme toktobume gisurehe bihe. Te tuwaci, jihe ūlet i elcin de bošoktu han i temgetu bisirengge inu bi. Akūngge inu bi. Da toktobume gisurehe ba umesi getuken be dahame, ereci amasi jitere elcin urunaku bošoktu han i temgatu be gaifi, gajici acara, eici adarame yabubure babe suweni beleni šangname genehe situn de, bošoktu han de getukeleme ulhibume aljafi, kimcime toktobume gisure.[①]

（譯文）理藩院致赴厄魯特噶爾丹博碩克圖汗處施恩賞賜之內大臣奇塔特、塔布囊鄂齊爾等文。先前自我院對噶爾丹博碩克圖汗明白繕文自康熙十八年以來厄魯特楚琥爾烏巴什所屬額爾德尼和碩齊、巴圖爾額爾克濟農等沿邊作亂之事，若為其屬人，速取之，若不能取之，此輩仍將沿邊作亂，我另有想法等因兩次寄文。年久未有回文送至。因路途遙遠，先前所寄文書未到亦不可料定。因此，趁爾等欲赴之際，再行明白繕文咨送。今則，巴圖爾額爾克濟農等仍在邊境遊走。若果真係彼之屬下人，著速收捕離去，使邊民安生。若不是彼屬下，不能收回，寫明緣由寄送。我朝另有裁奪。先前噶爾丹博碩克圖汗使臣來時約定，若有博碩克圖汗之印信得入境內，若無則不得入境內。今看得，所來厄魯特使臣中，有持印信者、無印信者。原先約定既明，自今後欲來之使務必持博碩克圖印信，應當攜來，抑或如何施行之事，爾等赴賞賜禮物之際，明白曉諭博碩克圖汗，詳細定議。

---

① 《康熙二十一年理藩院寄赴厄魯特噶爾丹博碩克圖汗處大臣文》，《清內閣蒙古堂檔》第 3 冊，滿文，第 263—267 頁；蒙古文，第 79—82 頁。

由此可知，清廷仍舊延續康熙十八年的解決策略，讓噶爾丹收捕額爾德尼和碩齊等，當其不能收捕時清朝再做決定。清朝此舉是為避免與噶爾丹直接衝突。其實，清朝方面早就知道了和囉理是鄂齊爾圖汗的屬人，來到清朝邊境也是為了躲避噶爾丹的追擊。此外，這裏又提及先前約定噶爾丹使臣持印信方得入境，而今其使者有未遵守此約定之事，將此與噶爾丹商定解決。康熙二十二年七月，内大臣齊塔特等出使準噶爾歸來，稟告與噶爾丹商議之事。對於額爾德尼和碩齊、和囉理之事，噶爾丹方面的答復是："厄爾德尼和碩齊、巴圖爾額爾克濟農皆我所屬。此二人已歸達賴喇嘛，我當遣人往召之。倘如命而至，我治其罪。若復他遁，則無如彼何也。"在清朝使臣的要求之下，雙方約定"期以丑年四月"為限解決此事。丑年即康熙二十四年。而且噶爾丹還表示，如果額爾德尼和碩齊等在約期内再犯事，任由清朝處置。對於厄魯特使臣無印信入貢之事，噶爾丹答復："我遣使請安進貢，必有印文。至我屬下之人，各處貿易，潛至中國，冒稱我使，亦未可定。自今以後，我若遣使，當用印文開注年月日期。"[1]康熙二十二年九月十五日（1683年10月12日），康熙皇帝因噶爾丹來使人數越來越多，敕諭噶爾丹："爾處所遣貢使，有驗印者，限二百名以内，准入邊關，其餘俱令在張家口、歸化城等處貿易。"[2]

康熙二十二年八月，和囉理駐牧黃河對岸，清廷檄文拉篤祐曉諭退回。[3]康熙二十二年九月初四（1683年10月23日）巴圖爾額爾克濟農因"管轄我兄弟屬民雖易，思其他人等恐不服號令"而奏請清廷賜予"黃冊金印"，並進貢59匹馬，[4]這是濟農首次表達歸附之意。[5]清朝與噶爾丹商議解決和囉理等人歸屬的消息，不久被和囉理等探知。康熙二十三年十月二十二日（1684年11月28日）和囉理上奏清廷的奏文裏主要談及此事。其文曰：

……Üsiye-tü dayisün mini galdan bosuγ-tu mini qariya-tu kemen, oγtarγuiin naran metu degetu ejen-i gegen-e ayiladqaγsan-ača ulamjilan, öber-ün elči mini sonus-un ireged kelegsen qoyin-a, tere üneker üsiye-tü dayisün mini ese bilü. tngri metu degetu ejen-i gegen-e ayiladqaji ülü bayinu. Tngri-eče nadur ilete bošuγ metu jarliγ ese irebüü. Tere namayi absu geji sanabačiki. Bi kičiyen üjesü kemen basa sananam. Galdan bošuγ-tu mini qariya-tu kemen bardam-iyar ayiladqaji. Qada sayitu esigein nidün ulaγan gegci üliger metu, han ejen-i altan kerem-un dergete tüsil bayinam bi. Qas dalai-du ama γaruγsan kümün γoruqan-du unaji gedeg üliger-ber bisü. Onca kelegsen üge-ber ken-i abun čidam, omuγ-un erkeber sumir aγula-yi yakim unaγam, orui-ača törügsen qaγan omuγ-iyar γa-

---

① 以上引號内文字見《清聖祖實錄》卷一一一，康熙二十二年七月戊戌（1683年9月19日）條，第134頁。

② 《清聖祖實錄》卷一一二，康熙二十二年九月癸未（1683年11月3日）條，第151頁。此内容也收錄於《清内閣蒙古堂檔》第3冊，蒙古文，第436—440頁；滿文，第557—563頁。

③ 《清聖祖實錄》卷一一二，康熙二十二年八月戊寅（1683年10月29日）條，第150頁。

④ 《康熙二十二年巴圖爾額爾克濟農奏文》，《清内閣蒙古堂檔》第3冊，蒙古文，第443—446頁；滿文，第566—572頁。

⑤ 黑龍：《論清朝對西套蒙古問題的解決》，《滿蒙關係史論考》，第105—115頁。

jar–tu unaba ese gelü. Olan–i ejen činggis metu kücütü ejen–i altan kerem–i tüsim bayinam bi. Bardam–iyar ayiladqaγsan galdan bošoγtu–ača ayiqu sedkil mini ügei bile. Badarangγui tngri metu degetu ejen–i gegen–eče basγan tüdekü jarliγ baγuγsan–du, bal metu arasiyan kesig–tü kürten. Gegen–e mörgüsü gegsen sedkil mini qojim bolbao geji bayasqu sedkil asita boi bolbaču, eduge yekede γomudaba bi. Aldarsiγsan degetu ejen–i gegen–i üjeji, aliba jakiy–a jarliγ či sonusču iregsen bisü. Aya basa ejen–i amuγulang ayiladqan jakiy–a jarliγ sonusču ir–e geji, acitu darqan g'abaču–yi bey–e–yin tüliyesün bolγaju ilegebe bi. Tngri metu degetu boγda ejen–i gegen, delger oγtargui metu aguu sedkil–iyer demei demei učir–i mini ayiladun baram–a kemen nigülesküle, tegün–eče ülemji bayasqulang nadur qamiγa bolum. Degetu ejen–i amuγulang ailadqaqu–yin beleg–tü γurban yisün mori、yisün temege, engke amuγulang–un naimaduγar sara–yin buyan–tu edür–tü süsülküi–ber ergübe.[①]

　　（譯文）傳仇敵噶爾丹博碩克圖向天空中的太陽般主上奏稱我為其屬人，我之使臣將聽聞見告，他果真乃非我仇敵乎，未奏於如天之主上聖明前乎。天未降明兆般旨意嗎，伊雖想執我，我亦想謹慎對待。噶爾丹博碩克圖奏詆我為其屬。似善攀岩之羊羔眼紅之故事一樣，在汗主之金牆邊我有依靠。有故事云逃脫玉海之人掉在溪流中，執意所說之話能取何人，逞強何能推倒須彌山。或云從上頭所生之汗，因輕狂落地。我有像眾人之主成吉思汗一樣強盛之主的金牆做依憑，並無懼怕詆語的噶爾丹博碩克圖之心。似興盛的天一般主上降下輕忽拖延的諭旨時，承受蜜一般甘露恩典，思欲在聖明前叩拜之心恐遲，喜悅之心雖恒久，但今我甚為悲傷。瞻仰聞名之主上，向來聽從一切旨令。前又遣阿奇圖達爾罕噶布楚代我身去向主請安聆聽聖訓。如天一般聖主，若以廣闊天空般胸懷明鑒我之瑣事，因弱小而矜憐，哪有比其喜悅更甚之事。給主上請安之禮三十九匹馬、九峰駝。於康熙（二十三年）八月福日謹奏。

　　在這篇奏文裏，和囉理運用各種比喻，極力否認其為噶爾丹屬人，表明噶爾丹為其仇敵。和囉理以成吉思汗比喻康熙皇帝之強盛，言其在"汗主之金牆邊我有依靠"，說明其居於清朝邊境就是為了依靠清朝的力量抵禦噶爾丹。同時，和囉理雖對於清朝對其之前請求"黃冊金印"等事的拖延政策及將其推給噶爾丹等表示略微不滿，但又不得不倚重清朝的力量，所以又進貢馬駝繼續恭順聖意。康熙二十四年九月，和囉理再次上奏朝廷。其奏文如下：

　　　　……Ayiladqaγsan–i učir, ülü meteküi–ber boroγu kigsen yabudal–iyen gemsin

---

① 《康熙二十三年十月二十二日巴圖爾額爾克濟農奏文》，《清內閣蒙古堂檔》第 4 冊，蒙古文，第 43—49 頁；滿文，第 152—162 頁。

ayiladqaγsan–du, učir–i mini ayiladun barame kemen nigülesjü, urusqal sayitu gengge müren metü tasurasi ügei jarliγ baγuγsan–du, üligerlesi ügei masi yekede bayasqui sedkil–iyer aldarsiγsan degedü ejen–i gegen–i üjejü jarliγ sonu–un, arasiyan metü joγuγlaqui adis metü kesig–tü kürtesü kemen sanaba–čü, aliba yosu ülü medeküi degen jüb boroγu bolqu bolbuu geji, asaraγči degedü ejen–i gegen–e γaqai jil–dü ayiladqaγsan mini tere bile. Ayiladqaγsan tere qariγukiyin učir inu， aldarsiγsan degedü ejen–i jarliγ baγuγsan. aliba učir ayiladqaγsan barama čini jüb. Altan tamaγa、sira bičig ene jil–dü ese suyurqaγsan učir eyimi boi. Ebderen samaγuran ireged ülü medeküi degen, engke türüber bayiγsan ordus–un adaγu abuγsan iyen, eyimi bile geji učir–iyen ese ayiladqaγsan–dü, ene činu qariya–tu mün boyu kemen, jarliγ γaldan bošoγtu–du baγulγaγsan bülüge. Tngri metü ejen–i jarliγ baγuγsan qariγu–du, tere mini qariya–tu mün geji γaldan bošuγtu ayiladqaba. Teyimi qariγu üker jil–dü kürtele bičig tamaγ–a ese soyorqaba.degetü ejen–ü jarliγγaγčayin tulada tegün–i ügeiyin tüyildükü kürkü, ejen ese qairalaba kemen jobaqu kereg ügei. Engke yeke nutuγ–un jak–a alaša–du byiju, ebderen samaγuranγsan olan ulus–un qulaγai qudal–i jakirču, eduge gem ügei sayiqan bayiγdun kegsen jarliγ baγuba. Qamuγ–un naran metü degedü ejen–i jarliγ sosus–un qarsilaγči γaldan bošuγtu– du mini qariya–tu kemen ayiladqaji ülü bainu. Qan ejen–i gegen–e ayiladqaγsan qoina, irekü bai–y–a geji γaiqamsiγ–tu degedü ejen–e quluγana jil–dü mörgün ese čidaγsan učir mini tere bile. Erketu manjusiriyin qobilγan degedü ejen–i jarliγ–eyer,engke yeke nutuγ–un jaka alaša–du amur bayinai bi. Ene jil–dü ejen–i gegen–e mörgün kesig–tü kürtesü gejü sanalai bi. Ebderel–i ödügči γaldan bošuγ–tu öber jaγuraban ebdereldüji genem. Aliba jirγal jobalang–iyan nigetügsen danjin hung tayiji–yi ideji genem. Aman–i bardam–iyer čerig mordunai bi gekü jirgir–e üge sonusunam. Aldarsiγsan degedü ejen–i gegen–e mini qariya–tu geji ayiladqaji ese bilu. Amtasiγsan tere irekü medege ügei gejü ene jil–dü mörgün ese čidaba bi. Erke–dü qomsim bodisung, dalai blam–a,degedü blam–a mini, esrün tngri metü degedü manjusiriyin qobilγan qa– gan ejen mini ene qoyar–un altan jam müren–i urusqal metü tasural ügei bayiqui čaγ–tu, eduge ene jirγal minu ödür–ün odun metü sanaγdaqui–ača öber–e sedkil ügei nadur. sačalal ügei degedü ejen–i gegen–e barama kemen nigülesjü, sira bičig,altan tamaγa nigülesün örüsiyeküle, samaγu olan ulus–i jakirqu mini kida boluγad, sakiγulsun metü qadaγalaqula, nadur yeke tüsiye aγsanji, ayiladqal–un tüsilge qoγusun bosu–yin tedui. Amuγulang tegusügsen degedü ejen–i kölgen es–e bolbaču qooš–tu bolumu kemen, amin–du unuday γaγča qayirtai moriban ekilen tabun yisun mori alaša–ača yisüdüger sar–a–yin naiman sin–e–dü süsülküi–ber ergübe.[①]

<hr>

① 《康熙二十四年巴圖爾額爾克濟農奏文》，《清內閣蒙古堂檔》第 4 冊，蒙古文，第 329—334 頁。此文和啰理於九月初八自阿拉善陳奏，三個月後，十二月十二日理藩院呈奏康熙皇帝。

（譯文）所奏事，前悔奏無知妄行之事時，明鑒事端覺弱小而憐愛，如水流充沛之恒河（gengge）一般不斷降旨時，雖思以無與倫比非常欣喜之心，瞻仰聞名之主上，聆聽訓諭，如飲甘露，承受靈丹之恩典，因不知禮法，恐生是非，亥年向慈悲的主上所奏如是也。奏事之回復，聞名之主上降旨，"爾奏聞一切事宜，弱小者屬實，今年未賜金印、敕書之故如是也，敗亂而來，未將因無知劫掠安居的鄂爾多斯之馬匹事如此這般奏之，向噶爾丹博碩克圖降旨問'此輩是否為爾屬人'等語。噶爾丹博碩克圖回奏如天之主上，'伊等是我之屬民'。"因此，至丑年為止未賜書印。因主上之旨令唯一，以至其無也，不必因主上未憐愛而愁。"居和平大地之邊阿拉善，管治敗亂眾人之賊盜，令無弊安好"等語降旨。謹遵如眾之太陽般主上之諭，妨礙者噶爾丹博碩克圖未奏我為其屬民乎？向汗主具奏後，思或有回復，子年未能叩拜祥瑞主上之故如此也。依威勢曼殊室利化身之主上旨意，我在和平大地邊阿拉善安居。今年想去叩拜主上承受恩典。據聞致亂者噶爾丹博碩克圖內亂。聞吞併了統合一切幸福苦惱之丹津洪臺吉。聽聞口出狂言欲起兵的強辯語。於聞名之主上聖明前未奏我為其屬民乎？慣熟的他沒有要來的消息，故我今年未能［向皇上］叩拜。吾觀音菩薩達賴喇嘛上喇嘛、如梵天般文殊菩薩化身汗主二者之金路似江水之流一般不絕之際，如今我頗覺此幸福像白晝之星，除此別無他意。無與倫比的主上若以弱小而慈悲，憐賜敕書、金印，則管治紊亂之眾易矣，如若神像般收藏，於我莫大之助也。所奏不空之依憑，雖非安康完備的御騎，為使成對之故，以我自己所騎愛馬為首的五十九匹馬。九月初八自阿拉善謹貢。

按此文中提到的亥年所奏即康熙二十二年和囉理奏請"黃冊金印"之事。但是當時清廷已經和噶爾丹約定時間解決和囉理等人的歸屬問題，所以並沒有滿足和囉理等的請求。此時，和囉理又解釋幾番未能親自去朝貢的原因。根據內容可知，清朝並沒有回復和囉理康熙二十三年（子年）的上奏，後者等候聖旨而未得。和囉理一方一直密切搜集噶爾丹方面的情報，當年又在防範噶爾丹出兵，因而再次未能親自前去朝貢。此刻和囉理重提前年請求清朝賜予"黃冊金印"以管束部眾之事。先前和囉理請求清朝賜予"黃冊金印"的理由是"管轄我兄弟屬民雖易，思其他人等恐不服號令"。所謂的其他人大概指的是其自己的兄弟屬民以外的憨都、羅卜藏滾布等人。這些人雖然與和囉理關係密切，但終歸是獨立的部落，同樣需要仰仗清朝的力量去抵抗噶爾丹。以此，也可以看出和囉理試圖藉助清朝的政治信物提高自身的威勢，具有控制這些部落的意圖。這些文書一再透露出，和囉理等在信仰上崇奉達賴喇嘛，在現實中祇能藉助清朝的政治軍事力量自保的處境。《清內閣蒙古堂檔》第 5 冊收錄了一份乙丑年六月初七日噶爾丹呈奏康熙皇帝的奏文：

ninggun biyai ice nadan de, ūlet i g'aldan bošoktu han i baitai jalin wesimburengge.

elhe taifin han i genggiyen de wesimbure bithei jalin, erdeni hošooci i turgunde, sohon ihan aniyai juwari duin biyade karu unggiki seme dorgi amban de alafi wesimbuhe bicibe, erdeni hošooci qaru unggihakū ojoro jakade, boljohon be duleke, te erdeni hošooci ehe facuhūn be yabufi, yaya uru waka be bici dergi ciha. niohon ihan aniyai juwari ninggun biyai ice nadan de tob jirgalang baci wesimbuhe.[①]

（譯文）六月初七，厄魯特噶爾丹博碩克圖汗為事啓奏。為康熙皇帝睿覽奏文事。額爾德尼和碩齊之事，雖已向內大臣告奏於己（sohon）丑年夏四月遣回，但因額爾德尼和碩齊未遣回，約已過。今額爾德尼和碩齊作亂，凡若有是非，全憑上意。乙丑年夏六月初七自土布吉爾嘎朗處具奏。

噶爾丹此文奏於乙丑年（康熙二十四年）六月初七日，提到己丑年夏四月雙方約定遣回額爾德尼和碩齊等之期已過而人未遣回，所以日後全憑康熙聖裁。噶爾丹此舉可謂履行了之前清準雙方的商定。此處的己丑，顯然是內閣官員抄錄之誤，將滿文 niohon（乙）誤作 sohon（己）。至此，噶爾丹雖將額爾德尼和碩齊、和囉理等人視作屬人，但是顯然無暇顧及此事，任由清朝處置。在這種背景下，清朝處理此事的策略發生了重大轉變，開始與達賴喇嘛商議給和囉理等劃定遊牧地之事。

# 結　語

　　阿拉善厄魯特之所以被稱為"阿拉善和碩特部"，主要是因為其統治家族是和碩特部的貴族，但是普通民眾的來源應包含相當一部分的準噶爾人。筆者認為到康熙二十四年為止，在客觀上初步形成了一個以和囉理部為核心的阿拉善厄魯特部。憨都、羅卜藏滾布阿拉布坦名義上不屬和囉理管轄，但是其基於親緣關係和共同的利害關係而形成了一個鬆散的聯盟。首先，和囉理、憨都等進入西套，駐牧於清朝邊境，接著又發生以劫掠清朝人畜事件為誘因的部落歸屬問題。對此，清朝始終謹慎對待，試圖通過與青海和碩特及準噶爾交涉來解決此事，避免直接介入衛拉特內部的衝突。因此，清朝對於和囉理等尋求歸附的請求反應較為冷淡，直到噶爾丹聲明放棄其對於和囉理等人的領屬權，纔開始積極介入，樹立仁慈的保護者形象。

　　其次，和囉理等人在有機會赴青海的情況下，並未去青海合牧。羅卜藏滾布阿拉布坦駐於青海近邊的布隆吉爾一帶，也請求東遷至龍首山一帶。這些情況表明，青海其實很難容納和囉理等人自由遷入。同時，羅卜藏滾布阿拉布坦又與喀爾喀聯姻，建立同盟關係。因此，從賀蘭山陰到甘肅邊外的這一片無主地帶，僅在西北面受到噶爾丹的威脅，其背倚達賴

---

① 《厄魯特噶爾丹博碩克圖汗奏文》，《清內閣蒙古堂檔》第 5 冊，滿文，第 377 頁。

喇嘛、青海和碩特部、清朝與喀爾喀蒙古幾支可以依靠的勢力，成為西套各部最安全的遊牧地。所以，其實後來清朝劃定遊牧地衹不過是一種既定事實的再確認，雖然欽賜遊牧地有其政治上的意義；加之，噶爾丹也聲明放棄對於和囉理等人本不存在的領屬權，至此以和囉理部為主的較為穩定的阿拉善厄魯特部初步形成。但噶爾丹的陰影尚未消除，所以這些在西套駐牧數年的部落仍然深受時局發展的影響。後來隨著清準對峙形勢的演變，除和囉理部衆外的其餘各支又多復逃散，對此筆者將另文探討。

　　總之，阿拉善和碩特的形成主要反映了準噶爾汗國的興起過程中衛拉特諸部的尖銳矛盾，其過程也從一個側面揭示了清朝對蒙政策的發展演變歷程，同時又牽涉達賴喇嘛、青海和碩特部、喀爾喀蒙古等政治勢力紛繁複雜的利益衝突。

# A Study on the Origin of Alašan Khoshud Tribe and Its Initial Formation ( 1677-1685 )

LI Qun

The Alašan Khoshud tribe is an important branch of Khoshud Mongols. In 1677, several Oyirat tribes defeated by Galdan fled to the Alašan area on the northwestern border of the Qing Dynasty. By 1685, the Alašan khoshud tribe headed by Qoruli（~Qorlai）was basically formed. The formation of Alašan Khoshud tribe mainly reflects the sharp contradiction of the Oyirat tribes during the rise of the Junggar Khanate. The process also reveals the evolution of the Qing Dynasty's policy towards the Mongols, and simultaneously, it is also associated with complicated conflicts of interest that involves the political forces of Dalai Lama, Qinghai Khoshud , and Khalkha Mongols.

# 《蒙漢合璧五方元音》版本考*

## 李俊義

　　《蒙漢合璧五方元音》一書，乃喀喇沁右旗貝子海山①編譯。該書取自明人樊騰鳳所撰《五方元音》，注以蒙古字母的音讀，並以蒙古文作注釋。卷首有讀音訣、韻目廿字母、十二部韻表等，入聲注明寄於陰聲韻中。

　　目前，筆者寓目的《蒙漢合璧五方元音》有兩個版本，即民國六年（1917）仲春北京初版本（或稱"正版本"）與成吉思汗紀元七三二年（1939）冬月伊克昭盟達拉特旗公署再版本（或稱"盜版本"），均藏於內蒙古師範大學圖書館，茲考述如下。

## 一　民國六年仲春初版本②

　　此版本是《蒙漢合璧五方元音》一書最早的版本，每半葉通長26.3釐米，寬15.1釐米；框外長20.9—21釐米不等，寬13.2釐米；框內長20.5釐米，寬13釐米。

　　全書包括封面一葉、海山肖像半葉、扉頁半葉、版權頁半葉、序九葉、目錄十四葉、正文一百八十一葉、跋一葉、封底一葉。

　　此版本由海山的四個兒子會川（字永溥）、引川（字永浚）、納川（字永涵）、通川（字永濟）校對，由厚山（字崇福）、子衡（字書紳）二人繕寫，於民國六年仲春將"版權讓與北京外舘恒升號專印專售"，代售處有北京"東安市場文華閣、琉璃廠鴻文閣、隆福寺聚珍堂"。

　　《蒙漢合璧五方元音》卷首有蒙藏院總裁、喀喇沁親王貢桑諾爾布撰寫的序言（蒙漢文

---

　　*　本文係教育部人文社會科學研究規劃基金項目"貢桑諾爾布年譜長編"（14YJA770004）成果之一。

　　①　海山，又名海元，字瀛洲，蒙古名松彥可汗，綽號海三麻子。清咸豐七年（1857），生於喀喇沁右旗崗崗營子（今內蒙古自治區赤峰市寧城縣天義鎮）。光緒年間，被喀喇沁右旗扎薩克旺都特那木濟勒安排到平泉辦事處工作，後提任管旗章京、管軍梅倫，與伊志昌、色丹那木號稱"喀喇沁旗三傑"。光緒十七年（1891），"金丹道起事"時，他以海元的名義同喀喇沁中旗李梅倫星夜趕往平泉，向清軍提督葉志超的副將潘萬才告急，於是潘萬才帶兵到喀喇沁中旗榆樹林子、毛家窩鋪一帶鎮壓。此後，海山活動於哈爾濱俄國領事館、外蒙古。民國四年（1915），海山取道張家口到北京，被袁世凱封為貝子、輔國公。後潘心譯注《蒙漢合璧五方元音》一書，於民國五年出版。民國六年，海山去世，民國政府將其靈柩及全家送回原籍崗崗營子，葬於老哈河北岸梅林營子西側山坡上。

　　②　書影見圖1至圖7。

合璧，作於民國五年七月），其文云：

　　　　學問日進，著述日新，溯委窮源，必自語言文字始。玆造字之初，取義各有不同。中國文字，字各有體，體各有義，六書雖有諧聲一門，而不專重諧聲，故又有音韻之別。蒙古文字，則集音成字，集字成語，重字母而不重字體。至於記事達辭，其理則一。海貝子山者，本旗有心人也。觀其宅心行事，老誠持重，固不可多得之材。而顛沛挫折，歷經身受，尤非儕輩所能堪。乃能堅苦卓絕，本所蘊蓄，發為文章，取《五方元音》一書，各註蒙古字母，兼譯成語，以便初學。初閱之平易無奇，細按之則津逮後學，嘉惠士林，言簡意賅，用心良苦。書成，請序於予。故不揣譾陋，略綴數語，弁之簡端，以為求學者先河之導焉。丙辰七月，喀喇沁親王識於京邸。①

　　《蒙漢合璧五方元音》卷首還有卓索圖盟西土默特旗扎薩克郡王棍布扎布撰寫的序言（蒙漢文合璧，日期不詳，當作於民國六年仲春之前），其文云：

　　　　我國明經取士以來，著作之家，即以漢文而譯成蒙文之書籍，種類頗多，其有裨於蒙古文學者，不可勝數。惟留心字學者，因無蒙漢合璧字彙、母音等書參考字義，頗有未慊於心。玆得吾友瀛洲海貝子新譯《蒙漢合璧五方元音》，翻閱一過，愛其所譯字義，無美不備；所補成語，衆善皆收。察一字而數義悉識，覽一語而數句備觀。誠字學之嘉本，啟蒙之津梁也。亟勸付之棗梨，以廣傳布，而公同好。凡我蒙古初學，苟得是書，日置案頭，手披目觀，則字義自識，文理漸通，以仰副國家興學至意，豈不麻哉！卓索圖盟西土默特旗扎薩克郡王棍布扎布書。②

　　《蒙漢合璧五方元音》卷首還有哲里木盟賓圖親王棍楚克蘇隆撰寫的序言（蒙漢文合璧，作於民國元年），其文云：

　　　　讀書必先識字，故音韻之學尚焉。儒者於六書奧旨，偏旁義類，窮年纍世，莫殫莫究，夫豈易易哉！世之通行者，有字典、字彙等書，上以備文人學士之稽考，下以供百司往來之簡牘，與四民出入之簿籍，隨時檢校，不可一日闕焉。顧通都大邑，購之非難；至於鄉僻遐荒，弗易得也。蒙古海瀛洲上公，東盟英俊也，兼通滿、蒙、漢文，著有《合璧五方元音》，其體例如《對音字式》，又推其類，各繫以蒙文成語，誠初學之津梁也。壬子季夏，余晤公於庫倫，如季札之見子產，無異舊相識。嗣出是書，問序於

---

　① 參見《蒙漢合璧五方元音》（全一冊），"卷首"，第一葉至第二葉，民國六年（1917）仲春初版。
　② 參見《蒙漢合璧五方元音》（全一冊），"卷首"，第三葉至第四葉。

余，余以公之勤而嘉惠後學也，故樂為之序。哲里木盟賓圖親王棍楚克蘇隆書。①

《蒙漢合璧五方元音》卷首還有海山在恰克圖旅次撰寫的自序（蒙漢文合璧，作於民國元年暮春），其文云：

國家勵圖富強，注重維新，頒令海內，創建共和，化除畛域，通飭興學，以示以天下為一家，中國為一人，曷勝慶幸！凡我蒙部，亟應遵飭，振興教育，以副國家一視同仁至意，而盡藩屬合群愛國熱誠。惟漢文淵深，講解甚繁，文理字義，亦極精奧。若彼同言同文之漢人子弟，尚慮驟難窮殫；況我異言異文之蒙古幼童，何能依限精通？夫振興教育，固為立憲基礎，而譯書啟蒙，亦係興學要綱。如無《蒙漢合璧字彙》善本啟迪童蒙，何以期速成而收實效？鄙人本係蒙藩下士，喀旗微員，才疏識淺，何敢言學？緣生好讀書，年近幼學，承父庭訓，隨同胞兄出就外傅，共從八師，課讀十有四年，全豹雖未得窺，文字嘗聞其略。自維承父訓，受師傳，被王化，沐國恩，生成德大，報稱毫無，每一念及，感愧交集。今雖致仕出疆，遠託異方，遙聽祖國興學，不勝欣幸。望風祝頌，盼切普及。是以不揣鄙陋，直將《五方元音》一書譯成蒙文，且於每字之下增補一二蒙漢合璧成語，以供初學，隨時便覽，藉識字義，以資興學，而盡義務。祇以異域旅館，並無書籍參考，亦無同志校正，冒昧杜撰，未免多欠妥協。其難譯之字，均為闕如，統俟高明賢士更正增補，俾成完善是荷。所譯此書，雖云譾陋，而於學界，不無少裨焉。是為序。內蒙古卓索圖盟喀喇沁扎薩克親王旗哈達蘭烏蘭岡村學海書屋主人瀛洲海山譯於恰克圖旅館，中華民國壬子年暮春穀旦譯成。

男會川永溥、引川永浚、納川永涵、通川永濟校對，厚山崇福、子衡書紳繕字。②

《蒙漢合璧五方元音》卷尾有諸生于穆撰寫的跋語（漢文，作於民國六年仲春），其文云：

夫育才以立教為先，而設教以普及為急，欲求普及之方，則編譯之事，誠先務之最急者也。矧今日文化大同，即歐西旁行斜上之文，我國人士類能口講指畫者實繁有徒，其東文之平假、片假無論矣。獨是蒙古近在唇齒，嗜慾飲食，事事皆同，何語言文字尚多隔閡？豈其知弗若歟？不得交換故耳。亦有交際第屬之舌人，則僅通其意，而求之深造之士，實不多得。瀛洲先生，績學士也。在未拜高爵之先，早鑒及此，故於車塵馬足之際，必討論精詳，或筆之於書，或記之於劄，積久乃成巨觀。慕先生之風者，有踵門

---

① 參見《蒙漢合璧五方元音》（全一冊），"卷首"，第五葉至第六葉。
② 參見《蒙漢合璧五方元音》（全一冊），"卷首"，第七葉至第十葉。

而求一見大著者，有惥惥付之金石、成一家言而公諸世者。先生則以為著作似鄰於炫，欲譯錄典墳，又恐不便初學，於是仿宋儒教歐陽修集十三經法，集為《合璧五方元音》，就字解字，雅俗則存乎其人。蓋是書為明人樊騰鳳所撰，北方之學者從此人各一編，順勢利導，則家絃戶誦不難矣。中華民國六年歲次丁巳①春二月，諸生于穆謹跋。②

海山在北京出版《蒙漢合璧五方元音》是非常重視知識產權的。該書版權頁上，印有"版權所在，翻印必究"字樣，並鈐有蒙漢文合璧"喀喇沁右翼旗貝子之章"朱文方形大印。印章右側印有"版權讓與北京外舘恒升號專印專售，特此聲明"字樣。印章下方印有海山關於版權的聲明："本爵不揣譾陋，編譯是書，印刷出版，本為'啟迪蒙古初學，便於察識字義'起見，究於我國振興教育，不無稍裨焉。所有錯誤之字均已③校正，惟恐牟利者假冒翻印，貽誤非淺，故特蓋用本爵圖章，以昭信用，而重版權。此啟。"版權頁左側印有"是書因便披覽，每部精裝一厚冊，定價大洋二元五角；如購至十冊以上，八折出售"字樣。在版權頁右下側，印有"代售處：北京東安市場文華閣、琉璃廠鴻文閣、隆福寺聚珍堂"字樣。

然而不幸的是，就是這樣一部極其注重版權的書，若干年之後卻遭遇盜版，這或許是該書原編譯者即著作權擁有者海山始料未及的。

## 二 民國二十八年伊克昭盟達拉特旗公署再版本④

此版本是《蒙漢合璧五方元音》一書的再版本，每半葉通長26.3釐米，寬15.1釐米；框外長20.9—21釐米不等，寬13.2釐米；框內長20.5釐米，寬13釐米。

全書包括封面一葉、扉頁半葉、序一葉半、目錄十四葉半、正文一百八十一葉、勘誤表四葉、封底一葉，且每葉均未刻"蒙漢合璧五方元音"字樣。

該書封面正中央印有成吉思汗戎裝畫像，畫像上方印有漢文成吉思汗簡介，其文如次：

成吉思汗，蒙古大帝，即元開國之太祖，公元一一六二年生，名鉄木真。長有雄略，一二○六年即帝位於斡難河，號"成吉斯汗"。以輕騎健兒日逐千里，吞滅諸國達四十餘。西□（此字漫漶不清，疑為"迢"。——引者注）瑪哈點於裏海，北討俄羅斯於喀爾喀河，南併天山西路至於中央小亞細亞，東据滿洲全境及西伯利亞之一部，雄跨歐亞，威震全球，武功之盛，空前絕後。於一二二七年滅金道中六盤山下卒，以視法皇拿破崙，同為近古之怪傑。在位二十二年，享年六十有五。陵寢在伊克昭盟阿爾多斯

---

① 原書此字誤作"己"。
② 參見《蒙漢合璧五方元音》(全一冊)，第一百八十二葉。
③ 原書此字誤作"己"。
④ 書影見圖8至圖13。

旗，蒙人每歲於三月二十二日致祭，迄今不衰云。

該書封面上方印有漢文"成吉思汗紀元七三三年冬月／蒙漢合璧五方元音"字樣以及相應的蒙古文，正下方印有成吉思汗蒙古文簡介。

該書卷首照搬貢桑諾爾布的序文，且無"丙辰七月，喀喇沁親王識於京邸"字樣，而其餘序跋均被刪除。

在貢桑諾爾布的序文之後印有蒙漢文"成吉思汗紀元七百三十三年冬月／駐包伊克昭盟鄂爾多斯達拉特旗公署／德補陞巴雅爾、圖蒙山繕印／是書每部精裝一厚冊，定價大洋三元五角"字樣。

該書扉頁上分別印有蒙漢文"成吉思汗紀元七百三十三年／蒙漢合璧五方元音／伊克昭盟達拉特旗公署印"字樣，隻字不提該書原編譯者海山及其相關的任何信息，真正是"太喜歡作者的文字而不太喜歡作者的名字"。

# A Textual Research on the Edition of
## *Mongolian and Chinese Combination of Wu-fang Yuan-yin*

### LI Junyi

*Mongolian and Chinese Combination of Wu-fang Yuan-yin* is compiled by Beizi Haishan, Right Banner of Karaqin. This book is taken from *Wu-fang Yuan-yin* written by Fan Tengfeng in Ming Dynasty. It notes the pronunciation of Mongolian letters and annotates them in Mongolian. At the beginning of the volume, there are pronunciation formulas, 20 letters of rhyme items and 12 rhyme tables, etc. and rusheng indicates that it is placed in the Yin rhyme.

At present, there are two versions of *Mongolian and Chinese Combination of Wu-fang Yuan-yin* in my eyes. One is Beijing Preliminary Edition (or "Original Edition") published in mid–spring in the Six Years of the Republic of China(1917), the other is Reprint (or "Pirated Copy") of the Dalad Banner Office in Yih Ju League published in the 11th month of Genghis Khan Era 732(1939). They all stored in the library of Inner Mongolia Normal University. This paper will mainly research the book version and related issues.

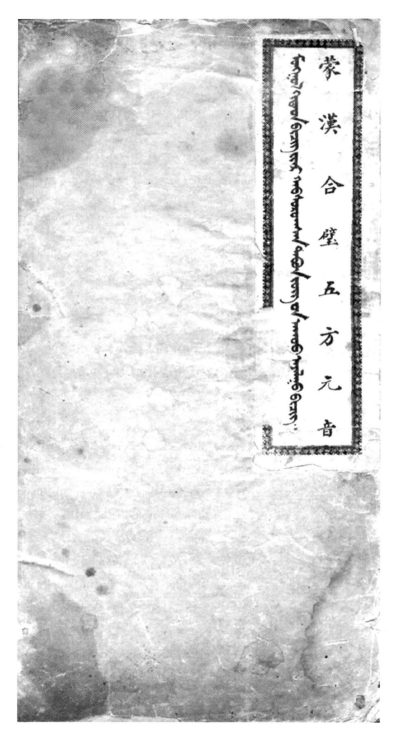

圖 1 《蒙漢合璧五方元音》原版封面

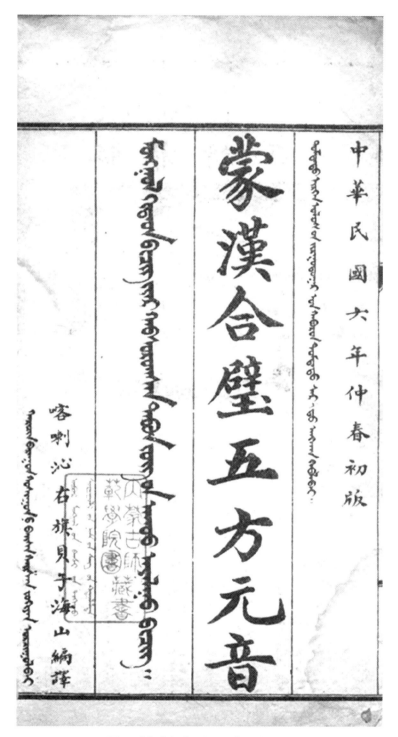

圖 2 《蒙漢合璧五方元音》原版扉頁

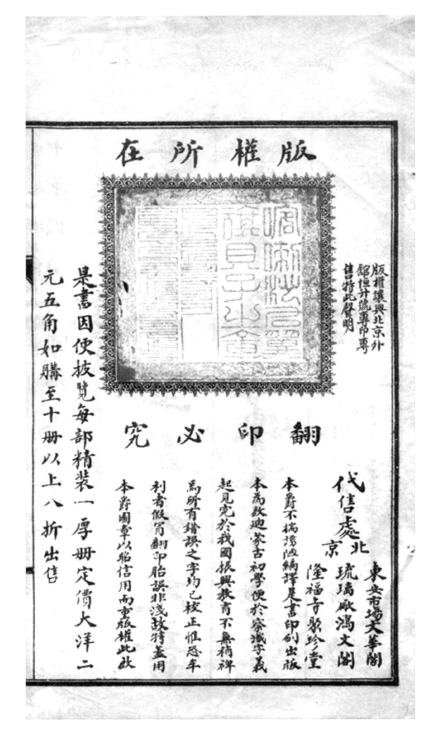

圖 3　《蒙漢合璧五方元音》原版版權頁

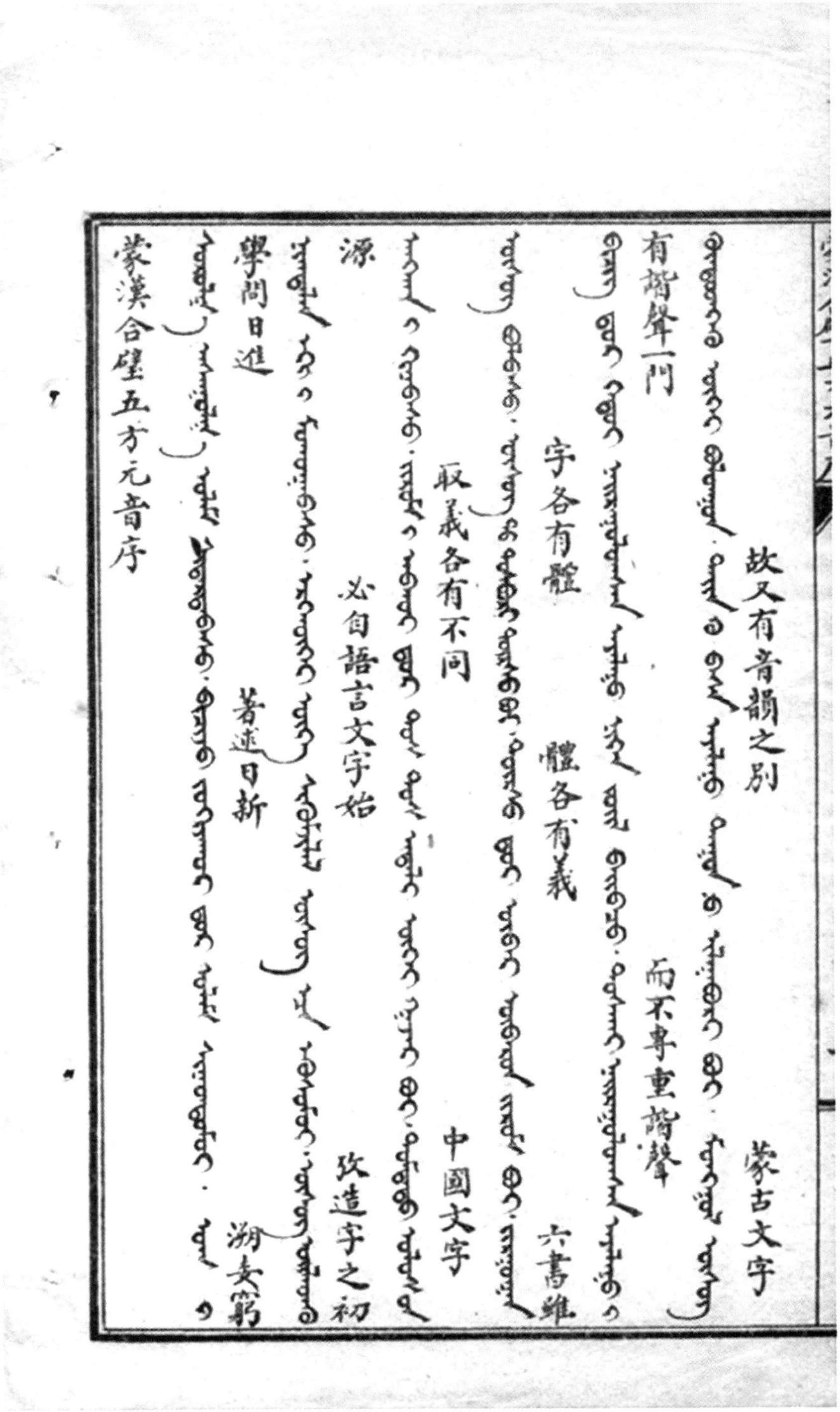

ᠮᠣᠩᠭᠣᠯ ᠦᠰᠦᠭ 蒙古文字

故又有音韻之別 而不專重諧聲

有諧聲一門

字各有體 體各有義 六書雖 中國文字

取義各有不同

源 必自語言文字始 攻造字之初

學問日進 著述日新 溯夾窮

蒙漢合璧五方元音序

圖 4 《蒙漢合璧五方元音》原版中的貢桑諾爾布序言之一

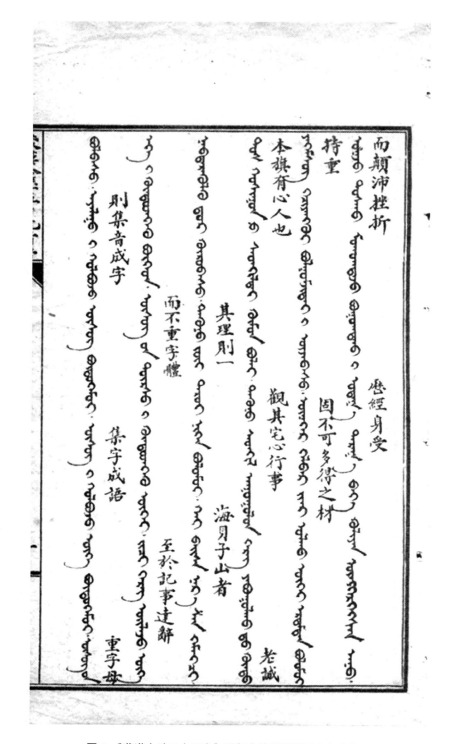

圖 5　《蒙漢合璧五方元音》原版中的貢桑諾爾布序言之二

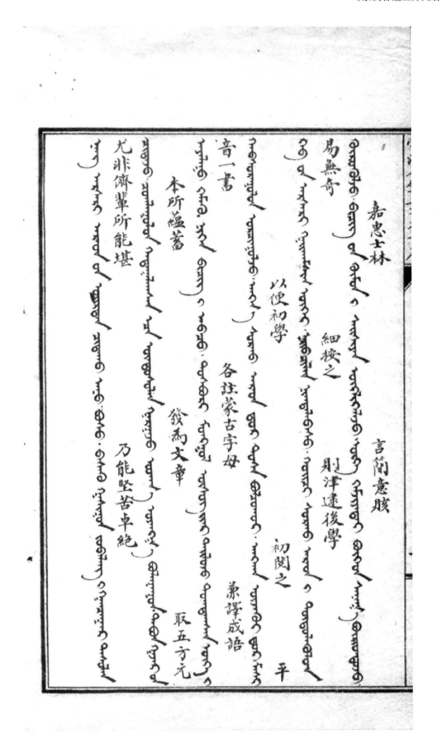

圖 6 《蒙漢合璧五方元音》原版中的貢桑諾爾布序言之三

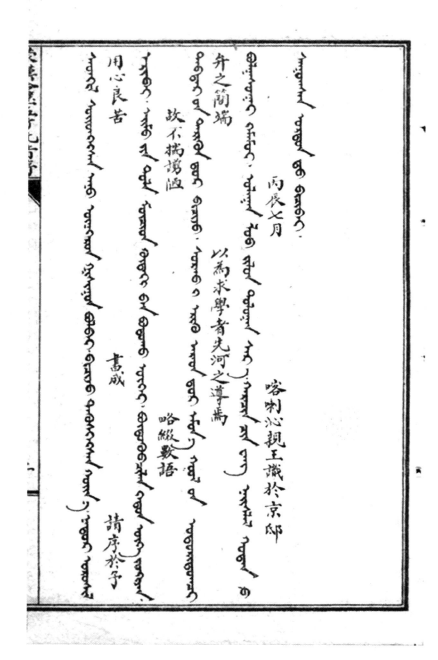

圖 7 《蒙漢合璧五方元音》原版中的貢桑諾爾布序言之四

圖 8 《蒙漢合璧五方元音》盜版封面

成吉思汗蒙古大帝即元開國之太祖公元一一六二年生名鐵木真長有雄略一二〇六年即帝位於斡難河號成吉思汗以輕騎健兒逐千里吞滅諸國達四十餘西逾哈爾點於裏海北討俄羅斯於喀爾喀河南併路至於中央小亞細亞東據溫洲及西伯利亞之一部雄跨歐亞襄金球武功之盛空前絕後二七年滅金適中六盤山下卒以祝法皇拿破崙同為近古之怪傑在伊克略盟阿爾多斯旗十有五陵寢在伊克略盟阿爾多斯旗凡人每歲祝三月二十二卯致燈迄今木蘇克云

世界之偉八

圖 9 《蒙漢合璧五方元音》盜版封面中的成吉思汗像

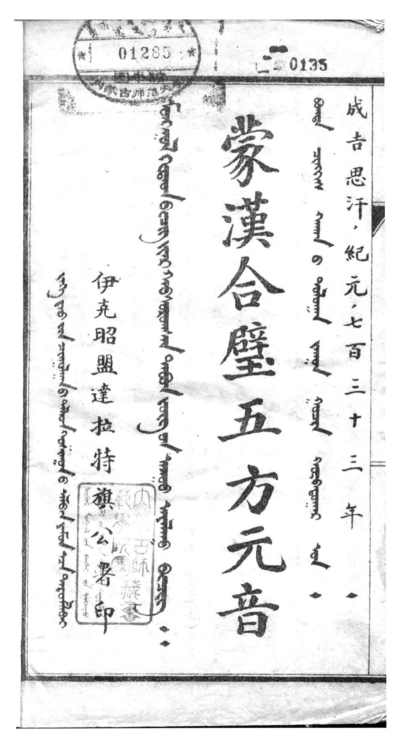

圖 10 《蒙漢合璧五方元音》盜版扉頁

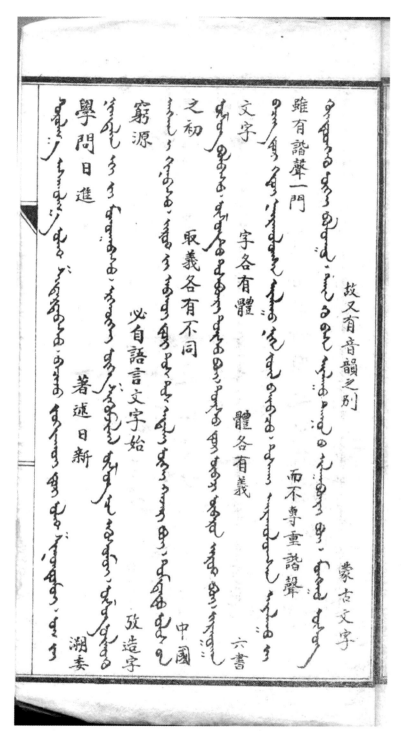

圖 11　《蒙漢合璧五方元音》盜版中的貢桑諾爾布序言之一（未署名）

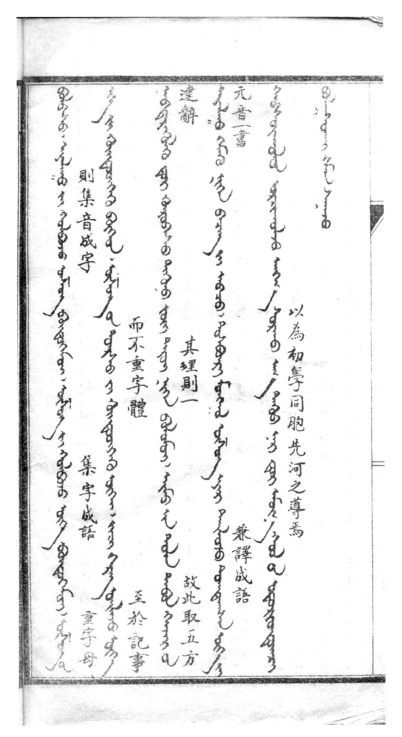

圖 12 《蒙漢合璧五方元音》盜版中的貢桑諾爾布序言之二（未署名）

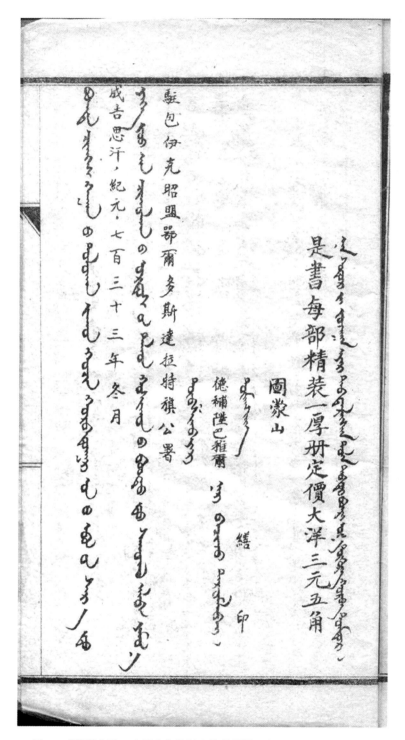

圖 13　《蒙漢合璧五方元音》盜版中的貢桑諾爾布序言之三（未署名）

# Шар Санжийн хэрэг: Дөрвөдийг тусгаарлах хэмээсэн хэргийг нэхэн шинжлэхүй

## Удиртгал

Шинэхэн үеийн Монголын түүхийн тун бүрхэг судлагдсан хийгээд маргаантай нэг асуудал бол 1927-1928 онд илэрсэн гэх "шар Санжийн" буюу Чандмань уулын аймгийг тусгаар болгох гэсэн хэргийн тухай асуудал юм. Зүүнтний эрх баригчид болон Богумирь Шмераль тэргүүтэй Коминтерны төлөөлөгчид уг хэргийг намын доторх баруун, зүүний зөрчилдөөний улмаас баруунтнууд зүүнтнүүдээ дарах арга хайсан зохиомол хэрэг гэж тухайн үед үзэж төдийлөн анхааараагүй орхисон тэр хэргийн талаар эдүгээ судлаачид ялгаатай үзэл баримталж байна. Тухайлбал, түүхч Ч. Дашдаваа эл хэрэгт Коминтерны оролцоо байсан бөгөөд тэд энэ хэргийн ул мөр баларсан, харин эл асуудлыг нарийвчлан судалж түүхэн үнэнийг тогтоох нь өнөө үеийн түүх бичлэгийн чухал зорилт хэмээн 2003 онд бүтээлдээ цохон тэмдэглэсэн байна[1]. Мөн тэрээр 2008 онд гаргасан бүтээлдээ "Урианхайн хязгаарын асуудлыг ЗХУ өөртөө ашигтайгаар шийдвэрлэсний дараа Монголын баруун хязгаарын нутаг дэвсгэрийг Тагна-Тува улстай нэгтгэх талаар Коминтернээс онцгой нууцалсан бодлого явуулж байсан билээ. ... ийм учраас Дөрвөдийг тусгаарлах талаарх Бадрах нарын эрмэлзэл, үйл ажиллагааг Коминтерн эхнээс нь дэмжиж байсан ажээ"[2] хэмээн бичиж Монголоос Дөрвөдийг салгах гэсэн хэрэгт Коминтерн оролцоотой гэж үзсэн байна.

Түүхч О.Батсайхан:"...энэ хэрэг бол намын анги, бүлгүүдийн өөр хоорондын сөргөлдөөнөөс үүссэн утга учиргүй хардалт сэрдэлт байсан юм хэмээн хийсвэрлэн дүгнээд өнгөрч болох боловч уг хэргийг Коминтерн, түүний бие төлөөлөгчид анх сэдэвлэн гаргаж Бадрах нараар дамжуулан хэрэгжүүлэх гэж байгаад монголчууд түүнийг илрүүлэхийн даваан дээр өөрсдөө ирж шууд зохиосон учир битүүлэг улс төрийн нарийн хэргийн учиг байсан байж болох талтайг тэмдэглэхгүй өнгөрч эс чадав"[3] гэж өөрийн санааг илэрхийлжээ.

Залуу судлаач С.Нямдорж дээрх хэргийн тухайд Монголын үндсэрхэг үзэл бүхий хэсэг хүмүүсийн салан тусгаарлахыг оролдсон үйл ажиллагаа мэт харагддаг боловч угтаа ЗХУ,

---

① Дашдаваа Ч. *Улаан түүх*. УБ., 2003, т.185.

② Дашдаваа Ч. *Монгол дахь төрийн эргэлт*. УБ., 2008, т.156.

③ Батсайхан О. *Лосолын Лааган*. УБ., 1994, т.16.

Коминтерны геополитикийн асар том бодлогыг агуулж байжээ① хэмээн үзжээ. Ийнхүү Монголын баруун хоёр аймаг болох Увс, Ховдыг салан тусгаарлуулах гэсэн нэгэн хэргийн талаар харилцан адилгүй байр суурь түүх судлалд байна. Судлаачид энэхүү хэрэгт Коминтерн оролцсон гэсэн дүгнэлтийг өгч байгаа боловч чухам ямар эх сурвалжууд дээр тулгуурлан ийм дүгнэлт хийж байгаагаа хэн нь ч одоогоор гарган өгч чадаагүй байна. Мөн эл хэрэг хэрхэн явагдсаныг бүрэн дэлгэн тавьсан судалгааны бүтээл одоогоор гараагүй байна.

Түүхч Дашдаваа бүтээлүүддээ ОХУ-ын Архив ② (РГАСПИ)-д хадгалагдаж буй Коминтерны баримт бичгүүдийн нэлээд ашигласан бөгөөд Монгол Ардын Хувьсгалт Намын Бүгд болон Их хурлууд дээр Дөрвөдийг тусгаарлах гэсэн хэрэгт холбогдон яригдсан зүйлсийг гүймэгц өгүүлсэн байна. Зүүнтнүүдийн намтар судлал, тухайлбал: Бадрах, Шижээ, Лагаан г.м хүмүүсийн талаарх бичлэгт эл хэргийн талаар өнгөц дурдсан нь буй. Эдгээр судалгаанаас үзвэл боломжит сурвалж нь 1928 онд баригдаж байцаагдсан хүмүүсийн мэдүүлэг③ (ТЕГ-ын Тусгай Архивд), хэрвээ (Дашдаваа гуайн үзэж буйгаар) Коминтерн оролцсон бол Коминтерны архивд холбогдох материалууд байх ёстой хэмээн үзэж байна.

Миний бие өмнөх судлаачдын бичсэн зүйлийг тодруулах зорилго тавин Үндэсний төв Архив болон Тагнуулын ерөнхий газрын Тусгай Архивд хадгалагдаж буй "Шар Санжийн" хэрэгт холбогдох баримтуудыг судлан үзэж тэр үеийн олон ястны өлгий нутаг болох Увс, Ховдын байдал хийгээд салан тусгаарлах үзэл зэрэг нь хэрхэн илэрч байсныг сэргээн гаргах болно.

## Түүхэн нөхцөл байдал хийгээд хэрэг явдлын учиг

МАХН-ын баруун, зүүн ангид хуваагдан улс орны цаашдын хөгжлийн талаар санал зөрөлдөн байх тэр цагт 1928 онд Коминтерны идэвхтэй оролцоон доор засгийн эрхэнд гарсан зүүнтнүүд Монголд социализм байгуулах зорилгыг хэрэгжүүлэх явцад тус улсын улс төр, нийгэм эдийн засгийн тогтолцоонд ихээхэн гажуудал гарчээ. Коминтерн болон ЗХУ-ын бүрэн эрхт төлөөлөгч, сургагч нар тус орныг бүхий л шахуу хэрэгт зохион зааварлах болсноор Монголын төрийн эрх барих дээд байгууллага – Улсын Их, Бага Хурал, Засгийн газрын бүрэн эрх алдагдаж, төр засагт итгэх ард олны итгэл үгүй болжээ. Зүүнтэний эрх баригчид Коминтертэй нягт холбоотой ажиллаж, тэдэнтэй захидлаар харилцан заавар зөвлөгөө авч, хамтын ажиллагаатай байжээ. Зүүнтэнүүдээс эрчимтэй явуулсан анги, хөрөнгө ялгаварлах бодлогын улмаас нийгмийн дээд давхаргынхныг мөн төрийн албан хаагчдыг хоморголон халсан нь төрийн албан байгууллагуудын чадавхийг бууруулж, аливаа зорилтыг кампаничлан явуулах, албадах арга барил ноёлох болжээ. Хууль ёсыг зөрчих, иргэдийн үндсэн хуулиар

---

① Нямдорж С. *Дөрвөдийг тусгаарлах оролдлого буюу "шар Санжийн хэрэг.* "Монголын музейн хөгжил, шинэчлэл" Эрдэм шинжилгээний бага хурлын эмхтгэл. УБ.,2016.

② Российский Государственный Архив Социально–Политической Истории.

③ Миний бие Монгол Улсын Тагнуулын Ерөнхий Газрын Тусгай Архиваас Ховдын аймгийн Заяат, Увс аймгийн Хандсүрэн нарын 1928 оны мэдүүлэгтэй бүрэн эхээр нь танилцсан болно.

олгогдсон шашин шүтэх эрх чөлөө хумигдаж, нам эвлэлийн хүмүүсийг олноор үндэслэлгүй баривчлах, хорих явдал гаарчээ. Бага ястны зөвлөл гэгчийг байгуулан яс үндэсээр нь ялгаварлах бодлого явуулж байв. Улс орныхоо онцлог байдлыг үл харгалзан, хэт яаравчлан социализм байгуулах зорилт тавин ажилласнаар эдийн засгийн хямрал нүүрлэн орон даяар өргөн хэрэглээний барааны хомстол бий болж, улс орны эдийн засгийн үндэс болсон мал сүргийн тоо толгой богино хугацаанд 7 саяар хорогдсон байна. Зүүнтэнүүдийн засаглал 1928 оны эцсээс 1932 оны 6 дугаар сар хүртэл 3 жил 6 сар гаруй үргэлжилж, улмаар нийгэм-эдийн засгийн хямрал даамжирч улс төрийн хямрал болон гүнзгийрсэн байлаа. Үүний үр дагавар болж тус орны өмнөд хэсгийн 10 аймгаас 42 мянга гаруй хүн өмнө зүг нүүдлэн дүрвэсэн бөгөөд хойд аймгуудад ард түмний бослого хөдөлгөөн 1929,1930 болон 1932 онуудад гарсан байна.

Ийм нөхцөл байдалд миний судлан буй Монголын баруун хоёр аймаг болох Увс, Ховдыг тус улсаас салгаж тусгаар улс болгох санаархал агуулсан үйл ажиллагаа явагдсан байна. Эл хэргийн цаанах учиг нь В.И.Ленин бүр 1917 оны Октябрийн хувьсгалын өмнө боловсруулан гаргасан "үндэстэн өөрөө засан тогтнох эрхтэй", "үндэстэн бүр тэгш эрхтэй", "үндэстнүүд бие даан чөлөөтэй хөгжих эрхтэй" гэсэн үзэл баримтлал байлаа. Гэтэл Орос оронд Октябрийн хувьсгал ялсны дараа үндэстний асуудлыг шийдэх тийм ч амар зүйл биш гэдэг нь ойлгомжтой байв. Маркс-Ленин[1] нарын буй болгосон социалист нийгмийн зураглал нь хөгжлийнхээ дээд шатанд коммунист нийгэмд хүргэх бөгөөд тэрхүү коммунизмын үед үндэстэн, ястны асуудал гэгч огт байхгүй болно хэмээн үзэж байжээ[2]. Тийм нийгэмд хүрэхийн тулд, мөн тэр нийгмийн доод шат социализмын үед шийдэх маш олон асуудал байв.

Төр нийгмийн байгуулалтаа үндэстний-газар нутгийн зарчмаар зохион байгуулах замыг сонгосон Зөвлөлт улсын төрийн бодлого нь жижиг үндэстэн ястны хувьд маш хүнд асуудлуудтай тулгарахад хүрчээ. Тиймээс үндэсний цөөнхийн асуудал гэгч зүйл гарч ирж, түүнийг шийдэхийн тулд олон арга хэмжээ авахад хүрчээ. Тэдгээрийн нэг нь: 1930 онд Зөвлөлтийн удирдлага, хэрэв тухай засаг захиргааны нэгжид нэгэн угсааны хүмүүс тухайн бүс дэх янз бүрийн угсааны хүн амын дотор 66 % хүртэлх хувийг эзэлж байгаа бол тусгай засаг захиргаа-нутаг дэвсгэрийн нэгж болгож болно гэсэн шийдвэр гаргажээ[3]. Энэ нь Зөвлөлтөд угсаатны доторх нэгдлийг хангаж нэгэн шинэлэг нийтлэг үүсгэхэд хүргэж, улмаар үндэстэн ястны хоорондох харилцаанд эерэг нөлөө үзүүлэхээс гадна тэдэнд чиглэсэн нийгэм-улс төр, эдийн засаг болон соёлын ялгааны асуудлуудыг шийдэх боломж олгон, мөн угсаатны

---

[1]   Маркс хувийн өмчийг устгасан, ажилчин ангийн засаглал тогтоносон тэрхүү нийгмийг коммунизм гэж үзсэн бол Ленин коммунизмд хүрэхийн наана социалист нийгмийг байгуулах хэрэгтэй хэмээн өөрийн сургаалийг боловсруулсан аж.

[2]   Маркс К., Энгельс Ф. Зохиолуудын 2 дахь хэвлэл, боть 4, т. 444; боть 42, т.360; Ленин В.И. Зохиолуудын бүрэн эмхтгэл. Тав дахь хэвлэл, боть 27, т.256, боть 50, т.21.

[3]   РГАСПИ. Ф.17. Оп. 86. Д.77. Л.229; Советское строительство. 1929. № 10, т. 100.

улс төрийн байдлыг дээшлүүлэх системтэй арга хэмжээг тасралтгүй явуулснаар угсаатныг улс төржүүлэх үйл хэргийг гүйцэлдүүлнэ хэмээн тооцоолж байжээ.

Ингээд В.И.Ленины "үндэстэн засан тохинох" тухай сургаал болон Зөвлөлтийн үндэсний цөөнхийн талаарх практик үйл хэргийг Монгол дахь Зөвлөлтийг аялдан дагагчид болох зүүнтэнүүд тус оронд хэрэгжүүлэх үүднээс "үндэсний цөөнхийн асуудал" [1] гэгчийг мөн дэвшүүлэн тавьжээ. Үндэсний цөөнхийн талаар хэрэгжүүлэх бодлого, хэрэгжүүлсэн арга хэмжээнүүд нь орон нутгийн үндсэрхэх үзэлтнүүдийн сэтгэхүйд үлэмж нөлөөлсөн мэт. Нөгөө талаар тэртээ 1912-1915 онуудад Хаант Орос дараа нь Зөвлөлт Орос Монголоос булаан авсан нутаг болох Тагнын Урианхайн тусгаар тогтнолыг хүлээн зөвшөөрөхөд хүрсэн явдал ч зохих ёсоор нөлөө үзүүлсэн гэлтэй. Лениний сургаал, Зөвлөлт засаг болон Коминтерны үндэстний талаарх бодлого Монголд тусгалаа олж, үндсэрхэх үзэлтнүүд хөдөлгөөнд ороход нөлөөлсөн нь зарим нэгэн баримтаас тодорхой байна. Ер нь Монголд хүрэлцэн ирж ажиллаж байсан Зөвлөлт болон Коминтерны төлөөлөгчид өөр зуураа эв нэгдэлгүй, үзэл бодлын хувьд Сталин, Троцкий, Зиновьев, Бухарин нарын социализм байгуулалтын талаарх зөрчилдөөн, тэдний сөргөлдөөн зэрэг нь Монголын улс төрийн амьдралд дам нөлөө үзүүлж байжээ. Улаан большевизмын нөлөөнөөс гарах гэсэн эх орончид янз бүрийн арга замыг сэдэж байсан амуй.

## *Судалгааны эх сурвалж, хэрэглэгдэхүүн*

Энэхүү өгүүлэлдээ Монгол Улсын Тагнуулын ерөнхий газрын тусгай Архивд хадгалагдаж байгаа Чандмань уулын аймгийг Монголоос салгах гэсэн хэрэгт холбогдон байцаагдсан хүмүүсийн мэдүүлэг болох Л.Лааган[2], З.Заяат[3], мээрэн Хандсүрэн[4] нарын 1928 оны мэдүүлэг болон хожим нь Ө.Бадрах[5], З.Шижээ[6] болон тэдний хэрэгт холбогдсон Коминтерны ажилтнууд, Шинжаан, Казахын хэд хэдэн хүний 1938,1939,1940 онд байцааж, мэдүүлсэн хэргийн монгол болон орос материалууд[7] дотроос "Шар Санжийн хэрэг"-ийг тодруулахад холбогдох мэдүүлэг Лааганыг удаа дараа байцаасан хэргүүд болон Лааганаас Коминтерны нөхдүүдэд бичсэн захидлууд, Намын Их, Бага хуралд дээр дээрх хэрэгт холбогдуулан яригдсан зүйл зэргийг эх сурвалж болгон ашиглав. Миний бие тэдгээрт байгаа Монгол улсаас Чандмань уулын аймгийг салан тусгаарлуулах талаар ямар үйл ажиллагаа

---

① *Бага ястны /1931 он/ тоог бүдүүвчлэн бодвоос 100,000 тооны хүн ам буй бөгөөд энэ нь тус улсын хүн амын 7 хувийн 1 хувь болмой– ҮТА, Х–1, д1, хн 452, т.209. /С.Нямдоржоос дам ишлэв/.*

② ТЕГ, ТА, МБХ, хн 1338/3/.

③ ТЕГ, ТА,Товьёг 16, хн– Ц.1391/1/.

④ ТЕГ, ТА, ДЯЯ, Увс хэлтэс, хн 2941/1/.

⑤ Тагнуулын Ерөнхий Газрын Тусгай Архив, МБХ, хадгаламжийн нэгж 45(1).

⑥ Тагнуулын Ерөнхий Газрын Тусгай Архив (ТЕГ ТА) МБХ, х.н. 23, 27.

⑦ Монголын эрх баригч асан нарыг Панмонголизмын хэрэгт холбогдуулан Зөвлөлтөд байцаасан хэргийн материалын хуулбарыг Оросын тал 2014 онд Монголын талд ирүүлсэн байна.

явагдсан агаад ямар зорилготой хэрэг байсныг нээн харуулах эх материалуудыг түүвэрлэн ашигласан болой.

## Монголыг хагарган бутаргах үйл ажиллагаа

Чандмань уулын аймгийг[1] бие даалган Монголоос тусгаарлах гэсэн оролдлогыг түүхнээ "шар Санжийн хэрэг" хэмээх нэрээр орсон энэ хэрэг 1927 оны эцсээр илэрчээ. Шар хэмээх хочтой Санж[2] гэх хүн нэгэн ламаар мэргэ тавиулахдаа, Дөрвөдийг тусгаар болгох хэрэг бүтэх эсэх талаар мэргэлүүлснээр эл хэргийн мөрөөр оржээ. Ингээд энэ хэрэгт холбогдуулан Чандмань уулын аймгийн дарга Намын хянан шалгах комиссын дарга Л. Лааган, Аймгийн ХЗЭ-ийн хорооны дарга А.Дадан, Намын Төв Хорооны гишүүн З.Заяат, Цагааннуурын худалдааны баазын дарга Б.Нанзад, Зэргийн хүрээний гавж лам, хошууны түшмэл Б.Хандсүрэн, шар Санж, Янжив, Харлаг бэйс Аюурзана, Борбанди зэргийн 10 хүнийг баривчлан байцаасан байна. Эдгээр хүмүүсийг байцаасан хэргийн материал бүрэн хадгалагдаагүй, тухайлбал эл хэрэгт нэлээд оролцоотой Санж, Ө.Бадрах, Дадан нарын мэдүүлгүүд үлдэж хоцроогүй бөгөөд МАХН-ын VII их хурлын дараа Коминтерны төлөөлөгчид шар Санжийн хэргийн хэргийн материалыг авч явсан гэх ам дамжсан мэдээ байна. Гэхдээ өдгөө ТЕГ-ын Архивд Лосолын Лааган[3], Занарын Заяат[4], мэйрэн асан Хандсүрэн[5] нарын 1928 оны байцаалтын мэдүүлгүүд байна. Тэдгээрт тулгуурлан болсон явдлыг сэргээн өчсүү.

### 1. *Тухайн үед Чандмань уулын аймгийн дарга Намын хянан шалгах комиссын даргаар ажиллаж байсан Лосолын Лааганы мэдүүлгүүд*

Чандмань уулын аймгийн Намын хянан байцаахын дарга Лааганыг 1928 оны 8 сард Намын Төв Хороо, Намын хянан байцаах болон Ц.Жамсрановын зөвшөөрлөөр Дотоодыг хамгаалах газар /ДХГ/-аас баривчлан Улаанбаатарт авчирч сар гаруй хоног хорьж, 3 удаа мөрдөн байцаалт хийжээ[6].

МАХН-ын 7 дугаар их хуралд дээр Намын Хянан байцаах комиссын нарийн бичгийн

① 1925 онд Монголын баруун хязгаарын Дөрвөдийн хоёр аймгийг нэгтгэн Чандмань уулын аймаг хэмээн 8 хошуу, 41 сум,115 багаас бүрдсэн нэгэн аймаг болгожээ.

② Чандмань уулын аймгийн Төгсбуянт уулын хошууны хүн. 1920-иод оны үед Намын төв сургуульд сурч байсан, дараа нь Эрхүү хотын Гадаад хэлний дээд сургуульд суралцсан, баригдах үед Улаангомын банкинд орчуулагчаар ажиллаж байжээ.

③ Түүхч Д.Тодын хувийн тэмдэглэлд байгаа Лааганыг 1928 оны 8 сарын 31,9 сарын 11,17-ны өдрүүдэд байцаагдсан хэргийн талаар бичсэн гар бичмэлээс эш татан дам ашиглав. Учир нь миний бие тэдгээр мэдүүлгийг Архиваас өөрийн нүдээр харж үзсэнгүй учир болой.

④ ТЕГ,ТА,Товьёг16, хн Ц.1391(1).

⑤ ТЕГ,ТА,ДЯЯ.Увс хэлтэс,хн 2941(1).

⑥ ТЕГ, ТА, Ф–БХ, хн536.

дарга Норовсүрэнгийн хэлсэн үгэнд: "ДХГ-аас нэгэн цахилгаан утас ирүүлсэн, уг утасны үг нь Дөрвөд аймгийг тусгай улс болгох хэмээсэн шар Санжийн хэрэг илэрч ... Лааган, Дадан нар холбогдсон гэсэн учир тэр тухайд нөхөр Лосол, Дэлгэрсэн үгүй байсан агаад Жамсрановт үзүүлсэнд Лааганы хэргийг түүгээр гүйцэтгэвээс болно хэмээн ... зөвшөөрөл өгвөөс зохино гэж хэлсэн ... Жамсрановоос ... дахин шаардан хэлсэн ёсоор зөвшөөрөл өгсөн ..."[1] гэснээс үзэхэд Намын Хянан Байцаах шугамаар анх илэрч, мөрдөн байцаалтыг Дотоодыг Хамгаалах Газар эрхлэн гүйцэтгэсэн байна. Эл хэрэг хууль хяналтын газраар явалгүй Намын хэрэг болон өрнөжээ. Өөр нэг эх сурвалжид ДХГ-ын дарга асан Н.Хаянхирваа 1932 оны 1 дүгээр сарын 24-нд МАХН-ын Төв Хороонд бичсэн өргөдөлдөө: "... Гэлэгсэнгэ /НТХ-ны тэргүүлэгч/, Норовсүрэн /Намын хянан байцаахын даргыг орлож байсан/ нараас асуухад...энэ мэт мэдээ болбоос баруун хязгаар явсан чухал нөхдүүдээс авчирч өгсөн,...холбогдсон улсуудыг барих хэрэгтэй гэсэн. Би эл хэргийг огт үзэж мэдээгүй, нөгөө талаар манай ангийн /ДХГ/ газар ороогүй боловч танай заавар, тушаалын ёсоор гүйцэтгэсэн ... гээд явсан"[2] гэжээ. Энэ байдал нь Дөрвөдийг салан тусгаарлах гэсэн үйл ажиллагаа үндэслэлгүй гэх, мөн намын доторх анги бүлгийн зөрчлийн улмаас сөрөг хүчнийг баривчлиж, хэлмэгдүүлж байна гэсэн үг яриа бүрэн үндэстэй мэт болгон харуулахуйц нэгэн зүйл болжээ. Гэтэл хэрэг явдлын өрнөлт өөр дүр зургийг харуулж байна.

Ингээд дээр өгүүлсэнчлэн Л.Лааганыг Дотоодыг хамгаалах газар гурван удаа байцаасны анхных нь 1928 оны 8 сарын 31-нд болжээ. Лааган МАХН-ын IV их хуралд ирэхэд Сангийн яамны сайд байсан Бадрах, Гэндэн нартай танилцсан тухай мэдүүлжээ. Тэд түүнийг Коминтерны төлөөлөгч Амагаевтэй уулзуулж, танилцуулжээ. Дараа нь Намын VI их хуралд ирэхэд тус намынхан баруунтан, зүүнтэн[3] болон хагарсан үе байв. Баруунтан хэмээн нэрлэгдсэн Монголыг үндэсний ардчилсан чиг шугамаар явуулах гэсэн нэгэн хэсгийн эсрэг зүүнтэнүүд хэмээн нэрлэгдсэн Коминтерны бодлогыг тус оронд үг дуугүй явуулах гэсэн хэсгийнхний хооронд тэмцэл явж байсан тэр үед Лааган зүүнтний эгнээнд оржээ. Тэр үеэс тэрээр Коминтерны нөхөдтэй захидал бичгээр харилцаж, нутаг орны байдал болон намын баруун ангийнхны талаар мэдээлэх болжээ.

1928 оны 9 сарын 11-ны өдөр Лааган мэдүүлэхдээ: 1928 оны хавар Улаанбаатарт Намын төв хорооны бага хуралд оролцох үед Хурлын нарийн бичгийн дарга Нанзад тэр хоёрт НТХ-ны гишүүн Бадрах манай аймгийг ялгаж үзэж байна, тиймээс автономит эрхтэй монголоор

---

①　МАХН–ын VII их хурал.УБ.,1980, т.136.

②　Д.Авирмэд. Л.Лааган ба улс төрийн хэлмэгдэл. Илтгэлээс дам эшлэв / Н.Хаянхирваа 1932.01.27–нд НТХ–д намд элсүүлэхийг хүссэн өргөдөл/.

③　Бадрах, Гэндэн, Дорлигжав нар хөдөөгийн төлөөлөгчдийг дагуулан зүүн анги болсон, харин Цэвээнжамсранов, Дамбадорж, Жадамба, Гэлэгсэнгэ, Хаянхирваа нарын биес хотын ба цэргийн төлөөлөгч нарыг биедээ татан баруун анги болсон байв. Баруунтнууд Коминтерны зүгээс Монголын хэрэгт хэт их оролцож байгааг эсэргүүцэж, түүний төлөөлөгч Амагаев, Райтер нарыг элдвээр хавчиж, хойш эргүүлэн татуулж байсан.

удирдуулсан тусгаар улс болбол зүгээр гэх мэт гурван ч удаа хэлснийг сонссон байснаас өөр зөвлөлдөж ярилцсан зүйлгүй. Одоо сэхээрэн бодвоос эл хэргийг удтал дуугүй дарагдуулж явсан нь миний хүлээсэн үүрэг тушаалын хэрэгт огтхон ч нийлэлцсэнгүй.

Бас ч Лааган миний бие хадны завсар хавчуулсан мэт явсан хүн болно. Юу хэмээвээс Бадрах болбоос тус аймгийн итгэмжилвээс болох боловсронгуй нөхөр болохын дээр төв газар нам засгийн сонгууль хүлээж яваа тул түүний саналыг онц итгэмжлэн явдаг. Түүний удаа дараа хэлсэн тусгаар улс болох гэсэн үгийг хэдийгээр зөвшөөрөн ярилцсан зүйлгүй боловч, эл хэргийг шууд илэрхийлэн гаргаваас дотор зуураа хэрхэн ямар зүйлийг үг шүүмжлэл гарч будлиан болох бий хэмээн болгоомжилж удтал дуугүй дарагдуулж явсан. Тэр байтугай би язгуурын Хан Тайшир уулын аймгийн хүн болох атал эцэг өвгийн үеэс эхлэн Ховдын тариачин хошууны нутагт удтал нутаглан идээшлийг дагаж мөн хошууны ардуудыг дагаж Чандмань уулсын аймгийн Наранхайрхан уулын хошууны харьяат гэж яваа болно.

Бадрахын эл байдлаас ер тусгүй хүн юм хэмээн санаж, ер нь холдож явъя гэх санаа төрсөнөөс өөр түүнтэй ийнхүү тусгаар улс болох хэмээсэн хэрэгт өчүүхэн төдий ч дотночлон зөвшөөрч ярилцсан зүйлгүй нь түмэн үнэн. Миний ийнхүү гянданд хоригдох зэргээр зовлон зүдүүрийг хүлээж бүхий нь Бадрахаас тусгаар улс болох хэмээсэн зэргээс болж буй хэрэг юм"гэж мэдүүлснээс үзэхэд Бадрах л Дөрвөдийг тусгаар бөгөөд автономит эрхтэй улс болгох талаар удаа дараа ярьж байсан, харин Лааган өөрөө эл хэрэгт холбогдолгүй гэж мэдүүлжээ.

Лааган 9 сарын 17-ний өдрийн хоёр дахь байцаалтад: "Бадрахаас надад ингэж хэлэв хэмээн нутгийн хүмүүст огт хэлсэнгүй дув дугуй явж байтал Төгсбуянтын хошууны бөгөөд тус аймгийн Хянан байцаагчийн төлөөлөгч Цэрэнжаваас ирсэн мэдээнд мөн хошууны шар Санжаас коммунизмын мөрийн хөтөлбөрт бага ястан улсыг тусгаар болгох хэмээсэн байдаг. Одоо манай дөрвөд тэр ёсоор тусгаар улс болвоос зүгээр гэх үгийг бусдад битүүхэн хэлж яваа хэмээсэн. Үзээд уг хэрэг тодорхойгүй тул зохих газар мэдээлэхийг түдгэлзээж дахин боловсруулан тодорхойлж ируүлэхээр мөн төлөөлөгчид албан захидал явуулаад хүлээж байтал тэр хошууны тамгын газраас ба Цэрэнжаваас аймгийн Нам ба Хянан байцаах надад албан бичиг тодорхойлон ируүлсэн...мөн Баянчандмань хошуун дахь намын хорооны дарга Янживаас шар Санж, Бадрах хэлсэн хэмээн Дөрвөд аймгийг тусгаар улс болгох юмсан гэсэн үгийг надад мөн хэлсэн" гэж мэдүүлсэн байна. Энэ мэдүүлгээс үзвэл шар Санж Бадрахын хэлсэн зүйлийг тарааж явж байжээ гэж үзэж болохоор байна.

Дөрвөдийг автономит эрхтэй улс болгох хэмээсэн Лааганы тодорхой үйлдэл байгаагүй нь ДХГ-ын мэдээгээр мөн батлагдаж байна. Гэхдээ тэрбээр Бадрахын үг яриа, үзэл санааг мэдэх атал яагаад бусдад энэ талаар хэлж байсангүй бэ? -гэсэн асуулт тавигдана. Мөн түүнийг уул хэрэгт холбогдоно хэмээн орон нутгаас баривчлагдсан хүмүүс мэдүүлсэн байна. Ховд аймаг дахь Дотоодыг хамгаалах ангийн ажилтан Анхбаяр, Жамьянпил нарын бичсэн илтгэх хуудсанд: "шар Санжид Бадрахаас Чандмань уулын аймаг Алтайн Урианхай хоёр тусгай улс болохыг хичээнэ гэж хэлсэн гэнэ...та мэдэв үү? хэмээн Лааганаас асуухад, би тийм зүйлийг даанч сонссон газаргүй. Ер энэ хэргийг нөхөр Бадрах надад хэлэх учиртай. Гэтэл тийм үгийг хэлээгүй" гэж тэмдэглэсэн байна. Ийнхүү Лааган өөрөө эл хэрэгт холбогдолгүй гэх, нөгөө талаар шар Санжийн хэрэгт холбогдон байцаагдсан Заят, Хандсүрэн нар түүнийг холбоотой хэмээн мэдүүлсэн хоёр зөрөөтэй эх сурвалжууд байна.

Ө.Бадрахаас Дөрвөдийн автономит улс байгуулах талаар ярьсан зүйлийг дарагдуулсан учир шалтгаан нь гэвэл Л.Лааган хэдийбээр зүүн ангийн идэвхтэй гишүүн байсан боловч эл үед намын зүүн, баруун ангийн тэмцэл ид хурцдаж энэ тэмцлийг Коминтернээс далдуур зохион байгуулан удирдаж байсан хүнд үед Монгол улсын нэгдмэл байдлыг алдагдуулахгүй байхыг тэрбээр эрмэлзэж байсан юм болов уу? хэмээн бодном, би.

Дотоодыг хамгаалах газраас хэрэгт холбогдсон хүмүүсийг байцаасан хэргийн материалтай Коминтерны Гүйцэтгэх хорооны тэргүүлэгч гишүүн Б.Шмераль 1928 оны 9 сарын сүүлчээр Монголд ирмэгцээ үтэр түргэн танилцсан байх бөгөөд тэрээр энэ хэрэгт холбогдсон Л.Лааганыг суллуулах талаар ихэд хүчин чармайлт гаргажээ. Тэрээр МАХН-ын ТХ-ны III бүгд хурал дээр: "...Лааганы тухай хэрэг учрыг үзэж танилцсан...Дөрвөд аймгийг хувьсгалт Монголоос салгах нь Коминтерны бодлогод зөрүү болно... Харин энэ хүний тухай магадыг олж үнэхээр үндсэнд хортой хэрэг гарсан нь илэрхий болбоос тэр цагт барихад хожимдох явдалгүй" гэжээ. Мөн үүний өмнөхөн НТХ-ны суртлын хэлтсийн дарга Ц. Дамбадоржийг Москвад байх үед Б. Шмераль уулзалт хийж, ...одоо танай Монголын байдал багахан төвөгтэй болж байна, танай намын баруун анги нь зүүнийг баривчилж байна, баригдсан нөхдийг суллахыг Коминтерн хүсч байна гэжээ. Дамбадорж үүнд гайхаж хариу өгөхдөө: баруун анги нь зүүнийг барьж буй хэмээхийг ердөө мэдэхгүй, энэ хэрэг бол намын бус, төрийн шугамаар явагдаж буй арга хэмжээ байх гэжээ[1]. Дамбадорж Улаанбаатарт ирээд Лаагаанг суллаагүй байна[2].

Лааган баривчлагдан байцаагдаж байх үедээ буюу 1925 оны 9 сарын 21-ний өдөр М.Амагаевт[3] тусламж хүссэн захидал илгээжээ. Түүндээ: "Бадрах Дөрвөдийг Монголоор удирдуулсан автономит эрхтэй улс болговол зохино хэмээн ярьж байсныг сонсож байсан... Бадрах бид хоёрын хооронд өс хонзон огт үгүй, гишүүний хувиар хэзээнээс эхлэн эв найрамдалтай явсан хүмүүс болох тул Бадрах би болбоос илтгэлтэй нөхөр гэж итгэж явсан хүн. Гэтэл одоо хилс үг ба хэлэхтүй хэмээснийг үзүүл Лааган миний амь хорлох эрлэг мөн зүйл байна...тэрний мэдүүлснээс өөрчлөх зүйл огт үгүй учир батлан тэмдэглэхээс гадна өчүүхэн хүний байдал учир ийм болох, дээд газраас нэвтлүүлэн толилж, эл хэргийн туйлын үнэн мөн ялгаварлан илэрхийлж даруй түргэн гүйцэтгэн өршөөх болов уу хэмээн өгүүлэн мэдүүлэв"[4] гэжээ.

Лааганыг баривчлагдан байцаагдаж байхад Чандмань уулын аймгийн намын байгууллагаас Намын VII их хуралд сонгогдсон төлөөлөгчдөөс нэр бүхий 13 хүн гарын үсэг

① Ч. Дашдаваа *Монгол дахь төрийн эргэлт*. УБ., 2008, т.155.

② ТЕГ, ТА, МБХ 1338, хавтаст хэрэг 3.

③ 1924–1927 онд Коминтерны төлөөлөгчөөр Монголд ажиллаж байсан.

④ ТЕГ,ТА,Товьёг16, хн Ц.1391(1), т.4–5.

зурсан мэдэгдлийг НТХ-нд өргөн барьжээ. Түүнд, Лааган хэзээ ч зүй бус хэрэгт хутгалдаж байгаагүй, ...салан тусгаарлахыг эрмэлзсэн хандлага манайд бий, гэвч Лааган энэ хэрэгт зүй бусаар холбогдсон нь бас бидний буруу гэдгийг төлөөлөгчид бид мэдэгдэж байна гэжээ. Эл бичгийг мөн Коминтерны комиссод бас илгээжээ①. Ингээд Лаагонг 10 сарын 3-нд батлан даалтаар гаргаад, төдөлгүй бүрмөсөн сулласан байна. Улмаар түүнийг албан тушаал дэвшүүлэн Намын Хянан шалгах хорооны дарга болсон байна.

Хожим Л.Лааган 1935 онд Лхүмбийн хэрэгт холбогдон байцаагдсан үед өгсөн нэгэн мэдүүлэгтээ: "18 оны 7 сард миний биетэй хамт дөрвөд Дадан, Хандсүрэн, Янжив нар баригдан ирээд төв хамгаалахад байцаагдаж, 40 гаруй хоног хоригдсон...бэйс Аюурзаныг Чандмань уулын аймгийг тусгаарлах хэрэг болон Гомбо-Идшин нарын хэрэгт холбогдуулан буудан алж устгасан бөлгөө" ② хэмээжээ.

Лаагангийн мэдүүлгүүдээс үзэхэд Дөрвөдийг автономит эрхтэй Монголын харьяаны улс болгох хэргийн гол эзэн Бадрах болж байгаагаас гадна эл хэргийг Коминтерныхан мэдэж байсныг батлах баримтууд байна. Данс харааны газарт Л.Лааганаас Коминтерны Дорнодын хэлтэс болон Амагаев нарт бичсэн захидлууд хадгалагдан үлдсэн байх агаад тэдгээрээс үзэхэд Лааган нь Коминтерныг ихэд дээдлэгч байжээ.

Лааган нь өөрөө Ховдын уугуул биш байсан агаад тэрээр тэнд идээшин суусан, мөн тус нутагт хариуцлагатай алба хашиж байсныхаа хувьд тэрбээр хязгаарын эрх ашгийг ямар нэгэн хэмжээгээр хамгаалагч байжээ. Намын VI их хуралд дээр Дамбадорж: "баруун аймгийн бага ястан ардууд улсын өмнө ямар ч үүрэггүй энгийн сууж байгаа. Бага ястан аймгийн ардууд бодолгүй, зэрлэг танхай байдалтай, тэр ч байтугай Монгол улсын шинээр гаргасан мөнгөн төгрөгийн явдал дээр ихээхэн өгүүллийг тэдний лам нараас гаргасан байна" хэмээн илтгэхэд Лааган үүнд нь сөргүүлэн хэлсэн нь: "Халхын 3 аймаг ганц захиргаатай байхад баруун хязгаарын бага ястан аймаг 3 давхар захиргаатай: Ховдын жанжин яам, Ховдын сайд, Чандмань уулын аймагт суулгасан Засгийн газрын төлөөний түшмэл зэргээр захируулж буй учир юу юм гэх зэргээр хэл өгүүлэл гарсанд Дамбадоржоос хариу өгөөгүй байна" ③.

## 2. Ховд аймгийн Алтан Цөгц сумын нэгдүгээр багийн харьяат, НТХ-ны гишүүн Занарын Заяат

Заяат (урианхай) 1928 онд баригдахын өмнө Ховд аймгийн Цагаан нуурын худалдааны баазад ажиллаж байжээ. Тэрбээр анхны байцаалтад: Заяат миний бие 1926 оноос эхлэн баруун зүүн хэмээх эсэргүү бүлгийн хэргийн зүүн бүлгийн этгээд нэрийдэл дор явсан нөхөд тэр цагт Бадрах ба Лааган нараар толгойлуулсан Загд, Дадан, Эрдэнэ, Борбаньди, Алгаа, Янжив нарын тэргүүтэй ангид нийлэн нэгдэж уг хэрэгт туйлын идэвхтэйгээр оролцон ажиллаж явсан болох учир өөрийн ангид хань гишүүн элсүүлэх буюу тэр үеийн их бага

---

① УТА, Ф445, Д1, хн 98, т.31–32.

② ТЕГ, ТА, Л.Лааган. МБХ 1338, хавтаст хэрэг 5.

③ ТЕГ,ТА, хн–1338(3).

хуралдаанд гавшгайгаар зүтгэн тэмцэж явсан зэрэг явдлыг товч мэдүүлэхэд... тус улсын хувьсгал ба засаг төрийг эсэргүүцсэн хувьсгалын эсэргүү үйл хэрэг хийж тус улсын хөгжилт хийгээд, ерөөс Монгол улс нь тусгаар улс болж үл чадмой гэж бодож... тиймээс дөрвөдийн уриалгыг зөвшөөрөн хүлээсэн бөлгөө. Заяат би тус улс нь Холбоот улсаас салж Японыг түшиглэсэн засаг төрийг байгуулах явдал амжилтыг олж бүрэлдвээс... тийнхүү япон нь ямарч эргэлзээгүй болсон хэрэг хэмээх эрмэлзэл бодлого хөдөлбөргүйгээр төөрөгдсөн бөлгөө. Би өмнө худалдааны ажлыг саатуулах, СССР-ийн худалдааг мууцлан гоочлох г.м. хорлох болон сүйтгэх ажиллагаа хийдэг① гэж мэдүүлжээ. Энэ мэдүүлгээс үзэхэд анх дөрвөдөөс ( нийт дөрвөдүүдээс бус болов уу- Ж.У.) салан тусгаарлах гэсэн хэргийг санаачлан баруун хязгаарын бусад ястнуудад уриалга гаргасан нь тодорхой байна.

Дараагийн байцаалтанд Заяатаас – Таны бие Чандмань аймгийг тусгаарлах хэмээсэн хэргийг чухам хэний удирдлагаар, ямар улс төрийн зорилтоор, хэн хэний хамтаар хийж байсан бэ?гэсэн асуулт тавьжээ. Чингэхэд тэр:"1927 онд Улсын Их хуралд оролцохоор очиход Чандмань аймгийн төлөөлөгч Дадантай тааралдсан, тэр намайг илтгэмжлэх болох хүн хэмээн үзэж...одоо монгол улаан оросын хөлөөс ангижирч нэгэн үндэс угсаа бүгд урьд удаа түшиж тулсаар ирсэн хятад, япон② дор нэгдэн хаант засаг бүхий тусгаар улсыг байгуулах нь чухал болж буй бөгөөд энэ тухай намын төв хорооны дарга Дамбадорж, Жадамба нарт монголын хуучин халх, дөрвөд аймгийг хятадын генерал Фэн Юйсиантэй (Feng Yuxiang) хүчнийг нэгтгэн гоминьдан намын удирдлагаар Холбоот улсаас салган хятадын захиргаанд бүр мөсөн шилжүүлж барга, дотоод монгол, гадаад монгол зэргийг нэгтгэсэн их Монгол үндэстний улс төрийг Японы удирдлага тусламжийн дор байгуулхыг Бадрах, Лааган, Дадан бид нар... Монголоос үүгээр тасарч үлдсэнээр Чандмань уулын аймгийн дөрвөд, баяд, мянгад, өөлд, захчин, торгууд, хасаг, урианхай, тариачин хошуу зэрэг холимог бага ястнуудыг нэгтгэн Тагнад нийлүүлж, Тагнад сая үүсэн буй болж байсан хувьсгалыг Манжуурт буй урьдын япон зэр зэвсгийн тусламжтайгаар устган, мөнхүү японы мэдлийн дор хаант засаг бүхий улсыг байгуулах ба улмаар урд ангижирч тусгаарласан халхын 4 аймаг, барга, дотоод монгол, түвэдийг нэгтгэсэн их монгол улстай нийлж бүх дэлхийн хувьсгалын эх орон болох Зөвлөлт холбоот улсыг Япон Хятадын эзэрхэг түрэмгий нар лугаа хүчийг нэгтгэн устгаж умдарган чанагш японы бүрэн эрх мэдлийн дор их ачийг нэгтгэсэн улсыг байгуулахаар зорьж буй. Ийм улс төрийн зорилт дор болохыг Бадрахаас надад тодорхой ярив" гэж Дадан хэлсэн.

Дамбадорж, Бадрах бид нараас ийнхүү Халх ба Чандмань аймгийг тусгаарлан салгах хэмээсэн зорилтыг Зөвлөлт улсад мэдэгдүүлэхгүйн тулд эцсийн үед улааны хөдөлгөөнөөр илрэхэд хүрвэл, нэгд: большевик намын мөрийн хөтөлбөрт заасан ёсоор бага ястан үндэстэн бол өөртөө тусгаар эрх чөлөөтэйгээр тогтнож болох хэмээсэн зүйлийг баримталж Чандманыг тусгаарлаж Тагнатай нийлүүлэх хэмээсэн гэж урвуулах ба хэрэв чингээд тус болохгүйд хүрвэл Дамбадорж, Жадамба нарын Хятад, Японыг түших хэмээсэн шууд барууны этгээд

---

① Мөн тэнд, Заяатын хавтаст хэрэг.

② Японоос удаа дараа тусламж гуйх оролдлого хийж байсныг хэлсэн бололтой.

болгож, нөгөө Бадрахын хэсэг нь тэдгээр лугаа тэмцсэн зүүний намын нөхөд болгож, уг эсэргүү зүг зүтгэн намын журмын гажуудал буюу намын талцалаар засагдах улс төрийн урсгал болгон үзэж болохыг оролдох хэрэгтэй хэмээн Бадрах хэлснийг[1] чамд үнэнхүү итгэн найдаж хэлэв хэмээхэд "миний бие та нараас ийнхүү шийдвэрлэн Чандмань аймгийг тусгаарлаж, Тагнатай нийлүүлэх гэсэн явдлыг миний бие дуртайяа зөвшөөрч бүх хүчээ дайчлан оролдмой хэмээн анх эсэргүү бүлэгт элсэн орсон нь чин үнэн болохыг батлан мэдүүлсүгэй" [2] гэжээ. Энэхүү мэдүүлгээс Бадрахын тактикийг харж болох мэт.

Заяат нь тэр үед жанжин яамны мэдэл дор байсан Урианхайн долоо хошууг Чандмань аймагт багтаан оруулах хийгээд Чандмань аймгийг тусгаарлахад боломж нөхцөл бүхий сайн сайн түшмэл, шар ба хар ноёдыг аймгийн яам ба олон нийтийн газруудаас сонгож шургуулах, өөрийн ажлын тухай Лааган бид нараас сонсгол авч Бадрахтай харилцаж байх үүрэг авч идэвхтэй ажиллаж байжээ. Эл хэрэгтээ ашиглахаар түшмэл зарагч Сурахбаяр, Чүлтэм да лам, захирагч Түвшинбат, Дорлог нарын зэрэг этгээдүүдийг Алтайн Урианхайн захиргаанд шургуулсан байна. 1928 онд хуралдсан Чандмань аймгийн их хурал дээр хэрхэн хагаралдсан талаар Лааганаас Бадрахад захидал бичиж явуулсанг Заяат мэдүүлжээ. Мөн тэрээр хэн хэнийг элсүүлэн авснаа нэр заан тоочин бичээд тэдний бүлэгт 22 хүн байжээ. Заяат, Чандмань уулын аймгийг тусгаар болгох хэргийн ерөнхий удирдагч нь Бадрах, Лааган нар, Дөрвөдөд Дадан, Санж г.м. 20 гаруй хүн, Урианхайд Сурахбаяр г.м. 15 хүн, өөлд 9 хүн, мянгад 5 хүн, захчин 3 хүн, торгууд 3 хүн, тариачинд 6 хүнийг нэрийг тоочин бичээд, эсэргүү бүлэг ямар зохион байгуулалт хийн ажиллаж байсныг зураглан мэдүүлжээ.

Заяат нь Алтайн чанад дахь[3] урианхайн ноёдтой захидлаар харилцдаг байжээ. Тэр нутаг сууж буй урианхайчууд элдэв алба татвар, өртөө, цэргийн алба хаахгүй тайван сайхан амьдарч байна гэж бичдэг байсан боловч, хоёр улсын бүрэлдэхүүнд хуваагдан орсон тэдний заримынхан ах дүү, садан төрлөөс Монголд үлдсэн нь байжээ. Мөн 1926 онд 300 гаруй өрх айл урдаас хойш нүүдлэн орох гэсэн боловч Орос, Монголын хилийн харуул тэднийг нэвтрүүлээгүй тухай Заяат мэдүүлжээ. Мөн тэрээр эсэргүү бослого гарах үед хэрэглэх зэвсгийг Аймгийн дарга Борбаньди болон Заяат миний биэс Цагаан нуурын захиргаанд ирсэн ангийн буунуудыг хураан хадгалж байснаа батлан мэдүүлжээ.

Заяат 1928 оны 3 сарын 10-ны өдрийн гурав дахь байцаалтад салан тусгаарласан бага ястнуудын төвийг харгалзан Ховдод Чандмань аймгийг төвийг байгуулах тухай Бадрахын саналыг дурджээ. Заяат нь ард олны сэтгэлийг алдагдуулахын тулд халхууд бага ястнуудыг дээрэлхэж байна гэх, лам нарыг өдөөн хатгаж бослого хөдөлгөөн хэрхэн дэгдээж байснаа мэдүүлээд Бадрахын захидлыг Алтайн урианхай, Үрүмч, Ланьчжоу, Шиньжаан зэрэг газар хэрхэн дамжуулж байснаа мэдүүлжээ. Мөн тэрээр Чандмань уулыг аймгийг тусгаар болгох

---

① Чухам ийм тайлбарыг Коминтерныхан эл хэрэгт өгсөн билээ.

② ТЕГ,ТА,Товьёг16, хн Ц.1391(1), т.14.

③ Алтайн урианхайн Алтай уулын чанад дахь нутгийг Ховд дахь Оросын консул Кузминьский Палт вантай 1913 онд гэрээ байгуулан Хятадын талд шилжүүлсэн юм.

· 235 ·

хэрэгт Лааган хэрхэн оролцож байсныг хэлсэн байна. Улмаар мэдүүлгийн төгсгөлд: эл мэдүүлгийг Заяат би өөрөө нэг нэгэнгүй дахин дахин уншиж танилцсанд нэмэх, хасах, өөрчлөх зүйл үгүй, чин үнэн болохыг баталж гарын үсгийг зурав. Байцаагдсан Заяат, байцаасан Цэвээнжав гэжээ.[①]

### 3. *Увс аймгийн Түргэн гол сумын мээрэн асан Б.Хандсүрэнгийн мэдүүлэг*

Хандсүрэнгээс, яагаад Ардын засгийн эсрэг үйл ажиллагаа явуулах болсон болон хийж байсан үйл хэргүүдээ 6 зүйлээр тодорхойлон мэдүүлжээ. 1924 онд Бүгд найрамдах засаг тогтоож феодал ноёд ба түшмэл нарын улс төрийн эрх ямба ба хэргэм тушаалыг шууд хязгаарлаж, мань мэтийн харчуулын түшмэл этгээд нарыг ямарч эрх мэдэлгүй болгосон ба бас феодалын ёсны хамгийн ноцтой зэвсэг болох ард олны хээзээнээс нааш шүтэж биширч ирсэн шарын шашныг хөгжин мандахыг зогсоосон нь илт баримттай болж ирсэн учраас миний бие нам засагт шууд дургүй болж анх 1926 онд Намын төв хорооны нарийн бичгийн дарга байсан баруун Дамбадоржийн удирдлагаар[②] Төгсбуянтын хошуу тамгын газар төвлөж байсан хувьсгалын эсэргүү бүлгэмд элсэн орсон ба бидний эгнээнд Тамгын газрын Аюур, феодал Түмэндэмбэрэлжав, захирагч Бэрдүү нар байсан. Дамбадорж: "манай улс нь улаан Оросыг түшиглэж бурхан шашин мандах хөгжих явдалд саад тавьж, хятад улсаас тусгаарласан засгийг явуулахад ямар ч ашиг үгүй болой. Иймд энэхүү ардын засгийг унагаж шашин төрийг хослуулсан хуучин феодалын хаант засгийг дахин байгуулж шашин бурхнаа үргэлжид мандуулахыг оролдох хэрэгтэй... тиймээс чи бидэн луугаа нийлэлдэж энэхүү ардын хувьсгалт засгийг устган хуучин засгийг сэргээн байгуулж, улаан оросын гараас ангижран салахыг оролдох хэрэгтэй... гэснийг би дуртайяа зөвшөөрч, хувьсгалын эсэргүү бүлэгт элсэн орсон. Анхны хурлыг Далай хан асан Түмэндэмбэрэлжавын байшинд хийж... удирдах хүмүүс нь хан асан өөрөө, захирагч Аюур, Бэрдүү, Сөсэй нар...ажлын нууцыг хадгалах... Палт вангаар дамжуулан Хятадаас зэр зэвсгийн тусламж авахаар лам Моломпунцагийг явуулах... ард олны сэтгэлийг өөрийн талд татахын тулд ухуулга хийх, шашны г.м. ном зохиолоор дамжуулан бурхан шашныг мандуулахад хүн бүхний оролцоо чухал гэсэн уриалгыг тарааж байсан. 1928 оны 2 сарын сүүлээр Мөрөн хүрээний баруун жасааны гэрт дахин хуралдсан бөгөөд Шинжаан мужаар дамжуулан төлөөлөгчийг Хятадын төв засгийн газраас зэр зэвсгийн тусламж хүсэх тухай, мөн Тагна руу төлөөлөгч илгээж өөрсдийн хэрэг зоригийн талаар таниулах зэрэг ажлыг хэлэлцсэн. Шинжаан мужийнхантай Палт ван болон Чүлтэм да ламаар дамжуулан харилцаж, зэр зэвсгийн тусламж авах асуудлыг Хандсүрэн би хариуцаж байлаа. Би мөн Түмэндэмбэрэлжав ханы хүү Түмэнцэрэн

---

① Заяатын хавтаст хэрэг, т.23–31.

② Энд Дамбадоржийн нэрийг дурьдсан болон хожим нь Бадрах 1938 оны мэдүүлэгт мөн Дамбадорж дөрвөдийн салан тусгаарлагч үзэлтнүүдийг дэмжиж байсан талаар бичсэн зүйлд миний бие ихээхэн эргэлзэж байна. Дамбадорж нь Баруун хязгаарын асуудлыг зохицуулах үүрэг бүхий тэр нутгаар явсан нь үнэн боловч чухам салан тусгаарлах хөдөлгөөнийг дэмжиж байсан гэсэн нь үнэнд нийцэхгүй болов уу.

Шар сүмээс үлэмж тооны цэрэгтэй нааш ирж ардын засгийг унагаах гэж байна гэсэн цуу яриа тарааж, олон түмний сэтгэл санааг уймрах зүйлийг 1927 онд хийсэн".

Улаангом дахь Монгол банкны орчуулагч шар хэмээх Санжаас 1927 оны хавар Төгсбуянт уулын хошууны тамгын газар ирж надад дотночлон хэлсэн нь: Большевик намын мөрийн хөтөлбөрт аливаа дарлагдсан бага буурай улсууд тус тусдаан эрх чөлөөг тэмцэн авч тусгаар тогтнох учрыг тодорхой заасан буй тул манай дөрвөдүүд Монгол улсаас тусгаарлан салж өөртөө эрхтэй тусгаар улс болон тогтнох эрхтэй болох учир ийнхүү тусгаар тогтнуулах явдалд миний бие чармайн зүтгэсээр буй. Иймд чи эл хэрэгт оролцон туслалцамой хэмээхэд би жинхэнэ хамаг дуртай зөвшөөрч эл хэрэгт оролцож явсан бөгөөд энэ тухай тэр үед Дотоодыг хамгаалахын ангид баригдаж Улаанбаатар хотноо хүргэгдсэн боловч ямарч ял шийтгэлгүй суллагдан ирсэн билээ. Дараа нь Төгсбуянтын хийдийн лам нарыг өдөөн хатгаж, ард олон үймэх явдлыг турхирсан үйл ажиллагаа явуулж байсан мөн сумын захиргаанд ажиллаж байхдаа элдэв ажил хэрэгт саад хийж байснаа мэдүүлээд, тэдний хувьсгалын эсэргүү ажилд нь идэвхтэй оролцдог 25 хүний нэр дурьдсан дотор аймгийн орлогч дарга байсан Мэраажин, Бага хурлын гишүүн байсан Цэрэнжав болон ноёд, түмэд, лам нар байна.

### 4. Намын Тов Хорооны нарийн бичгийн дарга Ө.Бадрах

Шар Санжийн хэрэгт холбогдон баривчлагдсан Лааган мэдүүлэгтээ: 1928 оны хавар Бадрах түүнд манай аймгийн нэгэн ард албан татвараа төлж чадахгүй болж үхэв①. Одоо манай аймаг автономит эрхтэй монголоор удирдуулсан тусгаар улс болбол СССР улстай адил болж юунд ингэж дарлагдах билээ. Тэр мөн өөр нэг өдөр манай Чандмань уулын аймагт албанд хэрэглэх уурын тэрэг 5-ыг бусдаас худалдан авахыг зохих газруудаас зөвшөөрсөн атал түдгэлзүүллээ хэмээгээд бас бусад аймгуудаас ялгаж үзэж байна. Иймээс үзэхүл манай аймаг даруй автономит эрхтэй монголоор удирдуулсан тусгаар улс болбол элдэв зүйлээ дотор зуураа зарах зэрэгт их л дөхөм тустай болохоос гадна эд нарт юунд дарлагдах билээ гэх зэргийн… үүнийг гурван ч удаа хэлснийг сонссон, мөн шар Санжид Бадрах дөрвөд аймгийг тусгаар улс болгох тухай хэлсэн гэж Янжив надад ярьсан хэмээн мэдүүлсэн② зэргээс болон Хандсүрэн, Заят нарын мэдүүлгээс үзэхэд Бадрах шар Санжийн хэрэгт холбогдолтой бөгөөд удирдан чиглүүлэгч нь болж байсан нь тодорхой байна.

Энэхүү хэрэгт холбогдсон хүмүүсийн баривчлага явагдах үед Ө.Бадрах биеэ сувилуулахаар ЗХУ-ад явсан байжээ③.

———————————

① Тухайн үед Монголын мөнгөн тэмдэгт төгрөг шинээр гарсан бөгөөд тэр нь 5 цэн, хятад төгрөг 7 цэн болж байсан учир хүмүүст ихээхэн алдагдалтай байжээ. Үүнийг Чандмань уулын аймгийн Улаангомын хүрээний лам нараас зөвшөөрөхгүй, хэл яриа гаргасан ба ард олон ч ханшны зөрүүд дургүйцэж байжээ. Ховд гол сумын Зана гэгчид 17 төгрөгний албан татвар ноогдсоныг авхаар очсонд, тэрхүү Зана төлөх мөнгө байхгүй гэхэд татвар хураагч биеийг нь авч явна гэхэд Зана амиа хорложээ.

② ТЕГ,ТА, Ф.БХ, хн 536.

③ Бадрах 8 дугаар сарын 21-нд Улаанбаатарт буцаж иржээ.

Бадрах нь Сангийн яамны сайд① байхдаа бусадтай Дөрвөдийн талаар ярилцаж, төвөөс тийш тавих анхаарал бага, тэдэнд шударга бус ханддаг, тиймээс дөрвөд халхаас тусгаарлах нь дээр, жижиг үндэстний өөртөө засах эрхийг Коминтерн дэмждэг учраас дөрвөдийг бие даасан улс байгуулах боломжтой гэх зэргээр удаа дараа бусадтай ярилцаж байжээ.② Бадрах өөрийн аймгийг онцгойлон анхаарч байжээ. Язгууртнуудын хөрөнгө хураалтын комиссуудын дүн гаргахад Чандмань уулын аймагт очсон Бадрах ноёдын хөрөнгө хураах ажлыг сулаар явуулсан ба хамтрал нэгийг ч байгуулаагүй аж.

МАХН-ын Төв Хорооны Ⅲ бүгд хурал /1928 оны 10 дугаар сарын 10/ дээр хэлсэн үгэндээ Шмераль: "Лааганы хэргийн тухай 10 зүйлийн өчиг мэдүүлэг үзсэн, Дөрвөд аймгийг тусгаар болгохыг оролдсон хэрэг болбоос Лааганы өдүүлсэн хэрэг бус, шар Санжийн үйлдсэн хэрэг. Энэ хэрэг болбоос жижиг бөгөөд төдий чухал бус. Лааганыг Нанзадын хамт Бадрахын гэрт байхад Дөрвөд аймгийг гадуурхах төлөвтэй тул Ховд хязгаарыг тусгаарлаж болох юм гэж Бадрах хэлснээс үзвээс энэ хэрэгт Лааганыг холбогдуулж барьж хорьсноос шударгыг хэлэхэд Бадрахыг арав дахин барьж хорих хэрэгтэй байсан, иймээс Лааганыг барьж хориход санагдах үзэгдэх сэдэв баримтгүй нь илэрхий" ③ хэмээн мэдэгджээ.

Ө.Бадрахыг өдүүлсэн хэргийн учир ДХГ-аас баривчилж 7 хоног орчим мөрдөн байцаажээ. Харамсалтай нь түүнийг байцааж авсан мэдүүлэг энэ хэр олдоогүй бөгөөд 1928 оны 10 дугаар сард хуралдсан Намын Төв Хорооны 3 дугаар бүгд хурал дээр Н.Хаянхирваагийн мэдээлснээр "Бадрах хэргээ хүлээхгүй завсардан байсаар нэгэн тийш болохын өмнө коминтерний комисс Бадрах, Лааган нарыг суллахыг шаардаж суллуулсан" гэсэн байна.④

Уг хэрэгт нэр холбогдсон Бадрах нь МАХН-ын Ⅶ их хурал дээр тавьсан илтгэлдээ, Лааганы өдүүлсэн хэргийн байдал хараахан улс төрөөс урвах тэрсэлсэн хэрэг бус, гагцхүү намын дотоод явууллагаас үүдсэн болов уу хэмээн хэлсэн байна. Хэрэг илчлэгдвэл иймэрхүү тайлбар хэлэх талаар Заяатын мэдүүлэгт өмнө дурдагдсан зүйлийн дагуу Бадрах тайлбар өгчээ. Ингээд хэрэгт нэр холбогдсон Л.Лааган албан тушаал дэвшиж, нөгөө нэг нэр холбогдогч Ө.Бадрахыг⑤ энэ хэрэгт холбогдолгүй хэмээн үзжээ⑥. Гэтэл хэрэг дээрээ Дөрвөдийг эсвэл Чандмань аймгийг салан тусгаарлах энэ тэр гэсэн хэл яриа гаргасан хүмүүс нь Бадрах нар байв. Тэд эрх мэдэл олж авахын тулд л үүнийг дарамтлах зэвсэг болгож хэрэглэсэн мэт. Шмераль буруу гэж хэлээд Бадрах нам болоод, баруун аймагт юу ч өрнөөгүй амуй.

---

① 1924 оны 11 дүгээр сарын 29–ний өдрөөс 1925 оны 10 дугаар сарын 9–ний өдөр хүртэл Сангийн сайд байв.

② Дашдаваа Ч. *Монгол дахь төрийн эргэлт*. УБ., 2008, т.156.

③ Ч. Дашдаваа. *Монгол дахь төрийн эргэлт*. УБ., 2008, т.229.

④ Д.Авирмэд. Дурдсан илтгэл.

⑤ Ө.Бадрах 8 сарын 21–нд Улаанбаатар ирэхэд ДХГ түүнийг байцаасан гэж түүхч Ч.Дашдаваа бичжээ.

⑥ Дашдаваа Ч. *Монгол дахь төрийн эргэлт*. УБ., 2008, т.171.

## Дөрвөдийг автономит эрхтэй болгох талаарх хэргийн талаарх хэлэлцүүлгийн тухайд

Шар Санжийн хэрэг илэрсэн үед хуралдаж байсан Намын бүгд болон Их хуралаар тухайн хэрэгт холбогдуулан намын гишүүдээс шүүмжлэн хэлэлцэх явдал өрнөжээ. Дөрдөвийг Монголоос салгах гэсэн хэрэг бол нэлээд ноцтой, энэ бүхэнтэй холбогдон тусгай комисс томилж магадлан хянуулах санал гаргаж байсан боловч ажил хэрэг болгоогүй байна.

Тухайн үед Коминтерны төлөөлөгчдийн шахалтын эсрэг Ц.Дамбадорж, Н.Хаянхирваа, А.Амар нар зогссон боловч, хүчин мөхөсдсөн байна. 1928 оны 9 сарын 26-28 ны өдөр хуралдсан МАХН-ын тэргүүлэгчид, ХБТК-ын хамтарсан хурал дээр Дамбадорж, баригдсан хүмүүс үзэл бодлын зөрчлөөс бус харин төр улсын ашиг сонирхолтой холбогдож байгаа тул бид тэднийг суллаж чадахгүй, тэднийг суллавал манай цаашдын ажилд төвөгтэй байдлыг бий болгоно, хувьсгалч үгээр халхавчилж, хувьсгалын эсэргүү үйлдэл хийх явдал өмнө нь гарч байсан, ийм учраас баривчлагдсан Лааганыг бид суллах боломжгүй, орон нутгийн зохих байгуулага Лааганыг баривчилсан бөгөөд нам түүнд хутгалдан оролцох ёсгүй, Ховдын хязгаарыг автономит болгон салгах тухай асуудал хоёр жилийн өмнөөс дэвшигдсэн. Монгол улс 5 аймагтай, хэрэв аймаг бүр бие даах аваас империалистуудын булаан эзлэх бодлогод автах болно гэж Дамбадорж хэлжээ[1].

Мөн баривчлагдсан хүмүүстэй холбоотой асуудалтай холбогдуулан ДХГ-ын дарга Хаянхирваа: "Коминтерны төлөөлөгчид манай нөхцөл байдлын талаар тодорхой төсөөлөлгүй байна, баривчлагсдыг суллах тухай тухай ярих шаардлагагүй, тэд манай улсын хуулийн дагуу баривчлагдсан, төлөөлөгчид бодитой бус мэдээлэл авсан мэт санагдана" гэжээ[2]. Тус хурал дээр Амар: "Лааганыг баривчилсан нь шар Санжийн хэрэгт холбоотой болохоос бус намын дотоод үзэл санааны тэмцэлтэй холбогдох зүйлс бус" хэмээн хариуцлагатай мэдэгдээд, дөрвөд болон халхын хооронд зөрчил үүсгэхгүй байхад чиглэгдсэн ажил зохиох ёстой хэмээн илтгэсэн байна[3]. Чандмань уулын аймгийн намын байгуулагаас Намын VII их хуралд сонгогдсон ирсэн төлөөлөгчид Намын ТХ-нд мэдэгдэл хийсэн зүйлдээ: "салан тусгаарлахыг эрмэлзсэн хандлага манайд бий"[4] хэмээн бичсэн байна. Энэ мэтчилэн шар Санжийн хэргийн талаар Намын хүрээнд дээрх хэлэлцүүлэг тухайн үед нэлээд явагдсан байна. Намын Их хуралд дээр Ховдын хязгаарын /хуучин нэр-Ж.У./ үндэсний цөөнх болох дөрвөдүүдийн дунд зохиож байгаа ажлын тухай асуудлыг Бадрах хөндөхдөө үндэсний асуудлаарх намын хөтөлбөрийг хэрэгжүүлэх байтугай үндэстэн хоорондын зөрчлийг хурцатгаж байна хэмээн мэдэгджээ. Тус хурлын дундуур Бадрахтай санал зөрөлдсөн Жигжиджав Коминтерны төлөөлөгчдөд: "Ховдыг салган тусгаарлах явдлыг Бадрах өөгшүүлж, Тагна-Тувагийн засгийн

---

① ҮТА, Ф.445, Д.1, хн 98, т.5–8.

② ҮТА, Ф.445, Д.1, хн 98, т.15.

③ ҮТА, Ф.445, Д.1, хн 98, т.16–22.

④ ҮТА, Ф.445, Д.1, хн 98,т.21–32.

газраас даалгавар авдаг, тухайлбал Тагна-Тувагийн байдлын тухай мэдээлэл авдаг, Монголын байдлын тухай мэдээлэл өгөх хүсэлтийг нь ч биелүүлдэг байсныг би мэднэ, энэ тухай Бадрах өөрөө надад ярьдаг байсан...” гэж Бадрахыг буруутгажээ.

Эцэст нь “шар Санжийн хэргийг” 1929 оны 2 сарын 4-нд Засгийн газрын эрхлэх товчооны ХХ хурлын тогтоолд “... тусгаар болгох явдал баримтгүй учир хэргийг хэрэгсэхгүй” болгосон гэж заажээ①. Ингэж Монголыг хагарган бутаргах санаа агуулсан нэгэн хэргийг Дотоодыг хамгаалах газар илрүүлэн судалж байсныг Коминтерны оролцоотойгоор тухайн үед дарагдаж, энэ хэргийн эд мөрийн баримт болсон тэдгээр баривчлагдан байцаагдсан хүмүүсийн заримынхан мэдүүлэг алга болсон хэдүй ч байгаа баримтуудаар дээрх бүхнийг сэргээн гаргах боломж байна.

## Хожмын мэдүүлгүүд юуг илтгэнэм

Өдгөө Монгол Улсын Тагнуулын Ерөнхий Газрын Тусгай Архивд хадгалагдаж буй баримтууд нь Чандмань аймгийг Монгол улсаас салан тусгаарлах хэргийн тухайд нэлээд үйл ажиллагаа явагдсаныг илтгэх баримтууд байх агаад энэ нь Намын удирдлагад байсан Бадрах мэтийн хүмүүс эрх мэдэл олж авахын тулд Коминтерны бодлогыг ашиглан гаргаж байсан хэл яриа, оролдлого байжээ. Түүний ойр хамсаатан нь төвд З. Шижээ байжээ. Шинжаанд төрсөн, З.Шижээ (цахар хүн) нь өөрийгөө салан тусгаарлах хөдөлгөөний нэг удирдагч байсан хэмээн 1940 онд мэдүүлжээ②.

МАХН-ын ТХ-ны Тэргүүлэгч гишүүн байсан З.Шижээ 1938 онд онд мэдүүлэхдээ: “...Бадрахтай...би...1928 оны есдүгээр сард танилцаж...үндэсний үзлийн талаарх асуудлыг илэн далангүй хэлсэн. Баруунтантай хийх тэмцэл дуссаны дараагаар би Шинжаан руу явж монгол, уйгар, казахуудын дунд үндэсний асуудлаар ажил зохион байгуулах...Шинжааныг урьдын адил тусгаар улс болгож...өмнөд, хойд хэсгийг хятадаас тусгаарлан нэгтгэх...миний үзэл бодлыг талархан сайшааж, дарьгангачуудыг халхаас тусгаарлан Тува маягийн...улс байгуулах хатуу бодлоготой байдаг гэж Бадрах мэдэгдсэн. Энэ бодлогоо...би өөрөө гардан явуулна. Чи Шинжааны талаар ажилла гэлээ...БНМАУ-д үндэсний цөөнхийн дунд ажиллах сургагч, мэргэжилтэнг урин ирүүлэх асуудлыг коминтерны өрнөдийн асуудал эрхэлсэн нарийн бичгийн дарга нарын газарт...Бадрах, Өлзий-Очир нар тавьсан” ③ гэсэн байна.

Ингээд Архивын баримтуудыг нягтлан үзэхэд хэрэг явдал нь зөвхөн Монголын хоёр аймгийн тухайд бус эл асуудал нь бүс нутгийн хэмжээнд бөгөөд нэлээд өргөн хүрээтэй асуудал байжээ. Ө.Бадрах 1939 онд Зөвлөлтийн Дотоод яамны яамны байцаалтад өгсөн мэдүүлэгтээ: “1927 оны эхээр Дөрвөдөд миний удирдлага дор үндэсний цөөнхийн дунд

---

① ТЕГ ТА, Фонд 1, товьёог 10, хн 1338. Лосолын Лааган МБХ,хавтас 1.
② ТЕГ–ын Тусгай Архив, ХН 27–ийн 1, т.51/ ОХУ–ын Аюулаас хамгаалах албаны (КГБ ) Архивын материал. З. Шижээгийн мөрдөн байцаалтын хэрэг/.
③ ТЕГ,ТА, Ф, хн 23 “КГБ–ийн Архив, Золбингийн Шижээ. Хавтаст хэрэг 2”.

хувьсгалын эсэргүү байгууллага байгуулагдсан. Бидний зорилго бол Монголын баруун хязгаарын үндэсний цөөнхийг Монголоос салгаж, тусгаар болгох зорилготой байсан. Улмаар тэднийг Тагна-Туватай нэгтгэн тусгаар улс болгох. Мөн Шинжааны монголчууд болон казахуудтай холбоо тогтоож, дараа нь Алтайн цаадах урианхайчуудыг нэгтгэх зорилготой байсан. Сүүлийн зорилт бол Дөрвөдийн хуучин язгууртнуудын санаа бодол юм. Тэд бүр Чин улсаас салах үед Манж-Хятадыг дагах бодолтой байсан, Тагна-Тувааг тусгаар болоход дургүй байсан агаад 1925 онд Ардын засгийн бүсчлэх бодлогод ихээхэн дургүй байсан. Учир нь Дөрвөд нь угаасаа Халх Монголоос тусгаардуу байсан, одоо тэд өөрсдийнхээ хэл соёл, заншлаа хадгалан үлдэх сонирхолтой" хэмээн мэдүүлсэн байна[①].

Чандмань аймгийг салан тусгаарлаж, улмаар тусдаа улс болгохын тулд ямар ажиллагаа баруун аймгуудад хийж байсан талаар Ө.Бадрах, З.Шижээ, Л. Дэмбэрэл нар мэдүүлэхдээ:

- Салан тусгаарлахад чиглэсэн үйл хэргийг орон нутагт ямар хүмүүс хийж гүйцэтгэж байсан талаар нэр заан мэдүүлсэн байна. Тэд орон нутагт Ардын засгийн бодлогын эсрэг элдэв үйл ажиллагаа явуулах, Зөвлөлтийг гүтгэх, өөрсдийн нууц байгууллагад хүмүүс элсүүлэн авах, тэдгээрээр дамжуулан үйл хэргээ хэрэгжүүлэх, үндсэрхэх үзлийг дэвэргэх ном зохиол бичих, тараах зэрэг ажлуудыг хийж байсан ба зорьсондоо хүрэхийн тулд малчдын дунд олон төрлийн суртал нэвтрүүлгийн ажил хийсэн[②].

- Шинжаанд хятадуудын эсрэг уйгаруудын босого хөдөлгөөний удирдагч нартай холбоо тогтоож, тэдний хувьсгалт тэмцлийг зөвхөн үндэсний хөдөлгөөн болгох чиглэлд хандуулах, Шинжааны салан тусгаарлах үзэлтнүүдийг нягтруулж, тэдэнд тусламж дэмжлэг үзүүлэх зэрэг арга хэмжээнүүдийг З.Шижээ, түүний хадам эцэг Дэмбэрэл болон хасаг Касымов Абалай нараар дамжуулан 1931 онд хийсэн. Шинжааны босогчдын толгойлогч Хаджа Ниязтай холбоо тогтоож, түүнийг элсүүлэн авсан бөгөөд тус нутагт өөрсдийн төлөөлөгчдийг явуулж, мөн тэндээс босогчдын төлөөлөгчид Монголд ирэх бүх нөхцөл байдлыг хангах ажиллагаа явуулсан байв. Шинжааны монголчуудыг автономит эрх олгохыг шаардсан тэмцэлд босохыг Шижээ, Бадрах нар уриалж байжээ. Тэд Шинжааны босогчдод 1932 онд 30 мянган рублийн зэвсэг, өргөн хэрэглээний бараа таваар гэх 2 ачааны тэрэг, тус бүр 4 тонн зүйлс илгээжээ.

*Жич:* Коминтернийхан мөн Шинжаанд хятадуудын засаглалын эсрэг өрнөж байсан босого хөдөлгөөний шинж чанарыг тагнах хэргийг өмнө нэр дурдсан хүмүүсээр дамжиулан хэрэгжүүлж байжээ. Шинжаанд Коминтерны сонирхол байсныг баримтууд харуулж байна.

- Тагна-Тува дахь Монголын талыг баримтлагч нартай мөн холбоо тогтоон ажиллаж байжээ. Бадрахын мэдээлснээр Аюурзана бэйс тэндэхийн үндэсний үзэлтнүүдтэй

---

① ТЕГ,ТА. Ө.Бадрахын мөрдөн байцаалтын хэрэг (хуулбар), хадгаламжийн нэгж 45(1), т. 72–73.

② ТЕГ–ын Тусгай Архив, ХН 27–ийн 1. ОХУ–ын Аюулаас хамгаалах албаны (КГБ ) Архивын материал. З. Шижээгийн мөрдөн байцаалтын хэрэг.

холбогдож байсан байна①.

Энэ мэтчилэн өргөн хүрээтэй ажиллагаа тухайн үед явагдсан байна.

## *Дүгнэлт*

1927-1928 оны заагт илчлэгдсэн "Шар Санжийн хэрэг" буюу Чандмань уулын аймгийг Монголоос салан тусгаарлах гэсэн хэрэг нь Намын доторх улс төрийн зөрчилтэй холбоотой л болов уу. Харин баруунтанууд нь зүүнтэнүүддээ дарах зорилгоор ийм зохиомол хэрэг үүсгэсэн гэхээсээ илүү зүүнтэнүүд нь өөрсдийн улс төрийн байр суурийг нэмэгдүүлэх, эс бүтвэл салан тусгаарлах гэсэн санаархалтай байжээ. Харин нутгийн ард олон нийтээрээ салан тусгаарлах бодолтой байгаагүй л болов уу. Чухам тийм учраас л зүүнтэнүүд гэдэг нөхдүүд ухуулга хийх, бослогод хатгах үйл ажиллагаа хийж байсан байсан бөгөөд энэ нь нэгэн үед түүх бичлэгт тэмдэглэгдсэнчлэн намын доторх анги, бүлгийн зөрчлөөс үүдэлтэй гэх, эсвэл зохиомол хэрэг байсангүй нь судалгаанаас харагдаж байна. Энэ хэрэгт анх холбогдон Увс, Ховд дахь Дотоодыг хамгаалахын ажилтнуудад баригдан ирсэн нэр бүхий 10 хүний 3 хүний мэдүүлгээс үзэхэд Чандмань уулыг аймгийг тусгаар болгох үйл ажиллагаа бодитойгоор явагдаж байсан агаад тэр нь удирдлага зохион байгуулалт бүхий, тус бүс нутгийн ястнуудын төлөөллөөс бүрдсэн тодорхой үүрэг хүлээсэн бүлэглэлтэй хийгээд тэдгээр нь олон талт арга хэмжээ явуулж байсан байна.

1936-1937 онуудад панмонголын хэрэгт холбогдон баривчлагдаж 1938-1940 онуудад Монголд болон ЗХУ-д байцаагдсан Ө.Бадрах, З.Шижээ, Дэмбэрэл, Хаджа Нияз, Касымов Абалай нарын мөрдөн байцаалтын хэргүүд нь 1928-1931 онуудад явагдсан Дөрвөдийг Монголоос салгаж тусгаар улс болох гэсэн нь намын удирдлага дахь зүүнтнүүдийн тодорхой хэсэг, Коминтерны бодлогыг ашиглан ийм санаархал, үйл ажиллагаа явуулсныг гэрчилж байна. Хэргийг Ө.Бадрах төвөөс удирдан явуулж байсан агаад Шинжааны хэрэгт З.Шижээ ихээхэн үүрэг гүйцэтгэж байсныг илтгэж байна.

Улсын аюулгүй байдлыг хангах үүрэг бүхий Дотоодыг Хамгаалах Газар эл хэргийн мөрөөр орсон боловч тухайн хэргийг МАХН-ынхан үүнийг намын доторх анги, бүлгийн асуудал хэмээн үзэж өөр дээрээ авсан хийгээд ирээдүйд Коминтерны гар хөл болон Монголын нам, засгийн эрхэнд гарч ирэх зүүнтнүүд эл хэрэгт холбогдсон, мөн түүнчлэн үтэр түргэн Монголын хэрэгт хошуу дүрэхээр Зөвлөлтөөс хүрэлцэн ирсэн Коминтерны төлөөлөгч Б.Шмераль зэргийн оролцоо их байсан нь Монголын судлаачдыг энэ хэрэгт ЗХУ болон Коминтерн анхнаасаа оролцож, бараг тэдний заавраар эл хэрэг өрнөсөн байх магадлалтай гэсэн таамагт өөрийн эрхгүй хүргэж байжээ. Гэвч бид одоогоор эл хэрэгт холбогдох бүх материалыг олж үзэх боломж хязгаарлагдмал байгаа учраас судалгааны өнөөгийн төвшинд Коминтерныг гардан зохион байгуулсан гэж нотлох баримт хараахан илрээгүй байна. ОХУ

---

① Үүнийхээ талаар Бадрах өөрөө мэдүүлснээс гадна Коминтерны төлөөлөгчдэд Жигжиджав хэлсэн баримтыг Ч.Дашдаваа иш татжээ.

дахь Коминтерны архивын (РГАСПИ) баримтуудыг үзэх шаардлага байна. Хэрэг явдалд Шмералийн шийдвэр шийдвэрлэх учир холбогдолтой байгааг анхаарах хэрэгтэй. Шмераль буруу гэснээр салан тусгаарлах гэдэг бүх зүйл орхигдож байгаа мэтээр бидэнд дүрслэгдэж байгаа боловч нөгөө талаас салан тусгаарлах гэдэг нь зорилго байсан гэхээсээ илүү тактикийн шинжтэй үйлдэл байсан мэт. Түүнээс биш нутгийн ард олон салан тусгаарлах санаатай байсан бол, мөн Бадрах нар салан тусгаарлах зорилготой байсан бол Шмераль хэлсэн төдийгөөр зогсох их л учир дутагдалтай амуй.

Шар Санжийн хэрэг нь зөвхөн Монголын Чандмань уулын аймгийн асуудал бөгөөд нутгархах салан тусгаарлах үзэлтнүүдийн үйл ажиллагаагаар илэрсэн зүйл төдий бус харин тэднийг ашиглах хүчин түүний цаана нь байж, энэ нь томоохон зорилго бүхий үйл хэргийн нэгээхэн хэсэг агаад бүс нутгийн хэмжээнд тавигдсан, гадны оролцоотой үйл ажиллагаа байсныг үгүйсгэх боломж мөн алга байна.


# Shar Sanj Affair: Exploring the Case of Separating Dörwöd from the People's Republic of Mongolia

Khereid J.Urangua

One of the least explored questions of modern Mongolian history is the so-called "Affair of Shar Sanj" or the case of separating Dörwöd or Chandmani Mountain *aimag* from the People's Republic of Mongolia. The affair was discovered in the spring of 1927 and nearly dozen people including Losol Laagan, the chief of the provincial party control comission, were arrested and interrogated by the state Internal Security Agency. Ölziit Badrakh, a member of the MPRP, was facing arrest and interrogation, when Comintern delegates headed by Bogumir Smeral arrived in early October 1928 in Ulaanbaatar. However, Smeral intervened and, eventually, released all the arrestees dismissing the case as Rightists fabrication aimed at purging the Leftists, and the case was closed few months later in February 1929.

Few scholarly inquiries differed in opinions. While late historian D. Dashdavaa thought that Comintern was the behind the curtain, O. Batsaikhan tended to side with Smeral's fabrication argument, though he did not exclude the possibility of Comintern involvment in it. Clearly, an inadequate access to archival materials is one of the main reasons of differing opinions and it still remains the major factor. Scholars have very limited or no access to the most of the testimonies of the arrestees, while available Comintern materials do not reveal any Comintern delibration of the case even though Comintern delegates such as Smeral directly intervened to free the arrestees and dismiss the case. Few of the testimonies that I were able to examine date 1928 and 1938-1940, yet they shed some insights on the case regard in its aim, scope and activities. While all the examined testimonies show that O.Badrakh was the ringleader of the affair, they also hint that the

Comintern's revolutionary policy of advocating national self-determination of small nationalities justified the affair. However, available documents do not show Comintern's direct involvement in the affair.

For my research I research documents at the National Central Archive and the Special Archive of Mongolian Central Intellegency related to the "Affair of Shar Sanj" or the case of separating Dörwöd or Chandmani Mountain *aimag* from the People's Republic of Mongolia.

# 滿文《孫子兵法》研究 *

　　《孫子兵法》是我國古代最有名的軍事學著作，在歷代兵法中佔據十分突出的地位，備受推崇。茅元儀在《武備志》中對《孫子兵法》做了十分貼切的評價：“自古談兵者，必首孫武子。……先秦之言兵者六家，前孫子者，孫子不遺；後孫子者，不能遺孫子，謂五家為孫子注疏可也。”[1] 正是由於《孫子兵法》如此重要，使得它超越了國家、民族的範疇，具有世界影響力。早在唐朝時期，《孫子兵法》就先後傳到了日本和朝鮮，清朝時期又傳到了歐洲，並被翻譯為多種文字。[2]《孫子兵法》同樣在我國各少數民族中有廣泛傳播，其中影響較大的主要有西夏文、蒙古文和滿文譯本。這些《孫子兵法》的少數民族文字譯本迄今尚未得到充分研究，不得不說是一個遺憾。[3] 在這些少數民族文字譯本中，滿文譯本又具有獨特的價值。這是因為，滿語是清朝的“國語”，在清代具有特殊而重要的地位，使用範圍相當廣泛，並因此形成了大量的滿文文獻，滿文《孫子兵法》就是其中之一。同時，眾所周知的是，清帝十分重視“騎射”，注重保持滿人的尚武傳統。通過對滿文《孫子兵法》的研究，或可從中窺探滿人對中國傳統軍事思想的吸收利用及滿人的軍事文化。

## 一　滿文《孫子兵法》的版本情況

　　滿文《孫子兵法》主要收藏於國內外圖書館、檔案館等單位，大部分收藏信息曾為各工具書著錄，茲臚列如下：

---

*　本文係中國人民大學科學研究基金（中央高校基本科研業務費專項資金資助）項目成果。

[1]　茅元儀：《武備志》卷一《兵訣評》，明天啓刻本。

[2]　關於《孫子兵法》在海外傳播的概況，可參考吳九龍主編《孫子校釋》，軍事科學出版社，1991，第 9—10頁。該書附錄部分收錄了《孫子兵法》的英文、法文、俄文、日文、意大利文和阿拉伯文的現代譯文，參見第261—476 頁。亦可參考李零《兵以詐立——我讀〈孫子〉》，中華書局，2006，第 37—44 頁。

[3]　西夏文《孫子兵法》的研究狀況相對較好，可參考林英津《夏譯〈孫子兵法〉研究》，臺北：“中央研究院”歷史語言研究所單刊之二十八，1994；孫穎新《西夏寫本〈孫子兵法〉殘卷考》，《西夏研究》2012 年第 2 期；劉春生《西夏文本〈孫子兵法〉的文獻研究》，《孫子研究》2015 年第 2 期；李曉明《英藏西夏文〈孫子兵法〉殘頁考釋》，《西夏研究》2016 年第 4 期。關於蒙古文《孫子兵法》，可參考高殿芳《〈孫子兵法〉蒙古文譯本簡介》，《軍事歷史》1993 年第 3 期。滿文《孫子兵法》迄今尚無專門研究，連介紹性論文也沒有。

（1）《國立北平圖書館故宮博物院圖書館滿文書籍聯合目錄》著錄了三種：

"《孫子十三篇》，滿漢合璧［平］，sun tzi i juwan ilan fiyelen i bithe，（周）孫武撰，三格 sange 譯。一函，一冊，不分卷，刻本。

《孫吳子兵法》，滿文［平］，sun u tzi cooxa i doro bitxe（補譯），（周）孫武、吳起撰，桑額 sangge 譯。一函，二冊，不分卷，京都天繪閣刻本。

《孫子兵法》，滿漢合璧［平］，sun tzi i coohai doro bitxe，（周）孫武撰。一函，四冊，四卷，道光丙午年（1846）隆福寺聚珍堂刻本。"①

（2）《世界滿文文獻目錄初編》著錄了五種：

"《孫吳武經》，滿漢合璧，四冊，四卷，桑額譯，志寬等校。光緒三十三年（1907）荊州駐防翻譯總學刻本。北圖藏品。

《孫吳子兵法》，（周）孫武、吳起撰，桑額譯。滿文，一函二冊，不分卷，康熙年間京都天繪閣刻本。北圖、民族宮藏品。

《孫子兵法》，（周）孫武撰，耆英譯。滿漢合璧，四冊，四卷，道光二十六年（1846）隆福寺聚珍堂刻本。北圖、首圖、一檔、民院、遼省圖、日本藏品。滿蒙漢合璧，二冊，抄本。北圖藏品。

《孫子十三篇》，（周）孫武撰，三格譯。滿漢合璧，一冊，不分卷，刻本。北圖藏品。殘抄本，三十三張，每張 14 行，28×18，21.5×11.5。蘇聯藏品。

《孫子十三篇吳子六篇》，滿漢合璧，四冊，四卷，光緒三十二年荊州駐防翻譯總學刻本。民院藏品。一函四冊，27.5×15.5。日本東洋文庫藏品。"②

（3）《遼寧省圖書館藏滿文古籍圖書綜錄》著錄了一種：

"《孫子兵法四卷》，sun dzi i coohai doro bithe，春秋，孫武撰；清，耆英譯。清道光二十六年（1864）京都聚珍堂刻本。四冊，綫裝，滿漢合璧本。"③

（4）《大連圖書館藏少數民族古籍圖書綜錄》著錄了三種：

"《孫子兵法》四卷，春秋，孫武撰；清，耆英譯。清道光二十六年（1846）京都聚珍堂刻本。四冊；綫裝，滿漢合璧本。四周雙邊，半葉十行，行字不等，版框高十九點五釐米，寬十四釐米。白口。版心依次為漢文書名、單黑魚尾、卷次、頁碼。書名頁鐫滿漢文《翻譯孫子兵法》、滿漢文'京都隆福寺路南聚珍堂書坊梓行'。

《孫子兵法》不分卷，春秋，孫武撰。清抄本。二冊，綫裝，滿漢合璧本。無邊欄行格，

---

① 李德啓編，于道泉校《國立北平圖書館故宮博物院圖書館滿文書籍聯合目錄》，國立北平圖書館，民國二十二年（1933），第 20 頁。該滿文轉寫與現今通行的穆麟德轉寫略有區別，如 "h" 作 "x"。

② 富麗：《世界滿文文獻目錄（初編）》，中國民族古文字研究會，1983，第 10 頁。需要指出的是，該書誤把光緒三十二年寫作光緒三十三年。

③ 盧秀麗、閻向東編著《遼寧省圖書館藏滿文古籍圖書綜錄》，遼寧民族出版社，2002，第 435 頁。該書 434 頁為《孫子兵法》一頁書影。需要指出的是，該書誤把道光二十六年（1846）錯標注為 "1864"。

半葉十四行，行字不等，葉面高二十四點六釐米，寬十八點三釐米。白口。是書漢文在前，朱字，滿文在後，墨字。

《孫子十三篇》二卷《吳子六篇》二卷，春秋孫武，戰國吳起撰。清抄本。四冊，綫裝，滿漢合璧本。朱欄，四周雙邊，半葉十二行，行字不等，版框高二十三釐米，寬十五點五釐米。白口。版心依次為漢文書名、單紅魚尾、漢文版次、頁碼。書籤題名《孫子兵法十三篇》《吳子兵法六篇》。《吳子兵法》為戰國時吳起所著一部兵書，分為圖國、料敵、治兵、論將、應變、勵士六篇。"①

（5）《北京地區滿文圖書總目》著錄了八種，但有一種重復，實為七種：

"《孫吳子兵法》，sun dzi u dzi i coohai doro bithe，（春秋）孫武、（戰國）吳起撰，桑額譯。康熙年間天繪閣刻本，二冊，滿文，綫裝，白口。頁面25.1×16.7cm，半葉版框22.5×15.2cm，四周雙邊8行，版口有單魚尾、漢文篇目、頁碼、堂號。0101、0161　注：破損；本書輯錄孫子兵法十三篇、吳子兵法六篇；0161藏本存四冊。

《孫吳子兵法》，sun dzi u dzi i coohai doro bithe，（春秋）孫武、（戰國）吳起撰，抄本，四冊，滿漢合璧，綫裝，頁面25.1×16.5cm，8行，版口有漢文書名、頁碼。0101

《孫子十三篇吳子六篇》四卷，sun dzi i juwan ilan fiyelen i bithe u dzi i ninggun fiyelen i bithe，（春秋）孫武、（戰國）吳起撰，光緒三十二年（1906）荊州駐防翻譯總學刻本，四冊，滿漢文，綫裝，白口，頁面27.4×15.3cm，半葉版框18.3×12.6cm，四周雙邊，5行，小字雙行，版口有漢文書名、單魚尾、漢文卷次、頁碼。0150

《孫吳武經》四卷，sun dzi u dzi i coohai nomun，（春秋）孫武、（戰國）吳起撰，桑額譯，志寬等校，光緒三十二年（1906）荊州駐防翻譯總學刻本，四冊，滿漢文，綫裝，白口，頁面27×15.5cm，半葉版框18.6×12.8cm，四周雙邊，5行，版口有漢文書名、單魚尾、篇目、卷次、頁碼。0101、0142

《孫子兵法》四卷，sun dzi i coohai doro bithe，（春秋）孫武撰，耆英譯，道光二十六年（1846）聚珍堂刻本，四冊，滿漢合璧，綫裝，白口。頁面26.5×15.8cm，半葉版框20.4×14.3cm，四周雙邊，5行，版口有漢文書名、單魚尾、漢文卷次、頁碼。0101、0102、0150、0187

《孫子兵法》，sun dzi i coohai doro bithe，（春秋）孫武撰，抄本，二冊，滿蒙漢合璧，綫裝，頁面28.2×18.5cm，3行。0101　注：黃綾封面。

《孫子十三篇》，sun dzi i juwan ilan fiyelen i bithe，（春秋）孫武撰，三格譯，刻本，一冊，滿漢合璧，綫裝，白口，頁面25.9×15.3cm，半葉版框20.6×13.3cm，四周雙邊，5行，版口有單魚尾、漢文頁碼。0101

---

① 楊豐陌、張本義主編《大連圖書館藏少數民族古籍圖書綜錄》，遼寧民族出版社，2006，第346—348頁。該書著錄的三種《孫子兵法》均有黑白書影。

《孫子》，sun dzi，（春秋）孫武撰，（明）王世貞評釋，抄本，一冊，滿漢合璧，綫裝，頁面 26.8×16.9cm，半葉版框 11.7×13.5cm，上下單邊左右雙邊，14 行，版口有單魚尾。0161　注：破損；滿文在上半頁，漢文在下半頁，漢文部分有版框。"①

（6）《國家圖書館藏滿文文獻圖錄》著錄了三種，每種各附兩幅影印彩頁：

"《孫吳子兵法》不分卷，滿文，（春秋）孫武、（戰國）吳起撰，桑額譯，康熙四十九年（1710）京都天繪閣刻本，正文半葉 8 行，白口，單黑魚尾，四周雙邊，框高 22.5 釐米，寬 15.2 釐米。

《孫子十三篇》不分卷，滿漢合璧，（春秋）孫武撰，三格譯，刻本，正文半葉 10 行，白口，單魚尾，四周雙邊，框高 20.5 釐米，寬 14.2 釐米。

《孫子兵法》四卷，滿漢合璧，（春秋）孫武撰，耆英譯，道光二十六年（1846）聚珍堂刻本，正文半葉 10 行，白口，單魚，四周雙邊，框高 20.3 釐米，寬 14.3 釐米。"②

此外，德國國家圖書館、德國柏林州立圖書館、俄羅斯科學院東方文獻研究所、聖彼得堡大學東方系圖書館等國外單位也收藏有滿文《孫子兵法》。③

通過上文的梳理可知，滿文《孫子兵法》收藏單位繁多，版本多樣，足見清代滿文《孫子兵法》流傳範圍非常廣泛。在諸多收藏單位中，又以中國國家圖書館的版本最為豐富。筆者通過閱讀國家圖書館善本室所藏的六種滿文《孫子兵法》，並結合上述工具書的著錄信息，大致可將滿文《孫子兵法》分為兩個版本系統。第一個為桑額譯本系統（早出），第二個為耆英譯本系統（晚出）。

桑額譯本的祖本為清康熙四十九年（1710）京都天繪閣刻本，二冊。該版本封面沒有題名，缺少第一頁，最後一頁題有滿文 "daicing gurun i elhe taifin i šanggiyan tasha aniya. šanggiyan alin i sangge ubaliyambuha"（大清康熙庚寅年，白山桑額譯）及漢文 "京都天繪閣梓行"，而庚寅年為 1710 年，即康熙四十九年。該版本為現存唯一的純滿文版本，必為最早出的版本。屬於這一版本系統的還有：

滿漢合璧《孫子十三篇》，清刻本，一冊。該刻本紙張較薄，內有部分內容印刷不甚清晰，質量一般，應為坊刻本。封面無題名，無序言，第一頁為 "sun dz i juwan ilan fiyelen

---

① 北京市民族古籍整理出版規劃小組辦公室滿文編輯部編《北京地區滿文圖書總目》，遼寧民族出版社，2008，第 278—279 頁。《孫子》王世貞評釋本收藏於中國科學院圖書館，因係抄本，故不提供閱覽。筆者無法寓目，故本文不予討論。

② 黃潤華主編《國家圖書館藏滿文文獻圖錄》，國家圖書館出版社，2010，第 131—136 頁。

③ 參見王敵非《德國國家圖書館的滿文文獻典藏》，《黑龍江民族叢刊》2016 年第 1 期；王敵非《俄羅斯滿文文獻典藏研究》，博士學位論文，黑龍江大學，2016，第 91 頁。其中，俄羅斯科學院東方文獻研究所所藏為康熙四十九年（1710）天繪閣刻本，聖彼得堡大學東方系圖書館所藏為道光二十六年（1846）聚珍堂刻本。德國柏林州立圖書館所藏為道光二十六年（1846）聚珍堂刻本，可於網站 http://digital.staatsbibliothek-berlin.de/werkansicht?PPN=PPN3306130974&PHYSID=PHYS_0007&DMDID=DMDLOG_0001 在綫查閱全書。德國國家圖書館所藏版本尚未得寓目。

i bithe 孫子十三篇"，末頁題有 "daicing gurun i elhe taifin i šanyan tasha aniya šanyan alin i sange ubaliyambuha.. 大清康熙歲次庚寅白山三格翻譯"，其中以 "šanyan" 代替 "šanggiyan"，以 "sange" 代替 "sangge"，與天繪閣刻本略有區別。

滿漢合璧《孫吳子兵法》，清抄本，四冊。該版本兩冊為《吳子兵法》，其中滿文一冊、漢文一冊；兩冊為《孫子兵法》，同樣為滿文一冊、漢文一冊。滿文《孫子兵法》封面題有 "sun dz i cooha baitalara arga."，直譯為 "孫子用兵之計"，與一般的譯法不同。內封面題為 "孫子兵法十三篇，滿上下"。在滿文正文中，夾雜部分漢文注釋。該抄本書寫工整，有大量朱筆標點及修改之處。值得注意的是，在第十一篇後半部分以後，就沒有了朱筆標點及修改之處，筆者推測可能是讀者衹閱讀到了第十一篇，後面的部分尚未及閱讀。該書末頁題有 "sun dz i hala sun. gebu u. ci gurun i niyalma. u gurun i dergi jiyanggiyūn ohobi. juwan ilan fiyelen. coohai bithe araha.. daicing gurun i elhe taifin i šanggiyan tasha aniya. šanggiyan alin i sengge ubaliyambuha.."（孫子，姓孫，名武，齊國人，作兵法十三篇。大清康熙庚寅年，白山桑額譯）。從 "šanggiyan" 和 "sengge"（顯係 sangge 之誤，多加了一點）可以看出，該抄本係直接抄自京都天繪閣刻本。另從抄寫字體判斷，應為晚清時期抄本。

滿漢合璧《孫吳武經》，清光緒三十二年（1906）荊州駐防翻譯總學刻本，四冊，其中孫子兩冊、吳子兩冊。該版本寫明 "桑額譯，志寬等校"，在《孫子十三篇》上冊內封面題有 "光緒丙午孟夏月鑴，sun dz i juwan ilan fiyelen i bithe..，孫子十三篇，板存荊州駐防翻譯總學"，下冊最後還題有 "sun dz i hala sun. gebu u. ci gurun i niyalma. juwan ilan fiyelen coohai bithe araha.. daicing gurun i elhe taifin i šanyan tasha aniya. golmin šanyan alin i sangge ubaliyam-buha.." 該版本在 "šanyan alin" 之外，又增加 "golmin"，使 "白山" 變為 "長白山"。

桑額譯本系統版本較多，從清初至清末，可構建出一個完整的滿文《孫子兵法》流傳鏈條。各版本雖整體保存較好，但也各自有一些損泐、漫漶或訛誤之處，通過參照其他版本，可以發現並改正這個問題，獲得該書全豹。例如，康熙京都天繪閣刻本雖為祖本，但在修裱時缺少了第一頁，可通過《孫吳武經》等將它補全：

> sucungga bodoro ujui fiyelen
>
> sun dz hendume. cooha serengge. gurun i amba baita. bucere banjire ba. taksire gukure doro be. kimcirakūci ojorakū. tuttu ofi enteheme oburengge sunja baita. duibulerengge bodogon bime. terei gūnin be sibkimbi. uju de doro sembi. jai de abka sembi. ilaci de na sembi. duici de jiyanggiyūn sembi. sunjaci de kooli sembi. doro serengge. irgen be dergi baru emu gūnin i. buceci sasa banjici sasa

且它們雖屬同一個版本系統，後出版本對祖本做了個別修正，並不完全一致，這也是需要注意的。

　　耆英譯本的祖本為滿漢合璧《翻譯孫子兵法》，道光二十六年（1846）聚珍堂刻本，四冊。封面無題名，保存完好。第一冊內容為序言及始計第一、作戰第二、謀攻第三，第二冊內容為軍形第四、兵勢第五、虛實第六、軍爭第七，第三冊內容為九變第八、行軍第九、地形第十，第四冊內容為九地第十一、火攻第十二、用間第十三。該版本的最大特點是增加了耆英撰寫的序言，可從中窺見耆英的軍事思想。此點筆者將在後文展開論述。

　　屬於這一版本系統的還有滿蒙漢合璧《孫子兵法》，清抄本，二冊。該書為黃綾封面，第一冊題名 "sun dz i coohai doro bithe. ujui debtelin"（孫子兵法，上卷），沒有序言，內容為始計第一至軍爭第七；第二冊題名為 "sun dz i coohai doro bithe. jai debtelin"（孫子兵法，下卷），內容為九變第八至用間第十三。該抄本用紙考究，書寫工整，左為滿文，中為蒙古文，右為漢文，滿文、漢文部分均與道光二十六年（1846）聚珍堂刻本相同，當是以耆英譯本為原本進行抄寫的。從黃綾封面及書寫字體來看，為典型的清晚期宮廷抄本。

　　滿文《孫子兵法》的版本系統，如圖1所示。

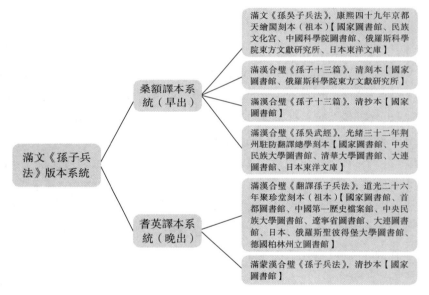

**圖 1　滿文《孫子兵法》版本系統**

## 二　桑額譯本與耆英譯本的比較

　　桑額譯本為康熙年間所譯，耆英譯本為道光年間所譯，通過仔細比對兩者可以發現，耆英譯本明顯參考了桑額譯本，兩者大部分內容是相同的，但也有一部分譯文存在差異。總的來說，耆英譯本修改了桑額譯本存在的若干問題，從忠實於漢文原文的角度而言，是更好的譯本。下面按照《孫子兵法》的順序排列，把二者差異之處列舉如下。其中，桑額譯本簡稱

"桑"，耆英譯本簡稱"耆"，兩者差異之處，如前後文多次出現，則不重復列舉。

（一）始計第一

（1）故經之以五事，校之以計

桑：tuttu ofi enteheme oburengge sunja baita. duibulerengge bodogon bime.

耆：tuttu ofi sunja baita be wekjime gamambime. teisulebume bodofi.

此句，桑額譯本為根據漢文硬譯，"tuttu ofi"意為"故"，"enteheme"意為"永遠、經常"，"oburengge"意為"作、充當"，"sunja baita"意為"五事"，"duibulerengge"意為"比較"，"bodogon"意為"計謀"，"bime"意為"存在、具有"，可知此句滿文翻譯的語序與漢文完全相同。而耆英譯本卻不是如此，"wekjime"意為"經略、經營"，"gamambime"意為"施行、辦理"，"teisulebume"意為"相稱、相合"，"bodofi"意為"籌劃、謀劃"，耆英的翻譯沒有拘泥於原語序，更符合滿文語法特點。

（2）道者，令民與上同意，故可與之死，可與之生，而民不畏危也

桑：doro serengge. irgen be dergi baru emu gūnin i. buceci sasa banjici sasa obumbime. tuksicuke de gelarakū ba kai.

耆：doro serengge. irgen be dergi i emgi emu gūnin obufi. tuttu sasa buceci ojoro. sasa banjici ojoro be dahame. irgen tuksicuke de gelerakū ba kai.

"與"字，桑額用格助詞"baru"，意為"跟著、與……"耆英用"i emgi"，意為"同……在一起"。"故"字，桑額沒有譯出，耆英譯為"tuttu"。"民不畏危"，武經七書本無"民"字，桑額可能係根據此版本所譯，故未譯出。耆英將其譯為"irgen"。

（3）法者，曲制、官道、主用也

桑：kooli serengge. jalan si. durun. hafan. jugūn. da baitalan be kai.

耆：kooli serengge meyen durun hafan jugūn. da baitalan be kai.

此句，二者的主要區別在"曲制"一詞。"曲制"，指軍隊的組織、編制等制度。桑額譯為"jalan si durun"，耆英譯為"meyen durun"。"jalan si"與"meyen"二者均為"行伍、隊伍"之意，但如果考慮到後面"官道"譯為"hafan jugūn"，"主用"譯為"da baitalan"，均為兩詞，似耆英的"meyen durun"更好。

（4）法令執行

桑：ya ergi fafun šajin etehebi.

耆：ya ergi fafun šajin be yabubumbi.

此句，二者主要是最後的動詞不同。"etehebi"意為"勝利、剋服"，"yabubumbi"意為"施行、行走"，後者更接近漢文原意，且桑額譯本少了格助詞"be"。

（5）賞罰執明

桑：ya ergi šang erun getuken i ohobi.

著：ya ergi šangnahan erun getuken ohobi.

此句，"šang"與"šangnahan"都為"賞、賞賜"之意。桑額譯本的格助詞"i"，在清刻本中是沒有的。

（7）將聽吾計

桑：harangga jiyangkiyūn mini arga be gaici.

著：coohai data mini arga be gaici.

此句，"harangga jiyangkiyūn"意為"該將軍"，"coohai data"意為"衆將領"，前者屬於音譯，後者屬於意譯。

（8）出其不意

桑：terei gūnihakū be tucimbi.

著：terei gūnihakū ci tucimbi.

此句，主要是格助詞的差別。"be"意為"把……"，而"ci"意為"從……"，所以此處"ci"更符合漢文原意。

（9）夫未戰而廟算勝者，得算多也。未戰而廟算不勝者，得算少也。多算勝，少算不勝，而況於無算乎

桑：afara onggolo mafari miyoo de bodori eterengge. ambula bodome bahanahabi. afara onggolo miyoo de bodofi eterakūngge. arsari bodome bahanahabi. ambula bodoci etere. arsari bodoci eterakū bade. bodogon akū be ai hendure.

著：afara onggolo juktehen de bodofi eterengge bodome bahanahangge ambula ofi kai. afara onggolo juktehen de bodofi eterakūngge. bodome bahanahangge arsari ofi kai. bodorongge ambula oci etere bodorongge arsari oci eterakū bade. bodoro ba akū be ai hendure.

此句"廟"字，桑額譯為"mafari miyoo"，意為"祖廟"；著英譯為"juktehen"，意為"廟"。"得算多也"，桑額譯為"ambula bodome bahanahabi."，直譯為"其為得算"；著英譯為"bodome bahanahangge ambula ofi kai."，與原文嚴格對應。此句著英譯得更勝一籌。

（二）作戰第二

（1）革車千乘

桑：sukū i sejen emu minggan.

著：sukūngge sejen emu minggan.

此句，"sukū"意為"皮革"，名詞，"i"為屬格，"sukū i sejen"意為"皮的車"；"sukūngge"為動名詞，意為"皮革製的"，二者均可。

（2）膠漆之材

桑：amdun ci i jaka.

著：amdun šugin i jaka.

"漆"，桑額直接採用音譯"ci"，而耆英用的是"šugin"，為滿文"漆"之意。

（3）攻城則力屈

桑：hecen be afaci. hūsun cukumbi.

耆：hecen be afaci. hūsun mohombi.

此句差異在"屈"的譯法。"cukumbi"意為"疲勞、疲倦"，"mohombi"意為"窮盡、用盡"，後者更合漢文原意。

（4）屈力殫貨，則諸侯乘其弊而起

桑：hūsun cukure ulin wajire ohode goloi beise terei jadaha be tuwame latunjimbi.

耆：hūsun mohoro. ulin wajire ohode goloi beise terei cukure be tuwame necinjimbi.

此句主要差異為"弊"和"起"二字的譯法。"jadaha"意為"毛病、殘疾"，"cukure"意為"疲敝"，後者更好。"latunjimbi"意為"來侵犯"，"necinjimbi"意為"來干犯"，兩詞差異不大，均能代表"起"之意。

（5）善用兵者，役不再籍，糧不三載

桑：cooha baitalara mangga urse. cooha be dasame tuciburakū. jeku be ilan aniya oburakū.

耆：cooha baitalan mangga urse. cooha be dasame tuciburakū. jeku ilanggeri juweburakū.

"用"字，"baitalara"為動詞，"baitalan"為名詞，均為"用"之意。"糧不三載"，桑額直譯為"糧食沒有三年（之用）"，耆英直譯為"糧食無法運送三次"，似桑額所譯更合適。

（6）國之貧於師者遠輸，遠輸，則百姓貧

桑：cooha de gurun yadarangge. goro juwere haran. goro juweci. tanggū halai irgen yadambi.

耆：cooha de gurun yadarangge. goro juwere de. goro juweci. tanggū hala yadambi.

此句差異主要在格助詞。"haran"意為"緣由"，"de"也可表示"緣由"，"goro juwere haran/de"均表示"因為遠輸"。此外"百姓"，桑額譯本譯為"tanggū halai irgen"，即"百姓之民"，耆英譯本採用意譯，刪去了"irgen"。

（7）財竭，則急於丘役，力屈財殫，中原內虛於家。百姓之費，十去其七；公家之費，破車罷馬，甲冑弓矢，戟楯矛櫓，丘牛大車，十去其六

桑：ulin wajici ekšeme kio usin juwan ninggun cahin be emu kio sembi. de tomilambi. hūsun cukure ulin wajire oci. bigan i niyalmai boode untuhun ofi irgen i fayabun juwan ubu de nadan ubu genembi siden booi fayabun. sejen garjara. morin macure. uksin. saca. beri. sirdan. gida. kalka. dehe. lu kalka. sejen i dergi dalare amba kalka be. lu sembi. kio usin i ihan. amba sejen be. juwan ubu de ninggun ubu genembi.

耆：ulin wajici ekšeme junihin usin de tomilambi. hūsun mohoro ulin wajire oci. bigan i niyalmai boode untuhun ofi tanggū halai irgen i fayabun juwan ubu de nadan ubu ekiyembi siden booi fayabun. sejen garjara. morin macure. uksin saca. beri sirdan gijun kalka. dalikū. amba kalka junihin usin i ihan amba sejen. juwan ubu de ninggun ubu ekiyembi.

　　此句，"丘"字，桑額採取音譯"kio"，並用小字"juwan ninggun cahin be emu kio"解釋了"kio"的意義，即十六廄為一丘；耆英則採用滿文詞"junihin"。"屈"字，桑額譯為"cukure"，意為"疲乏"，耆英譯為"mohoro"，意為"力竭、窮盡"，後者更準確。"去"字，桑額完全採用字面意思，譯為"genembi"（去）；耆英則譯為"ekiyembi"，意為"消減、減去"。桑額的"gida. kalka. dehe. lu kalka."，應譯為"矛楯鉤櫓"；耆英的"gijun kalka. dalikū. amba kalka"纔應譯為"戟楯矛櫓"。

　　（8）食敵一鍾，當吾二十鍾；慈稈一石，當吾二十石

　　桑：bata i emu jung ninggun hū duin hiyase be emu jung sembi. be jeci. musei orin jung de teherembi. muya orho be emu ši emu tanggū orin jin be. emu ši sembi. oci. musei orin ši de teherembi.

　　耆：bata i emu jungkengge be jeci. musei orin jungkengge de teherembi muya orho be emu gingnehen oci. musei orin gingnehen de teherembi.

　　此句，"鍾"字，桑額採取音譯"jung"，並用小字"ninggun hū duin hiyase be emu jung sembi."做了解釋，意為"六斛四斗為一鍾"；耆英則用的是滿文詞"jungkengge"。"石"字，桑額採取音譯"ši"，並用小字"emu tanggū orin jin be. emu ši sembi."做了解釋，意為"一百二十斤為一石"，耆英則用的是滿文詞"gingnehen"。

　　（9）故殺敵者，怒也；取敵之利者，貨也。故車戰得車十乘以上，賞其先得者，而更其旌旗

　　桑：tuttu ofi bata be warangge. jili banjibure de kai.. bata i aisi be gaijarangge. ulin bahabure de kai sejen i afara de. sejen be juwanci wesihun bahaci. neneme baha urse de šangnambi. terei turun kiru be halambi.

　　耆：tuttu ofi bata be warangge. jili banjibure de kai. bata i aisi be gaijarangge. ulin bahabure de kai tuttu ofi sejen i afara de. sejen be juwan sejengge ci wesihun bahaci neneme baha urse de šangnambi. terei temgetun kiru be halambi.

　　此句，桑額沒翻譯出"故"字來，耆英則用"tuttu ofi"將其譯出。"sejen be juwanci wesihun bahaci."應嚴格譯為"得車十以上"，耆英加入"sejengge"，表達出了"乘"之意。"旌"字，桑額譯為"turun"，而此詞的準確譯法為"纛"；耆英則譯為"temgetun"，為"旌"的準確譯法。

　　（10）故兵貴勝，不貴久

　　桑：tuttu ofi cooha etere be wesihulehebi. goidabure be wesihulehekūbi.

　　耆：tuttu ofi cooha etere be wesihun obumbi. goidabure be wesihun oburakū.

　　此句，差別之處在於"貴"和"不貴"，桑額用的是動詞"wesihulehebi/wesihulehekūbi"，耆英則用的是名詞加動詞"wesihun+obumbi/oburakū"，二者均可。

（三）謀攻第三

（1）孫子曰：夫用兵之法

桑：sun dz hendume. cooha baitalara kooli.

耆：sun dz hendume. yaya cooha baitalara doro.

此句的差異非常關鍵。"法"，桑額譯為"kooli"，意為"例、法則"；而耆英譯為"doro"，意為"道"。應該說，耆英的譯法更加貼切。用兵之法，不是機械的法則、則例，而是一種抽象的"道"，運用之妙，存乎一心。在絕大部分篇幅中，桑額都採用"kooli"，而耆英多採用"doro"，這反映出耆英的理解更勝一籌。

（2）故上兵伐謀，其次伐交，其次伐兵，其下攻城

桑：tuttu wesihun cooha. hebe be efulembi. terei sirame haji be efulembi. terei sirame cooha be efulembi. tereci fusihūn. hecen be afambi.

耆：tuttu ofi wesihun cooha hebe be efulembi. terei ilhingge haji be efulembi. terei ilhingge cooha be efulembi. terei fusihūngge hecen be afambi.

此句主要差異在"其次"一詞。"sirame"表示"接續的、其次的"之意，而"ilhingge"表示"次等的、次要的"，耆英比桑額譯得更準確。

（3）修櫓轒輼

桑：lu kalka. fen wen sejen duin muheren i amba sejen. be dasatara.

耆：amba kalka duin muheren sejen be dasatara.

此句主要差異在於桑額對"櫓轒輼"採用音譯，而耆英採用意譯。

（4）故善用兵者，屈人之兵，而非戰也；拔人之城，而非攻也；毀人之國，而非久也，必以全爭於天下

桑：tuttu ofi cooha baitalara mangga urse. niyalmai cooha be bukdabumbime. afara de akū. niyalmai hecen be gaimbime. dosire de akū. niyalmai gurun be efulembime. goidabure de akū. urunakū abkai fejerfi de yooni obure be temšeme ofi.

耆：tuttu ofi cooha baitalara mangga urse. niyalmai cooha be bukdaburengge. afara de akū. niyalmai hecen be gairengge. dailara de akū. niyalmai gurun be efulerengge. goidabure de akū urunakū yooni obume abkai fejergi de temšeme ofi.

此句"攻"字，桑額譯為"dosire"，意為"進、進入"；而耆英譯為"dailara"，意為"征討"，更合文意。"必以全爭於天下"一句，"以全"（yooni obume/obure）的位置較為靈活，放在"天下"（abkai fejergi）前後均可。

（5）此謀攻之法也

桑：ere afara be bodoro kooli kai.

耆：ere afara be bodoro arga kai.

此句"法"字，桑額仍譯為"kooli"；耆英譯為"arga"，意為"計策、方法"，更為貼切。

（6）夫將者，國之輔也。輔周則國必強，輔隙則國必弱。故君之所以患於軍者三

桑：jiyanggiyūn serengge. gurun i aisilakū. aisilakū yaeken oci gurun urunakū etuhun ombi. aisilakū jadahan oci gurun urunakū yadalinggū ombi.. tuttu cooha. ejen de akarangge ilan.

耆：jiyanggiyūn serengge. gurun i aisilarangge. aisilarangge mergen oci gurun urunakū etuhun ombi. aisilarangge eberi oci gurun urunakū yadalinggū ombi. tuttu cooha i ejen de joborongge ilan.

"輔"字，桑額與耆英均用"aisila"為詞根，所不同者為前者譯為"aisilakū"，意為"助理、幫手"；後者意為"aisilarangge"，意為"輔佐、幫助之人"。"周"字，桑額譯為"yaeken"，意為"才能出衆的"；耆英譯為"mergen"，意為"聰睿的、能幹的"。"隙"字，桑額譯為"jadahan"，意為"殘疾、有病"；耆英譯為"怯懦、軟弱"，後者更合原意。"患"字，桑額譯為"akarangge"，意為"傷心、悲傷"；耆英譯為"joborongge"，意為"憂愁、操勞"，顯然也是耆英所譯更為貼切。

（7）是謂亂軍引勝

桑：ere cooha be facuhūrabufi etere be baimbi sembi.

耆：erebe cooha be facuhūrabufi etere be yarumbi sembi.

"引"字，桑額譯為"baimbi"，意為"求"；耆英譯為"yarumbi"，意為"引"。

（8）識衆寡之用者勝

桑：labdu komso be baitalame sarangge etembi.

耆：labdu komso be baitalara be ulhirengge etembi.

"識"字，桑額譯為"sarangge"，意為"知道……的人"；耆英譯為"ulhirengge"，意為"懂得、領悟……的人"，後者更加貼切。

（9）每戰必敗

桑：afahadari urunakū gidabumbi sehebi.

耆：afahadari urunakū tuksicuke ombi sehebi.

"gidabumbi"意為"失敗、潰敗"，"tuksicuke ombi"意為"在危險之中"，前者更合漢文原意。

（四）軍形第四

（1）故舉秋毫，不為多力

桑：tuttu ofi bolori solmin be tukiyerengge. hūsun mangga de oburakū.

耆：tuttu ofi beileci i solmin be tukiyerengge be. hūsun mangga seci ojorakū.

此句"秋"字，桑額完全按照字面意思翻譯，譯為"bolori"（秋天）；耆英則譯為"beileci"（秋季獸皮），更加準確。

（2）無勇功，故其戰勝不忒。不忒者，其所措勝，勝已敗者也

桑：baturu gung akū. tuttu terei afame etere be endeburakū. endeburakūngge. etere be toktobufi. aifini gidabuhangge be eteme ofi kai.

耆：baturu gungge akū ofi. tuttu terei afame etefi endeburakū ombi. endeburakūngge etere be toktobufi. emgeri gidabuhangge be eteme ofi kai.

此句主要差別為"已"字。桑額譯為"aifini"，意為"早就、業已"；耆英譯為"emgeri"，意為"已經、也已"，意思相差不大。

（3）善用兵者，修道而保法

桑：cooha baitalara mangga urse. doro be dasambime fafun be karmame ofi.

耆：cooha baitalara mangga urse. doro be tuwancihiyambime fafun be karmame ofi.

"修"字，桑額採用的"dasambi"意為"修理、整治"，為直譯；耆英採用的"tuwancihiyambi"意為"矯正、匡正"，為意譯。"修道"意為"修明政治"，耆英譯本更為合適。

（4）兵法：一曰度，二曰量，三曰數，四曰稱，五曰勝。地生度，度生量，量生數，數生稱，稱生勝。故勝兵，若以鎰稱銖；敗兵，若以銖稱鎰。勝者之戰，若決積水於千仞之谿者，形也

桑：coohai kooli uju de kemun sembi. jai de miyalin sembi. ilaci de ton sembi. duici de gin sembi. sunjaci de eten sembi. na ci kemun banjinambi. kemun ci miyalin banjinambi. miyalin ci ton banjinambi. ton ci gin banjinambi. gin ci eten banjinambi.. tuttu etere cooha oci. i i orin yan be i sembi. ju be juwan juwe fun be. ju sembi.. gingnere gese. gaibure cooha oci. ju i i be gingnere gese. etere ursei afara de. minggan žin i jakūn cyi be emu žin sembi.. holo de tehe muke be sandelehe gese ojorongge. arbun de kai.

耆：coohai doro uju de kemun sembi. jai de miyalin sembi. ilaci de ton sembi. duici de toose sembi. sunjaci de eterengge sembi. na ci kemun banjinambi. kemun ci miyalin banjinambi. miyalin ci ton banjinambi ton ci toose banjinambi. toose ci eterengge banjinambi tuttu etere cooha oci. gintoho i heni be gingnere adali. gaibure cooha oci. heni i gintoho be gingnere adali. etere ursei afara de. minggan jerun i holo de tehe muke be sendelehe adalingge. arbun de kai.

"稱"字，桑額譯為"gin"，為"斤"的音譯，也有"秤"的意思；耆英譯為"toose"，意為"權、秤砣"。"銖""鎰""仞"，桑額全部為音譯"ju""i""žin"；耆英"銖""仞"為滿文詞"gintoho""jerun"，而"鎰"仍用音譯"i"。此句從量詞一致角度而言，桑額均用音譯，更規範一些。

（五）兵勢第五

（1）虛實是也

桑：kumdu fili de kai.

耆：kumdu yargiyan de kai.

"fili"，意為"實的、實心的、剛毅的"，而"yargiyan"意為"真實的、實在的"，耆英譯法更接近"實"之原意。

（2）不竭如江海

桑：giyang mederi gese farakū.

耆：ula mederi i adali farakū.

"江"，桑額採用音譯，譯為"giyang"；耆英則用滿文詞"ula"。另外，桑額譯本缺少格助詞"i"，規範性欠佳。

（3）五聲之變

桑：sunja jilgan i kūbulihangge be.

耆：sunja jilgan i kūbulirengge be.

此句，"kūbulihangge"與"kūbulirengge"都為"kūbulimbi"（變化）的動名詞形式，祇不過前者表過去式，後者表現在或將來式。

（4）紛紛紜紜

桑：bur bar seme.

耆：burgin bargin i šašabume.

"bur bar seme"意為"物衆多之貌、多而雜亂的樣子"；"burgin bargin"意為"亂紛紛、紛紜"，"šašabume"意為"使被攪亂、混在一起"，後者更合原文之意。

（5）渾渾沌沌

桑：tur seme.

耆：bur bar seme.

"tur seme"意為"馬快走的樣子、搖晃的樣子"；"bur bar seme"見上文。"渾渾沌沌"，意為"混迷不清"，後者更接近原意。

（6）治亂，數也；勇怯，勢也；強弱，形也

桑：teksin i facuhūn ojorongge. ton de kai. baturu i oliha ojorongge. horon de kai. etuhun i yadalinggū ojorongge. arbun de kai.

耆：teksin facuhūn ojorongge ton de kai. baturu oliha ojorongge horon de kai. etuhun yadalinggū ojorongge arbun de kai.

此句"治亂""勇怯""強弱"，皆為並列的反義詞，桑額均在其中間加入屬格"i"，屬於多此一舉，耆英則將其全部刪掉。

（7）安則靜，危則動

桑：elhe oci ekisaka ombi. jecuhunjeci aššambi.

耆：elhe oci cibsen ombi. tuksicuke oci aššambi.

"靜"字，桑額譯為"ekisaka"，意為"悄悄的、寧靜的"；耆英意為"寂靜的、肅靜的"，二者意思相差不大。且"cibsen ekisaka"為一短語，也為"寂靜的、幽靜的、清淨的"之意。"危"字，桑額譯為"jecuhunjeci"，意為"猶豫"；耆英譯為"tuksicuke"，意為"危險的、險惡的"，顯然後者更加準確。

（六）虛實第六

（1）虛實第六

桑：fili kumdu i ningguci fiyelen.

耆：kumdu yargiyan i ningguci fiyelen.

"fili kumdu"意為"實虛"，"kumdu yargiyan"為"虛實"。

（2）利之也

桑：aisi i ofi kai.

耆：aisi be tuwabume ofi kai.

此句，桑額採用直譯，耆英的譯法意為"看著有利"，後者更符合滿文文法。

（4）衝其虛也

桑：ceni untuhun be fondoloro de kai.

耆：ceni kumdu be fondoloro de kai.

此句，"untuhun"意為"空的、虛的"，"kumdu"意為"空的、空虛的、虛心的"，意義相近。

（5）則我專而敵分

桑：muse uhei bime bata fakcambi.

耆：muse uhei bime bata faksalambi.

此句，"fakcambi"意為"離開、分離"，"faksalambi"意為"分開、分隔"，後者更加準確。

（6）故策之而知得失之計，作之而知動靜之理，形之而知死生之地，角之而知有餘不足之處

桑：tuttu ofi. bodoho de bahara ufarara arga be sambi tekdebuhe de. aššara ekisaka ojoro giyan be sambi. arbun be tuwabuha de bucere banjire babe sambi. sucunaha de. fulu eberi babe sambi.

耆：tuttu ofi bodoho de jabšara ufarara arga be sambi. nukibuhe de. aššara cibsere giyan be sambi. arbun be tuwabuha de bucere banjire ba be sambi. meljebuhe de. fulu eberi babe sambi.

此句，"bahara ufarara" 與 "jabšara ufarara" 均為 "得失" 之意。"tekdebuhe" 意為 "騰起、上升"，"nukibuhe" 意為 "挑逗、激發"。"作" 字之意為 "興起，此指挑動（敵人）"。"sucunaha" 意為 "衝擊、侵犯"，"meljebuhe" 意為 "使較量、競賽"。"角" 字，意為 "校量"。此二詞，顯然耆英的譯法更忠實於漢文。

（7）而莫知吾所以制勝之形

桑：musei cohome etere arbun be sarkū.

耆：musei etere be toktobure arbun be sarkū.

此句，"cohome" 意為 "正是、原以、乃"，桑額用此詞表達出了 "所以" 的意思，但 "etere arbun" 意為 "勝利之形"，沒有把 "制" 字翻譯出來。耆英加了 "toktobure" 一詞，表達出了 "制" 的意思，但又沒有翻譯出來 "所以"。

（8）夫兵形象水，水之形，避高而趨下；兵之形，避實而擊虛

桑：coohai arbun serengge muke i gese. muke i arbun. nuhu ci biyalume nuhaliyan baru eyembi. coohai arbun fili de jailame kumdu be gidambi.

耆：coohai arbun serengge mukei adali. mukei arbun. nuhu ci biyalume wasihūn ici eyembi. coohai arbun. yargiyan ci jailame kumdu be gidambi.

此句主要差別在 "趨下" 一詞。"nuhaliyan" 意為 "窪地"，"baru" 為表方向的格助詞；"wasihūn" 意為 "下、向下"，"ici" 也表示 "向著、方向"。既然 "nuhu" 為 "高地" 之意，似桑額的 "nuhaliyan"（窪地）更為相應。

（七）軍爭第七

（1）軍爭

桑：coohai temšen.

耆：giyūn coohai temšen.

此標題，桑額採用意譯，而耆英在意譯的同時，加上了 "軍" 字的音譯 "giyūn"。

（2）孫子曰：凡用兵之法，將受命於君，合軍聚衆，交合而舍，莫難於軍爭

桑：sun dz hendume. yaya cooha baitalara kooli. jiyanggiyūn. ejen i hese be alime gaifi. geren cooha be bargiyame isabufi. ing duka bakcilame tatara be dahame coohai temšen ci mangga ningge akū.

耆：sun dz hendume. yaya cooha baitalara doro. jiyanggiyūn. ejen i hese be alime gaifi. geren cooha be bargiyame isabufi. kūwaran i duka bakcilame tatara be dahame giyūn coohai temšen ci manggangge akū.

"舍"，為軍隊駐扎之處，二者均譯為 "營門"。所不同的是，桑額採用音譯 "ing"，而耆英採用滿文詞 "kūwaran"。

（3）委軍而爭利

桑：amba cooha be werifi aisi be temšeneci.

耆：giyūn cooha be werifi aisi be temšeneci.

"軍"字，桑額譯為"amba cooha"，意為"大軍"；耆英則加入音譯"giyūn"。

（4）百里而爭利，則擒三將軍

桑：tanggū ba i aisi be temšeneci. ilan jiyanggiyūn jafabumbi.

耆：tanggū ba surteme aisi be temšeneci. ilan coohai data jafabumbi.

此句"百里"一詞，桑額譯為"tanggū ba i"，意為"百里的"；耆英譯為"tanggū ba surteme"，意為"奔百里"。原文意為趕路百里而爭利，三軍將領都可能被俘，耆英譯法更合適。

（5）無糧食則亡

桑：jeku kunesun akū oci gukumbi.

耆：jeku jufeliyen akū oci gukumbi.

此句"kunesun"意為"乾糧、盤纏"，"jufeliyen"意為"乾糧、食物"，文意相近。

（6）不用嚮導者

桑：jugūn jorire niyalma be baitalarakūngge.

耆：jugūn jorire gajarci be baitalarakūngge.

此句，"嚮導"一詞，桑額直接譯為"jugūn jorire niyalma"，意為"指路的人"；耆英譯為"gajarci"，為"嚮導、引路人"之意。

（7）廓地分利

桑：ba na be fesheleci arbungga be ejelembi.

耆：ba na be fesheleci arbungga be tuwakiyambi.

"分利"即"分兵佔據有利之地形"。"arbungga"意為"地勢好的、形勝（之處）"，"ejelembi"意為"霸佔、佔據"，"tuwakiyambi"意為"鎮守、防守"。此句似桑額譯法更好，當然耆英譯法也說得通。

（8）善用兵者，避其銳氣，擊其惰歸，此治氣者也。以治待亂，以靜待譁，此治心者也；以近待遠，以佚待勞，以飽待飢，此治力者也

桑：cooha baitalara mangga urse. tesei etuhun sukdun de jailara. tesei šadashūn šoyoshūn be gidarangge. ere sukdun be dasarangge kai. teksin i facuhūn be alime gaire. eksaka i burgišara be alime gairengge. ere mujilen be dasarangge kai. hanciki i goroki be alime gaire. teyehun i suilara be alime gairengge. ere hūsun be dasarangge kai.

耆：cooha baitalara mangga urse. tesei etuhun suktun ci jailara. tesei šadashūn šoyoshūn be gidarangge. ere sukdun be dasarangge kai. teksin i facuhūn be alime gaire. ekisaka i curgindure be alime gairengge. ere mujilen be dasarangge kai. hanciki i goroki be alime gaire. teyehun i suilara be alime gaire. ebifi omiholoro be alime gairengge. ere hūsun be dasarangge kai.

　　此句，桑額譯本的主要問題是漏譯了"以飽待飢"一句，耆英則以"ebifi omiholoro be alime gairengge."補全。

　　（9）銳卒勿攻

　　桑：dacun coohai baru ume dosire.

　　耆：dacun coohai baru ume afara.

　　"dosire"意為"進入"，"afara"意為"進攻"，耆英譯得更準確。

　　（八）九變第八

　　（1）合軍聚衆，圮地無舍

　　桑：cooha be isabume bargiyaha manggi. efujehe ba oci ume tatara.

　　耆：geren cooha be isabume bargiyaha manggi. nuhaliyan ba oci. ume tatara.

　　"圮"字，李零認為係"汜"字之訛，"圮地"似指沮洳難行之地。桑額譯為"efujehe ba"，意為"壞地、廢地"；耆英譯為"nuhaliyan"，意為"窪地"，與李零的解釋更為相近。

　　（2）雜於害，而患可解也

　　桑：jobolon de barabuci. ehe be subuci ombi.

　　耆：jobolon de barabuci. kokiran be subuci ombi.

　　"患"字，桑額譯為"ehe"，意為"壞、凶惡"；耆英譯為"kokiran"，意為"損害、禍害"，似後者更準確。

　　（3）是故屈諸侯者以害，役諸侯者以業，趨諸侯者以利

　　桑：uttu ofi. goloi beise be bukdarangge. jocibure be isibumbi. goloi beise be takūrarangge hethe be isibumbi. goloi beise be surteburengge. aisi be isibumbi.

　　耆：uttu ofi geoloi beise be bukdarangge. jobolon be isibumbi. goloi beise be takūrarangge. jabšaki be bolibumbi. goloi beise be surteburengge. aisi be isibumbi.

　　"害"字，桑額譯為"jocibure"，意為"害、謀害"；耆英譯為"jobolon"，意為"憂患、災難"，桑額譯文更準確。"業"字，桑額譯為"hethe"，意為"家業、產業"；耆英譯為"jabšaki"，意為"便宜"，"bolibumbi"意為"使引誘"，耆英的譯法似更好一些。

　　（九）行軍第九

　　（1）視生處高

　　桑：banjire be tuwafi deken bade tatambi.

　　耆：banjire de forofi deken bade tatambi.

　　"視"字，桑額譯為"tuwafi"，意為"看"；耆英譯為"forofi"，意為"向著、朝著"。

"視生處高"意為軍隊駐扎，要居高向陽。① 故"視"字並不是"看"的意思，而是"朝向"的意思，耆英的譯法正確。

（2）而背眾樹

桑：bujan be fisa waliyambi.

耆：mooi bujan be cashūlambi.

"fisa waliyambi"與"cashūlambi"意思一致，均為"背著、背對"之意。唯耆英還多加了"木"的音譯"moo"。

（3）平陸處易，而右背高

桑：necin olhon de oci. sulfa bime ici ergi fisa ergi deken.

耆：šehun olhon de oci necin bade tatambime. ici ergi fisa ergi deken.

"平"字，桑額譯為"necin"，意為"平坦的"；耆英譯為"šehun"，意為"平坦的、空曠的"，二者意思接近。"易"字，桑額譯為"sulfa"，意為"舒適的、安逸的"；耆英譯為"necin ba"，意為"平坦的地"。而"平陸處易"意為"遇開闊地，亦須選擇平坦之處安營"②。耆英的譯法正確。

（4）黃帝所以勝四帝也

桑：hūwang di. hiowan yuwan han inu. duin ergi di goloi beise be henduhebi. be etehengge kai.

耆：hūwang di han duin ergi di be etehengge kai.

此句，桑額對"黃帝"和"四帝"均做了滿文解釋，"hiowan yuwan han inu."意為"為軒轅汗"；"goloi beise be henduhebi."意為"曰諸侯"。耆英則除了對"黃帝"進行音譯以外，還加了"han"（汗）字。

（5）養生處實

桑：elgiyen de banjime muhu de tatame ohode.

耆：luku de ujime muhu de tatame ohode.

此句的差別在"養生"一詞。此詞吳九龍與李零解釋不同。吳九龍等解釋為"人馬得以休養生息"③,李零解釋為"據有水草之利"④。大致而言，桑額的"elgiyen de banjime"（生養豐厚、富足）更接近吳九龍的解釋，而耆英的"luku de ujime"［休養（草木）茂密］更接近李零的解釋。

（6）天牢

桑：abkai loo.

耆：abkai gindana.

---

① 吳九龍主編《孫子校釋》，第 144 頁。

② 吳九龍主編《孫子校釋》，第 148 頁。

③ 吳九龍主編《孫子校釋》，第 150 頁。

④ 李零:《〈孫子〉十三篇綜合研究》，中華書局，2006，第 62 頁。

"牢"字，桑額採用音譯"loo"，耆英採用滿文詞"gindana"。

（7）獸駭者，覆也

桑：gurgu aksakangge. geodelerengge kai.

耆：gurgu aksakangge. necinjirengge kai.

"覆"字，"geodelerengge"意為"誘騙、誆騙"，"necinjirengge"意為"來犯、侵擾"。

（8）塵高而銳者，車來也

桑：buraki den bime šulihun ojorongge. sejen i jiderengge kai.

耆：buraki den bime sucunarangge. sejen i jiderengge kai.

此句差別在"銳"字。桑額譯為"šulihun"，意為"尖的、細的"；耆英譯為"升高的、沖天的"，後者用以表示塵土高揚的樣子更合適。

（9）杖而立者，飢也

桑：teifun sujafi ilirengge. omiholohongge kai.

耆：teifun teifulefi ilirengge. omiholohongge kai.

"sujafi"意為"支撐、靠住"，"teifulefi"意為"拄著"，後者更合原意。

（10）諄諄諭諭徐與人言者

桑：cucu caca seme niyalmai baru jendu gisurerengge.

耆：cu cu ca ca seme niyalmai baru elheken i gisurerengge.

"諄諄諭諭"，桑耆二人都譯為"cucu caca"，祇不過前者為連寫，後者為分寫，均可。"jendu"意為"暗地裏、悄悄地"，"elheken"意為"慢慢的，從容的"，後者更符合"徐"字本義。

（11）數罰者，困也

桑：emdubei weile ararangge. cukuhengge kai.

耆：emdubei weile ararangge. mohohongge. kai.

"困"字，桑額譯為"cukuhengge"，意為"疲乏"；耆英譯為"mohohongge"，意為"窘迫、窮竭"，同樣是耆英譯本更準確。

（12）先暴而後畏其衆者，不精之至也

桑：neneme doksirafi amala geren de gelerengge. ehe i ten kai.

耆：neneme doksirafi amala geren de olhorongge. narhūn akū i ten kai.

"不精"一詞，桑額譯為"ehe"，意為"惡的、壞的"；而耆英譯為"narhūn akū"，意為"不精細的"，更準確。

（13）令素行以教其民

桑：fafun be aifini yabubufi irgen be tacihiyaci.

耆：selgiyen be aifini yabubufi. irgen be tacihiyaci.

"fafun"意為"法度、法令"，"selgiyen"意為"令、指令"，還是耆英譯法更準確。

（14）令素行者與眾相得也

桑：fafun be aifini yabubumbi serengge. geren i baru ishunde sain ojoro be kai.

耆：selgiyen be aifini yabubumbi serengge. geren i emgi gūnin acarangge kai.

"geren i baru ishunde sain ojoro be kai." 直譯應為 "與眾人彼此相善也"；"geren i emgi gūnin acarangge kai." 直譯為 "與眾人合心也"。"相得"，意為 "關係融洽、團結和睦"，耆英譯法更準確。

（十）地形第十

（1）必盈之以待敵

桑：urunakū bekilefi bata be alime gaimbi.

耆：urunakū funcetele obufi bata be alime gaimbi.

"盈之"，桑額譯為 "bekilefi"，意為 "加固、鞏固"；耆英譯為 "funcetele obufi"，意為 "至有餘"。按此詞吳如嵩與李零解釋不同。吳如嵩認為是 "滿、充足之意"[1]，李零認為是 "控扼隘口之意"[2]。桑額譯法與李零解釋接近，耆英譯法與吳如嵩解釋接近。此譯文無高下之分，反映的是二人對文本的理解不同。

（2）故兵有走者，有弛者，有陷者，有崩者，有亂者，有北者

桑：tuttu ofi. cooha de burularangge bi. fakcarangge bi. lifanarangge bi. ulejerengge bi. facuhūrarangge bi. gidaburengge bi.

耆：tuttu ofi cooha de ukarangge bi. sartaburengge bi. lifancarangge bi. ulejerengge bi. facuhūrarangge bi. burularangge bi.

"走" 意為敗走，桑額譯為 "burularangge"，意為 "敗走"；耆英譯為 "ukarangge"，意為 "逃走"，二者均可。"弛" 意為鬆懈、渙散，桑額譯為 "fakcarangge"，意為 "分散、分離"；耆英譯為 "sartaburengge"，意為 "耽擱、貽誤"，更加準確。"北" 意為敗北，桑額譯為 "gidaburengge"，意為 "敗北、敗潰"；耆英譯為 "burularangge"，意為 "敗走"，二者均可。

（十一）九地第十一[3]

（1）諸侯自戰其地者，為散地；入人之地而不深者，為輕地；我得亦利，彼得亦利者，為爭地；我可以往，彼可以來者，為交地；諸侯之地三屬，先至而得天下之眾者，為衢地；入人之地深，背城邑多者，為重地；山林險阻沮澤，凡難行之道者，為圮地；所由入者隘，

---

① 吳九龍主編《孫子校釋》，第 173 頁。

② 李零：《〈孫子〉十三篇綜合研究》，第 69 頁。

③ 上文已經提到，"法" 字，桑額多用 "kooli"，耆英多用 "doro"，但此篇中耆英均用 "kooli"，應是遺漏未改之故。

所從歸者迂，彼寡可以擊吾之眾者，為圍地；疾戰則存，不急戰則亡者，為死地

桑：goloi beise meimeni bade afarangge be. samsire ba obuhabi. niyalmai bade šumin dosikakūngge be. weihuken ba obuhabi. muse bahaci inu aisi. tese bahaci inu aisi ningge be. temšere ba obuhabi. muse geneci ojoro. tese jici ojorongge be. acara ba obuhabi. goloi beise i ba. ilan ergi de hafunafi. neneme jifi abkai fejergi geren be baharangge be. salja ba obuhabi. niyalmai bade šumin dosinafi. hecen hoton be labdu fisa waliyahangge be. ujen ba obuhabi. alin weji haksan fiyelfe hali niyo. yaya yabure mangga jugūn be. efujehe ba obuhabi. dosinarangge hafirahūn. bedererengge gorokon. tesei komso i musei geren be gidaci ojorongge be. horire ba obuhabi. ekšeme afaci taksire. ekšeme afarakū oci gukurengge be. bucere ba obuhabi.

耆：goloi beise meimeni bade afarangge. samsire ba inu. niyalmai bade dosinafi šumin akūngge. weihuken ba inu. muse bahaci inu aisi ojoro. tese bahaci inu aisi ojorongge. temšere ba inu. muse geneci ojoro. tese jici ojorongge. acara ba inu. goloi beise i ba ilan ergi de hafunafi. neneme isinjifi abkai fejergi i geren be baharangge. salja ba inu. niyalmai bade šumin dosinafi. hecen hoton be labdu dulerengge. ujen ba inu. alin weji haksan mudangga hali niyo. yaya yabure de mangga jugūn serengge. efujere ba inu. dosinarangge hafirahūn. bedererengge gorokon. tesei komso i musei geren be gidaci ojorongge. horire ba inu. ekšeme afaci taksire. ekšeme afarakū oci gukurengge. bucere ba inu.

此句，"為散地"等的"為"字，桑額均用"obuhabi"，耆英均用"inu"，二者意思差不多，均可。"入人之地而不深者"，桑額譯為"niyalmai bade šumin dosikakūngge be"，耆英譯為"niyalmai bade dosinafi šumin akūngge."，"šumin"（深）的位置較為靈活；"dosikakūngge"與"dosinafi akūngge"意思也一致，兩種譯法均可。"背"字，桑額譯為"fisa waliyahangge"，意為"背朝著、背對著"；耆英譯為"dulerengge"，意為"通過、經過"。"背城邑多者"，李零解釋為"所過城邑多"，故耆英的譯法正確。"阻"字，桑額譯為"fiyelfe"，意為"河坡"；耆英譯為"mudangga"，意為"彎曲、拐彎的"，更合"阻"的引申義。

（2）圮地則行

桑：efujehe ba oci hacihiyambi.

耆：efujere ba oci genembi.

"行"字，桑額譯為"hacihiyambi"，意為"催促、疾馳"；耆英譯為"genembi"，意為"去、走"。此句意為通過圮地時宜快速通過，桑額譯法更為合適。

（3）敢問，敵眾整而將來，待之若何

桑：gelhun akū fonjiki. bata geren bime teksilefi jiderengge be. adarame alime gaimbi.

耆：gelhun akū fonjiki. bata geren teksin bime jiderengge be. adarame alime gaimbi.

此句，"teksilefi jiderengge"與"teksin bime jiderengge"意思完全一致，都為"整而將來"之意，祇是前者用的是動詞形式，後者用的是形容詞形式。

（4）深入則專

桑：šumin dosici uhei ofi.

耆：šumin dosici cohotoi ofi.

"專"字，桑額譯為"uhei"，意為"一共、一同"；耆英譯為"cohotoi"，意為"特意、專門"，耆英譯法更準確。

（5）主人不剋

桑：boigoji cooha hamirakū ombi.

耆：boigoji cooha eterakū ombi.

"不剋"，桑額譯為"hamirakū"，意為"不夠"；耆英譯為"eterakū"，意為"不能勝利、不能抵擋"，後者更合適。

（7）謹養而無勞

桑：gingguleme ujimbime ume suilabure.

耆：saikan ujimbime ume suilabure.

"謹"字，桑額譯為"gingguleme"，意為"敬謹"；耆英譯為"saikan"，意為"好生、妥善"。此處"謹養"，並非"恭謹休養"之意，而是"好生休養"之意，耆英譯法更妥當。

（8）投之無所往，死且不北，死焉不得，士人盡力，兵士甚陷，則不懼

桑：geneci ojorakū bade isibume ohode. bucetei burularakū ombi. buceci baharakū oci. cooha niyalma hūsutulembi cooha uksin umesi lifanaci olhorakū ombi. genere ba akū oci bekilembi.

耆：geneci ojorakū bade isibume ohode. buceci bucekini burularakū ombi. buceci adarame baharakū ni. cooha niyalma hūsun akūmbumbi. cooha urse umesi lifanaci. olhorakū ombi. genere ba akū oci. bekilembi.

"死且不北""死焉不得"二句，桑額與耆英的翻譯均可，似感桑額譯更為簡潔。"盡力"一詞，桑額採用動詞"hūsutulembi"，而耆英採用名詞加動詞"hūsun akūmbumbi"，意思一樣。"兵士"一詞，桑額採用"cooha uksin"，意為"兵甲"；耆英採用"cooha urse"，意為"兵眾"，同樣差別不大。

（9）是故其兵不修而戒，不求而得，不約而親，不令而信，禁祥祛疑，至死無所之

桑：uttu ofi. cooha be belheburakū bime seremšembi. bairakū bime bahambi. bargiyadarakū bime hajilambi. fafularakū bime dahambi. ganiongga be šajilame buhiyecun be nakabuci. bucetele generakū ombi.

耆：uttu ofi cooha be teksilerakū bime olhošombi. bairakū bime bahambi. bargiyatarakū bime hajilambi. fafularakū bime akdambi. ganiongga be šajilame buhiyecun be nakabuci. bucetele generakū ombi.

"不修而戒"，桑額譯為"belheburakū bime seremšembi"，意為"不預備而警戒"；耆英譯為"teksilerakū bime olhošombi"，意為"不整頓而防範"。此句漢文原意為"不整飭而注意

戒備"，故耆英譯法準確。"信"字，桑額譯為 "dahambi"，意為 "隨著、聽從"；耆英譯為 "akdambi"，意為 "信任、依賴"，同樣是後者更準確。

（10）坐者涕沾襟

桑：tecehe cooha oci. yasai muke etuku usihimbi.

耆：tecehe cooha oci. yasai muke adasun usihimbi.

"襟"字，桑額譯為 "etuku"，意為 "衣服"；耆英譯為 "adasun"，意為 "衣襟"，更準確一些。

（11）當其同舟

桑：emu cuwan de tefi.

耆：emu jahūdai de tefi.

"舟"，桑額採用了 "船" 的音譯 "cuwan"，耆英則用滿文詞 "jahūdai"。

（12）帥與之深入諸侯之地而發其機，若驅群羊，驅而往，驅而來，莫知所之。聚三軍之衆，投之於險，此將軍之事也

桑：yuwanšuwai. goloi beise i bade šumin dosifi. nashūn be yaburengge. geren honin be dalire gese. dalifi geneme. dalifi jime. absi ojoro ba sarkū. ilan giyūn i cooha be gaifi. nimecuke de nikebumbi. ere jiyanggiyūn i baita kai.

耆：yuwanšuwai goloi beise i bade šumin dosifi. songgiha. be uksalaburengge. geren honin be bošoro adali. bošofi geneme. bošofi jime. absi ojoro be sarkū. ilan giyūn cooha i geren be gaifi. haksan de isibumbi. ere jiyanggiyūn i baita kai.

"發其機"，桑額譯為 "nashūn be yaburengge"，意為 "行機密"；耆英譯為 "songgiha be uksalaburengge"，意為 "解開機關"。此句漢文原意為扳動弩機，故耆英譯法準確。"驅"字，桑額譯為 "dalire"，意為 "驅逐、驅趕（野獸等）"；耆英譯為 "bošoro"，意為 "驅逐、驅趕（牛馬等）"，後者更勝一籌。"投之於險"，桑額譯為 "nimecuke de nikebumbi"，意為 "承之以險"；耆英譯為 "haksan de isibumbi"，意為 "至於險境"，此句耆英譯法更準確。

（13）屈伸之利

桑：ikūre saniyara aisi.

耆：ikūre aisi.

"屈伸"二字，桑額譯為 "ikūre saniyara"，此為固定短語，準確。耆英則少了 "saniyara" 一詞。

（16）非王霸之兵也

桑：ba. wang ni cooha waka kai.

耆：da ojoro han ojoro cooha waka kai.

"王、霸"二字，桑額為音譯 "ba. wang"，耆英為意譯 "da. han"。

（17）故其城可拔，其國可隳，施無法之賞，懸無政之令，犯三軍之衆，若使一人

桑：tuttu hoton be gaici ome ohobi. gurun be efuleci ome ohobi. kooli ci encu šang be isibumbi. dasan ci encu fafun be selgiyembi. ilan giyūn i geren de afanarangge. emu niyalma be unggire gese.

著：tuttu hoton be gaici ohobi. gurun be efuleci ohobi. kooli ci tulgiyen šangnaha be isibumbi. dasan ci tulgiyen fafun be ulhibume selgiyembi. ilan giyūn cooha i geren be afanarangge. emu niyalma be unggire adali.

"無法之賞""無政之令"，二人均譯為"超過法例規定的賞／令"，唯前者用"encu"（另外、特殊），後者用"tulgiyen"（以外、除外），二者均可。

（十二）火攻第十二

（1）凡火攻有五

桑：tuwa i afarangge uheri sunja.

著：tuwa i afarangge uheri sunja hacin bi.

此句，桑額的譯法與漢文嚴格對應；著英則加入"hacin bi"，意為"火攻有五類（種）"。

（2）四曰火庫，五曰火隊

桑：duici de ku be deijimbi. sunjaci de kuren be deijimbi sembi.

著：duici de coohai namun be deijimbi. sunjaci de agūra faidan be deijimbi sembi.

"庫"字，桑額音譯為"ku"；著英則用滿文詞"coohai namun"，意為"軍庫"。"隊"字，桑額譯為"kuren"，意為"隊伍、軍旅"；著英譯為"agūra faidan"，意為"軍械隊、儀仗隊"。關於此字的解釋，歷來有所爭議。李筌等注解為"隊仗"，杜牧等注解為"行伍"，桑額隨杜牧注解，著英隨李筌注解。李零認為兩者皆誤，"隊"應讀為"隧"，指供稱的衝鋒隊或地道。[①]

（3）行火必有因，煙火必素具。發火有時，起火有日

桑：tuwa sindara de urunakū nikeku bi. tuwa šanggiyan be urunakū doigonde belhebumbi. tuwa yendere erin bi. tuwa dekdere inenggi bi.

著：tuwa sindafi deijire de urunakū ildun bi. tuwa sindara jaka be urunakū doihonde belhebumbi. tuwa sindara de erin bi. tuwa dekdere de inenggi bi.

"因"字，桑額譯為"nikeku"，意為"依靠、靠山"；著英譯為"ildun"，意為"便利、機會"。此字原意為"一定的條件"，故著英譯法更準確。"煙火"一詞，桑額譯為"tuwa šanggiyan"，為"火煙"之意；著英譯為"tuwa sindara jaka"，意為"放火之物"。漢文原意為"煙火器材"，故著英譯法更準確。"發火"一詞，"tuwa yendere/ sindara"均可。

---

① 李零：《〈孫子〉十三篇綜合研究》，第85頁。

（4）日者，月在箕壁翼軫也

桑：inenggi serengge. gi. bi. i. jen usiha oron de. biya bisire be kai.

耆：inenggi serengge. biya girha bikita imhe jeten i oron de bisire be kai.

"箕壁翼軫"，桑額均用音譯，後加 "usiha oron"，意為 "星辰、星位"；耆英則用滿文詞 "girha bikita imhe jeten"。

（5）凡此四宿

桑：ere duin usiha serengge.

耆：ere duin tokdon serengge.

"宿"字，桑額譯為 "usiha"，意為 "星星"；耆英譯為 "tokdon"，意為 "星宿"，後者更精確。

（6）火發於內，則早應之於外。火發而其兵靜者，待而勿攻

桑：dorgi de tuwa sindaci. uthai tulergi deri doigonde okdombi. tuwa sindaha bime. tesei cooha ekisaka oci. dosirakū aliyambi.

耆：dorgi de tuwa sindaci. uthai tulergi ci erdeken i acabumbi. tuwa sindaha bime tesei cooha cibsen oci. aliyambi ume.

此句，表方向的格助詞桑額用 "deri"，耆英用 "ci"，均正確，唯 "deri" 在早期應用較多。"早應之"，桑額譯為 "doigonde okdombi"，意為 "預先迎接、接應"；耆英譯為 "erdeken i acabumbi"，意為 "及早接應"，二者均可。"靜"字，桑額譯為 "ekisaka"（悄悄的），耆英譯為 "cibsen"（靜的、寂靜的），二者意思相近，"cibsen ekisaka" 還是固定短語，意為 "寂靜的、安逸的"。"待而勿攻"，桑額譯為 "dosirakū aliyambi"（等待勿進），耆英譯為 "aliyambi ume"（不等待），此句桑額譯法更準確。

（7）火發上風，無攻下風

桑：edun i wesihun ci tuwa daci. edun i wasihūn ci ume dosire.

耆：edun i dergi ci tuwa daci. edun i fejergi be ume afara.

"上、下"，桑額用 "wesihun/wasihūn"，耆英用 "dergi/fejergi"，均可。

（8）以數守之

桑：ton be tuwakiyambi.

耆：ton be tuwame seremšembi.

"守"字，桑額譯為 "tuwakiyambi"，意為 "看守、防守"；耆英譯為 "tuwame seremšembi"，意為 "看守、防備"，二者似均可。

（9）故以火佐攻者明，以水佐攻者強

桑：tuttu ofi. afara de tuwa i aisilarangge genggiyen. afara de muke i aisilarangge kiyangkiyan.

耆：tuttu ofi tuwa i afara de aisilarangge genggiyen. muke i afara de aisilarangge etuhun.

此句，"tuwa i" 意為 "以火"，其在句中位置較為靈活，放在 "afara de" 前後均可。另一不同之處為 "強" 字，桑額譯為 "kiyangkiyan"，意為 "強健的、健壯的"；耆英譯為 "強壯的、強大的"，兩者差別不大。按《孫子校釋》及李零《〈孫子〉十三篇綜合研究》的看法，"明" 與 "強" 二字為互文，意義相同，均為 "強" 之意。[①] 桑額與耆英均把 "明" 譯為 "genggiyen"（清、明之意），是祇理解了字面意思。

（10）夫戰勝攻取而不修其功者凶，命曰費留

桑：afafi etehe dosifi gaiha bime. ceni gung be ilgarakūngge ehe. mamgiyakū sirke sembi.

耆：afafi etehe dosifi gaiha bime. ceni gungge be ilgarakūngge ehe. fayambi sirkedembi. sembi.

此句主要差別在 "費留" 二字。桑額採用了兩個形容詞，"mamgiyakū" 意為 "奢侈的、浪費的"，"sirke" 意為 "延續的、連綿的"；耆英採用了兩個動詞，"fayambi" 意為 "消耗、耗費"，"sirkedembi" 意為 "連綿不絕、持續不斷"。筆者感覺桑額的譯法更妥當。

（11）良將警之

桑：mergen jiyanggiyūn seremšembi sehebi.

耆：mergen jiyanggiyūn targambi. sehebi.

"seremšembi" 意為 "提防、防備"，"targambi" 意為 "戒備、警戒"，漢文 "警" 為 "警惕" 之意，兩種譯法均可。


（十三）用間第十三

（1）孫子曰：凡興師十萬，出征千里，百姓之費，公家之奉，日費千金

桑：sun dz hendume. juwan tumen cooha ilifi. minggan bade dailanaci. tanggū hala i fayabure. siden booi baitalara de. inenggidari minggan yan wajimbi.

耆：sun dz hendume. juwan tumen ilifi. minggan bade tuwancihiyanaci. tanggū halai irgen i fayabure. siden booi baitalara de. inenggidari minggan yan baibumbi.

此句，耆英譯本省去 "cooha"（師），似不如桑額譯本嚴謹。"出征" 一詞，桑額譯為 "dailanaci"，耆英譯為 "tuwancihiyanaci"，二者均為 "征討、征伐" 之意。"百姓" 一詞的使用，則與 "作戰篇" 相反。"費" 字，桑額譯為 "wajimbi"，為 "完結、完畢" 之意；耆英譯為 "baibumbi"，為 "需用、要用" 之意，後者更為貼切。

（2）內外騷動

桑：dorgi tulergi burgišame.

耆：dorgi tulergingge burgišame.

此句，"tulergi" 意為 "外面"，形容詞；"tulergingge"，意為 "外面的（人）"，形動詞。

---

① 吳九龍主編《孫子校釋》，第 229 頁；李零：《〈孫子〉十三篇綜合研究》，第 86 頁。

二者均可。

（3）而愛爵祿百金

桑：tanggū yan menggun i hafan funglu be hairame.

耆：tanggū yan menggun i hafan fulun be hairame.

此句，"fungu"與"fulun"均為"俸祿"之意，可同義替換，祇是早期多用"fungu"。

（4）先知者，不可取於鬼神，不可象於事，不可驗於度，必取於人，而知敵之情者也

桑：doigonde sarangge. hutu endure de bahabure de akū. baita de murušere de akū. ton de tuwabure de akū. urunakū niyalma de akdafi. bata i turgun be sara de kai.

耆：doigonde sarangge. hutu endure de jalbarime bahabuci ojorakū. baita de murušeci ojorakū. ton de yargiyalaci ojorakū. urunakū niyalma de akdafi. bata i turgun be sara de kai.

此句，"取"字，桑額譯為"bahabure"，意為"使得到"；而耆英譯為"jalbarime bahabuci"，意為"使禱告"，後者對漢文原文背後的含義理解得更透徹。另外，"不可"，桑額譯為"de akū"，耆英譯為"ojorakū"，後者更有"不可"之意。

（5）故用間有五

桑：tuttu ofi. sunja jakanaburengge be baitalambi.

耆：tuttu ofi jakanaburengge be baitalara de sunja hacin bi.

此句，桑額譯文直譯為"故用五間"，耆英譯文為"故用間有五"，后者更加準確。

（6）必索知之

桑：urunakū fujurulabumbi.

耆：urunakū fujurulabume sambi.

"fujurulabumbi"意為"使探訪、使詢查"，為"索"的滿譯。桑額沒有譯出"知"字，耆英則加上"sambi"，使意思更完整。

（7）此兵之要，三軍之所恃而動也

桑：ere coohai oyonggo. ilan giyūn i cooha akdafi aššambi kai.

耆：ere coohai oyonggo. ilan giyūn cooha i akdafi aššarangge kai.

此句，主要差別在格助詞"i"的使用上。"ilan giyūn i cooha"的"i"為屬格助詞，意為"三軍的兵"；"ilan giyūn cooha i"的"i"為工具格助詞，表示"以、用"，充當補語，意為"以（憑藉）三軍"。

通過上文稍顯煩瑣的對比可知，儘管二者大部分內容一致，但仍有上百處翻譯存在差別。總體而言，耆英譯本要更勝一籌。耆英對漢文《孫子兵法》原意的理解更加到位，故翻譯時用詞用句更為準確。當然桑額譯本仍有其不可替代的價值，一方面，在一些格助詞等使用上，保留了早期滿文的特點，與後期滿文自有不同，可資對照；另一方面，仍有少部分譯文，桑額比耆英所譯更勝一籌。祇有把二者結合起來閱讀，纔能全面理解滿文《孫子兵法》。

## 三　桑額譯本與耆英譯本所代表的不同時代背景

早出的桑額譯本與晚出的耆英譯本的區別，不僅是部分譯文上的差異，實際上它們代表的是完全不同的兩種時代背景。

### （一）桑額其人及其時代

關於譯者桑額的身份，吳如嵩在《孫子兵法辭典》中做了如下解釋：

> 桑額（？—1686），清代《孫子》滿文翻譯作者。又名桑峨，清初名將李國翰之子，漢軍鑲藍旗人。康熙年間歷官寧夏鎮總兵，湖廣提督，雲南提督。吳三桂叛亂時陞左都督，進攻雲南，戰功甚著。後卒於任。翻譯有《滿文孫吳子兵法》。①

吳如嵩是著名軍事史家、《孫子》研究權威，故多數論著直接繼承了他這一觀點。然而，筆者對這一觀點卻持懷疑態度，認為它是站不住腳的。首先，李國翰為漢軍鑲藍旗人，其先居清河。② 桑額既為李國翰之子，也應以清河為祖籍。然滿文天繪閣刻本最後卻說"白山桑額"，籍貫矛盾。其次，李國翰之子桑額為 1686 年去世（即康熙二十五年），而天繪閣刻本卻是康熙四十九年付梓，二者相差二十四年，難以想象為何在桑額去世二十四年後，其生前譯著方纔出版，這不合常理。最後，從李國翰之子桑額的事跡來看，他自康熙初年擔任寧夏總兵起，連續多年參戰，特別是在平定三藩的戰爭中發揮了重要作用。③ 一個常年征戰之人，恐怕難有閒暇從事翻譯工作。《八旗通志》《清史稿》等史料中，也絲毫沒有桑額翻譯《孫子兵法》的記載。

因此筆者以為，滿文《孫子兵法》的譯者桑額，絕不是李國翰之子，而是另有他人。康熙年間，京都天繪閣曾刊刻有另一部滿文書籍《滿漢同文分類全書》，該書序言最後部分的滿文為 "elhe taifin i gūsin uyuci aniya šanggiyan muduri. omšon biyai sain inenggi. sansi siyūn fu i nadaci jergi bithesi. neneme ilire tere be ejere yamun i bargiyara asarara hafan bihe sangge. gingguleme ejehe." 對應的漢文為"康熙三十九年庚辰冬月穀旦，山西巡撫七品筆帖式、前起居注收掌官桑額謹序"④。該書為康熙三十九年作序，丙戌年新刊，即康熙四十六年刊刻，與康熙四十九年刊刻的《孫子兵法》相距不遠，且二者同為天繪閣書坊出版。季永海先生在《滿文辭書史話》一文中也提及此書，祇不過將其命名為《滿漢類書全集》。他在文中說："第一

---

① 吳如嵩等主編《孫子兵法辭典》，白山出版社，1995，第 288 頁。

② 《清史稿·列傳二十三·李國翰傳》。

③ 參見《清史稿·列傳二十三·李國翰傳附桑額傳》。

④ 康熙丙戌年新刊、西河沿天繪閣書坊藏板《滿漢同文分類全書 man han tung wen fun lei ciyūn šu》，"序言"，法國國家圖書館藏。

冊前有桑額寫於康熙三十九年（1700）的滿漢合璧的序言和目錄。作者任山西巡撫七品筆帖
式時刊行，收集、翻譯、編輯則用了近二十年的時間。本書保留了許多早期的漢語借詞，當
時辭書甚少，實為難得之書。"①桑額譯《孫子兵法》，多採用漢語借詞，恰恰與《滿漢同文分
類全書》的特點一致。根據以上信息，筆者推測，《孫子兵法》《滿漢同文分類全書》的作者
為同一個桑額。他精通滿文，熱衷從事滿文翻譯和出版工作。但限於資料，目前對其生平尚
無過多瞭解。

　　桑額翻譯《孫子兵法》，不僅是出於個人喜好，而且與清朝興起時期對漢族傳統軍事文
化的需求密切相關。

　　早在關外時，清太祖努爾哈齊就喜聽《三國演義》故事，清太宗皇太極對《三國演義》
更為熟悉，時常引用其中的典故，《清太宗實錄》中還有皇太極以《三國演義》"群英會蔣幹
中計"為策略，使崇禎帝殺害袁崇煥的記載。②這說明，在滿洲崛起時期，其貴族就非常重視
《三國演義》中蘊含的智謀韜略，以資治國用兵。

　　然而，《三國演義》畢竟是小說，它雖涉及兵法謀略，但理論性、系統性當然無法和
《孫子兵法》等兵書相提並論。因此，勢力的擴張及對漢文化理解的加深，自然激發了滿洲
貴族對《孫子兵法》的興趣。早在皇太極時期，就有漢臣多次在奏章中提及、引用《孫子兵
法》，這毫無疑問會影響到滿洲貴族特別是皇太極等人，這當是滿洲貴族對《孫子兵法》認
知的最早來源。

　　例如，天聰九年（1635）張文衡力勸皇太極及時進攻明朝，並分析了雙方的局勢：

　　　　臣觀去年大同舉動，將謂明國地廣民眾，未易卒圖。殊不知明國可取正在此時。彼
　　文武官僚俱從賄賂得之，文臣無謀，武臣無勇，司軍馬者尅錢糧，造器械者匿公費。士
　　馬無以資生，器械不堪實用，將卒何心為國用命乎？且起兵動稱勤王，反肆搶掠，人亦
　　有言，賊過如梳，兵過如篦，兵馬如此，雖多何益？況太監專權貪財，喜諛賞罰，俱
　　失人心。能任事者不得有為，未任事者又不肯出，上下內外，通同蒙蔽，諸事之壞亂已
　　極。其所以拒我者，不過保全軀命，懼父母妻子之離散，故憑倚火器，死守城池，以圖
　　倖免耳，此外又何策焉。若乘時進取，即兵法所謂，惟智者不失事機之會也。況宣大歲
　　荒饑饉，人不自保，而山陝川湖又為流賊蹂躪，彼今檄五省之兵，日事征勦，是賊與
　　兵半天下矣。惟東南一隅無事，乃復困於新餉，此正東西各不相顧之時，又一進兵機會
　　也。兵法云：乘敵而起，智者不能善其後。今皇上若不乘時急舉，彼係大邦，必無久弱
　　之理。且崇禎之不肯輕和者，志在復仇，久將漸悟，不終為人蔽也。③

---

① 季永海：《從輝煌走向瀕危——季永海滿學論文自選集》，遼寧民族出版社，2013，第 307 頁。
② 參見陳捷先《努爾哈齊寫真》，商務印書館，2011，第 196—199 頁；《皇太極寫真》，商務印書館，2011，第
　79—94 頁。
③ 《清太宗實錄》卷二二，天聰九年二月甲申。

在這篇奏疏中，張文衡引用的"兵法"，就是出自《孫子兵法》。《孫子兵法·作戰篇》中說："夫鈍兵挫銳，屈力殫貨，則諸侯乘其弊而起，雖有智者，不能善其後矣。故兵聞拙速，未睹巧之久也。夫兵久而國利者，未之有也。"張文衡"乘敝而起，智者不能善其後"這段話，是在強調長時間興師作戰的危害。他為皇太極分析雙方的形勢，亦頗合《孫子兵法》"知己知彼"的觀點。

崇德五年（1640），在圍攻錦州時，張存仁上奏皇太極："兵法云，全城為上，蓋貴得人得地，不貴得空城之意也。"①《孫子兵法·謀攻篇》中說："兵，善之善者也。故上兵伐謀，其次伐兵，其下攻城。"張存仁所奏與《孫子兵法》相合，以此來規勸皇太極在攻城之外，應注意收取人心。

1644 年清軍入關後，滿洲貴族的漢文化素養大大提高，其中康熙帝對《孫子兵法》的掌握達到了嫻熟的程度，他多次在上諭、文章中引用《孫子兵法》的內容。

康熙二十四年（1685），清軍在與沙俄侵略者作戰的過程中，康熙帝曾發布過一上諭：

> 朕觀凡事，必周詳熟審，方獲實效，不可苟且輕率。前因尚書明安達禮輕進，粮不得繼，將軍沙爾呼達巴海等失計，半途而歸，遂致羅剎驕恣，而索倫、奇勒禮部、鄂羅春等心懷疑貳，皆由此故。朕細問伊等尖機情由，一一詳計，今始奏功。兵法云：多算勝，少算不勝，詎可忽視。且兵以神速為貴，前逆賊吳三桂等叛時，朕思岳州係湖廣門戶，不可不早計，因遣人指示速戰，始剋岳州，遂一面進取四川以分賊勢，一面密諭大將軍賴塔從廣西直趨雲南，於是雲南諸省底定，兵革休息，然亦在將軍等奮勉効力耳。倘怠忽而不奉行，雖有良策，何所用之。所以平定雲南，賴塔之功最大，縱有他過，被人控告，朕亦不加罪也。②

在這份上諭中，康熙帝十分明確地點明了君與將的關係，即君負責"廟算"，將負責"執行"，二者完美配合，方可獲勝。《孫子兵法·始計篇》中說："夫未戰而廟筭勝者，得筭多也；未戰而廟筭不勝者，得筭少也。多筭勝，少筭不勝，而況於無筭乎？"《孫子兵法·作戰篇》中說："故知兵之將，民之司命，國家安危之主也。"《孫子兵法·謀攻篇》中說："夫將者，國之輔也。輔周則國必強，輔隙則國必弱。"康熙帝此上諭，說明他對《孫子兵法》了然於胸，達到了隨心所欲運用的地步。

康熙帝雖熟讀兵法，卻並未拘泥於兵法。他曾對《武經七書》做出如此評價：

> 武經七書，朕俱閱過。其書甚雜，未必皆合於正。所言火攻、水戰，皆是虛文，若

---

① 《清太宗實錄》卷五一，崇德五年四月壬戌。
② 《清聖祖起居注》卷一八，康熙二十四年六月初四日。

依其言行之，斷無勝理。且有符咒、占驗、風雲等說，適足啓小人邪心。昔平三逆、取臺灣、平定蒙古，朕料理軍務甚多，亦曾親身征討，深知用兵之道。七書之言，豈可全用？①

根據康熙帝這一觀點，九卿等議覆：

查武經七書，惟孫子、吳子及司馬法議論近正，嗣後考試，武生、武童論二篇，一題出論語、孟子，一題出孫子、吳子及司馬法。②

正因如此，在武舉考試時，《孫子兵法》的地位較之其他兵書有了進一步提升。

從以上論證可知，在清朝前期，《孫子兵法》既是皇帝個人的閱讀喜好，又是臣工進諫時常徵引的經典，還是武舉考試的必讀書目，在宮廷內外均有較大的需求。且清朝前中期，多數滿人能熟練掌握滿語文，滿語文的使用範圍較為廣泛，"國語"地位突出，滿文書籍自然有相當市場。桑額譯本，就是在這種條件下誕生的，它代表了清前期滿洲貴族在上升時期對漢文化的開放態度和對兵家經典的學習精神。

（二）耆英及其譯本的時代背景

自乾隆朝後期開始，清廷已經走上了下坡路，政治腐敗、武備廢弛、社會矛盾尖銳。道光朝時期，又發生了中英鴉片戰爭。耆英是這段歷史的親歷者，他重譯《孫子兵法》就是在這個時代背景下展開的。

耆英，愛新覺羅氏，努爾哈齊之弟穆爾哈齊之六世孫，為遠支宗室。他翻譯出版《孫子兵法》在道光二十六年（1846），恰好是鴉片戰爭結束后後（1842）不久，故將其1846年以前的履歷臚列如下，以便分析：

乾隆五十二年丁未二月初三日未時，祿豐之嫡妻伊爾根覺羅氏永福之女所生第二子。嘉慶元年十二月，恩詔廕六品官。十一年二月，授額外主事。十三年八月，授經歷。十八年四月，授副理事官。十月，授理事官。廿二年四月，過繼為嗣。廿四年六月，授十五善射。本月，授侍讀學士。十二月，授太僕寺少卿。廿五年五月，授內閣學士兼禮部侍郎銜。六月，授鑲白旗蒙古副都統。十月，管理圓明園八旗、包衣三旗官兵事務。道光元年十二月，授公中佐領。二年閏三月，管理左翼鐵匠營事務。十二月，授理藩院右侍郎。三年四月，調兵部右侍郎。七月，調正紅旗滿洲副都統。四年七月，授正黃旗

---

① 《清聖祖實錄》卷二四三，康熙四十九年九月辛亥。
② 《清聖祖實錄》卷二四四，康熙四十九年十月庚午。

護軍統領，調兵部左侍郎，充國史館清文總核。五年三月，管理中正殿事務。本月，總管內務府大臣，管理清漪園等處事務。五年四月，調工部右侍郎兼管錢法堂事務。十二月，授左翼總兵。六年九月，調戶部右侍郎兼管寶泉局事務。七年五月，授步軍統領。八年八月，管理雍和宮事務。本月，授鑲黃旗漢軍都統。十月，紫禁城內騎馬。九年九月，授禮部尚書，管理太常寺、鴻臚寺事務。十一月，管理正藍旗總族長。十二月，管理太醫院事務。十一月，授經筵講官。十二年十一月，授內大臣。十三年五月，管理奉宸苑事務、御茶膳房事務，管理三庫事務。十四年正月，調正藍旗滿洲都統。七月，調工部尚書。十一月，調戶部尚書。十五年閏六月，總理工程處事務。九月，賞加太子太保銜。十六年七月，調吏部尚書。十一月，緣事降為候補侍郎。十二月，授兵部侍郎。十七年三月，授熱河都統。十八年閏四月，授盛京將軍。廿二年正月，調廣州將軍。二月，調署杭州將軍，頒給欽差大臣關防。九月，授兩江總督。廿三年二月，復頒給欽差大臣關防，前往廣東查河事件。廿四年二月，調補兩廣總督，頒給欽差大臣關防。廿五年二月，授協辦大學士，仍留兩廣總督之任。[①]

從耆英的這份履歷可以得出如下結論：

（1）耆英出身宗室，仕途平坦，嘉慶二十五年 34 歲時就擔任內閣學士、鑲白旗蒙古副都統等要職，道光年間更是長期擔任一品大員，幾乎遍及各部院。

（2）耆英履歷儘管漂亮，但也有重大缺陷。他晚自道光十七年纔外任熱河都統，十八年纔擔任盛京將軍，缺乏地方主政經驗。且他在鴉片戰爭前，沒有參與、指揮過戰爭，實戰經驗不足。

（3）從道光四年充國史館清文總核來看，耆英精通滿文。這點通過他翻譯《孫子兵法》也可得到印證。

總之，鴉片戰爭前的耆英，祇是一個出身高貴、仕途一帆風順的滿洲官僚而已。鴉片戰爭，纔是影響耆英個人命運與思想觀念的真正轉折。

早在鴉片戰爭剛開始時，道光帝就命令盛京將軍耆英做好海防工作。耆英多次在奏摺中引用兵法。如道光二十一年十月，耆英在籌備南路之金州、復州、順道至蓋州、牛莊等處防守時上奏："奴才竊以兵法不外虛虛實實，今夷性多疑，似應以疑兵誘之，以實兵擊之，以期制勝。"[②]

由於前綫局勢糜爛不堪，道光二十二年二月，道光帝調耆英任杭州將軍，並給予欽差大臣關防，使之成為清軍最高指揮官。耆英赴任時自信滿滿，在奏摺中大談破敵之策。然而一到了前綫，耆英便立即認識到英軍的戰鬥力，頻頻失利。僅過了不到兩個月，便發現無法抵

① 愛新覺羅宗譜編纂處：《愛新覺羅宗譜》第 14 冊‧丁二，學苑出版社，2008，第 184—188 頁。

② 《盛京將軍耆英奏為移貯火藥並擬春正親往南路籌防片》（道光二十一年十月二十五日），《鴉片戰爭檔案史料》第 4 冊，天津古籍出版社，1992，第 400 頁。

禦，祇能"委令七品頂戴布里布、四等侍衛咸齡、石浦同知舒恭受，馳往乍浦，體察情形，設法羈縻，宣布天威，示以大義。該逆如果馴順，再行分別辦理"①。此後又是戰和不定，一會兒主剿，一會兒主撫，祇是在英軍逼近江寧、清廷震動之時，纔不得不接受和談。

鴉片戰爭給耆英的衝擊非常巨大。一方面，耆英在戰爭中親眼見識到清軍八旗、綠營武備的廢弛，見識到英軍戰船、火炮的先進，兩相對比，反差強烈，他沮喪地說"該夷船堅炮猛，初尚得之傳聞，今既親上其船，目睹其炮，益知非兵力所能制伏"②；另一方面，戰爭結束後，耆英作為清朝代表之一，先後與英國簽訂了《南京條約》及各附件，與美國簽訂了《望廈條約》，與法國簽訂了《黃埔條約》，是清廷少數與列強打過交道、對列強較為瞭解的人。

所以，耆英重譯《孫子兵法》的動機就非常明顯了。由於出身、履歷及能力的局限，面對變局，他達不到像漢族士大夫魏源、徐繼畬那樣的思想高度，祇能從傳統、從經典中尋找資源，以改變清廷特別是滿人武力不振的局面。這在其自序中可窺知一二：

　　用兵有法乎？孫子之書尚在也。為將必讀兵書乎？馬服之子，以父書敗。而販繒吹簫屠狗者流，崛起阡陌，以戰取通侯，不聞所讀何書。兩軍角逐，將智者勝，跬步換形，俄頃百變，存亡生死，懸於呼吸，此亦惟有張睢陽所云，兵識將意，將解兵情，以意為戰耳。何暇遠稽古人已陳之際，覘目前難必之效哉。雖然運用之妙，存乎一心，此決於臨事者也。前事不忘，後事之師，此肆於平時者也。必俟登壇受戒，始講韜鈐；執銳陷堅，始論攻守。是承平之世，不必豫儲將才；飽暖之氓，無庸更籌捍衛。書所云，備御不虞。孫子之善教者，何以稱焉。

　　自昔國家雖安，忘戰必危。我朝以神武定天下，二百年來，熙洽重熙，聖主諄諄訓誡，每以整飭戎政為急。不佞內充宿衛，外總師干，從事於選將練士者，歷年有所稔悉。古今兵制屢變，古以車戰，後乃用騎；古以弧矢為利器，後乃用銃；古之礮用石，今乃用火。又況宜於陸，不宜於水；宜於平曠，不宜於隘阻；宜於江湖，不宜於滄海，亦安有轍跡之可尋哉。

　　顧有同而異者，異而同者，惟孫子兵法，體用經權，無往不備。雖十家注解，不如我翻譯清文了如指掌。不愛錢，不惜命，將之體也。賞必信，罰必公，將之用也。辨主客，審勢逸，將之經也。知己知彼，抵瑕蹈隙，將之權也。尤必先積其忠君愛國之誠，又能與士卒同甘共苦，固結其心，俾躍然有同仇偕作之勇，而肫然有親上死長之義，則一切韜鈐之奇，攻守之變，無不可舉而措之。雖古名將，何以加焉，而又何異焉。泥古者不智，蔑古者無法，由其可悟而悟之，斷可以讀是書矣。

① 《欽差大臣耆英等奏為營船竄至乍浦現飭防守並示羈縻摺》（道光二十二年四月初九日），《鴉片戰爭檔案史料》第 5 冊，第 273 頁。

② 《欽差大臣耆英奏報酌辦和議情形摺》（道光二十二年七月二十一日），《鴉片戰爭檔案史料》第 6 冊，第 137 頁。

是為序。

道光丙午二月初三日，宗室耆英撰並序。時年六十。

從耆英的自序中我們可以看出，耆英首先認為在具體用兵時不可拘泥於兵書，祇有"運用之妙，存乎一心"，纔能隨機應變。隨後轉入現實，指出清朝立國二百年來始終重視軍政建設，現在面臨冷兵器時代到熱兵器時代，陸戰、水戰到海戰的轉變，急需找到解決方案。最後，他對《孫子兵法》推崇備至，並認為自己對《孫子兵法》的研讀超越前人，祇要能夠"忠君愛國""同甘共苦"，就可立於不敗之地。

耆英已經清楚意識到清軍武備的衰敗，還提及兵制武備由冷兵器向熱兵器的轉變，說明他對時代大勢還是較為瞭解的。他的解決辦法就是熟讀"體用經權，無往不備"的《孫子兵法》，掌握其思想精髓，以不變應萬變。因此，他重譯《孫子兵法》，字斟句酌，使譯文的準確性超過早出版本，流傳至清末。這也從一個側面說明，在晚清時期，滿洲精英中精通滿文者仍不在少數。耆英的譯本，必然考慮到滿人的閱讀方便，說明在社會上有較為廣泛和穩定的受眾群體。這或可為我們窺探晚清時期滿文的使用狀況提供一個新角度。

然而，八旗的衰敗早已是積重難返，絕非憑藉耆英一部《翻譯孫子兵法》就能扭轉。清軍入關後，八旗兵就開始了腐化的進程，至康熙時期已較為明顯。雍正帝屬行改革，整頓旗務，一定程度上恢復了其戰鬥力。但此後又重新衰落，至嘉慶年間川陝白蓮教起義、道光年間鴉片戰爭時暴露無遺。太平天國運動的爆發，使得江南八旗駐防遭到太平軍的毀滅性打擊，漢人地主武裝從此成為清廷新的軍事支柱。

更加諷刺的是，耆英雖然熟讀《孫子兵法》，精通文本，頻繁引用，但在實際指揮作戰時卻毫無可稱道之處，他祇是會紙上談兵而已。在赴前綫前，他堅決主剿，但在經歷吳淞等潰敗後，又立刻轉而主撫，進退失據。[1] 鴉片戰爭之後，耆英在主持對外事務時又畏敵如虎，處處屈膝求和，這種無原則的妥協，當然不可能獲得長期和平。就在他出版《翻譯孫子兵法》的 1846 年，清廷與英國公使德弼時簽訂《歸還舟山條約》，承認英國人有入廣州城的權利，但卻沒有規定明確時間。此後，清廷多次以沒有規定時間為由，拒絕英國人入城，以致頻頻發生衝突。1858 年，第二次鴉片戰爭中清廷宣告失敗，被迫簽訂《天津條約》。耆英由於在談判中喪權辱國，被咸豐帝遷怒，最終落得自盡的下場。正如《清史稿》對其的評價："耆英獨任善後，留廣州。入城之際兵釁再開，寖至庚申之禍。三人者（琦善、伊里布、耆英）同受惡名，而耆英不保其身命。宜哉！"[2]

可以說，耆英譯本代表了滿洲貴族在清廷衰落時期意圖重新振興武備的探索，祇可惜由於能力、眼界等的局限，未能如願。

---

① 耆英在鴉片戰爭中的參戰過程，可參考茅海建《天朝的崩潰：鴉片戰爭再研究》，三聯書店，2005，第 423—462 頁。

② 《清史稿·列傳一百五十七·宗室耆英傳》。

# 四　結語

　　滿文《孫子兵法》是珍貴的歷史文獻，它版本衆多，大致可分爲兩個系統，即早出的桑額譯本系統和晚出的耆英譯本系統。兩個版本系統具有明顯的繼承關係，但耆英譯本系統做了相當多的修正，滿文用詞更加考究，使之更加符合漢文原意，總體而言是更優秀的譯本。當然，桑額譯本系統也有其優點，不可偏廢。

　　滿文《孫子兵法》的出現，不是偶然的，而是有其深刻的歷史背景。桑額譯本的問世，是建立在清朝前期滿洲貴族以武力入主中原，急需吸收漢族傳統的兵法韜略用以治國用兵基礎上的，反映了清朝在上升時期的開放態度和進取精神。它問世以後流傳廣泛，影響很大。耆英譯本的問世，是建立在清朝中後期滿洲貴族整體上已經衰落，個別有識之士力圖重新喚起尚武精神，以符合新時代戰爭需要基礎上的。它在宮廷內外同樣有較爲廣泛的流傳，但滿洲貴族和八旗的衰落已是積重難返，它未能也不可能擔負起扭轉局面的重任。

　　總之，滿文《孫子兵法》具有豐富的歷史文化內涵，在清代浩如煙海的滿文文獻及歷代孫子兵法文獻中都應佔有一席之地。本文祇是對其的初步研究，期待達到拋磚引玉的作用。

## A Study of Manchu *Sunzi The Art of War*

### ZHANG Kang

The Manchu *Sunzi The Art of War* is an important part of the Manchu literatures in Qing period, while it has not received enough attention so far. The author has read six Manchu versions of *Sunzi The Art of War* which are collected in National Library of China, then pointing out that the Manchu *Sunzi The Art of War* could be divided into two main version systems—Sange's translation and Qiying's translation. In general, the latter has refered to the former, so most of the contents are the same. However, the latter has modified many words and sentences, making it more accurately. The emergence of Sange's translation and Qiying's translation have different profound historical background. The former represents the open and upward attitude of the Manchus in the early Qing period, while the latter represents the Manchu nobilities's efforts to revivaling the Arms.

# A Treasure House of Oriental Wisdom: Centre of Oriental Manuscripts and Xylographs of the Institute for Mongolian, Buddhist and Tibetan Studies of the Siberian Branch of the Russian Academy of Sciences

Vanchikova Tsymzhit

The monuments of written legacy of the Mongolians are kept in numerous libraries and archives all over the world. Unfortunately we don't have general information of the quantity of the books preserved. This short paper is aimed to give preliminary information about the books and xylographs kept at our Institute.

The funds of the COMX started to be compiled in 1922 when the Buryat-Mongolian scientific committee was founded. It was the first academic research institution of the Buryat Republic (now IMBTS). Now it has become one of the largest academic research institutions in the Eastern part of Russia and owns one of the largest collections of old Tibetan and Mongolian books in Russia. At the starting period, the collection of manuscripts and xylographs contained only 700 items of Tibetan and Mongolian texts. In the subsequent years, the library's stock was regularly extended by numerous expeditions to different districts of Buryat Republic, Chita and Irkutsk regions of Russia, by books and religious objects from local Buddhist monasteries closed and destroyed in the 1930-ies, also private donations. In 1960-70ies the library of the Irkutsk State University and the Museum of history of Buryatia granted large collections of texts in Tibetan and Mongolian.

The specific feature of our Tibetan and Mongolian collection is that it keeps alongside with the books brought from different Central and East-Asian Buddhist monasteries also the books that were printed by local Buryat monastic printing houses. The Buryat blockprints, many of which being rare and unique, are not widely spread in other Oriental libraries and are not well known even to specialists.

The Collections of the Centre of Oriental manuscripts and xylographs (COMX) consist of the following groups: Tibetan and Mongolian collections and Archives.

The Tibetan collection is one of the largest repositories of Tibetan texts in the world. There are about a hundred thousand of texts wrapped in bundles. The main nucleus of the Tibetan collection is presented by books that belonged earlier to monastic libraries or Buddhist monks and according to their content; they present the works of Gelugpa scholars and monasteries that prevailed in our region.

The collection in its turn is subdivided into 3 large groups: 1) Tibetan canonical sets – Ganjur (bka' 'gyur) and Danjur (bstan 'gyur); 2) sets of collected works of Tibetan and Mongolian learned Buddhist monks – sumbums (gsung 'bum), and 3) a large collection of different separated works conventionally named as Thorbu (thorbu) - "Various" or "Miscellaneous".

I. The collection of canonical literature is presented by 5 sets of the Tibetan Ganjur issued at 4 printing houses (Nartan, Jone, Beijing, Derge)and 3 incomplete manuscript sets. There are 2 sets of Danjur printed at Nartan and Derge monasteries.

*Ganjur Sets.*

• Nartang (snarthang) edition is in two versions: on wide leaves in 101 volumes and on narrow leaves (incomplete, 84 vol.). These 2 sets are similar, printed from one and the same block-prints on the paper of different size. There is also one more incomplete set of this edition containing 50 volumes.

The Nartang edition of Ganjur and Danjur occupies the biggest space in the collection. Out of three copies of Nartang edition of Ganjur only the first set on wide sheets is complete. This edition was examined only for the completeness, a catalogue of its texts was made on paper cards, the work on its description and compiling its electronic catalogue is planned for the nearest time.

• Dergeedition - 69 volumes. It's incomplete. Dimensions: $11 \times 59$ ($7,5 \times 50$).

• A rare Cone edition - 107 volumes. Not catalogued yet.

• Peking printed Red Ganjur- 99 volumes, incomplete, 2 volumes lacking (volumes Ka from Stotra and Tantra). Out of all canonical editions of the COMX the Peking edition is noted for better undamaged physical state not only of paper and its exterior view but also for the richness of outward design. Each volume of this edition has a hard wooden cover wrapped up in golden silk. The text on the front and back covers is hand-written on the paper of black color with the ink into which golden powder was added. The covers are decorated with colorful miniatures of the images of the divinities of Dharmapala class of high artistic quality. The main stock is printed with the use of cinnabar. The left edge of each sheet is provided with the number of the volume and Tibetan pagination and the right edge with pagination volume marker in Chinese hieroglyphs. Some pages contain handwritten corrections. The catalog of this edition of Ganjur is located on the COMX website.

• There are also 3 manuscript sets of Ganjur: 89 vol., 79 vol. and 33 vol. which are hand-written copies of Nartang edition, rewritten in the Aginsk and Egita datsans in the first half of the XIX century. These three sets are not complete. The text is written on old Russian paper with black and sometimes red color ink. All together there are 201 volumes of manuscript Ganjur. These editions differ formally in quantity of lines, pages, illustrations, etc. They are not studied yet in details.

*There are 2 sets of Danjur:*

• Nartang edition of Danjur is available in the COMX in four copies – two on narrow leaves and 2 on wide leaves neither of them is a fully complete one. Thus the first copy of the Nartang Danjur(marked with TCND1 inventory number) contains 216, the second one (TCND2) – 204 volumes, the third one (TCND3) - 56 and the fourth one (TCND4) - 48. The copies differ only in the size of folios. The Nartang Danjur is divided into three sections, i.e. Hymns, Tantra and Sutra. The Nartang canon is block-printed with black ink on Tibetan paper. Some volumes are provided with printed illustrations on the first pages. The volumes have no covers with illustrations. The volumes are not much damaged, their condition is quite satisfactory but still there are a few damaged volumes which is marked in the catalogue. Also their inventory catalogues can be found on the website of the COMX.

• Derge edition of Danjur(TCDD) – 201 volumes + 2 volumes of garchaks (dkarchag), all in all 203 volumes. The work on compiling its electronic catalog began several years ago. The catalog is located on the COMX website. Derge Danjur is divided into the same sections as that of Peking edition. Derge edition is in a good state, there are only a few damaged papers. The pages of this edition contain illustrations at the beginning of each volume. The text is printed sufficiently well but sometimes there occur illegible and incomprehensible fragments.

*Collected works or the sumbums* (gsung 'bum) are represented by the works of more than 100 Tibetan and Mongolian medieval authors. At present the work on checking up the completeness of this collection is being carried on. Total amount - 2030 volumes.The work on their description, inventorying and cataloging is going on. The sumbums of 12 non-gelugpa and early gelugpa authors (3158 texts) have been catalogued. Online catalog is located on the site www.imbtarchive.ru/.

*The Collection of separate books and manuscripts* conventionally called as *Thorbu collection* consists approximately of 30000 entries. The Thorbu collection contains separated texts, xylographs and manuscripts on all branches of Buddhist medieval sciences and different subjects such as philosophy, logics, astrology, medicine, as well as biographies, texts of didactic character, etc. The majority of them are of Buryat origin. Widely are presented local textbooks used at different faculties of Buddhist monasteries, manuscripts and ritual texts, histories of local monasteries, descriptions of important events and so on. The work on thematic classification and description of the works of this group is going on.

Alongside with compiling electronic catalogues an annotated catalogue of the collection of philosophical texts is being prepared for publication. It is to be published in several volumes. They will include also description of texts on Buddhist philosophy and logics kept at the libraries of Buryat Buddhist monasteries.

Ⅱ. The Mongolian collection numbers approximately 6 thousand entries and consists of seven sections:

Mongolical 1 - the collection of xylographs and manuscripts in the form of standard books - 801units.

M2 - manuscripts and xylographs in the form of traditional Central Asian books on prolonged sheets of paper – 850 units.

M3 - a recently formed fund of the books that were discovered while making the inventory of the Tibetan collection and from the books that were collected during field expeditions of the scholars of the COMX in 1990-1991 – 2446 units.

KM - collection of books received from the Buryat museum of history as well as from private collections – 1224 units.

B[aldanzhapov] M – a private collection of Mongolian xylographs and manuscripts of Baldanzhapov P.B. – 688 units.

M IV (707) and M V (246) – collections of books received from the Central library of the Buryat scientific centre in 2017, now their catalogue is being compiled.

The materials of the Mongolian collection are of different origin, they are presented by the books either handwritten or printed on the territory of Buryatia as well as broughtto Buryatia from other places, mostly China and Tibet.

According to the time of compilation the most ancient Mongolian books date back to the second half of the XVIII century, but the overwhelming majority of documents and sources date back to the second half of the XIX and the beginning of the XX century. According to the subject the works kept in this collection are very diverse and reflect all aspects of spiritual life of Central Asian peoples, particularly those of Mongolia and Buryatia.All genres of Mongolian and Buryat literature are presented there.According to their uniqueness and value of factual materials,the manuscripts on the history and jurisdiction of Buryatia and Mongolia are of premier interest, especially the Buryat and Mongolian chronicles. Our department has one of the most complete collections of Buryat chronicles and historical treatises. The Buryat chronicles are kept also in some other book repositories of the country and so far,we do not have an exact data of their quantity and authors. There are about thirty independent chronicles in our centre.

According to their structure and way of narration the Buryat chronicle have much in common with the Mongolian ones, because the tradition of composing chronicles was brought to Buryatia from Mongolia along with the spread of written language and Buddhism. They differ from them by using more documentary facts, particularly when it concerns the events taking place after joining of Buryats to Russia. Alongside with some fantastic elements inevitable for the majority of chronicles they render documentary data on the history of joining of Eastern Siberia to Russia, on the reasons of migrations of Buryat tribes and kins, on religious beliefs, on the spread of Buddhism in Trans-baikal region and its struggle with shamanism, on the activities of Buryat noble men (noyons), etc. The Buryat authors (V. Yumsunov, T. Toboev, Sh. Khobituev, Ts. Sakharov, B. Budaev etc.) for their chronicles made a thorough and diligent use of the authentic historical acts preserved in the archives of steppe dumas (councils), other tribes affairs managements, of Buddhist temples, in private archives of the Buryat kin chiefs (taishas, shulengas, zaisans).These Buryat historical works together with a number of other written monuments have not been yet thoroughly researched. Their study will undoubtedly give new source materials for the study of many problems on history of

Buryatia, its culture, the evolution of the written language, for studying cultural ties of Buryats with other peoples of Central Asia.

One of the rarities of the Mongolian collection can be considered a set of 8 issues of rare magazines published in Inner Mongolia named as Dotuγadumongγol-un arad-un setgül (Magazine of the people of Inner Mongolia, M I 524 - M I 533). The 1st number was issued on November 16, 1926 (dumdaduaradulus-un arbandörbedüger on arbannigensar-a-yin arbanjirγuγ-a), and the eighth on April 10, 1927 (dumdaduaradulus-un arbantabuduγar on dörbensar-a-yin arban). Their dimensions: 19×26,5 (14×21,5) cm; 11 lines; black ink; pagination is given in Arabic numerals. The quantity of pages ranges from 16 to 29 p.

The name of the publisher is given on the title page: Central Committee of the Inner Mongolian People's Revolutionary Party (Dotuγadumongγol-un arad-un qubisqaltunam-un töbqoriyan). In several issues the names of editors are mentioned: Editor-in-chief Čečenbiligtü, Managing editor Alta.

The material in issues is divided into sections: The State (jasaγtörü-yin anggi), The Party (nambülgüm-ünanggi), Critics (sigümjilel), Important news (čiqulasonusqal-un anggi), Miscellaneous important news (eldebčiqulasonusqal-un anggi), Fiction (Iraγunayiraγulγ-a-yin anggi), Section "News of the native land" (nutaγ-un sonusqal-un anggi), and Section "Miscellaneous news" (eldebsonusqal-un anggi). As an example the description of the 1st issue of the magazine (M I, Inventory No: 525. Old No: 968) is given below. It was published on November 16, 1926. The date is given on the title page as well as the name of the publisher: The Central committee of the Inner Mongolian's Revolutionary party. It was edited by Čečenbiligtü and by Alta. This volume contains the following materials: 1. The Journal editor's foreword (setgül-ierkigülegči-eče) (ff. 1r-2v).

Section "The State" (ff. 2v-3r): 2. Situation in China (dumdaduulus-un bayidal) (ff. 2v-3r). Section: "Critics": 3. Situation in Republic of Outer Mongolia (γadaγadumongγol-un bügüdenay-iramdaquulus-un bayidal) (ff. 3v-5v).

Section: "The Party" (ff. 5v-12r): 4. First Great Congress of the oppressed people of Inner Mongolia (Dotuγadumongγol-un olandarulaγdaγsanarad-un nigedugeryekequral-un sonin) (ff. 5v-6r); 5. Establishment of the Inner Mongolian People's Party (Dotuγadumongγol-un arad-un nammandubai) (ff. 6r-7r); 6. Speech of the premier minister of Outer Mongolia Dambadorji (γadaγadumongγol-un nam-un töbqoriyan-ü daruγ-a dambadorji-yin kelegseninü) (ff. 7r-10r); 7.Memory of the October Revolution (Oqtiyabrisarayinqubisqal-un dursγal) (ff. 10v-12r).

Section: "Fiction" (ff. 12r-14v): 8. Songs of the people of Inner Mongolia (Dotuγadumon-gγol-un-un arad-un daγu) (ff. 12r-13r); 9. Awakening call (sergegendaγudaquuriy-a) (ff. 13r-14r); 10. Tale about a noyan (noyanabuγai-yin üliger) (ff. 14r-14v).

Section: "Important news" (ff. 15r-16v): 11. News of battles on the Western side (jegüneteged-ünbayilduγan-u čimege) (ff. 15r-16r); 12. Zhang Zuo Lin wants to draw nearer to Feng Yu Xiang (jangcuolin-berphengyuisiyang-ioyirtaγulqusanaγ-a-tai) (ff. 16r-16v).

Judging from the above written it isseen that the contents and the themes of the magazines vividly reflect the time of their compilation, worldview and ideology of people of that time.

One of the rarities of the fund is the unique set of manuscript Mongolian Ganjur of the end of the XVIII century with beautifully completed colour miniatures written with a calligraphic standard handwriting with black ink and red cinnabar on thick paper of large size. There aren't very many manuscript copies of Mongolian Ganjur. Besides our fund they are found in St. Petersburg University library, in Mongolian State library in Ulan-Bator and in Inner Mongolia in Hohhot.It's origin and exact history is not known, but for sure it was brought by Buryat pilgrims from China in the beginning of the XXth century.

It was kept in Chesana Buddhist temple of Khizhingaaimak of Buryatia and brought in 1929 to our institute and thus it was saved during the atheistic purges.

It has 110 volumes (4 volumes lacking, 3 from Sutra and 1 from Yum), consisting of 6 parts: Dandr-a (rgyud) - 25 volumes, Yum (Prajnaparamita) - 23 volumes, Erdenidabqurliɣ (Ratnakuta, dKonbrtsegs) - 6 volumes, Olangki ('phalchen) - 6 volumes, Eldeb (Sutra, mdosnatsogs) - 39 volumes and Dulba (Vinaya) - 13 volumes.

Each volume is put between wooden planks covered with dense silk. The inner part of these planks (boards) is illuminated with colourful images of Buddhist deities. The size of the paper is $64,5 \times 22,5$ sm, the size of the text $- 51 \times 16$ sm. The text is written by black ink and cinnabar on thick paper.

The structure of the set and the order of the texts are identical to those of the Red xylographed Beijing edition of 1717-1720 (identical to the Lokesh Chandra's publication and to the catalogue of L. Ligeti)

The handwriting and orthography are characteristic for the end of XVIII century.The titles of the texts are given in Sanskrit, in Tibetan in Mongolian galik and in Mongolian itself. Mongolian titles in some texts are introduced by the term "mongɣolčilabasu". The scribers didn't use any diacritic signs with letters "n" and "gamma". The use of archaic Mongolian forms of some words: Hindkeg not Enedkeg. Mongolian titles in some texts are introduced by the term "mongɣolčilabasu" while the texts are treated as "orčiɣulɣa".

Now we have electronic catalogues of all collections for inner use. The catalogues of two collections - M I and M II were published in 2004 and 2006 by the CNEAS of the Tohoku University. The work on compiling catalogues is going on.

III. The Archives collections are divided into following collections:

• **General archives** (2910 units) containing documents of the XIX-beginning of XX century, originals and copies of manuscripts on history of the Buryat society, documents on customary law, materials on kinship and tribal structure of the Buryat society, authentic Buryat historical works, biographies of prominent religious and public personalities of Buryatia and Mongolia, documents of the XIX-beginning of XX century on the history of the Buryat society, documents on customary law, materials on kinship and tribal structure of the Buryat society, biographies of prominent religious and public personalities, unique collection of monuments of Russian, Buryat, Mongolian and Evenk folklore in written form, materials of field works on ethnographic, religious beliefs and traditions of the peoples of Buryatia and Mongolia, the materials of dialectological expeditions which conveyed comparative studies of the languages of Russians and Buryats living in Buryatia and beyond its boundaries, etc.

• **Private archives** contain archives of 46 educators, well-known scholars, learned lamas, taishas, collectors and workers of culture and education, having in total more than 12000 units.

• Records of folklore on tapes and in digital form (848 items).

• Old-Russian believers XVII-XX cc. books collection (138 books).

**The main areas of researches:**

— History and the role of religion in the state and the society in different regions of Inner Asia, interrelations between the religious and secular authorities,philosophical aspects of Buddhist theory and practice,researches of written heritage of medieval Oriental medicine, studies of sources on history of Mongolia, Buryatia and Tibet, archival folklore materials, etc.

— Development of methodological aspects of informatization of sources.

Nevertheless, the primary task of our scholars was and still is to compose and publish catalogs and descriptions of the collections and to undertake academic publications of the most valuable monuments of the written legacy of the peoples of Central and Eastern Asia.

# 本輯作者名錄

（按作者姓氏拼音排列）


巴圖圖拉噶（Ts. Battulga）：蒙古國立大學教授

巴哈提·依加漢（Bakhyt Ezhenkhan-uli）：哈薩克斯坦國立 L.N. 古米廖夫歐亞大學教授

陳柱：德國波恩大學漢學系博士後

井內真帆（IUCHI Maho）：日本神戶市外國語大學客座研究員、青海民族大學宗喀巴研究所
　　　　　特聘研究員

李畢力格：內蒙古阿拉善盟阿拉善左旗檔案館館員

李俊義：赤峰學院教授

李群：中國人民大學國學院博士生

羅布：西藏大學教授

馬子木：中國人民大學國學院博士生

米吉提：中國民族圖書館館員

那楚克多爾濟（B. Natsagdorj）：蒙古國科學院考古與歷史研究所博士生

納森巴雅爾：新疆伊犁州瑟公錫滿文化傳播中心

旺其科娃（Vanchikova Tsymzhit）：俄羅斯科學院西伯利亞分院蒙古學、藏學與佛教研究所教授

烏蘭巴根：中國社會科學院中國歷史研究院邊疆研究所副研究員

烏仁高娃（Khereid J.Urangua）：蒙古國立大學教授

烏雲畢力格：中國人民大學國學院教授

英卡爾·巴合朱力：中國人民大學國學院博士生

張閎：中國人民大學國學院博士生

圖書在版編目（CIP）數據

西域歷史語言研究集刊. 二〇一九年. 第一輯：總
第十一輯／烏雲畢力格主編. -- 北京：社會科學文獻
出版社，2019.5
ISBN 978 - 7 - 5201 - 4690 - 6

Ⅰ. ①西…　Ⅱ. ①烏…　Ⅲ. ①西域 - 文化史 - 研究 -
叢刊　Ⅳ. ①K294.5 - 55

中國版本圖書館 CIP 數據核字（2019）第 068872 號

西域歷史語言研究集刊　二〇一九年　第一輯（總第十一輯）

主　　編／烏雲畢力格

出 版 人／謝壽光
責任編輯／趙　晨

出　　版／社會科學文獻出版社·歷史學分社（010）59367256
　　　　　　地址：北京市北三環中路甲 29 號院華龍大廈　郵編：100029
　　　　　　網址：www. ssap. com. cn
發　　行／市場營銷中心（010）59367081　59367083
印　　裝／三河市東方印刷有限公司

規　　格／開本：787mm×1092mm　1/16
　　　　　　印張：18.75　字數：417 千字
版　　次／2019 年 5 月第 1 版　2019 年 5 月第 1 次印刷
書　　號／ISBN 978 - 7 - 5201 - 4690 - 6
定　　價／128.00 圓